华中农业大学乡村振兴研究报告2022

迈向农业农村现代化的乡村全面振兴之路

MAIXIANG NONGYE NONGCUN XIANDAIHUA DE XIANGCUN QUANMIAN ZHENXING ZHILU

华中农业大学乡村振兴研究院 编著

中国农业出版社
北 京

华中农业大学乡村振兴研究报告 2022
编写委员会

主　　编： 宋洪远

参编人员（以姓氏笔画为序）：

万江红	王家合	田小坤	朱　润	朱梦珂
刘　江	刘　思	刘阳琳	齐　莹	江　帆
李凡略	李志平	李晓云	杨志海	杨高第
吴　昊	何　可	闵　师	汪　昊	张　帆
张　露	张丰翼	张雅勤	陈　雯	罗必良
周　婷	赵龙强	柯新利	姜庆志	梁伟军
彭洁锞	彭静思	曾琳琳	颜廷武	魏佳朔

前　言

FOREWORD

2021 年，华中农业大学乡村振兴研究院组织开展了“关于国家现代化问题综合研究”“关于农业现代化问题研究”“关于农村现代化问题研究”“关于农民现代化问题研究”“关于乡村治理体系和治理能力现代化问题研究”“关于粮食与重要农产品供给保障问题研究”“关于促进农民收入持续稳定增长问题研究”“关于调整优化城乡关系问题研究”“关于促进农村区域协调发展问题研究”等一系列专项课题研究，重点关注了农业农村现代化的主要内容、发展趋势、实现路径等。2022 年，华中农业大学乡村振兴研究院组织开展了“我国推进农业农村发展全面绿色转型战略措施研究”和“我国农业高质量发展与乡村产业融合发展战略措施研究”两个专项课题研究，探究了推进我国农业农村发展全面绿色转型以及农业高质量发展与乡村产业融合发展的基本状况、主要问题和实现路径。

《华中农业大学乡村振兴研究报告 2022》（以下简称报告）是在 2021 年和 2022 年各个专项课题研究成果的基础上形成的，由华中农业大学乡村振兴研究院组织科研骨干进行编写，是集体智慧的结晶。报告各章的撰写分工如下：总论“走中国式农业农村现代化之路”由宋洪远、江帆、彭洁锞执笔，专题报告一主要撰写人为梁伟军、陈雯、刘思，专题报告二主要撰写人为何可、汪昊、朱润，专题报告三主要撰写人为李志平、张帆、田小坤，专题报告四主要撰写人为闵师、彭静思、赵龙强，专题报告五主要撰写人为王家合、姜庆志、张雅勤，专题报告六主要撰写人为李晓云、杨志海、曾琳琳，专题报告七主要撰写人为万江红、刘阳琳、刘江，专题报告八主要撰写人为颜廷武、张丰翼、齐莹，专题报告九主要撰写人为何可、李凡略、吴昊，专题报告十主要撰写人为张露、罗必良、杨高第，专题报告十一主要撰写人为柯新利、朱梦珂、周婷。报告的研究主题、框架结构、主要内容、逻辑思路、编写体例由宋洪远承担，主编和魏佳朔、彭洁锞两位作者又对书稿各章内容进行了修改补充，最后由主编统稿审定，不足之处请学界同仁和读者朋友批评指正。

值此本书出版之际，我们要特别感谢华中农业大学高翅书记、李召虎校长、姚江林副书记、青平副校长对本书编写工作的关心和鼓励，感谢华中农业大学科学技术发展研究院张拥军常务副院长、王鹏副处长对本书编写工作的支持和帮助，感谢华中农业大学经济管理学院陈国顺书记、李谷成院长在本书研究写作过程中提供的便利和帮助！衷心感谢中国农业出版社领导的大力支持和本书责任编辑贾彬的辛勤付出！

实施乡村振兴战略，是解决新时代我国社会主要矛盾、实现"两个一百年"奋斗目标和中华民族伟大复兴中国梦的必然要求；农业农村现代化进程，直接关系到社会主义现代化目标的进度和质量成色。建设社会主义现代化强国，离不开乡村振兴，离不开农业农村现代化。作为华中农业大学乡村振兴研究院的重要研究成果，《华中农业大学乡村振兴研究报告》将继续深入研究，集合华中农业大学各方的研究成果，更好地服务于全面推进乡村振兴，加快农业农村现代化。

华中农业大学乡村振兴研究院院长
宋洪远
2023年1月

目　录

CONTENTS

总报告

走中国式农业农村现代化之路

现代化是人类社会发展的大趋势，国家现代化是一国从传统社会向现代社会全方位转型的过程，实现国家现代化反映的是在经济、政治、文化、社会、生态等各领域达到世界先进水平或领先的状态。农业农村现代化是国家现代化的重要组成部分，是从传统农业农村社会向现代农业农村社会全面转型的过程，实现农业农村现代化反映的是在农业、农村、农民、乡村治理等各方面达到世界先进水平或领先的状态。

2017 年 10 月，党的十九大报告明确提出，实施乡村振兴战略，必须始终把解决好“三农”问题作为全党工作重中之重。坚持农业农村优先发展，按照产业兴旺、生态宜居、乡风文明、治理有效、生活富裕的总要求，建立健全城乡融合发展体制机制和政策体系，加快推进农业农村现代化[①]。2020 年 12 月，习近平总书记在中央农村工作会议上的讲话强调指出，对农业农村现代化到 2035 年、本世纪中叶的目标任务，要科学分析、深化研究，把概念的内涵和外延搞清楚，科学提出我国农业农村现代化的目标任务。当前，首先要把“十四五”时期农业农村发展规划制定好[②]。

---

① 中国政府网．习近平：决胜全面建成小康社会　夺取新时代中国特色社会主义伟大胜利——在中国共产党第十九次全国代表大会上的报告［EB/OL］．http：//www.gov.cn/zhuanti/2017-10/27/content_5234876.htm

② 共产党员网．习近平：坚持把解决好“三农”问题作为全党工作重中之重　举全党全社会之力推动乡村振兴［EB/OL］．https：//www.12371.cn/2022/03/31/ARTI1648714506421324.shtml

本报告以习近平总书记重要指示精神为指引，全面贯彻党的十九大、二十大作出的重大决策部署，认真总结党的十八大以来在农业农村现代化理论和实践上的创新突破，综合我们已开展的专题研究成果，借鉴专家学者的已有研究成果，深入分析农业农村现代化的战略地位和重要意义，深入研究我国农业农村现代化的内涵特征和目标任务，进而提出加快推进我国农业农村现代化的实现路径和主要措施，为加快农业农村现代化、全面建设现代化国家提供决策参考。

一、农业农村现代化的战略定位

本部分以推进农业农村现代化为主题，系统梳理了习近平总书记的重要论述、党和国家的决策部署、有关文件和规划的安排，概括提炼了中国式农业农村现代化的理论和实践。在此基础上，深入分析了加快推进农业农村现代化的重要意义、发展环境和重大任务，为研究提出农业农村现代化的内涵特征、目标任务、实现路径提供理论指引。

（一）新时代十年的创新突破

党的十八大以来，围绕农业农村现代化与国家现代化这一重大时代课题，习近平总书记做出了一系列重要论述，提出了一系列新概念新观点新判断，深刻阐述了什么是农业农村现代化、怎样推进农业农村现代化、如何实现农业农村现代化等重大理论和实践问题；以习近平同志为核心的党中央在党的代表大会和中央全会上作出了一系列重大决策，根据国际国内形势和我国发展条件，做出战略部署和阶段安排，提出总体要求和目标任务；党和国家制定实施了一系列政策文件和发展规划，采取一系列战略性举措，推进一系列变革性实践，实现一系列突破性进展，取得一系列标志性成果。丰富了中国式现代化的内涵特征，拓展了中国式现代化的发展路径。

——农业农村现代化要体现中国特色。现代化是人类社会发展的大趋势，是人类文明发展的新形态，但世界上不存在定于一尊的发展模式，不存在放之四海而皆准的现代化标准。中国式农业农村现代化既有各国现代化的共同特征，更有基于我国国情农情的中国特色。推进农业农村现代化，既要立足我国国情，满足人民美好生活需要、实现全体人民共同富裕、物质文明和精神文明协调发展，体现中国式现代化的基本特征和本质要求。推进农业农村现代化，又要立足我国农情，充分考虑人多地少的资源禀赋、农耕文明的历史底蕴、人与自然和谐共生的时代要求，彰显农业产业、农村地域、农民群体、乡村治理的中国式农业农村现代化的内涵特征和具体要求。既要遵循世界农业农村现代化发展的一般规律，又不能简单照搬国外农业农村现代化发展的模式。

——走中国特色农业现代化道路。推进农业现代化，要以解决好地怎么种为导向，加快构建新型农业经营体系；以缓解地少水缺的资源环境约束为导向，深入推进农业发展方式转变；以满足吃得好吃得安全为导向，大力发展优质安全农产品①。要以构建现代农业产业体系、生产体系、经营体系为抓手，加快推进农业现代化②。建设现代农业产业体系，要着力调整优化农业产业结构，提高农业整体素质；建设现代农业生产体系，要着力用现代科学技术提升农业，提高农业生产效率和产品品质；建设现代农业经营体系，要着力提高农业经营集约化、专业化、组织化、社会化程度，增强农业经营活力③。要适应我国资源禀赋和发展阶段的变化，适时调整农业现代化的技术路线和实现路径，走产出高效、产品安全、资源节约、环境友好的农业现代化道路。

——走中国特色乡村振兴道路。农村现代化既包括“物”的现代化，也包括“人”的现代化，还包括乡村治理体系和治理能力的现代化④。农村现代化是建设农业强国的内在要求和必要条件，建设宜居宜业和美乡村是农业强国的应有之义。要一体推进农业现代化和农村现代化，实现乡村由表及里、形神兼备的全面提升⑤。加快推进农业农村现代化，要走中国特色社会主义乡村振兴道路，重塑城乡关系，走城乡融合发展之路；巩固和完善农村基本经营制度，

① 习近平，2022. 论“三农”工作［M］. 北京：中央文献出版社，第 52-53 页.

② 习近平，2022. 论“三农”工作［M］. 北京：中央文献出版社，第 202 页.

③ 习近平，2022. 论“三农”工作［M］. 北京：中央文献出版社，第 207-208 页.

④ 求是网．把乡村振兴战略作为新时代“三农”工作总抓手［EB/OL］. http://www.qstheory.cn/dukan/qs/2019-06/01/c_1124561415.htm

⑤ 求是网．习近平在中央农村工作会议上强调　锚定建设农业强国目标　切实抓好农业农村工作［EB/OL］. http://www.qstheory.cn/yaowen/2022-12/24/c_1129230414.htm

走共同富裕之路；深化农业供给侧结构性改革，走质量兴农之路；坚持人与自然和谐共生，走乡村绿色发展之路；传承发展提升农耕文明，走乡村文化兴盛之路；创新乡村治理体系，走乡村善治之路；打好精准脱贫攻坚战，走中国特色减贫之路。

——推进乡村治理体系和治理能力现代化。基础不牢，地动山摇。要加强农村基层基础工作，推进乡村治理体系和治理能力现代化。坚持和加强党对乡村治理的集中统一领导，坚持把治理体系和治理能力建设作为主攻方向，坚持系统治理、依法治理、综合治理、源头治理的全周期管理理念，坚持建设人人有责、人人尽责、人人享有的基层治理共同体。以增进人民福祉为出发点和落脚点，以加强基层党组织建设、增强基层党组织政治功能和组织力为关键，以加强基层政权建设和健全基层群众自治制度为重点，以改革创新和制度建设、能力建设为抓手，建立健全党委领导、政府负责、社会协同、公众参与、法治保障、科技支撑的现代乡村社会治理体制，健全党组织领导的自治、法治、德治、智治相结合的乡村治理体系，构建共建共治共享的社会治理格局，推动政府治理同社会调节、居民自治良性互动，提高基层治理社会化、法治化、智能化、专业化水平，走中国特色乡村善治之路，建设充满活力、和谐有序的乡村社会，不断增强广大农民的获得感、幸福感、安全感。

——农业农村现代化关键在科技在人才。中国现代化离不开农业农村现代化，农业农村现代化关键在科技、在人才。农业农村现代化关键在科技创新，要把发展农业科技放在更加突出的位置。要立足我国国情，遵循农业科技规律，加快创新步伐，努力抢占世界农业科技竞争制高点，牢牢掌握我国农业科技发展主动权，为我国由农业大国走向农业强国提供坚实科技支撑①。要面向世界农业科技前沿、面向国家重大需求、面向现代农业建设主战场，提升创新体系和整体效能，推动我国农业科技整体跃升。要加强农业与科技融合，大力推进农业机械化、智能化。农业农村人才是强农兴农的根本，是推进农业农村现代化的关键。要加强农业科技人才队伍建设，加快培养农业生产经营人才、农村二三产业发展人才、乡村公共服务人才、乡村治理人才、农业农村科技人

① 中国政府网．习近平致中国农业科学院建院60周年的贺信［EB/OL］．http：//www.gov.cn/xinwen/2017-05/26/content_5197149.htm#2

才，促进小农户与现代农业发展有机衔接。要重点提升基层农技人员素质，着力培育一大批种田能手、农机作业能手、科技带头人、农业营销人才、农业经营人才，提高农民科技文化素质。要建设一支政治过硬、本领过硬、作风过硬的乡村干部队伍，吸引包括致富带头人、返乡创业大学生、退役军人等在内的各类人才，全面推进乡村振兴，加快农业农村现代化。

——推进“四化同步”和城乡一体化发展。我国现代化同西方发达国家有很大不同。西方发达国家是一个“串联式”的发展过程，工业化、城镇化、农业现代化、信息化顺序发展，发展到目前水平用了二百多年时间。我们要后来居上，把“失去的二百年”找回来，决定了我国发展必然是一个“并联式”的过程，工业化、信息化、城镇化、农业现代化是叠加发展的①。推进城乡发展一体化，是工业化、信息化、城镇化、农业现代化发展到一定阶段的必然要求，是国家现代化的重要标志②。坚持走中国特色新型工业化、信息化、城镇化、农业现代化道路，推动信息化和工业化深度融合、工业化和城镇化良性互动、城镇化和农业现代化相互协调，促进工业化、信息化、城镇化、农业现代化同步发展。推进城乡发展一体化，要坚持从国情出发，从我国城乡发展不平衡不协调和二元结构的现实出发，从我国的自然禀赋、历史文化传统、制度体制出发，要把工业和农业、城市和乡村作为一个整体统筹谋划，促进城乡在规划布局、要素配置、产业发展、公共服务、生态保护等方面相互融合和共同发展③。通过建立促进城乡融合发展的体制机制，形成以工促农、以城带乡、工农互惠、城乡一体的新型工农城乡关系，让广大农民平等参与现代化进程、共同分享现代化成果，“逐步实现城乡居民基本权益平等化、城乡公共服务均等化、城乡居民收入均衡化、城乡要素配置合理化、城乡产业发展融合化”④。同步推进新型工业化、信息化、城镇化、农业现代化，薄弱环节是农业现代化⑤。要加快转变农业发展方式，加快农业技术创新步伐，走中国特色农业现

① 习近平，2022. 论“三农”工作［M］. 北京：中央文献出版社，第33页.

② 习近平，2022. 论“三农”工作［M］. 北京：中央文献出版社，第156页.

③ 习近平，2022. 论“三农”工作［M］. 北京：中央文献出版社，第157页.

④ 习近平，2022. 论“三农”工作［M］. 北京：中央文献出版社，第157页.

⑤ 共产党员网. 习近平召开华东七省市党委主要负责同志座谈会［EB/OL］. https://news.12371.cn/2015/05/28/VIDE1432815605676223.shtml

代化道路。现代化的本质是人的现代化，推进以人为核心的新型城镇化，要推进农业转移人口市民化，不断提高农民综合素质和农村社会文明程度。要加快提高户籍人口城镇化率，使以农民工为主体的外来常住人口，在城镇平等享受教育、就业、社会保障、医疗、保障性住房等方面的公共服务。

——推进农业农村现代化要把握好四个重大关系。推进农业农村现代化是一个长期的历史过程，是全面建设社会主义现代化国家的重大历史任务。做好新时代的“三农”工作，必须紧紧围绕农业农村现代化这个总目标来推进。在推进农业农村现代化过程中，必须把握和处理好以下四个关系。一是长期目标和短期目标的关系。要坚持科学规划、注重质量、扎实推进，聚焦阶段任务、找准突破口、排出优先序，一件事情接着一件事情办、一年接着一年干、积小胜为大胜。二是顶层设计和基层探索之间的关系。要遵循农业发展规律，科学把握乡村的差异性，因村制宜，精准施策。要发挥亿万农民的主体作用和首创精神，调动他们的积极性、主动性、创造性。要善于总结基层的实践创造，不断完善顶层设计。三是充分发挥市场决定性作用和更好发挥政府作用的关系。要以市场需求为导向，深化农业供给侧结构性改革，不断提高农业综合效益和竞争力。要推进农村产权明晰化、农村要素市场化、农业支持高效化、乡村治理现代化，提高组织化程度，激活农业农村发展内生动力。要优化农村创新创业环境，放开搞活农村经济，培育乡村发展新动能。要发挥政府在规划引导、政策支持、市场监管、法治保障等方面的积极作用。四是增强农民群众获得感和适应发展阶段的关系。要紧紧围绕农民群众最关心最直接最现实的利益问题，加快补齐农业农村发展和民生短板。要科学评估财政收支状况、集体经济实力和群众承受能力，合理确定投资规模、筹资渠道、负债水平，合理设定阶段性目标任务和工作重点，形成可持续发展的长效机制。

——没有农业农村现代化就没有国家现代化。全面建设社会主义现代化国家，不只是“现代化”，更重要的是“全面”。在现代化进程中，如何处理好工农关系、城乡关系，在一定程度上决定着现代化的成败。从世界各国现代化历史看，有的国家没有处理好工农关系、城乡关系，农业发展跟不上、农村发展跟不上，乡村和乡村经济走向凋敝，工业化和城镇化走入困境。在我国拥有14亿多人口的国情下，不管工业化、城镇化进展到哪一步，农业都要发展，乡村都不会消亡，城乡将长期共生并存①。如果在现代化进程中把农村 4 亿多人落下，到头来“一边是繁荣的城市、一边是凋敝的农村”，这样的现代化是不可能取得成功的。历史和现实都告诉我们，强国必先强农，农强方能国强。只有工业化和城镇化，没有农业农村现代化，国家现代化是不完整的；只有城市居民现代化，没有农民现代化，国家现代化是不全面的；只有国家治理体系和治理能力现代化，没有乡村治理体系和治理能力现代化，国家现代化是不牢固的。不了解农村农民，就不能真正了解中国，更不可能治理好中国。推进农业农村现代化是解决发展不平衡不充分问题的必然要求，实现农业农村现代化是全面建成社会主义现代化强国的重大任务。

在新中国成立特别是改革开放以来长期探索和实践的基础上，经过党的十八大以来在理论和实践上的创新突破，从农业现代化到农村现代化再到乡村治理体系和治理能力现代化，初步形成了中国式农业农村现代化理论体系；从走中国特色农业现代化道路到走中国特色乡村振兴道路再到走新型工业化信息化城镇化农业现代化道路，探索走出了中国式农业农村现代化发展道路；从强调农业农村现代化关键在科技在人才到提出推进农业农村现代化要把握好四个重大关系再到推进“四化同步”和城乡一体化发展，基本构建了中国式农业农村现代化的制度框架和政策体系，为新时代新征程加快农业农村现代化、全面建设现代化国家提供了理论指引和行动指南。

（二）国家现代化的重大任务

全面建设社会主义现代化国家，最艰巨最繁重的任务在农村，最大的潜力和后劲在农村，最广泛最深厚的基础在农村。以中国式现代化全面推进中华民族伟大复兴，解决好发展不平衡不充分问题，重点难点在“三农”，迫切需要补齐农业农村短板弱项，推动城乡协调发展，这是实现中华民族伟大复兴战略全局的重大任务；加快构建以国内大循环为主体、国内国际双循环相互促进的新发展格局，实施扩大内需战略同深化供给侧结构性改革有机结合，潜力后劲

① 求是网．把乡村振兴战略作为新时代“三农”工作总抓手［EB/OL］. http://www.qstheory.cn/dukan/qs/2019-06/01/c_1124561415.htm

在“三农”，迫切需要扩大农村农民需求，畅通城乡经济循环，这是加快构建新发展格局的重大选择；面对世界百年未有之大变局，应对国内外各种风险挑战，基础支撑在“三农”，迫切需要稳住农业基本盘，守好农村战略后院，这是应对百年未有之大变局的重大举措。从“三个大局”看“三农”，加快农业农村现代化对全面建设社会主义现代化国家具有深远的历史意义和重要的现实意义。必须充分认识推进农业农村现代化对全面建设现代化国家的必要性和紧迫性，新时代的“三农”工作要以全面推进乡村振兴为重心、以加快农业农村现代化为总目标来推进。

当前和今后一个时期，推进农业农村现代化，既具有许多有利条件，又面临较大压力挑战。一方面，推进农业农村现代化面临许多压力挑战。一是在居民消费结构升级的背景下，部分农产品供求结构性失衡的问题日益凸显。优质化、多样化、专用化农产品发展相对滞后，大豆油料供需缺口进一步扩大，玉米增长满足不了消费需求，确保供给总量与结构平衡的难度加大。二是在资源环境约束趋紧的背景下，农业发展方式粗放的问题日益凸显。工业“三废”和城市生活垃圾等污染向农业农村扩散，耕地数量减少质量下降、地下水超采、投入品过量使用、农业面源污染问题加重，农产品质量安全风险增多，推动农业绿色发展和资源永续利用十分迫切。三是在国内外农产品市场深度融合的背景下，农业竞争力不强的问题日益凸显。劳动力、土地、农资等生产成本持续攀升，主要农产品国内外市场价格倒挂，部分农产品进口逐年增多，传统优势农产品出口难度加大，我国农业大而不强、多而不优的问题更加突出。在当前国际农产品贸易不稳定性不确定性增加的情况下，应对国际市场风险、保障国家粮食安全任务紧迫。四是在经济发展速度放缓和动力转换的背景下，农民持续增收难度加大的问题日益凸显。农产品价格提升空间较为有限，依靠转移就业促进农民收入增长的空间收窄，家庭经营收入和工资性收入增速放缓，逐步缩小城乡居民收入差距、促进农民共同富裕目标任务艰巨。另一方面，推进农业农村现代化具有许多有利条件。一是发展共识更加凝聚，政策导向更加鲜明。党和政府始终坚持把解决好“三农”问题作为重中之重，加快补齐农业农村现代化短板成为全党和全社会的共识，为开创“三农”工作新局面汇聚了强大推动力。全面推进乡村振兴，加快建设农业强国，农业支持保护持续加力，多元投入格局加快形成，更多资源要素向乡村集聚，为推进农业农村现代化提供了有力保障。二是市场空间更加广阔，市场驱动更加强劲。人口数量继续增长，个性化、多样化、优质化农产品和农业多种功能需求潜力巨大，为拓展农业农村发展空间增添了巨大带动力。构建新发展格局，实施扩大内需战略，国内超大规模市场优势不断显现，农村消费潜力不断激发，农业多种功能、乡村多元价值开发带动新消费需求，为推进农业农村现代化拓展了广阔空间。三是创新驱动更加有力，科技支撑更加有力。农村改革全面深化，新一轮科技革命和产业变革深入发展，新主体、新技术、新产品、新业态、新模式不断涌现，为农业转型升级注入了强劲驱动力。生物技术、信息技术等加快向农业农村各领域渗透，乡村产业加快转型升级，智慧农业快速发展，数字乡村建设不断深入，为推进农业农村现代化提供了动力支撑。四是城乡要素流动畅通，城乡融合深入发展。农业基础设施加快改善，农产品供给充裕，农民发展规模经营主动性不断增强，为农业现代化提供了不竭原动力。工业化深入发展、城镇化快速推进、信息化深度融合，对农业带动力增强，为推进"四化"同步发展提供了强劲拉动力。以工补农、以城带乡进一步强化，工农互促、城乡互补、协调发展、共同繁荣的新型工农城乡关系加快形成，城乡要素双向流动和平等交换机制逐步健全，为推进农村现代化注入了新的活力。综合判断，当前和今后一个时期，推进农业农村现代化机遇和挑战并存，机遇大于挑战。必须发挥优势，顺势而为，努力开创农业农村现代化发展新局面。

推进农业农村现代化是一个长期的历史过程，实现农业农村现代化是全面建成社会主义现代化强国的重大历史任务。

一是与深入发展的新型工业化相比，农业现代化基础仍然薄弱。长期以来，我国作为世界人口大国，人均资源占有量严重不足，同时由于实行高投入、高产出的农业生产方式，导致资源过度利用，耕地质量退化，农业面源污染严重，生态环境恶化，出现了资源和环境超载的现象，防汛抗旱等防灾减灾体系不完善，抗风险能力较弱。从现状看，我国人均耕地面积不足世界平均水平的1/3，人均水资源占有量不足世界平均水平的1/4。从趋势来看，我国人口规模还将增大，根据有关机构预测，到2030年我国人口总规模将达到14.5亿左右；随着工业化城镇化的推进，工业发展和城镇建设均需占用土地，农地资源减少的趋势难以避免；在水资源比较短缺的情况下，我国水资源与农业生产的区域布局严重错配，长江以南地区占有83%的水资源，但是我国农业主产区主要集中在北方，从而加剧了水资源紧张的局面。面对农业资源环境约束不断增强的压力，需要通过转变农业发展方式，推动资源永续利用，实现农业可持续发展。在农业科技创新方面，近年来我国农业高新技术单项成果丰硕，但技术集成化能力和产业化能力较弱，从科技强到产业强的路径不畅通，仍存在农业科技创新有效供给与有效需求不匹配、农业科技成果在转化过程中缺乏相应的能力和条件等问题，导致农业科技产学研融合程度和科技成果转化效率不高，农业创新链与产业链融合不畅；我国企业主导的农业科技创新模式发展尚未成熟，涉农企业科技创新能力偏弱，农业科技型企业数量较少。我国涉农企业科技创新投入占比不到3%，低于欧美等国的投入水平，农业企业科技创新存在创新难度大、创新链难以反哺产业链等突出问题，农业生产效率和比较效益较低。农村一二三产业融合发展水平不高，产业链条较短，融合层次较浅，要素活力不足，农产品深加工程度较低，农业质量效益和竞争力不强，产业支撑政策不健全，自我升级发展困难，辐射带动能力弱，也制约了农村产业融合发展。

二是与快速推进的新型城镇化相比，农村现代化仍存在短板弱项。由于城市工业发展的污染物排放以及农用工业品的回收问题未能得到较好处理，我国农村生态环境治理任重道远，成为农村发展的重要障碍，直接关乎农村生活和生产条件的改善。由于农村地域广阔、人口居住分散，农村在交通、能源、水利、通信等基础设施建设方面还存在比较明显的短板，城乡教育、医疗、养老、社会保障等公共服务的差距较大，民生保障还存在不少弱项。虽然这些年国家增加了农村的资金投入和项目供给，但农村公共服务和基础设施建设投资欠账还很多。制约城乡要素双向流动和平等交换的障碍依然存在，在现有的金融体系下，农村部门的储蓄比例较低，随着城市部门吸收农村资源的能力不断增强，农村金融资源流入城市的规模较大，能够留下来投资农村的资源较少。农村储蓄和投资不足、金融缺口较大，影响农村建设的主体性功能的充分发挥。农业农村财政资金投入不足，乡村发展整体水平亟待提升。

三是与市民现代化的进程相比，农民现代化是重点难点。长期以来，我国更多关注农业发展和农村建设问题，对农民自身发展的重视程度不够，农村精神文化生活缺乏，积累了较多的矛盾和问题。第一，农民的科技文化素质不高。近年来，随着农村青壮年劳动力大规模转移就业，农业劳动力素质明显下降，“谁来种地、如何种地”的问题日益凸显。许多农民受教育程度较低，难以掌握和运用先进的农业技术和装备，难以适应现代农业发展的要求。第二，农民的组织化程度不高。当前农村集体经济组织服务功能较弱，专业化、社会化的农民服务组织发展不够，农民的组织化程度较低，被动地参与市场竞争，处于农业价值链的低端。第三，农民民主权利落实不充分。权利保障机制还不完善，农民仍缺少公平竞争、平等发展的机会和条件，当权益受到侵害时，缺乏正常的维权渠道。第四，农民的现代公民意识比较淡薄。人情礼法至上的思想观念仍在农村社会普遍存在，现代的民主法治观念和社会责任意识在农民群体中还没有普遍建立起来。第五，农村老龄化问题突出。与城市相比，农村经济发展水平和生活水平普遍较低，农村劳动力大量流入城市，农村生产经营中的“老龄化”现象已经非常明显。从发展趋势看，农村青壮年进城落户的数量将继续增加，农村地区老龄化程度还会进一步提升。

四是与国家治理现代化的要求相比，乡村治理现代化是根基。乡村治理体系和治理能力能否实现现代化，直接影响国家治理体系和治理能力现代化的质量和成色。从当前的情况看，在我国乡村治理的实践中，“三治融合”的机制尚不健全，村民自治活力不足，村规民约缺乏有效的执行规范，乡村治理体系中的法治支撑不足。农村基层基础工作存在薄弱环节，乡村治理体系和治理能力亟待强化，主要表现为，第一，村民自治缺少活力。由于人口大量外流，村委班子力量配备不强，难以发挥“领头羊”作用。部分软弱涣散村党组织本身基础差、底子薄，村“两委”班子成员中不同程度地存在着综合素质不高、履职能力不强、联系服务群众不够紧密等问题，甚至存在个别村干部违规违纪现象，导致村干部队伍公信力下降，个别村干部号召力不强，难以充分发挥自治的作用。第二，法治权威性未得到彰显。村民对国家法治的认知度不高，传统的讲人情、讲关系的思想仍然存在，无形中削弱了法律在乡村治理中的权威性。一些党员干部也习惯于依靠行政命令办事，常常以执行政策或执行上级

“指示”为借口拒绝执行法律，法律还没有成为指导和约束人们行为的“第一准则”。立法和司法解释还不够科学完善，有些法律法规的实施存在衔接不紧密、相互矛盾等问题，对基层法治化建设影响很大。第三，现代德治的范畴、体系、运行方式等还处于探索阶段，尚未同乡村其他治理方式充分融合。部分乡村没有将德治纳入整体治理范围，德治的推进多是以口号式的宣传为主，尚未形成科学有效的工作机制。少数基层干部思想认识不到位，认为精神文明建设是“软任务”，做起来难度大、见效慢，工作中号召多、落实少。一些基层干部抓农民群众思想教育工作的积极性不高、投入精力不足，缺乏有效考核机制和办法。部分农村居民思想消极，自我动力不足，“等靠要”思想严重。

综合来看，加快农业农村现代化，要以习近平总书记关于农业农村现代化的重要论述为指导，全面贯彻落实党中央国务院关于农业农村现代化的部署和要求，突出强弱项、补短板、抓重点、固根基，统筹推进农业现代化、农村现代化、农民现代化、乡村治理现代化，为全面建设社会主义现代化国家提供基础支撑。

二、农业农村现代化的内涵特征

本部分依据习近平总书记提出的农业农村现代化的新概念新观点，我们将农业农村现代化的内涵概括为农业现代化、农村现代化、农民现代化、乡村治理现代化四个方面，分析阐述中国式农业农村现代化的内涵特征和基本要求。

（一）农业现代化的内涵要求

推进农业现代化，要立足农业产业特征。农业生产过程受自然力影响大，既要顺应天时，又要遵循生物生长规律，不误农时高效稳定组织生产。农业生产地域特色鲜明，不同地区资源禀赋差异大，需要因地因时制宜发展特色优势产业。农业生产面临双重风险，既有自然风险，也有市场风险，需要加强农业支持保护，强化防灾减灾能力建设，健全完善市场调控体系。我国人多地少矛盾十分突出，户均耕地规模仅相当于欧盟的2.5%、美国的0.25%[①]。农业家庭经营占主导地位，大国小农基本国情农情将长期存在，需要加快发展社会化服务，将现代生产要素导入小农户，提升农业科技水平和生产效率。农业科技成果运用具有很强外部性，小农户缺乏采用新技术、新品种的能力，实现科技进步需要更多依靠农业企业和社会化服务组织的引领带动。农业是近2亿人就业的产业，农业产业链和价值链仍处于低端，需要加快提升农业现代化水平，打造全产业链，拓展农业增值增效空间。

立足农业产业特征，推进农业现代化，要坚持农村土地农民集体所有、家庭承包经营的农村基本经营制度，在保障国家粮食安全的前提下，加快转变农业发展方式，着力构建现代农业产业体系、生产体系、经营体系，增强农业产业链供应链韧性和稳定性。建设现代农业产业体系，要在稳定粮食生产的基础上，发展现代畜牧业、园艺业、水产业，发展高附加值、高品质农产品，发展农产品加工业、流通业，推动农村一二三产业融合发展，优化农业区域布局，提高农业质量效益和竞争力。建设现代农业生产体系，要用现代物质装备武装农业，用现代科学技术提升农业，强化农业水利等基础设施，健全农业社会化服务体系，提高农业良种化、机械化、科技化、信息化、标准化水平。建设现代农业经营体系，要培育专业大户、家庭农场、农民合作社、农业企业等新型经营主体，形成集约化、专业化、组织化、社会化相结合的新型农业经营体系。推进生态低碳农业发展，要提升农业标准化水平、强化农产品质量安全监管、提升绿色发展支撑能力、持续推进化肥农药减量增效、循环利用农业废弃物、强化农业资源保护，实现资源利用更加高效、产地环境更加清洁、生态系统更加稳定。

（二）农村现代化的内涵要求

推进农村现代化，要立足农村地域特征。农村是具有自然、生态、经济、社会、文化等特征的地域综合体，是近5亿农民常住的家园，与城镇互促互

① 求是网．把乡村振兴战略作为新时代“三农”工作总抓手［EB/OL］.http：//www.qstheory.cn/dukan/qs/2019-06/01/c_1124561415.htm

进、共生共存，共同构成人类活动的主要空间。村庄集生产、生活功能于一体，要按照农村基本具备现代生活条件的要求，统筹考虑产业发展、人口布局、公共服务、土地利用、生态保护等，科学合理规划农村生产、生活的空间布局和设施建设。村庄风貌各具特色，不能简单照搬城市的做法，要保留民族特点、地域特征、乡土特色。村庄与自然生态融为一体，保留大量优秀传统乡土文化，需要发掘乡村多元价值，推动乡村自然资源增值，赓续传承农耕文明，促进传统农耕文化与现代文明融合发展，让乡村文明展现出独特魅力和时代风采。

立足农村地域特征，推进农村现代化，要把乡村建设摆在社会主义现代化建设的重要位置，统筹农村基础设施和公共服务布局，建设宜居宜业和美乡村。要根据不同村庄的发展现状、区位条件、资源禀赋等，分类编制村庄规划，完善县镇村规划布局，加强村庄规划建设管理。要继续把基础设施建设的重点放在农村，着力推进往村覆盖、往户延伸。推进城乡交通和供水保障一体化，提升农村电力保障水平和开发利用清洁能源，健全农村住房安全保障长效机制，推进数字技术与农村生产生活深度融合，强化农村公共基础设施建设。要建立健全城乡公共资源均衡配置机制，强化农村教育、医疗、养老、社保、文化等基本公共服务供给县乡村统筹，逐步实行制度并轨、标准统一，提升农村基本公共服务水平，实现城乡融合发展、基本公共服务均等化。要推进农村垃圾、污水治理和“厕所革命”，改善提升村容村貌，推广城乡环卫一体化第三方治理，全面提升农村人居环境质量。要实施村级综合服务设施提升工程，开展党务服务、基本公共服务、公共事业服务就近线上办理，提高村级综合服务设施覆盖率。

（三）农民现代化的内涵要求

推进农民现代化，要立足农民群体特征。我国农村人口规模巨大，提高农村居民现代化水平，是全面实现现代化的必然要求。我国农村居民收入和消费水平较低，城乡居民收入和消费水平差距较大，提升农村居民收入和消费水平，缩小城乡居民收入和消费差距，是实现全体人民共同富裕和现代化的本质要求。我国农村人口和农业劳动力文化程度不高，农村科学普及程度和农民科学素养不高，全面提升农民科技文化素质，是实现农业农村现代化的关键。我国农村人口老龄化和农业劳动力老龄化问题突出，全面提升农村人口和农业劳动力素质，是实现农业农村现代化的重点。在我国一些农村还不同程度地存在着优秀道德规范、公序良俗失效，农民权利义务意识、民主法治观念不强，农民卫生习惯、身心健康状况不良等问题，提高农民身心健康素质、民主法治观念和社会文明程度，是实现农民现代化的根本要求。

立足农民群体特征，推进农民现代化，要促进农村物质文明和精神文明协调发展，让广大农民平等参与现代化进程、共同分享现代化成果。要不断提高农民物质生活水平，让广大农民过上更加富裕更加美好的生活；要切实增强农民主体地位，赋予农民更加充分的财产权益；要深入推进农村精神文明建设，提高农民社会文明程度；要着力提升农民思想道德素质、科学文化素质和身心健康素质，实现农民全面发展；要加强农村人才队伍建设，充分发挥各类人才助力农业农村现代化的支撑作用；要传承弘扬农耕文明与美好品德，繁荣发展农村社会主义文化，使广大农民自信自强、精神力量充盈。

（四）乡村治理现代化的内涵要求

推进乡村治理现代化，要立足乡村治理结构特征。我国有 3 万多个乡镇，50 多万个村民委员会，加强农村基层基础工作，是国家治理现代化的根基。从当前情况看，一些农村还存在着基层党组织软弱涣散，村级组织工作事务和工作机制不规范，农村集体经济组织薄弱，村级组织运转经费保障不足，社会服务组织发育不足，村干部队伍青黄不接，少数基层干部作风不实等突出问题。乡村治理体系不健全，乡村治理能力不强，迫切需要完善乡村治理体系，创新乡村治理方式，加快推进乡村治理体系和治理能力现代化。

立足乡村治理结构特征，推进乡村治理现代化，要坚持党对乡村治理的全面领导，把党的领导贯穿乡村治理全过程、各方面，坚持系统治理、依法治理、综合治理、源头治理的全周期管理理念，建立健全党组织统一领导、政府依法履责、各类组织积极协同、群众广泛参与，自治、法治、德治相结合的乡村治理体系，建设人人有责、人人尽责、人人享有，共建共治共享的乡村治理共同体。要完善党全面领导的乡村治理制度，健全村党组织领导的村级组织体系，深化乡镇政府机构和管理体制改革，完善党建引领的社会广泛参与制度。要加强基层政权治理能力建设，增强乡镇行政执行能力、为农民服务能力、议事协商能力、应急管理能力和平安建设能力。要健全基层群众自治制度，加强村民委员会规范化建设，健全村民自治机制，健全村级组织运转经费保障机制，增强村组织动员能力，调处化解乡村矛盾纠纷，推进平安乡村建设。要推进基层法治和德治建设，推进法治乡村建设，建设德才兼备的乡村治理工作队伍，发展农村公益慈善事业。要加强基层智慧治理能力建设，加强信息化治理终端设施规划建设，健全基层智慧治理标准体系，推动乡村治理数据资源共享，提高乡村治理数字化智能化水平。

三、农业农村现代化的目标任务

本部分根据农业现代化、农村现代化、农民现代化、乡村治理现代化的内涵特征和基本要求，遵循必要性和可行性、连续性和可得性、科学性和前瞻性相结合的基本原则，构建我国农业农村现代化的评价指标体系。参考借鉴国家及有关部门制定的有关规划确定的指标及其参数，对已构建形成的我国农业农村现代化指标体系进行指标赋值，科学确定到2025年、2035年、2050年的农业现代化、农村现代化、农民现代化和乡村治理现代化的目标任务。

（一）农业现代化的目标任务

根据2021年中央1号文件的有关要求和《“十四五”推进农业农村现代化规划》的有关安排，参考借鉴专家学者的已有研究成果，本节围绕农业产业体系现代化、农业生产体系现代化、农业经营体系现代化三个方面，构建农业现代化评价指标体系，提出农业现代化的阶段性目标任务。

在农业产业体系现代化方面，设置了“畜牧业产值占农业总产值比重”“农产品加工业产值与农业总产值之比”“休闲农业与乡村旅游年接待人次”3

项指标。现代畜牧业是现代农业发展的重要标志。2021 年我国畜牧业总产值为 39 911 亿元，占农林牧渔业总产值的 27.1%，发达国家的占比普遍在 50% 以上。参考借鉴国际经验，依据我国发展状况，预测到 2025 年我国畜牧业产值占农林牧渔业总产值的比重保持在 30%左右，到 2035 年达到 40%，到 2050 年达到 50%。发展农产品加工业是延长现代农业产业链条、提高农产品附加值的重要途径。2020 年我国农产品加工业产值与农业总产值之比为 2.4，发达国家普遍在 3.5 以上。未来一个时期，我国农产品加工业总产值与农业总产值之比将进一步提高，到 2025 年达到 2.8，到 2035 年达到 3.3，到 2050 年超过发达国家达到 4 的水平。随着农业产业化水平不断提高，农村一二三产业融合程度不断加深，休闲农业和乡村旅游业蓬勃发展。2019 年我国休闲农业与乡村旅游年接待人次就已超过 30 亿，2021 年我国 50 多万农户开展了休闲农业和乡村旅游，到 2025 年我国休闲农业和乡村旅游年接待人次将超过 40 亿，到 2035 年达到 50 亿，到 2050 年达到 60 亿。

在农业生产体系现代化方面，设置“粮食综合生产能力”“高标准农田面积”“农作物耕种收综合机械化率”“农业科技进步贡献率”“农业科研经费投入强度”“农产品质量安全例行检测合格率”“畜禽粪污综合利用率”“农田灌溉用水有效利用系数”“主要农作物化肥利用率”“主要农作物农药利用率”等 10 项指标。粮食综合生产能力是指一定时期的一定地区、在一定的经济技术条件下，由各生产要素综合投入所形成的、可以稳定达到一定产量的粮食产出能力。2021 年我国粮食总产量超过 6.8 亿吨，按照供需大体平衡、适当留有余地的原则，结合人口增长预期与人均粮食需求量，2025 年粮食综合生产能力应不低于 6.5 亿吨，2035 年和 2050 年分别不低于 7 亿吨和 6.8 亿吨。高标准农田建设是我国农业设施化水平的重要体现。2021 年我国全年建成 1.06 亿亩[①]高标准农田，累计建成高标准农田 9 亿亩。到 2025 年我国高标准农田保有量应达到 10.75 亿亩，到 2035 年达到 13 亿亩，到 2050 年达到 16 亿亩。农业机械化水平是衡量农业现代化的重要指标。2021 年全国农作物耕种收综合机械化率超过 72%，到 2025 年农作物耕种收综合机械化率将达到 75%，2035 年

① 亩为非法定计量单位，1 亩等于 1/15 公顷。

达到85%，2050年达到95%。“农业科技进步贡献率”和“农业科研经费投入强度”能够反映农业的科学化水平。2021年我国农业科技进步贡献率达到61%，对标发达国家农业科技进步贡献率普遍在80%以上的水平，我国推进农业现代化仍需要进一步提高农业科技水平。到2025年我国农业科技进步贡献率需要达到64%，到2035年达到72%，到2050年达到80%。目前我国农业科技投入强度不到1%，与发达国家和行业平均水平存在很大差距，迫切需要提高农业科技投入强度。到2025年我国农业科技投入强度需要达到1%，到2035年达到1.5%，到2050年达到2%。“农产品质量安全例行检测合格率”是衡量我国农业发展质量的重要指标。2021年我国农产品质量安全例行检测合格率达到97.6%，到2025年需要达到98%，2035年之后保持在99%以上。“畜禽粪污综合利用率”“农田灌溉用水有效利用系数”“主要农作物化肥利用率”“主要农作物农药利用率”等指标，能够反映农业可持续发展能力，体现农业绿色化水平。2021年我国畜禽粪污综合利用率达到76%，根据2020年国务院办公厅印发的《关于促进畜牧业高质量发展的意见》和2021年国务院印发的《“十四五”推进农业农村现代化规划》，到2025年我国畜禽粪污综合利用率需要达到80%。对标发达国家100%的畜禽粪污综合利用率，到2035年我国畜禽粪污综合利用率要达到88%，到2050年超过95%。2021年我国农田灌溉水有效利用系数达到0.568，比10年前提高了0.052，对标发达国家0.7～0.8的系数值，到2025年我国农田灌溉水有效利用系数需要达到0.58，到2035年达到0.65，到2050年达到0.7。2021年我国主要农作物化肥农药利用率均超过40%，使用量连续多年负增长，与欧美发达国家仍存在较大差距。要实现农业现代化，到2025年我国主要农作物化肥利用率需要达到44%，农药利用率达到42%；到2035年化肥利用率达到52%，农药利用率达到48%；到2050年化肥利用率达到60%，农药利用率达到55%。

在农业经营体系现代化方面，设置了“土地适度规模经营比重”“农民合作社辐射带动农户比例”“农业社会化服务对农户覆盖率”“农业劳动生产率”等4项指标。在小农户的基础上发展多种形式的适度规模经营是农业现代化的必由之路。2016年国务院印发的《全国农业现代化规划（2016—2020年）》明确提出到2020年多种形式土地适度规模经营占比达到40%的具体目标，综合考虑未来小农户退出和土地流转情况，到 2025 年多种形式土地适度规模经营占比需要达到 50%，到 2035 年达到 60%，到 2050 年达到 85%。发展农民合作社和农业社会化服务是推动小农户与现代农业发展有机衔接的重要路径。2020 年全国农民合作社达到 224.1 万家，辐射带动全国近一半的农户，到 2025 年农民合作社辐射带动农户比例达到 60%，到 2035 年达到 70%，到 2050 年达到 90%。2020 年各类服务组织服务小农户数量 7 804.7 万个（户），占全国农业经营户的 37.7%，到 2025 年覆盖率达到 45%，到 2035 年达到 60%，到 2050 年达到 90%。提高农业劳动生产率是提高农业竞争力、增加务农劳动力收入的根本途径。2020 年我国农业劳动生产率达到 4 万元/人，与发达国家相比仍存在较大差距。综合考虑我国经济发展、科技进步、组织化程度等因素，到 2025 年我国农业劳动生产率达到 6 万元/人，到 2035 年达到 8 万元/人，到 2050 年达到 12 万元/人（表 1）。

表 1　农业现代化评价指标体系和阶段性目标任务

一级指标	二级指标	三级指标	2025 年目标值	2035 年基本现代化目标值	2050 年全面现代化目标值
农业现代化	农业产业体系现代化	畜牧业产值占农业总产值比重	30%	40%	50%
		农产品加工业产值与农业总产值之比	2.8	3.3	4
		休闲农业与乡村旅游年接待人次	40 亿	50 亿	60 亿
	农业生产体系现代化	粮食综合生产能力	≥6.5 亿吨	≥7 亿吨	≥6.8 亿吨
		高标准农田面积	10.75 亿亩	13 亿亩	16 亿亩
		农作物耕种收综合机械化率	75%	85%	95%
		农业科技进步贡献率	64%	72%	80%
		农业科研经费投入强度	1%	1.5%	2%
		农产品质量安全例行检测合格率	98%	99%	>99%
		畜禽粪污综合利用率	80%	88%	95%
		农田灌溉用水有效利用系数	0.58	0.65	0.7
		主要农作物化肥利用率	44%	52%	60%
		主要农作物农药利用率	42%	48%	55%

（续）

一级指标	二级指标	三级指标	2025年目标值	2035年基本现代化目标值	2050年全面现代化目标值
农业现代化	农业经营体系现代化	土地适度规模经营比重	50%	60%	85%
		农民合作社辐射带动农户比例	60%	70%	90%
		农业社会化服务对农户覆盖率	45%	60%	90%
		农业劳动生产率	6万元/人	8万元/人	12万元/人

（二）农村现代化的目标任务

本节围绕农村基础设施现代化、农村基本公共服务现代化、农村居民生活质量现代化三个方面，构建农村现代化评价指标体系，提出农村现代化阶段性目标任务。

在农村基础设施现代化方面，设置“农村自来水普及率”“较大人口规模自然村（组）通硬化路比例”“农村居民年人均生活用电量”“农村燃气普及率”“农村互联网普及率”等5项指标。农村水、路、电、气、网等基础设施建设直接关系到农村现代化的实现，其中获取安全便利的生活用水是现代化生活的基础和前提。2021我国农村自来水普及率达到84%，根据国家相关部署和安排，2025年农村自来水普及率应该达到88%。根据农村现代化的相关要求，到2035年农村自来水普及率达到92%，到2050年达到100%。加强农村道路建设，不仅能够改善农村居民的生产生活条件，而且可以带动当地经济发展。2021年国务院印发的《“十四五”推进农业农村现代化规划》提出，到2025年我国较大人口规模自然村（组）通硬化路的比例要超过85%。对标农村现代化的相关要求，到2035年这一比例应该达到90%，到2050年全部实现通硬化路。农村居民年人均生活用电量能够直接反映农村居民家庭生活的电气化程度。2020年我国农村居民年人均生活用电量为854.1千瓦时，考虑现有水平和增长趋势，到2025年应超过1 000千瓦时，到2035年达到1 500千瓦时，到2050年达到2 000千瓦时。推进农村煤改气是农村居民生活向绿色发展转变的重要形式。《2021年城乡建设统计年鉴》数据显示，2020年我国农村燃气普及率仅为38.19%。对标农村现代化的相关要求，到2025年我国农村燃气普及率需要超过45%，到2035年达到60%，到2050年达到80%。信息化时代互联网已经成为农村生产、生活的重要工具，数字乡村建设更为乡村振兴和农业农村现代化注入了全新动能。2021年我国农村互联网普及率达到了57.6%，比2012年提升33.9个百分点，到2025年我国农村互联网普及率需要达到65%，到2035年达到80%，到2050年达到95%。

在农村基本公共服务现代化方面，设置"乡村义务教育学校专任教师本科以上学历比例""乡村医生中职业（助理）医师比例""乡镇（街道）范围具备综合功能的养老服务机构覆盖率"3项指标。2020年我国乡村义务教育学校专任教师本科以上学历比例为60.4%，到2025年这一比例需要达到62%，到2035年达到67%，到2050年达到72%。2020年我国乡村医生中职业（助理）医师比例为38.5%，到2025年这一比例需要达到45%，2035年达到60%，2050年达到70%。2020年我国乡镇（街道）范围具备综合功能的养老服务机构覆盖率为54%，到2025年需要达到60%，2035年达到70%，2050年超过80%。

在农村居民生活质量现代化方面，设置"农村生活污水处理率""农村生活垃圾处理率""农村无害化卫生厕所普及率""农村居住在钢筋混凝土或砖混材料结构住房的住户比重"4项指标。生态宜居是实施乡村振兴战略的总要求之一，农村污水处理、垃圾处理、卫生厕所建设等是乡村生态宜居的重要表现形式。2021年我国农村生活污水处理率仅为28%左右，根据生态环境部的有关部署和要求，到2025年处理率提高至40%，到2035年基本实现现代化目标时，我国农村生活污水处理率需要达到60%，到2050年全面实现现代化目标时，农村生活污水基本能够全部得到处理。2021年我国农村生活垃圾处理率在90%以上，"十四五"末处理率需要达到95%，到2035年我国农村生活垃圾处理率达到98%，到2050年全部得到处理。截至2021年年底，我国农村卫生厕所普及率超过70%，其中东部地区、中西部城市近郊区等有基础、有条件的地区农村卫生厕所普及率超过90%，到2025年我国农村卫生厕所普及率达到78%，到2035年达到85%，到2050年农村卫生厕所全面普及。住房安全是农村居民生活质量的重要体现。2020年我国全面实现农村住房安全有保障，2021年农村居民居住在钢筋混凝土或砖混材料结构住房的比重为77.6%，比2013年提高21.9个百分点，到2025年达到85%，到2035年达到93%，到2050年全部农村居民能够居住在钢筋混凝土或砖混材料结构住房（表2）。

表2　农村现代化评价指标体系和阶段性目标任务

一级指标	二级指标	三级指标	2025年目标值	2035年基本现代化目标值	2050年全面现代化目标值
农村现代化	农村基础设施现代化	农村自来水普及率	88%	92%	100%
		较大人口规模自然村（组）通硬化路比例	85%	90%	100%
		农村居民年人均生活用电量	1 000千瓦时	1 500千瓦时	2 000千瓦时
		农村燃气普及率	45%	60%	80%
		农村互联网普及率	65%	80%	95%
	农村基本公共服务现代化	乡村义务教育学校专任教师本科以上学历比例	62%	67%	72%
		乡村医生中职业（助理）医师比例	45%	60%	70%
		乡镇（街道）范围具备综合功能的养老服务机构覆盖率	60%	70%	80%
	农村居民生活质量现代化	农村生活污水处理率	40%	60%	100%
		农村生活垃圾处理率	95%	98%	100%
		农村无害化卫生厕所普及率	78%	85%	100%
		农村居民居住在钢筋混凝土或砖混材料结构住房的住户比重	85%	93%	100%

（三）农民现代化的目标任务

“人”的现代化是社会主义现代化的重要组成部分，农民的现代化是构成农业农村现代化的根本体现。本节围绕农民收入、消费、受教育程度、平均寿命等不同方面构建农民现代化评价指标体系，并提出农民现代化的阶段性目标。

从农村居民人均可支配收入看，2021 年农村居民人均可支配收入18 931 元，比上年实际增长 9.7%，高于城镇居民收入增速 2.6 个百分点。在未来一个时期农村居民人均可支配收入增速需要保持稳定，到 2025 年达到 2 万元，到 2035 年达到 3.5 万元，到 2050 年达到 6 万元。从城乡居民收入比看，2021 年我国城乡居民人均可支配收入之比为 2.50∶1，根据共同富裕的目标要求，到 2025 年城乡居民收入比达到 2.2∶1，到 2035 年达到 1.8∶1，到 2050 年达到 1.5∶1。从农村人均消费支出看，2021 年农村居民人均消费支出 15 916 元，比 2012 年累计实际增长 99.7%，年均实际增长 8.0%；预计到 2025 年农村人均消费支出达到 1.8 万元，2035 年达到 2.5 万元，2050 年达到 3.5 万元。从农村居民教育文化娱乐支出看，2021 年该项支出为 1 645元，占总支出的比重为 10.34%，到 2025 年该项支出占比达 11.5%，到 2035 年为 12%，到 2050 年为 15%。2020 年全国学前教育毛入园率为 85.2%，根据《“十四五”推进农业农村现代化规划》提出的目标要求和农业农村现代化建设的需要，2025 年我国农村学前教育毛入园率需要达到 87%，到 2035 年达到 95%，到 2050 年达到 100%。第三次全国农业普查数据显示，农业生产经营人员平均受教育年限仅为 7.7 年，而发达国家普遍在 13 年以上，综合多方面因素，将 2025 年、2035 年、2050 年该指标的目标分别定为 9 年、11 年、13 年。根据 2017 年国家统计局与国家卫生健康委员会发布的相关数据，我国农村居民平均寿命仅为 68 岁，以北京、上海、天津为代表的大城市居民的平均寿命均超过 80 岁。考虑到城乡之间的差异性，将 2025 年、2035 年、2050 年农村居民人均预期寿命的目标值分别定为 72 岁、75 年、80 岁。随着农村道路建设的不断完善和农民生活水平的不断提高，农村居民家庭对汽车的需求增加。2020 年我国每百户农村居民家庭拥有的汽车数量为 24.7 辆，对标农业农村现代化的要求，到 2025 年我国农村居民家庭汽车普及率应该达到 30%，到 2035 年达到 50%，到 2050 年达到 80%（表 3）。

表 3 农民现代化评价指标体系和阶段性目标任务

一级指标	具体指标	2025 年目标值	2035 年基本现代化目标值	2050 年全面现代化目标值
农民现代化	农村居民人均可支配收入	2 万元	3.5 万元	6 万元
	城乡居民收入比	2.2∶1	1.8∶1	1.5∶1
	农村人均消费支出	1.8 万元	2.5 万元	3.5 万元
	农村居民教育文化娱乐支出占比	11.5%	12%	15%
	农村学前教育毛入园率	87%	95%	100%
	农业生产经营人员平均受教育年限	9 年	11 年	13 年
	农村居民平均预期寿命	72 岁	75 岁	80 岁
	农村居民家庭汽车普及率	30%	50%	80%

（四）乡村治理现代化的目标任务

现代化的乡村治理应当以经济发展为依托，为村民提供有序优质服务，让村民感到有奔头、有依靠。根据乡村治理的概念界定，结合国际治理评估的一般做法、现有政策要求和地方实践，兼顾数据的可得性，本节围绕“基层党建能力”“自治能力”“德治能力”“法治能力”“智治能力”等方面，构建乡村治理现代化评价指标体系，提出乡村治理现代化的具体目标任务。

“基层党建能力”主要考察基层党组织的领导能力，包括“行政村已建立党组织覆盖率”“村党组织书记大专及以上学历占比”“建有综合服务站的村占比”3 项指标。2021 年我国行政村党组织覆盖率达到 99.9%，未来一个时期基层党组织需要覆盖所有行政村。截至 2021 年年底，我国村党组织书记大专及以上学历占比为 40.8%，未来一个时期为推进乡村治理能力现代化，该占比会进一步提高，到 2025 年达到 45%，到 2035 年达到 55%，到 2050 年达到 70%。2020 年约有半数的村建有综合服务站，到 2025 年建有综合服务站的村占比达到 65%，到 2035 年达到 80%，到 2050 年达到 100%。

“自治能力”包括“实行财务公开村覆盖率”“民主理财小组覆盖率”“集体收益 5 万元以上的村占比”3 项指标。根据《中国农村政策与改革统计年报》，2020年我国实行财务公开村覆盖率和民主理财小组覆盖率分别为99.8%和99%，未来一个时期财务公开和民主理财将基本覆盖所有村集体。发展壮大农村集体经济，是稳定和完善农村基本经营制度、促进农民农村共同富裕的必然要求。近年来我国农村集体经济取得了较快发展，2020年我国集体收益5万元以上的村占比达到54.4%，到2025年需要达到65%，到2035年达到75%，到2050年达到90%。

“德治能力”主要用“县级及以上文明村占比”进行衡量。乡风文明是乡村振兴的重要内容，2020年我国县级及以上文明村占比为53.2%，到2025年需要达到60%，到2035年达到70%，2050年达到80%。

“法治能力”主要用“乡镇所执业的基层法律服务工作者占比”进行衡量。2021年我国乡镇所执业的基层法律服务工作者占比43%，到2025年需要达到48%，2035年达到55%，2050年超过70%。

“智治能力”主要用“实行会计电算化的村占比”进行衡量。《中国农村政策与改革统计年报》数据显示，2020年我国实行会计电算化的村占比为77.7%，到2025年需要达到85%，2035年达到90%，2050年超过95%（表4）。

表4　乡村治理能力现代化评价指标体系和阶段性目标任务

一级指标	二级指标	三级指标	2025年目标值	2035年基本现代化目标值	2050年全面现代化目标值
乡村治理现代化	基层党建能力	行政村党组织覆盖率	100%	100%	100%
		村党组织书记大专及以上学历占比	45%	55%	70%
		建有综合服务站的村占比	65%	80%	100%
	自治能力	实行财务公开村覆盖率	100%	100%	100%
		民主理财小组覆盖率	99.5%	100%	100%
		集体收益5万元以上的村占比	65%	75%	90%
	德治能力	县级及以上文明村占比	60%	70%	80%
	法治能力	乡镇所执业的基层法律服务工作者占比	48%	55%	70%
	智治能力	实行会计电算化的村占比	85%	90%	95%

四、农业农村现代化的实现路径

新时代新征程推进农业农村现代化，要坚持农业农村优先发展，坚持城乡融合发展，走中国特色农业现代化道路，走中国特色乡村振兴道路，走中国特色乡村善治之路，走中国特色新型工业化、信息化、城镇化、农业现代化道路，以保障国家粮食安全和促进农民增加收入为根本要求，以促进乡村产业发展、推进乡村建设、强化科技人才支撑、改进乡村治理为重点任务，以全面深化农村改革和促进城乡融合发展为重要举措，突出强弱项、补短板、抓重点、固根基，加快推进农业农村现代化，推进乡村治理体系和治理能力现代化，为全面建设社会主义现代化国家提供物质基础和战略支撑。

（一）保障国家粮食安全

保障国家粮食安全，是治国安邦的头等大事，是推进农业农村现代化的首要任务。从国际经验看，一个国家特别是人口大国，只有确保粮食安全和重要农产品有效供给，才能掌握粮食安全的主动权，才能掌控经济社会发展的大局。从我国情况看，粮食安全的基础仍不稳固，粮食安全的形势依然严峻，任何时候都不能轻言粮食过关了。加快推进农业农村现代化，必须牢牢守住国家粮食安全的底线，确保谷物基本自给、口粮绝对安全，全方位夯实粮食安全根基，构建多元化食物供给体系。坚持以我为主、立足国内、确保产能、适度进口、科技支撑，走中国特色粮食安全之路。

1. 强化粮食安全政治责任

各级党委和政府要切实扛起粮食安全政治责任，实行粮食安全党政同责，严格粮食安全责任制考核。主产区、主销区、产销平衡区都要保面积、保产量、提品质。深入实施重要农产品保障战略，完善粮食安全省长责任制和“菜篮子”市长负责制，确保粮、棉、油、糖、肉等重要农产品供给安全。围绕提升粮食和重要农产品供给保障能力，实施新一轮千亿斤粮食产能提升行动，建设国家粮食安全产业带，深入推进优质粮食工程建设，加强粮食生产功能区和重要农产品保护区建设。开展绿色高质高效行动，实施大豆和油料产能提升工程，促进生猪产业持续健康发展，扩大牛羊肉和奶业生产，稳定水产养殖面积，稳定大中城市常年菜地保有量。要树立大食物观，多途径开发食物来源，构建多元化食物供给体系，实施新一轮中国食物与营养发展纲要。

2. 落实藏粮于地战略举措

一是实行耕地保护党政同责，严守18亿亩耕地红线。把耕地保有量和永久基本农田保护目标任务落到实处，确保耕地数量不减少、质量有提高。明确耕地利用优先序，严格控制非农建设占用耕地，坚决制止耕地“非农化”、防止耕地“非粮化”。加强和改进建设占用耕地占补平衡管理，改进跨省域补充耕地国家统筹管理办法。二是深入实施高标准农田建设规划，逐步把永久基本农田全部建成高标准农田。加大中低产田改造力度，提升耕地地力等级。实施高效节水灌溉与高标准农田建设，实施大中型灌区续建配套和现代化改造。加强保护性耕作推广应用，实施东北黑土地保护性耕作行动计划。支持将符合条件的盐碱地等后备资源适度有序开发为耕地，统筹利用撂荒地发展农业生产。三是有效防范应对农业重大灾害，保护农业综合生产能力。加强防汛抗旱应急物资储备，修复水毁灾损农业、水利基础设施。强化农业农村、水利、气象灾害监测预警体系建设，增强极端天气应对能力。加强基层动植物疫病防控体系建设，做好人兽共患病源头防控，加强外来入侵物种防控管理。

3. 落实藏粮于技战略举措

一是推进种源等农业关键核心技术攻关。全面实施种业振兴行动，深入贯彻落实国家种子法。推进农作物、畜禽种质资源调查收集，加强国家作物、畜禽和海洋渔业生物种质资源库建设。启动实施农业生物育种重大项目，深入实施农作物和畜禽良种联合攻关，实施新一轮畜禽遗传改良计划和现代种业提升工程。强化现代农业产业技术体系建设，有序推进生物育种产业化应用。推进种业领域国家重大创新平台建设，支持种业龙头企业建立健全商业化育种体系。加快建设南繁硅谷、制种基地和良种繁育体系建设，促进育繁推一体化发展。二是强化农业科技和物质装备支撑。打造国家热带农业科学中心，布局建设一批科技创新基地平台。加强农机装备工程化协同攻关，将其纳入国家重点研发计划给予长期稳定支持，支持高端智能、丘陵山区农机装备研发制造，提高农机装备自主研制能力。推动新生产农机排放标准升级，开展农机研发制造推广应用一体化。加大农机购置补贴力度，开展农机作业补贴。三是发展设施农业。发展塑料大棚、日光温室、连栋温室等设施。集中建设育苗工厂化设施。鼓励发展工厂化集约养殖、立体生态养殖等新型养殖设施。推动水肥一体化、饲喂自动化、环境控制智能化等设施装备技术研发应用。在保护生态环境基础上，探索利用可开发的空闲地、废弃地发展设施农业。

4. 健全种粮农民收益保障机制

按照让农民种粮有利可图、让主产区抓粮有积极性的目标要求，健全农民种粮收益保障机制，健全主产区利益补偿机制。稳定种粮农民补贴，完善稻谷、小麦最低收购价政策和玉米、大豆生产者补贴政策，实现三大粮食作物完全成本保险和种植收入保险主产省产粮大县全覆盖。聚焦薄弱环节和小农户，加快发展农业社会化服务，保障农户种粮合理收益。健全产粮大县支持政策体系，创新粮食产销区合作机制，提高粮食综合收益。

5. 统筹做好重要农产品市场调控

健全粮食等重要农产品全产业链监测预警体系，建立统一的农产品供求信息发布制度。完善中央和地方储备粮管理体制，分类分品种加强市场调控和应急保障。培育多元市场购销主体，提升重要农产品收储调控能力。深化粮食购销领域监管体制机制改革，强化粮食库存动态监管。做好化肥等农资生产储备调运，促进保供稳价。实施农产品进口多元化战略，健全农产品进口管理机制，确保农产品产业链供应链稳定安全。制定《粮食安全保障法》，修订《粮食流通管理条例》，构建粮食和重要农产品法治体系。落实粮食节约行动方案，科学引导有效节粮减损。深入推进产运储加消全链条节粮减损，反对食物浪费。

（二）促进农民增加收入

增加农民收入是新时代“三农”工作的中心任务，是推进农业农村现代化的重要任务。检验农业农村工作成效的一个重要尺度，就是看农民的钱袋子鼓起来没有。从当前的情况看，农民收入增速放缓，城乡之间和农民内部差距较大，增长动能不足，要通过多种途径，采取有力措施，围绕农业提质增效强基础、农民就业创业拓渠道、农村改革赋权增活力、农村社会保障固基本，着力挖掘经营性收入增长潜力，稳住工资性收入增长势头，释放财产性收入增长红利，拓展转移性收入增长空间，确保农民收入持续较快增长，城乡居民收入差距进一步缩小，农民农村共同富裕取得更为明显的实质性进展。

1. 挖掘农业内部增收潜力，促进家庭经营性收入稳定增长

一是加大农业基础设施投入。大规模开展农村土地整治、农田水利、农业科技和农产品仓储物流等基础设施建设，实施新一轮农村电网改造升级工程，改善农业生产条件，提高农业生产能力。对财政资金投入农业农村形成的经营性资产，探索将股权量化到村到户，让农民长期受益。二是调整优化农业产业结构。推进农牧（农林、农渔）结合、循环发展，发展木本粮油、林下经济等，合理布局畜禽、水产养殖，加强海洋牧场建设。以一二三产业融合发展为重点，纵向延伸产业链条，横向拓展产业功能，多向提升乡村价值，促进乡镇村联动发展，实现加工在乡镇、基地在农村、增收在农户。三是支持新型农业经营主体带动农户发展。支持各类农业社会化服务组织，推广农业生产经营环节各种服务模式，将先进适用的品种、投入品、技术、装备导入小农户。完善财税、信贷、保险、用地、项目等支持政策，健全产业链利益联结机制，让农户分享加工、销售环节收益。

2. 拓宽农民就业渠道，促进农民工资性收入较快增长

一是加强新型职业农民培育。实施新型职业农民培育工程，推进新型农业经营主体带头人培育行动；实施农民工职业技能提升计划，增强农民工务工技

能；提高农民进入市场的组织化程度，积极开展有组织的劳务输出。二是完善城乡劳动者平等就业制度。落实保障农民工工资支付条例，落实农民工与城镇职工平等就业、同工同酬制度。完善覆盖城乡的公共就业服务制度，实现城乡居民公共就业服务均等化。三是支持农民等创业创新。实施农民工等人员返乡创业培训行动计划，支持返乡创业园、返乡创业孵化园（基地）、信息服务平台、实训基地和乡村创客示范基地建设。落实创业补贴政策，加大创业贷款等支持力度。国家组织实施的重大工程和项目建设，要尽可能多地使用农民工。

3. 完善农业支持保护制度，促进农民转移性收入增长

一是推进农业补贴政策转型。以促进农民增收为导向，改革完善农业补贴政策。完善耕地保护补偿机制，推进耕地轮作休耕补偿制度。健全草原、森林、湿地、河湖等生态补偿政策。二是创新农村金融和保险服务。推进农村承包土地经营权和农民住房财产权抵押贷款试点，大力开展农户小额信用贷款、保单质押贷款、农机具和大棚设施抵押贷款业务。发展农作物保险、主要畜产品保险、重要“菜篮子”品种保险和森林保险，推广农房、农机具、设施农业、渔业、制种保险等业务。扩大生猪和蔬菜价格保险试点，探索天气指数保险和“基本险＋附加险”等模式，探索发展适合农业农村特点的农业互助保险，开展特色优势农产品保险试点。加快建立农业保险大灾风险分散机制，增强对重大自然灾害风险的抵御能力。三是探索财政撬动金融支农模式。综合运用奖励、补贴、税收优惠等政策工具，重点支持发展农户小额贷款、种养业贷款、林权抵押贷款等。完善涉农贴息贷款政策，降低农户和新型农业经营主体融资成本。总结推广“财政补助、农户自缴、社会帮扶”等模式，有效提升农户小额信贷可得性。推动建立农业补贴、涉农信贷、农产品期货、农业保险联动机制。

4. 赋予农民更加充分的财产权益，促进农民财产性收入增长

一是深化农村集体产权制度改革。完善农村集体产权权能，加快农村承包地、林地、草原、“四荒地”、宅基地、农房、集体建设用地等确权登记颁证。实行农村土地所有权、承包权、经营权“三权分置”，引导农民以多种方式流

转承包土地的经营权。开展以土地、林地等为基础的各种形式的股份合作，采取“保底收益＋按股分红”等形式，增加农户多环节收益。推进农村土地征收、集体经营性建设用地入市、宅基地制度改革试点，建立兼顾国家、集体、个人的土地增值收益分配机制，完善对被征地农民合理、规范、多元保障机制，合理提高个人收益。推进农村集体经营性资产股份合作制改革，以股份或份额形式量化到本集体经济组织成员。完善集体林权制度，引导林权规范有序流转，鼓励发展家庭林场、股份合作林场，合理提高林农收益。二是激发农村资源资产要素活力。鼓励农村集体经济组织整合集体土地等资源性资产和闲置农房等，发展民宿经济等新产业新业态，盘活农村资产资源。壮大村级集体经济实力，采取资源开发利用、统一提供服务、物业管理、混合经营、异地置业等多种形式，促进农户增收致富。三是发挥新型城镇化辐射带动作用。加快推进户籍制度改革，放宽农业转移人口落户条件。以县级行政区为基础，以建制镇为支点，引导农村二三产业向县城、重点乡镇及产业园区等集中。探索农村新型社区和产业园区同建模式，带动农村产业发展和农民增收。

5. 巩固拓展脱贫攻坚成果，健全困难群体收入保障机制

一是促进脱贫人口持续增收。保持主要帮扶政策总体稳定，细化落实过渡期各项帮扶政策。建立农村低收入人口和欠发达地区帮扶机制，推动脱贫地区特色产业可持续发展。完善联农带农机制，逐步提高中央财政衔接推进乡村振兴补助资金用于产业发展的比重。发挥以工代赈作用，适当提高劳务报酬发放比例。统筹用好乡村公益岗位，调整优化生态护林员工资政策。加大对国家乡村振兴重点帮扶县信贷资金投入和保险保障力度。开展易地搬迁群众就业帮扶专项行动，落实搬迁群众合法权益保障。扎实做好脱贫人口小额信贷工作，实施消费扶贫脱贫行动。二是完善农村社会保障制度。完善城乡居民基本养老保险制度，完善缴费补贴政策，逐步提高保障水平。整合城乡居民基本医疗保险制度，提高政府补助标准和个人缴费标准及受益水平。将符合条件的农村贫困家庭全部纳入农村低保范围。健全特困人员救助供养制度，合理确定农村特困人员救助供养标准。建立针对经济困难高龄、失能老年人的补贴制度。加强城乡各项养老保险制度、医疗保险制度的衔接，畅通参保人员双向流动的制度转

换通道。

（三）推进乡村产业发展

农业兴百业旺。农业是国民经济的基础，产业兴旺是乡村振兴的重点。推进农业高质量发展和乡村一二三产业融合发展，是推进农业农村现代化的重点任务。从当前的情况看，农业资源利用效率低、生态环境压力大、激励机制不健全，乡村产业链条不长、融合程度不深、要素活力不足等问题突出。迫切需要加快转变农业发展方式，深化农业供给侧结构性改革，推进农业高质量发展，促进乡村一二三产业融合发展。

1. 推进农业绿色高质量发展

一是优化农业主体功能与空间布局。实施国家主体功能区战略，将农业发展区域细划为优化发展区、适度发展区、保护发展区，明确区域发展重点；完善农业资源环境管控制度，强化耕地、草原、林地、水面、湿地、海洋等用途管控，合理开发利用资源。二是强化资源保护与节约利用。健全耕地轮作休耕制度，推动用地与养地相结合，降低耕地利用强度；全面建立耕地质量监测和等级评价制度，明确经营者耕地保护主体责任；健全节约高效的农业用水制度，推行农业灌溉用水总量控制和定额管理，健全基层节水农业技术推广服务体系。三是加强产地环境保护与治理。建立工业和城镇污染向农业转移防控机制，制定农田污染控制标准，开展污染耕地分类治理；健全农业投入品减量使用制度，继续实施化肥农药减量增效行动，建立农业投入品电子追溯制度；严格依法落实秸秆禁烧制度，开展农产品加工副产物资源化利用，强化畜禽粪污资源化利用，保障秸秆和畜禽粪污资源化利用用地；完善废旧地膜和包装废弃物等回收处理制度，建立农药包装废弃物等回收和集中处理体系。四是保护和修复农业生态系统。构建田园生态系统，优化乡村种植、养殖、居住等功能布局；创新草原保护制度，探索建立全民所有草原资源有偿使用和分级行使所有权制度；健全水生生态保护修复制度，实施海洋渔业资源总量管理制度；实行林地和湿地养护制度。五是打造绿色低碳农业产业链。健全农业绿色循环低碳生产制度，推进农产品加工绿色转型；发展农产品绿色低碳运输，推广农产品绿色电商模式；促进绿色农产品消费；发展生态循环农业，推动农业园区低碳循环发展。六是健全创新驱动与约束激励机制。构建支撑农业绿色发展的科技创新体系，完善农业绿色科技创新成果评价和转化机制；完善农业生态补贴制度，探索绿色金融服务农业绿色发展的有效方式；健全绿色农业标准体系，完善绿色农业法律法规体系，建立农业资源环境生态监测预警体系。

2. 推进一二三产业融合发展

一是实施农业生产“三品一标”行动。深化农业供给侧结构性改革，推进品种培优、品质提升、品牌打造和标准化生产，提升农产品绿色化、优质化、特色化和品牌化水平。二是提升农产品加工业。统筹发展农产品初加工、精深加工和综合利用加工，推进农产品多元化开发、多层次利用、多环节增值；合理布局原料基地和农产品加工业，构建高效加工体系，形成生产与加工、科研与产业、企业与农户衔接配套的上下游产业格局，打造农业全产业链，实现信息共享、品牌共创、渠道共建和质量安全可追溯；支持加工业技术改造，集成加工技术成果，全面提升农产品精深加工整体水平，推动农产品及加工副产物综合利用。三是拓展乡村特色产业。以拓展二三产业为重点，延伸产业链条，开发特色化、多样化产品，提升乡村特色产业的附加值；集聚资源、集中力量，建设富有特色、规模适中、带动力强的特色产业集聚区；充分发挥龙头企业、农民合作社、家庭农场和专业大户带动作用，加快培育适应区域化、专业化、规模化发展要求的经济组织，提高特色专业村的市场化程度。四是发展休闲农业和乡村旅游产业。保护生态资源和乡土文化，发掘生态涵养产品，培育乡村文化产品，打造乡村休闲体验产品，利用“旅游＋”“生态＋”等模式，发展乡村共享经济、创意农业、特色文化产业，推进农业、林业与旅游、教育、文化、康养等产业深度融合；组织开展休闲农业和乡村旅游人才培训行动，创新推动休闲农业和乡村旅游品牌体系建设。五是推进乡村新型服务业发展。培育发展多元化的生产性服务业组织，支持供销、邮政、农民合作社及乡村企业等，开展农技推广等农业生产性服务，以及市场信息、农资供应、农产品营销等服务；发展批发零售、养老托幼、环境卫生等生活性服务业，积极发展养老护幼、卫生保洁、文化演出、体育健身、法律咨询、信息中介、典礼司仪等乡村服务业；引导各类电子商务主体到乡村布局，培育农村电商经营主体，加快互联网技术在农业生产、加工、流通、消费等环节的应用和推广，畅通工业品下乡和农产品进城的电子商务通道。六是推动乡村产业深度融合。加快发展县域经济，形成以县带乡、以乡带村的城乡融合发展格局，促进城乡之间土地、资本、劳动力、技术、信息等资源要素双向流动和优化配置，畅通城乡经济循环；因地制宜、依托地区资源禀赋优势，发挥农业多功能性，构建现代农业产业体系；加快培育农村新产业、新业态、新模式，促进乡村产业深度融合发展。

（四）强化人才科技支撑

现代化的本质是人的现代化，人的现代化的核心是科技文化素质的提升。科技和人才是农业农村现代建设的基础性、战略性支撑。从当前的情况看，农村人才总量不足、结构不优、素质不高、动能较弱，农业科技创新能力不足、成果转化率不高、技术推广动力不足、带动能力不强等问题突出。推进农业农村现代化，必须坚持科技是第一生产力、人才是第一资源、创新是第一动力，深入实施乡村振兴战略、科教兴农战略、人才强国战略、创新驱动发展战略，开辟农村发展新领域新赛道，塑造农业发展新动能新优势。要坚持农业农村优先发展、教育优先发展、科技自立自强、人才引领驱动，加快农业农村现代化。

1. 强化农业农村现代化人才支撑

坚持把农村人力资本开发放在首要位置，大力培养乡土人才，引导城市人才下乡，推动专业人才服务乡村，吸引各类人才参与乡村振兴，健全乡村人才工作体制机制，强化人才振兴保障措施，培养造就一支懂农业、爱农村、爱农民的人才队伍，为加快农业农村现代化提供人才支撑。一是加快培养农业生产经营人才。深入实施现代农民培育计划，实施农村实用人才培养计划，加强农民在线教育培训，突出抓好家庭农场经营者、农民合作社带头人培育，培养高素质农民队伍。二是加快培养农村二、三产业发展人才。深入实施农村创业创新带头人培育行动，加强培育农村电商人才，培育手工业者、传统艺人等乡村工匠。三是加快培养乡村公共服务人才。加强乡村教师队伍、乡村卫生健康人才队伍、乡村文化旅游体育人才队伍和乡村规划建设人才队伍建设。四是加快培养乡村治理人才。加强乡镇党政人才队伍建设，推动村党组织带头人队伍整体优化提升，实施“一村一名大学生”培育计划，加强农村社会工作人才、经营管理人才和法律人才队伍建设。五是加快培养农业农村科技人才。培养农业农村高科技领军人才、科技创新人才和技术推广人才，发展壮大科技特派员队伍。六是充分发挥各类主体在乡村人才培养中的作用。完善高等教育人才培养体系，加快发展面向农村的职业教育，依托各级党校（行政学院）培养基层党组织干部，充分发挥农业广播电视学校等培训机构作用，支持企业参与乡村人才培养。七是建立健全乡村人才工作体制机制。健全农村工作干部培养锻炼制度，完善乡村人才培养制度，建立各类人才定期服务乡村制度，健全鼓励人才向艰苦地区和基层一线流动激励制度，向重点乡村持续选派驻村第一书记和工作队；建立县域专业人才统筹使用制度，完善乡村高技能人才职业技能等级制度，建立健全乡村人才分级分类评价体系。八是强化乡村人才支撑保障措施。加强乡村人才投入保障，支持涉农企业加大乡村人力资本开发投入；推进农村金融产品和服务方式创新，引导工商资本投资乡村事业。支持进入园区企业、科研院所等建设科研创新平台，完善科技成果转化、人才奖补等政策，引进高层次人才和急需紧缺专业人才；加强人才驿站、人才服务站、专家服务基地等人才服务平台建设。制定乡村人才专项规划，推动乡村人才队伍建设制度化、规范化、常态化。

2. 强化农业农村现代化科技支撑

坚持把农业农村科技放在国家科技创新的突出位置，完善国家农业农村科技创新体系，统筹部署农业农村领域基础研究、应用基础研究和技术创新工程，推动科学研究、基地建设、人才队伍一体化发展。促进农业科技成果转化和推广应用，打造农业农村战略性科技力量，提高农业创新力、竞争力和全要素生产率，促进科技与经济融合发展，为加快农业农村现代化提供科技支撑。

一是强化农业农村科技创新供给。围绕生物育种、非洲猪瘟等外来疫病发生与控制机理、主要经济作物发育与生理基础、重要水产生物健康养殖与环境调控机理等重大问题，加强农业基础与应用基础研究。实施种业自主创新、蓝色粮仓科技创新、主要经济作物优质高产与提质增效科技创新、动物疫病防控技术创新、“第二粮仓”科技创新、现代牧场科技创新、森林质量绿色发展科技创新、绿色宜居村镇技术创新等创新工程，提升关键核心技术创新能力。二是统筹农业农村科技创新基地建设。优化国家农业科技创新基地与平台布局、推进农业产业技术创新联盟发展、推动农业科技资源开放共享服务平台建设，打造农业科技创新国家战略力量，为农业农村科技创新提供基础保障。三是加快农业高新技术产业发展。围绕现代畜牧业、农机装备、智慧农业、有机旱作农业、热带特色高效农业等主题，培育建设国家农业高新技术产业示范区、国家农业科技园区、省级农业科技园区，吸引农业高新技术企业到科技园区落户。打造现代农业创新高地、人才高地和产业高地，推动一二三产业融合、产城产镇产村融合和农业上中下游形成产业聚集效应。四是实施创新驱动县域发展科技行动。统筹中央和地方科技创新资源，建设“星创天地”、科技企业孵化器和成果转化示范基地、科技示范村等。落实支持科研成果转化及农业科技创新激励政策，加快建设一批创新型县（市），构建县（市）、乡镇和村三级协同的科技成果推广应用网络。五是促进农业农村科技成果转化。推动科技成果与产业、企业有效对接，完善农业农村领域技术转移机构服务功能，完善技术产权交易、知识产权交易等各类平台功能；建立农业农村科技成果定期征集机制，加强农业农村先进适用技术、乡村绿色技术和高新技术集成应用和示范推广；构建多元化农业农村科技社会化服务体系，健全区域性技术转移服务机构和省市县三级科技成果转化网络，支持地方大力发展技术交易市场。六是强化农业农村科技保障措施。加强部门协调、完善部省联动，统筹推动重大任务落实。改进科研项目评审、人才评价和机构评估机制，建立差别化的评价制度；健全和落实科研成果转化及农业科技创新激励机制。发挥财政资金的杠杆作用，引导社会资本进入农业农村科技创新领域。加大农村地区科普工作和科技信息传播力度，营造尊重科学、利用技术、促进发展的良好社会氛围。

（五）实施乡村建设行动

实施乡村建设行动是推进农业农村现代化的重点任务，要把乡村建设摆在社会主义现代化建设的重要位置。从当前的情况看，乡村建设过程中还存在着规划管理不到位，农村基础设施和公共服务体系不健全，农村人居环境治理不平衡等问题，与农民群众日益增长的美好生活需要还有差距。补齐乡村建设的短板弱项，统筹农村基础设施和公共服务体系建设布局，对全面推进乡村振兴、加快农业农村现代化具有重要意义。

1. 加强村庄规划建设管理

要根据不同村庄的发展现状、区位条件、资源禀赋等，分类编制和实施村庄规划。强化县域国土空间规划管控，统筹划定落实永久基本农田、生态保护红线、城镇开发边界。统筹县城、乡镇、村庄规划建设，明确村庄分类布局。推进县域产业发展、基础设施、公共服务、生态环境保护等一体规划。

2. 加强农村基础设施建设

一是实施农村道路畅通工程。继续开展“四好农村路”示范创建，推进较大人口规模自然村（组）通硬化路建设。积极推进具备条件的地区城市公交线路向周边重点村镇延伸，开展城乡交通运输一体化示范创建。有序实施班线客运公交化改造，加强农村客运安全监管。二是强化农村防汛抗旱和供水保障。加强防汛抗旱基础设施建设，稳步推进农村饮水安全保障。实施规模化供水工程建设和小型供水工程标准化改造，健全农村集中供水工程合理水价形成机制。三是实施乡村清洁能源建设工程。巩固提升农村电力保障水平，发展多种清洁能源，稳妥有序推进北方农村地区清洁取暖。四是实施农产品仓储保鲜冷链物流设施建设工程。加快农产品仓储保鲜冷链物流设施建设，推进鲜活农产品低温处理和产后减损；发展产地冷藏保鲜，建设农产品冷藏保鲜设施；完善国家骨干冷链物流基地布局建设，推进产销冷链集配中心建设，完善农产品产地批发市场。健全县乡村三级物流配送体系，建设村级寄递物流综合服务站，发展专业化农产品寄递服务。五是实施数字乡村建设发展工程。持续开展数字乡村试点。深化农村光纤网络、移动通信网络、数字电视和下一代互联网覆盖；建立农业农村大数据体系，发展智慧农业；深入实施“互联网+”农产品出村进城工程和“数商兴农”行动，构建智慧农业气象平台。六是实施农房质量安全提升工程。建立健全农村低收入群体住房安全保障长效机制，深入开展农村房屋安全隐患排查整治，推动配置水暖厨卫等设施；因地制宜推广装配式钢结构、木竹结构等安全可靠的新型建造方式。

3. 加强农村基本公共服务体系建设

一是完善农村综合服务体系建设。实施村级综合服务设施提升工程，推进“一站式”便民服务，整合利用现有设施和场地，完善村级综合服务站点，增加服务供给，补齐服务短板，创新服务机制，支持党务服务、基本公共服务和公共事业服务就近或线上办理。加强村级综合服务设施建设，进一步提高村级综合服务设施覆盖率。因地制宜建设农村应急避难场所，开展农村公共服务设施无障碍建设和改造。二是实施农村基本公共服务提升行动。持续改善农村义务教育学校基本办学条件，加强乡村小规模学校和乡镇寄宿制学校建设，支持建设城乡学校共同体；完善教育信息化发展机制，多渠道增加农村普惠性学前教育资源供给；巩固提升高中阶段教育普及水平，发展涉农职业教育，建设一批产教融合基地，新建改扩建一批中等职业学校；加强农村职业院校基础能力建设，进一步推进乡村地区继续教育发展。改革完善乡村医疗卫生体系，加快补齐公共卫生服务短板，完善基层公共卫生设施；支持建设紧密型县域医疗服务共同体，加强乡镇卫生院发热门诊或诊室等设施条件建设，选建一批中心卫生院；持续提升村卫生室标准化建设和健康管理水平，推进村级医疗及疾病预防控制网底建设；落实乡村医生待遇，保障合理收入。完善养老助残服务设施，支持有条件的农村建立养老助残机构，建设养老助残和未成年人保护服务设施，培育区域性养老助残服务中心；发展农村幸福院等互助型养老，支持卫生院利用现有资源开展农村重度残疾人托养照护服务。推进乡村公益性殡葬服务设施建设和管理。开展县乡村公共服务一体化示范建设。

4. 深入开展农村人居环境整治

一是扎实推进农村厕所革命。逐步普及农村卫生厕所，切实提高改厕质量，加强厕所粪污无害化处理与资源化利用。二是加快推进农村生活污水治理。分区分类推进治理，选择符合农村实际的生活污水治理技术，优先推广运行费用低、管护简便的治理技术，积极推进农村生活污水资源化利用；加强农村黑臭水体治理，建立健全促进水质改善的长效运行维护机制。三是全面提升农村生活垃圾治理水平。健全生活垃圾收运处置体系，构建稳定运行的长效机制；推进农村生活垃圾分类减量与利用，协同推进农村有机生活垃圾、厕所粪污、农业生产有机废弃物资源化处理利用。四是推动村容村貌整体提升。改善村庄公共环境，推进乡村绿化美化；加强乡村风貌引导，大力推进村庄整治和庭院整治。五是建立健全长效管护机制。持续开展村庄清洁行动，明确地方政府和职能部门、运行管理单位责任，合理设置农村人居环境整治管护队伍。

（六）加强改进乡村治理

乡村治理是乡村振兴的基础，乡村治理现代化是国家现代化的根基。推进乡村治理现代化，要按照实施乡村振兴战略的总体要求，坚持和加强党对乡村治理的集中统一领导，坚持把夯实基层基础作为固本之策，坚持把治理体系和治理能力建设作为主攻方向，坚持把保障和改善农村民生、促进农村和谐稳定作为根本目的，建立健全党委领导、政府负责、社会协同、公众参与、法治保障、科技支撑的现代乡村社会治理体制。以自治增活力、以法治强保障、以德治扬正气，健全党组织领导的自治、法治、德治相结合的乡村治理体系，构建共建共治共享的社会治理格局，走中国特色社会主义乡村善治之路。

1. 完善党全面领导基层治理制度

健全在基层治理中坚持和加强党的全面领导制度；积极推行村党组织书记通过法定程序担任村民委员会主任、村“两委”班子成员交叉任职；创新党组织设置和活动方式，持续整顿软弱涣散基层党组织；推动全面从严治党向基层延伸，加强日常监督。构建党委领导、党政统筹、简约高效的乡镇管理体制；深化基层机构改革，统筹党政机构设置、职能配置和编制资源，设置综合性内设机构。完善党建引领的社会参与制度，统筹基层党组织和群团组织资源配置，支持群团组织承担公共服务职能。

2. 加强农村基层政权治理能力建设

增强乡镇行政执行能力，加强乡镇党（工）委对基层政权建设的领导。优化乡镇政务服务流程，全面推进一窗式受理、一站式办理，加快推行市域通办，逐步推行跨区域办理。完善基层民主协商制度，探索建立社会公众列席乡镇有关会议制度。构建多方参与的社会动员响应体系，健全基层应急管理组织体系，建立统一指挥的应急管理队伍，加强应急物资储备保障。

3. 健全农村基层群众自治制度

坚持党组织领导基层群众性自治组织的制度，建立基层群众性自治组织法人备案制度，完善村民委员会成员履职承诺和述职制度；规范村民委员会换届选举，全面落实村“两委”班子成员资格联审机制，定期开展民主协商；完善党务、村务、财务公开制度，健全村“两委”班子成员联系群众机制，加强群防群治、联防联治机制建设。推进城乡社区综合服务设施建设，加强综合服务、兜底服务能力建设。加强乡镇综治中心规范化建设，完善基层社会治安防控体系，健全乡镇矛盾纠纷一站式、多元化解决机制和心理疏导服务机制。

4. 推进农村基层法治和德治建设

提升基层党员、干部法治素养，引导群众积极参与、依法支持和配合基层治理；完善基层公共法律服务体系，乡镇指导村依法制定村规民约、居民公约，健全备案和履行机制。健全村道德评议机制，开展道德模范评选表彰活动。完善社会力量参与基层治理激励政策，完善基层志愿服务制度。

5. 加强农村基层智慧治理能力建设

市、县级政府要将乡镇、村纳入信息化建设规划，统筹推进智慧城市、智慧社区基础设施、系统平台和应用终端建设，强化系统集成、数据融合和网络安全保障；健全基层智慧治理标准体系，推广智能感知等技术。完善乡镇、村地理信息等基础数据，完善乡镇与部门政务信息系统数据资源共享交换机制，推进村数据资源建设。加快全国一体化政务服务平台建设，推行适老化和无障碍信息服务，保留必要的线下办事服务渠道。

（七）全面深化农村改革

全面深化农村改革，是全面推进乡村振兴、加快农业农村现代化的根本动力。当前，我国经济社会发展正处在转型期，农村改革发展面临的环境更加复杂、困难挑战增多。新时代新征程，全面深化农村改革，要坚持社会主义市场经济改革方向，处理好政府和市场的关系，激发农村经济社会活力；要鼓励探索创新，在明确底线的前提下，支持地方先行先试，尊重农民群众实践创造；要因地制宜、循序渐进，允许采取差异性、过渡性的制度和政策安排；要畅通城乡要素流动，赋予农民更加充分的财产权益，推进公共资源均衡配置，提升农村基本公共服务水平，让农民平等参与现代化进程、共同分享现代化成果。

1. 深化农村土地制度改革，赋予农民更加充分的财产权益

深化农村土地制度改革，要扎实搞好确权、稳步推进赋权、有序实现活权，让农民更多分享改革红利。一是完善农村土地承包政策。深入开展第二轮土地承包到期后再延长30年试点工作，保持农村土地承包关系稳定并长久不变，赋予农民对承包地占有、使用、收益、流转及承包经营权抵押、担保权能；在落实农村土地集体所有权的基础上，稳定农户承包权、放活土地经营权，发展农业适度规模经营。二是稳慎推进农村宅基地制度改革试点。切实摸清底数，加快房地一体宅基地确权登记颁证，加强规范管理，妥善解决历史遗留问题，探索宅基地“三权分置”有效实现形式。三是深化农村集体经营性建设用地入市试点。探索兼顾国家、农村集体经济组织和农民利益的土地增值收益调节机制，保障进城落户农民合法土地权益，鼓励依法自愿有偿转让。四是

深入推进征地制度改革。建立土地征收公共利益认定机制，缩小土地征收范围，完善对被征地农民合理、规范、多元保障机制。因地制宜采取留地安置、补偿等多种方式，确保被征地农民长期受益。保障被征地农民的知情权、参与权、申诉权、监督权。五是保障和规范农村一二三产业融合发展用地。明确农村一二三产业融合发展用地范围，土地用途可确定为工业用地、商业用地、物流仓储用地等。引导农村产业在县域范围内统筹布局，拓展集体建设用地使用途径，盘活农村存量建设用地，保障设施农业发展用地，优化用地审批和规划许可流程，强化用地监管。

2. 坚持和完善农村基本经营制度，发展农业适度规模经营

一是支持小农户发展。统筹培育新型农业经营主体和扶持小农户，促进小农户和现代农业发展有机衔接。培育各类专业化市场化服务组织，帮助小农户节本增效；发展多样化的联合与合作，提升小农户组织化程度；发挥新型农业经营主体带动作用，打造区域公用品牌，开展农超对接、农社对接，帮助小农户对接市场。扶持小农户发展生态农业、设施农业、体验农业、定制农业，改善小农户生产设施条件。二是扶持发展新型农业经营主体。建立健全家庭农场名录管理制度，引导广大农民和各类人才创办家庭农场；合理确定示范家庭农场评定标准和程序，建立推进家庭农场发展的政策体系和工作机制。鼓励发展专业合作、股份合作等多种形式的农民合作社；允许财政项目资金直接投向符合条件的合作社，允许财政补助形成的资产转交合作社持有和管护；深入开展农民合作社质量提升整县推进试点。鼓励地方政府和民间出资设立融资性担保公司，为新型农业经营主体提供贷款担保服务；落实和完善相关税收优惠政策，支持农民合作社发展农产品加工流通。三是健全农业社会化服务体系。采取财政扶持、税费优惠、信贷支持等措施，加快发展农业社会化服务；通过政府购买服务等方式，支持具有资质的经营性服务组织从事农业公益性服务。四是发展多种形式规模经营。鼓励有条件的农户流转承包土地的经营权，加快健全土地经营权流转市场，完善县乡村三级服务和管理网络。建立工商企业流转农业用地风险保障金制度。有条件的地方，可对流转土地给予奖补。

3. 深化农村集体产权制度改革，发展新型农村集体经济

一是巩固提升农村集体产权制度改革成果。构建产权关系明晰、治理架构科学、经营方式稳健、收益分配合理的运行机制。探索资源发包、物业出租、居间服务、资产参股等多样化途径，发展新型农村集体经济。健全农村集体资产监管体系。继续深化集体林权制度改革。二是探索农村集体公益性资产产权制度改革。集体公益性资产是指用于公共服务的教育、科技、文化、卫生、体育等方面的非经营性资产，例如村委会办公室、卫生室、学校、文化站等。这类资产应当通过建立健全集体统一运行管护机制，实现教育、科技、文化、卫生、体育等方面的公益目标。针对当前农村的学校、医院等公益性资产处于闲置状态的情况，可以在符合规划的前提下，探索利用闲置的各类房产设施、集体建设用地等，以自主开发、合资合作等方式发展相应的产业。允许农村集体在农民自愿前提下，依法把有偿收回的闲置宅基地、废弃的集体公益性建设用地转变为集体经营性建设用地入市。三是激发农村资源资产要素活力。指导农村集体经济组织立足自身实际，积极开展资源发包等风险较小、收益稳定的经营活动。支持资源优势地区的农村集体经济组织探索发展休闲旅游、健康养生、农耕体验等深度融合的新业态。鼓励有条件的地区探索开展跨村联合发展，积极探索农村集体经济发展路径。鼓励农村集体经济组织与工商资本合作，整合集体土地等资源性资产和闲置农房等，发展新型商业模式，积极探索盘活农村资产资源的方式方法。深入推进建立农村产权流转交易平台，促进农村各类产权依法流转。

4. 完善农业支持保护制度，健全农村金融服务体系

一是健全“三农”投入稳定增长机制。完善财政支农政策，增加“三农”支出。拓宽“三农”投入资金渠道，稳步提高土地出让收入用于农业农村的比例。充分发挥财政资金引导作用，通过贴息、奖励、风险补偿、税费减免等措施，带动金融和社会资金更多投入农业农村。二是完善农业补贴政策。稳定种粮农民补贴，完善补贴办法，优化补贴兑付方式，提高补贴针对性和效能。三是大力发展农业保险。积极发展农业保险和再保险，优化完善“保险＋期货”

模式。四是健全利益补偿机制。加大对粮食主产区的财政转移支付力度，增加对商品粮生产大省和粮油猪生产大县的奖励补助，鼓励主销区通过多种方式到主产区投资建设粮食生产基地。完善区域合作与利益调节机制，支持流域上下游、粮食主产区主销区、资源输出地输入地之间开展多种形式的利益补偿，鼓励探索共建园区、飞地经济等利益共享模式。五是健全农村金融服务体系。完善农村金融资源回流机制，加大金融资源向农业农村倾斜力度。强化金融产品和服务方式创新，建立健全多渠道资金供给体系。完善金融支农激励机制，鼓励银行业金融机构建立服务乡村振兴的内设机构。扩大农村资产抵押担保融资范围，提高农业信贷担保规模。加快完善中小银行和农村信用社治理结构，保持农村中小金融机构县域法人地位和数量总体稳定。支持金融机构开展农村综合金融服务站建设，整合文化、商业、物流、政务等资源提供综合化金融服务。

5. 扩大农业对外开放，建立健全农产品贸易政策体系

实施特色优势农产品出口提升行动，扩大高附加值农产品出口。优化农产品贸易布局，实施农产品进口多元化战略，支持企业融入全球农产品供应链。积极参与全球粮农治理。加强与“一带一路”沿线国家合作，积极支持有条件的农业企业“走出去”。建立农业对外合作公共信息服务平台和信用评价体系。放宽农业外资准入，促进引资引技引智相结合。

（八）促进城乡融合发展

促进城乡融合发展是全面推进乡村振兴，加快农业农村现代化的必然要求，实现城乡发展一体化是推进农业农村现代化全面建设现代化国家的重要任务。近几年来，我国在推进乡村振兴促进城乡融合发展方面取得了一定成效，但城乡要素流动不顺畅、公共资源配置不合理、城乡居民收入差距较大等问题依然突出，影响城乡融合发展的体制机制障碍尚未根本消除。新时代新征程，全面推进乡村振兴，加快农业农村现代化，要重塑城乡关系，走城乡融合发展之路。

1. 建立健全有利于城乡要素合理配置的体制机制

一是健全农业转移人口市民化机制。深化户籍制度改革，加快实现城镇基本公共服务常住人口全覆盖；全面落实支持农业转移人口市民化的财政政策、城镇建设用地增加规模与吸纳农业转移人口落户数量挂钩政策，以及中央预算内投资安排向吸纳农业转移人口落户数量较多的城镇倾斜政策；维护进城落户农民土地承包权、宅基地使用权、集体收益分配权，支持引导其依法自愿有偿转让上述权益。二是建立城市人才入乡激励机制。制定财政、金融、社会保障等激励政策，吸引各类人才返乡入乡创业；推进大学生村官与选调生工作衔接；建立健全城乡人才合作交流机制，推动职称评定、工资待遇等向乡村教师、医生倾斜，优化乡村教师、医生中高级岗位结构比例；引导规划、建筑、园林等设计人员入乡；允许农村集体经济组织探索人才加入机制，吸引人才、留住人才。三是建立科技成果入乡转化机制。健全涉农技术创新市场导向机制和产学研用合作机制，建立健全农业科研成果产权制度；建立有利于涉农科研成果转化推广的激励机制与利益分享机制；探索公益性和经营性农技推广融合发展机制，允许农技人员通过提供增值服务合理取酬。

2. 建立健全有利于城乡基本公共服务普惠共享的体制机制

一是建立城乡教育资源均衡配置机制。建立以城带乡、整体推进、城乡一体、均衡发展的义务教育发展机制；鼓励省级政府建立统筹规划、统一选拔的乡村教师补充机制；推动教师资源向乡村倾斜；实行义务教育学校教师“县管校聘”，推行县域内校长教师交流轮岗和城乡教育联合体模式。二是健全乡村医疗卫生服务体系。建立和完善相关政策制度，加强乡村医疗卫生人才队伍建设；改善乡镇卫生院和村卫生室条件，因地制宜建立完善医疗废物收集转运体系；健全网络化服务运行机制；全面建立分级诊疗制度，实行差别化医保支付政策；因地制宜建立完善全民健身服务体系。三是健全城乡公共文化服务体系。推动文化资源重点向乡村倾斜；推行公共文化服务参与式管理模式，支持乡村民间文化团体开展符合乡村特点的文化活动；推动公共文化服务社会化发展，鼓励社会力量参与；建立文化结对帮扶机制，推动文化工作者和志愿者等投身乡村文化建设。四是完善城乡统一的社会保险制度。完善统一的城乡居民基本医疗保险、大病保险和基本养老保险制度；巩固医保全国异地就医联网直接结算；建立完善城乡居民基本养老保险待遇确定和基础养老金正常调整机制；建立以国家政务服务平台为统一入口的社会保险公共服务平台；构建多层次农村养老保障体系，创新多元化照料服务模式。五是统筹城乡社会救助体系。推进低保制度城乡统筹，健全低保标准动态调整机制；全面实施特困人员救助供养制度，做好困难农民重特大疾病救助工作；健全农村留守儿童和妇女、老年人关爱服务体系；健全困境儿童保障工作体系，完善残疾人福利制度和服务体系。

3. 建立健全有利于城乡基础设施一体化发展的体制机制

一是建立城乡基础设施一体化规划机制。以市（县）域为整体，统筹规划城乡基础设施；推动向城市郊区乡村和规模较大中心镇延伸；推动城乡路网一体规划设计，统筹规划城乡污染物收运处置体系。二是健全城乡基础设施一体化建设机制。明确乡村基础设施的公共产品定位，健全分级分类投入机制，支持有条件的地方政府将城乡基础设施项目整体打包，实行一体化开发建设。三是建立城乡基础设施一体化管护机制。合理确定城乡基础设施统一管护运行模式，明确乡村基础设施产权归属，由产权所有者建立管护制度，落实管护责任；推进城市基础设施建设运营事业单位改革，建立独立核算、自主经营的企业化管理模式，更好地行使城乡基础设施管护责任。

4. 推进以县城为重要载体的新型城镇化建设

要发挥县城连接城市服务乡村的作用，增强对乡村的辐射带动能力，更好满足农民到县城就业安家需求和县城居民生产生活需要。一是强化科学规划引领。科学编制和完善建设方案，细化实化建设任务，防止盲目重复建设；创新政策支撑机制和项目投资运营模式，及时总结推广经验做法，稳步有序推动县城建设。二是分类推动县城发展。加快发展大城市周边县城，积极培育专业功能县城，合理发展农产品主产区县城，有序发展重点生态功能区县城，引导人口流失县城转型发展。三是扩大县城就业岗位。增强县城产业支撑能力，提升产业平台功能，健全商贸流通网络，完善消费基础设施，强化农民职业技能培训。四是完善市政设施体系。完善市政交通、市政管网、防洪排涝、防灾减灾等设施，加强数字化改造，实施老旧小区改造。五是强化公共服务供给。扩大教育资源供给，完善医疗卫生、养老托育服务体系，提升文化体育、社会福利设施水平。六是提升县城人居环境质量。加强历史文化保护传承，打造蓝绿生态空间，推进生产生活低碳化，完善垃圾收集处理体系，增强污水收集处理能力。七是促进县乡村功能衔接互补。增强县城对乡村的辐射带动能力，推进县城基础设施和公共服务向乡村延伸覆盖。八是健全政策保障体系。建立多元可持续的投融资机制，引导金融机构和央企等大型企业加大投入力度，促进县区财政平稳运行；建立集约高效的建设用地利用机制，有序推进农村集体经营性建设用地入市。

5. 推动大型易地扶贫安置区融入新型城镇化

推动大型易地扶贫搬迁安置区融入新型城镇化，是增强脱贫地区和搬迁群众内生发展动力的重要举措。要聚焦大型易地扶贫搬迁安置区，以满足搬迁群众对美好生活的向往为出发点和落脚点，以巩固拓展易地扶贫搬迁脱贫成果实施新型城镇化和乡村振兴战略为主线，强化组织领导，强化政策支持，强化资金保障，分类引导大型安置区融入新型城镇化，着力扶持壮大县域特色产业，着力促进搬迁群众就业创业，着力提升安置区配套设施，着力完善基本公共服务体系，着力健全社区治理体系，解决好搬迁群众急难愁盼问题，加快实现人口市民化、就业多元化、产业特色化、基本公共服务均等化、社会治理现代化，全面转变搬迁群众生产生活方式，确保搬迁群众稳得住、逐步能致富，为推动脱贫地区高质量发展如期实现农业农村现代化打下坚实基础。

专题报告一

关于国家现代化问题研究

一、中国国家现代化的内涵与指标体系构建

党的十八大以来，中国特色社会主义进入新时代，全面建设社会主义现代化强国成为重大战略目标，认识和把握现代化的深刻内涵、构建评价指标体系成为时代课题。

（一）国家现代化的内涵

“现代化”一词最初的译文是“modernize”，这个诞生于西方工业革命，流行于20世纪60年代西方社会科学中的学术用语，在长期的发展过程中并没有形成统一的认识。对于“现代化”和“国家现代化”的定义，需要从认识视角和研究需求的角度进行区分。

1. 现代化的内涵

“现代化”一词是西方工业革命的产物，在早期流行的“现代化”定义中，主要指现代化具有的某种具体特征，或某事物跨越式提升及这些特征在世界范围的确立。由于在“现代化”概念界定的早期，大多数国家和社会均处于相对落后的状态，物质经济的发展是各个国家和民族发展的战略重点，因此“工业化”成为早期现代化的代名词。从近几年现代化的应用和表述来看，越来越多的学者认为不能禁锢于过去的历史范畴看待当前的“现代化”，

应该将“现代化”视为一个内涵丰富、囊括全面的集合概念，不能特指或单指某一种。

因此，有的学者将现代化理解为一种状态，即代表世界最高、最好和最先进的水平（罗荣渠，2013；侯竹青，2017）；也有学者认为这是人类从现实社会向理想社会迈进的历史过程（姜玉山，朱孔来，2002）；还有学者认为这是一种社会变迁或文明形式，是传统社会摆脱落后面貌向先进社会转变过程中发生的深刻社会变化，这种变革形成的现代社会本质上不同于传统社会，是一种新的文明形式（丁文峰，2020；王辛刚，2021；罗荣渠，2013；侯竹青，2017）。也有学者从综合系统角度进行分析，例如，何传启（2010）通过研究分析现代化的发展过程，将现代化总结为一种文明变化、前沿状态、历史过程、文明转型和国际竞争五种基本含义，较全面地涵盖了学术界对现代化的各种界定。

2. 中国现代化的演变

中国在早期建设时期相对落后于其他发达国家，因此学术界普遍认同早期中国式的现代化是一种“西化”过程。随着社会主义的发展，为追赶西方发达国家，周恩来和邓小平等领导人陆续提出农业现代化、工业现代化、国防现代化和科学技术现代化，这时的现代化是落脚于某一具体事物的水平提升。随着国家对民生的关注，特别是改革开放之后，中国学者对现代化的理解开始逐步落脚到如何实现人的现代化（殷陆军，1985；蒋大椿，1987）。并且随着中国国力的增强，中国对现代化的理解越来越开始注意探索具有中国特色的现代化道路。因此，从发展趋势来看，中国式现代化内涵发展尽管在早期具有“西化”的特征，但在后期发展进程中，“西化”“工业化”等特点呈现出逐渐弱化的趋势。特别是党的十九大明确提出“全面建设社会主义现代化国家”之后，中国政界和学界对现代化内涵的理解，更多地建立在“物质的现代化”“治理的现代化”和“人的现代化”，更加强调共同富裕、制度发展和人的自由全面发展。进入到新时代之后，中国对现代化的界定开始更多聚焦于对人的关注，和人相关的“民生”“共享”“人类命运共同体”等议题不断加入中国对现代化的诠释之中，早已脱离了纯粹的“西化”和“工业化”的特点。

（二）国家现代化测量标准的演变

从制定现代化指标体系的角度来看，国内外现代化指标体系可以分为两大类，即定性标准与定量标准。前者通常是基于对现代化概念的理解来确定一个核心的评价标准，后者则是当今现代化测量的主流。

1. 世界现代化指标的演变

早期西方主要的现代化模型包括三类：箱根模型、现代人模型和列维模型。箱根模型是 1960 年在日本箱根会议上提出的经典现代化的 8 项标准，这是最早关注现代化进程的一种评价标准，而且没有完全以经济为主，规避了“GDP 崇拜”的问题。但是由于此 8 项标准较为笼统，使得其在后来的应用中难以被推广和认同。“现代人模型”和“列维模型”也存在同样的问题。

20 世纪 80 年代，随着统计技术的发展，越来越多的学者开始使用定量的方式测量现代化水平。其中，“布莱克标准”和“英格尔斯标准”是比较早的定量测量标准。这些指标可操作性比较强，且相对简单，数据采集便利，因此受到广泛欢迎，成为国际上比较常用的关于现代化水平的测量指标体系，甚至一度成为我国早期现代化指标体系建立时的重要参考模板。然而，这些指标存在诸多局限性，如缺少关于知识经济的内容、仅是现代化的最低要求等。因此，英格尔斯的现代化指标体系很快被后续发展起来的“坎特里尔标准”和“世界财富论坛 14 项标准”所取代。

2. 中国现代化指标的演变

在建立现代化指标体系的过程中，中国也经历了一个从模仿到提升的过程。建立现代化指标体系的早期，我国以模仿为主，通常以英格尔斯的现代化标准为参考，部分研究还以此确定了率先实现现代化的战略步骤和时间表。然而，随着中国社会发展加速，越来越多的学者注意到这些指标与中国发展的差异。虽然西方指标体系不断发展，建立了复合指数，也力图用更加清晰、准确、完整的方式来展现国家现代化发展的新特征。然而，这些指标依旧是基于西方发达国家建立，它们是否能够用于衡量中国的现代化发展特点依然有待考察。因此，越来越多的学者开始尝试建立符合中国国情特点的现代化指标体系。

国内研究学者在确立现代化指标体系时，其构成大致体现为两类指标：共性指标和特殊指标（徐凤辉，2011）。一方面从基本规律上构建国家现代化建设的蓝图，如从经济、政治、文化、社会、生态和治理六大方面构建现代化（于津平，孙俊，2013；郭迎锋，张永军，2019；何传启 等，2020）；另一方面则力图寻找属于中国社会主义特色、区域特点和时代特征的特殊指标（陈劭锋 等，2001；张擎，2010；钱兵，2012；何传启 等，2020；汪青松，陈莉，2020）。从 2000 年开始，国内学者的研究不断丰富了现代化指标体系，例如增加了“空气质量”（朱铁臻，2001）和“投资指标”（卢丹，2002）、“电话普及率”“人均蛋白质摄入量”“社会保障网络覆盖面”（姜玉山，朱孔来，2002）等与日常生活相关的指标。特别是在党的十九大之后，在强调公平互惠、共享社会成果的思想引领下，学者们也在现代化指标体系中逐渐新增“人的现代化”“城市全球化”等新的国家现代化议题（肖路遥，2019），并逐渐提炼为“三个维度”的现代化。因此，目前对“社会主义现代化国家”的理解，更加强调“物的现代化”“治理的现代化”和“人的现代化”。其中“物的现代化”侧重于强调工业化、信息化、城镇化、农业现代化同步发展；“治理的现代化”强调法治建设；“人的现代化”强调居民的思想道德、身心健康和科学文化素质等方面。

（三）世界现代化指标与中国国家现代化指标

1. 国家现代化指标体系的建立原则

本研究借鉴了何传启提出的选定现代化指标时所应注意的事项（何传启 等，2020），构建指标体系的基本原则，应考虑以下两个方面：一是从技术层面进行指标的筛选，建立指标筛选的原则和指标体系构建的原则；二是从价值层面进行指标的筛选，实现特定的价值意义。从价值层面强调指标体系应当具有科学性、政策性、简易性、适度性、平衡性、国际性、本土性、可得性和必要性；从技术层面构建与之对应的筛选方法与原则，从而保证指标体系能够实现相应的目标（表1）。

表1　基于技术层面的指标体系构建原则

使用价值	指标筛选方法与原则	实现目标
科学性	符合现代化的科学内涵和典型特征	保证评价的科学性
政策性	符合评价的目的和要求	保证评价的政策意义
简易性	简明、易理解、便于传播	保证评价的社会意义
适度性	评价指标的数量要适度	一般在30～60个指标左右
平衡性	惰性指标、活跃指标的比例要合适	保证指标体系的系统性和平衡性
国际性	国际认定标准、有国际共识	保证能够进行国际对比的特征
本土性	中国宏观层面国家统计信息	符合中国国情、能反映中国现象
可得性	合理成本可获得可靠、连续数据	高质量的指标信息
必要性	符合现代化发展特征	能反映中国社会主义现代化特征

2. 中国现代化的演变与指标体系构建原则

关于现代化指标体系的构建，国内学界多从新时代现代化内涵和目标要求出发进行探讨。从总体特征来看，部分学者在构建现代化指标体系时，从建立社会主义现代化强国的目标蓝图出发，构建中国的现代化指标体系时都包含经济、政治、文化、社会、生态五个维度（陈晋，2017；任保平，付雅梅，2018；刘朝阳 等，2021）。特别是在党的十九大之后，中国构建新发展格局的过程中，社会民生、文化建设、科技创新、生态环境和国家治理五个维度中的分量均有所加重。因此，在指标类别的划分中，本研究针对新时代特点，在原有指标的基础上，加重了社会、文化、科技、生态和治理五个部分的测量。由此，本研究在选取现代化指标时，综合自身研究需求，选取了经济、社会、文化、科技、生态、治理作为现代化评价的一级指标，并初步设立66个二级指标（表2）。

表 2　中国国家现代化指标体系

类别	测量维度	指标	指标说明
经济现代化	生产消费	人均国民收入	人均国民收入（人均 GNI）（美元）
		人均购买力	按购买力平价（PPP）计算的人均国民收入（人均 PPP）（国际美元）
		人均国内生产总值	人均 GDP（亿美元）
		高科技出口额	高科技产品出口总额（现价美元）
		农业总产值	农业总产值（万亿元）
	经济结构	农业增加值比例	农业增加值占国内生产总值的比例（%）
		工业增加值比例	工业增加值占国内生产总值的比例（%）
		服务业增加值比例	服务业增加值占国内生产总值的比例（%）
		知识产业增加值比例	知识产业增加值占国内生产总值的比例（%）
		经济外向度	一个国家或地区的对外贸易总额占国内（地区）生产总值（GDP）的比重（%）
社会现代化	人口	城镇人口比例	城市人口占总人口比例（%）
		婴儿死亡率	每千例活产婴儿在 1 岁内的死亡率（‰）
		老龄化人口比例	65 岁以上人口占全国总人口比例（%）
		总生育率	女性人均生育数量（人）
	健康	预期寿命	新生儿平均预期寿命（岁）
		医生比例	每千人口中的医生数（‰）
		未成年少女生育率	每千名 15～19 岁女性生育数量（‰）
	教育	受教育年限	人均受教育年限（年）
		识字率	识字总人数占 15 岁以上人口总数的比例（%）
		中学普及率	在校中学生人数占适龄人口（一般为 12～17 岁）比例（%）
		大学普及率	在校大学生人数占适龄人口（一般为 20～24 岁）比例（%）
	就业	就业率	在业人员占在业人员与待业人员之和的百分比（%）
		平均工作时间	劳动者实际平均工作时间（小时/月）
		营商环境指数	指数从低到高（0～100）
		女性劳动参与率	女性就业人口劳动力总数的百分比（%）

（续）

类别	测量维度	指标	指标说明
社会现代化	生活	恩格尔系数	食品支出总额占个人消费支出总额的比重（%）
		贫困人口比例	贫困人口占总人口的比例（%）
		多维贫困指数	数值越小说明该个体或家庭贫困程度越低，反之则越高
		人均住宅使用面积	全国家庭住房总面积/全国总人口（平方米/人）
		基本养老保险参保比例	基本养老保险金的参保人数占养老金适龄总人口比例（%）
		汽车普及率	全国家用汽车总量占总人口比例（%）
	设施	通电率	已经在生活中实现通电的人口占总人口比例（%）
		铁路设施	铁路设施铺设的总千米数（千米）
		航空运输	航空客运量（万人）
文化现代化	文化传播	电视频道覆盖率	能收到电视频道的某区域人口与该地区电视人口的比例（%）
		互联网普及率	互联网用户数/常住人口总数（%）
		人均年看电影次数	年看电影人次/全国总人口（次/人）
	文化生活	网购人口比例	网购用户占全国人口的比例（%）
		人均出国旅游次数	年出国旅游人数除以全国人口的比值（次/人）
		人工智能家庭普及率	全国家用人工智能设备总数占总人口比例（%）
		全球幸福指数	分值越高说明幸福感越高（0～10）
科技现代化	科技创新	知识创新经费投入	研究与发展经费占国内生产总值的比例（R&D/GDP）（%）
		知识创新专利比例	居民申请国内发明专利数/全国总人口（项/万人）
		科技进步贡献率	即扣除了资本和劳动之外的其他因素对经济增长的贡献（%）
		高新技术产业增加值比例	高新技术产业增加值占工业增加值的比重（%）
	信息化	信息化综合指数	指数值从弱到强（0～100）
		信息产业增加值比例	信息产业增加值占 GDP 的比例（%）

（续）

类别	测量维度	指标	指标说明
生态现代化	能源	生态效益	能源效率，人均 GDP/人均能源消费（美元/千克标准油）
		人均能源消费	人均商业能源消费（千克石油当量）
		可再生能源消费比例	可再生能源消费占总能源消费比例（%）
	资源	森林覆盖率	森林面积占国土面积的比例（%）
		人均公共绿地面积	城镇公共绿地面积的人均占有量（平方米/人）
	环保	环保投入	环保投入占 GDP 的比重（%）
		污染治理投入	国家环境污染治理投入占 GDP 的比重（%）
		细微颗粒浓度	PM2.5 年均浓度（微克/立方米）
		工业废水排放达标量率	工业废水排放达标量与工业废水排放总量的比率（%）
政治与治理现代化	政治民主	女性全国人大代表比例	女性全国人大代表人数占全国人大代表的总数比例（%）
		少数民族全国人大代表比例	少数民族人大代表占全国人大代表总数的比例（%）
		全球清廉指数	得分越高，表示腐败程度越低（0～10）
	国家治理	政府收入比例	政府收入（不包括国际援助）占 GDP 的比例（%）
		政府支出比例	政府支出（不包括国防支出）占 GDP 的比例（%）
		转移支付比例	政府转移支付占 GDP 的比例（%）
		全球治理指标	分数越高表示治理能力越强（－2.5～2.5）
	国家安全	国防费用比例	国防支出占 GDP 的比例（%）
		道路交通死亡率	每 10 万人中道路交通死亡人数（人/10 万人）
		刑事案件发生率	每 10 万人中刑事犯罪的人数（人/10 万人）

二、过去 20 年中国现代化的基本状况和主要特点

（一）过去 20 年中国现代化建设的基本状况

1. 经济持续快速发展

（1）经济实力大幅提升。2020 年新冠感染疫情席卷全球，世界经济遭到

重创，中国率先实现经济增长由负转正，并创造出新的历史。国内生产总值首次突破百万亿元大关，人均 GDP 从 2000 年的 959.372 美元增至 2020 年的 10 434.735美元，在世界排名上升到第 63 位[①]，与世界人均差缩小到 483.948 美元，实现了从低收入国家到上中等收入国家的历史性跨越。中国人均实际购买力随着国家经济发展大大增强，从 2000 年的人均 2 920 美元上涨到 2020 年 17 204 美元，位列世界第 77 位（图 1）。

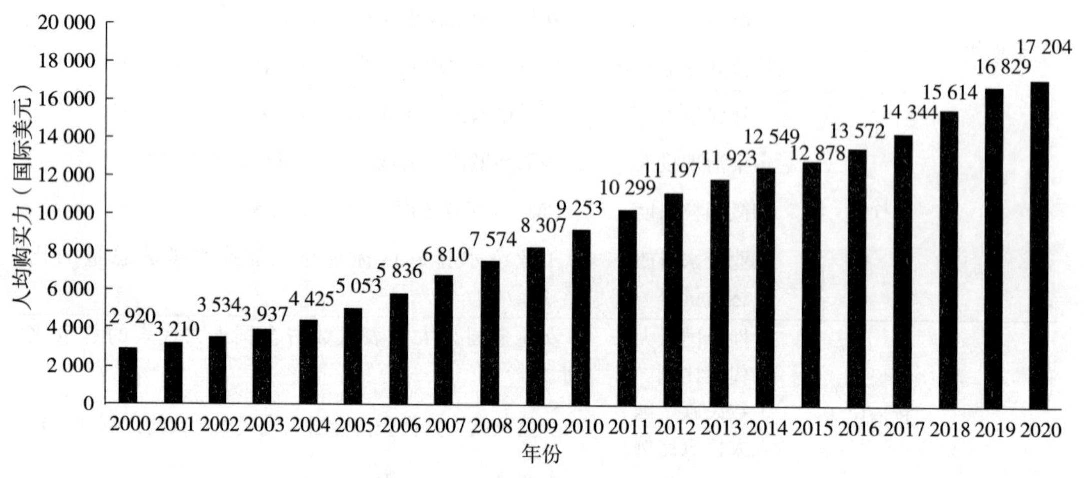

图 1　2000—2020 年中国人均购买力

数据来源：世界银行

（2）经济结构优化升级。从产业结构上看，中国从传统农业大国发展成为工业大国、服务业大国，农业、工业、服务业三次产业增加值占 GDP 比重由 2000 年的 14.7％、45.5％、39.8％转变为 2020 年的 7.7％、37.8％、54.5％，三大产业协同带动经济发展格局已经形成。三大产业各自内部结构不断优化。作为国民经济基础的农业生产总值保持增长，2020 年总产值比 2000 年增加了 5.79 万亿元，机械化、数字化、绿色化、智能化、产业化等现代化农业水平明显提高。知识密集型产业成为经济强大驱动力，2018 年该产业增加值占到国内生产总值的 15.72％。经济外向度在 2006 年一度达到 64.5％，2015 年中国以供给侧结构性改革为主线，转向高质量发展，经济外向度逐年稳步下降，到 2020 年降至 34.51％（图 2）。对外贸易产品结构逐步完善，高新技术产品出口总额从 2000 年的 370.4 亿美元快速增长到 2020 年的 7 767 亿美元。

① 人均 GDP 排名数据来源：《IMF 世界经济展望：2020 年全球各经济体人均 GDP 排行榜》。

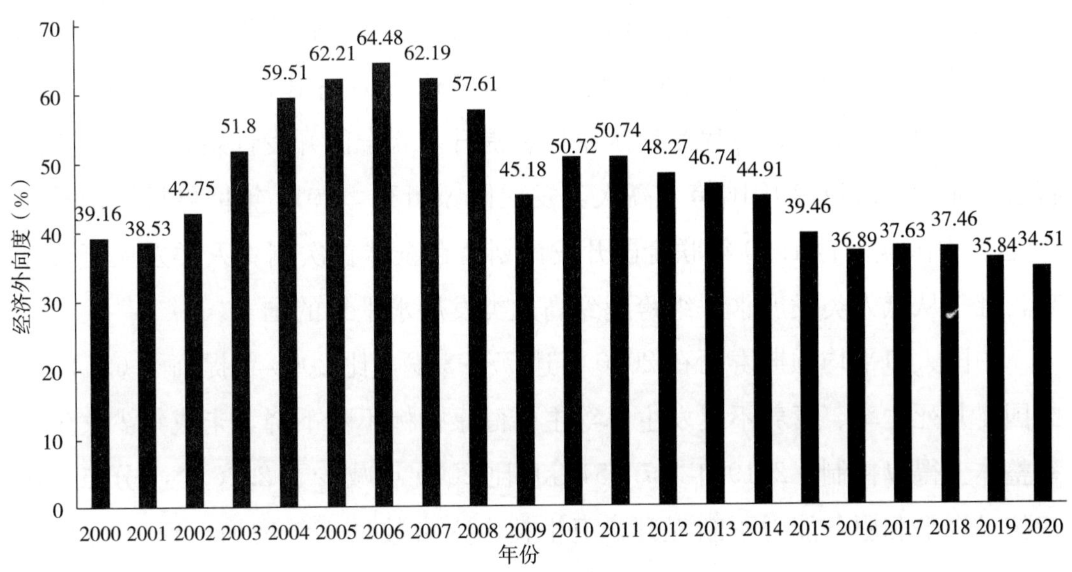

图 2　2000—2020 年中国经济外向度

数据来源：世界银行

2. 民生福祉显著提升

（1）总人口平稳增长，城镇化率持续提高。2000—2019 年，中国人口总生育率从 1.596 人升至 1.696 人，2020 年首次下降到 1.3 人，但中国婴儿死亡率大幅度下降，从 2000 年的 30.1‰降至 2020 年的 5.4‰（图 3），加之二胎、三胎等相关人口改善政策相继出台，中国社会人口平稳增长，2020 年中国总人口达

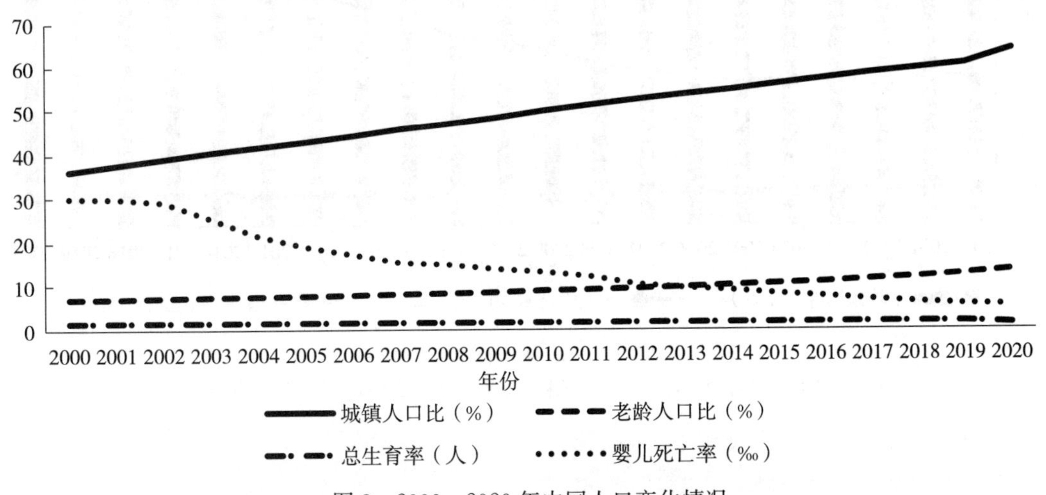

图 3　2000—2020 年中国人口变化情况

数据来源：城镇人口比、老龄人口比来自国家统计局，总生育率、婴儿死亡率来自世界银行

14.12 亿人。中国城镇化步伐也不断提速。2020 年年底城镇化率达到 63.89%，是 2000 年的 1.76 倍，比世界平均城镇化率（56.2%）高出 7.69%（图 3）。

（2）健康、教育、人民生活水平显著提升。联合国开发计划署《人类发展报告》显示，2011 年中国跨入高人类发展国家行列，2019 年世界排名前移至 85 名。中国成为自 1990 年联合国开发计划署在全球首次测算人类发展指数以来，唯一从低人类发展水平组跨越到高人类发展水平组的国家。

中国人口平均预期寿命在 2020 年达 77.93 岁，比 2000 年提高了 6.54 岁。中国婴儿死亡率、营养不良发生率等主要健康指标不断下降，未成年少女生育率整体上得以控制，2019 年（7.651‰）比 2000 年减少了 2.26 个千分点。医疗技术水平和服务能力不断提升，卫生技术人员数量逐年增加，到 2020 年每千人医生数达 76 人（图 4）。中国教育现代化发展总体水平跨入世界中上国家行列。2010 年中国初中阶段毛入学率首次达 100%，到 2020 年达到 102.5%；高等教育毛入学率也从 2001 年的 13.30%增长到 2020 年 54.4%，提高了 41.1%。人口文化素质大幅度提升，中国人均受教育年限从 6.45 年（2000 年）提高到 9.91 年（2020 年）；人口识字率从 93.28%上升为 97.33%①。

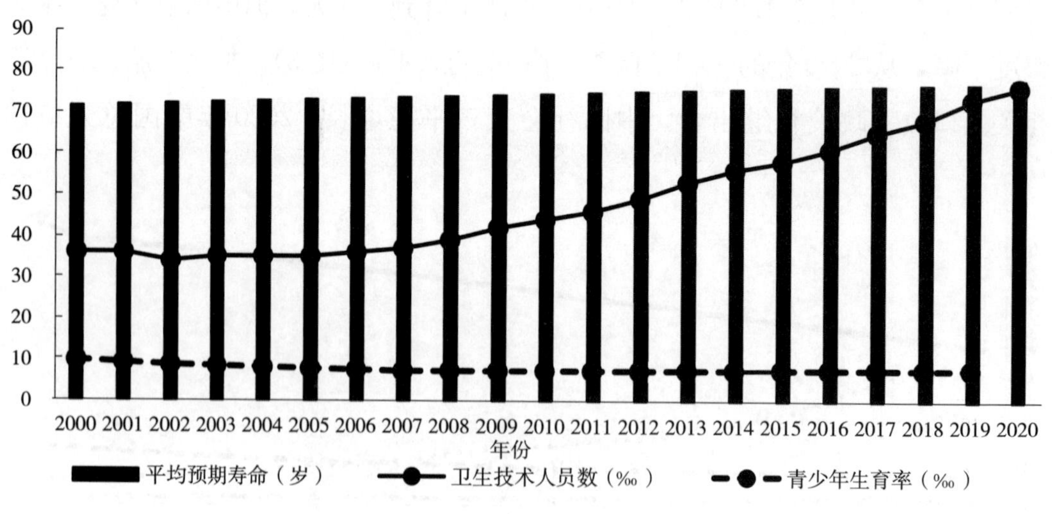

图 4　2000—2020 年中国人口健康状况

数据来源：平均预期寿命、青少年生育率来自世界银行，卫生技术人员数来自国家统计局

① 其中，受教育年限、识字率来自全国第五、第六、第七次人口普查数据，毛入学率来自中华人民共和国教育部《全国教育发展事业统计公报》。

人民生活质量不断提升。2014 年，实现全国通电。2000—2019 年，城镇居民、农村居民的人均住宅面积分别从 20.3 平方米、24.8 平方米增加到 39.8 平方米、48.9 平方米。截至 2020 年年底，中国家用汽车每百人拥有 19.9 辆；铁路运营里程达 14.63 万千米，20 年间里程翻了一番；民用航空客运量从 2000 年的 6 189 万人次快速增加到 2020 年的41 726万人次。当前中国的互联网发展水平仅次于美国，实现了“从无到有，从有到优”的飞跃式发展。城乡居民恩格尔系数分别从 2000 年的 39.4%、49.1% 下降到 2020 年的 29.2%、32.7%。

(3) 基本民生需求不断满足。2020 年年底，中国现行标准下 9 899 万农村贫困人口全部脱贫，消除了绝对贫困。中国多维贫困指标（MPI）（2010 年中国为 0.035，世界为 0.041）一直低于世界平均水平，且不断降低。劳动就业长期稳定。2000—2020 年，中国劳动力就业率整体下降，但保持在六成以上。中国营商指数连续 5 年递增，至 2020 年达 77.9，处于世界中上水平。劳动者劳动时长 2001—2019 年保持在每周 44～48 小时之间，劳动者休息休假权益得到保障。社会保障惠及全民，中国基本建成世界上规模最大的社会保障体系。截至 2020 年年底，全国基本养老、失业、工伤保险参保人数分别为 9.99 亿人、2.17 亿人、2.68 亿人（图 5）。

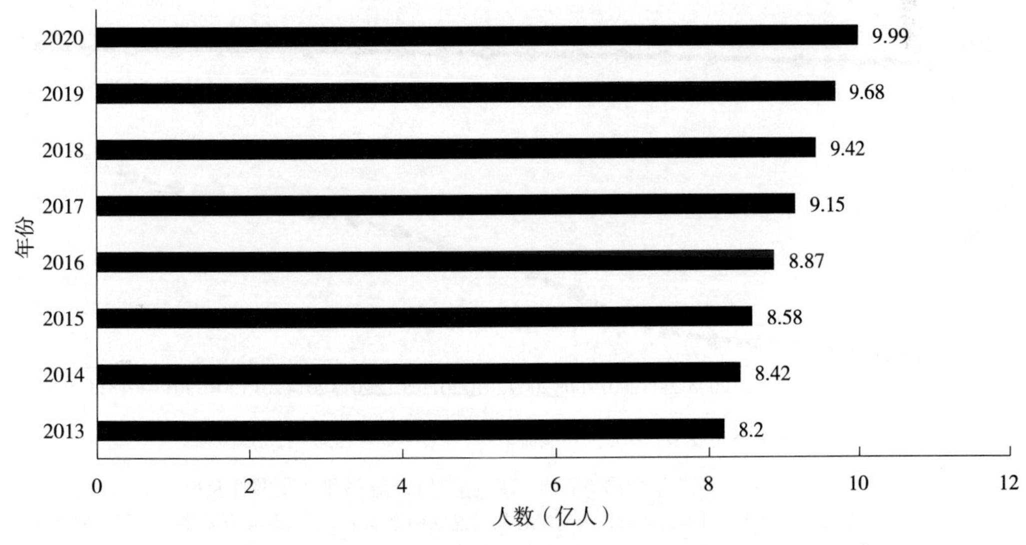

图 5　2013—2020 年中国基本养老保险参保人数

数据来源：中华人民共和国人力资源和社会保障部

(4) 人民幸福感不断提升。2021 年公布的全球幸福指数数据显示，2020 年中国以 5.339 分创中国幸福指数历史新高，比 2014 年高出 0.199 分。世界排名比 2019 年提高了 10 个名次，排名 84（表 3）。

表 3　2014—2020 年中国幸福指数

幸福指数	2014 年	2015 年	2016 年	2017 年	2018 年	2019 年	2020 年
分值	5.14	5.245	5.273	5.246	5.191	5.124	5.339
世界排名	84	83	79	86	93	94	84

数据来源：联合国历年《全球幸福指数报告》。

3. 文化更加繁荣发展

(1) 文化传播步伐不断加快。电视节目综合人口覆盖率从 93.7%（2000 年）逐年增加到 99.59%（2020 年），通过近 20 年建设发展，基本实现全覆盖。互联网从无到有，覆盖率从 1.8%（2001 年）到 70.6%（2020 年）（图 6），成为当前中国文化传播的主要媒体手段。中医药、武术、京剧、茶道等中国优秀传统文化走向世界，中国电影走出国门，美食美景受到热捧，影视综艺、网络文学、流行音乐广受欢迎。

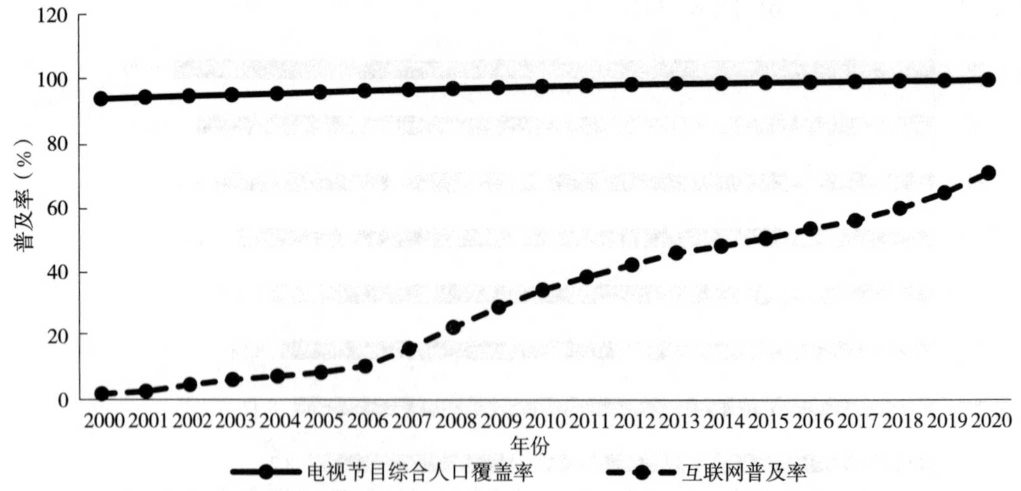

图 6　2000—2020 年中国电视节目综合人口覆盖率和互联网普及率

数据来源：电视节目综合人口覆盖率来自国家统计局，互联网普及率来自国际电信联盟（ITU）世界电信/ICT 指标数据库

(2) 文化生活日益丰富。观看电影、出门旅游成为广大中国人民的日常

需求。2019 年中国观影人次总量达 17.27 亿次，人均 1.22 次，出境旅游总量达 1.546 亿人次，人均 0.11 次①。2020 年受疫情影响，人们外出文化活动有所减少，居家生活促使网络智能文化产业迅猛发展。Statista 全球数据统计库发布的 DMO（Digital Market Outlook）数据显示，2018 年人工智能家庭普及率为 1%。2020 年中国网购人口占比达 55.34%，比 2019 年增加 10 个百分点。

4. 科技实力显著增强

（1）投入力度不断加大，创新能力大幅度提升。美国国家科学基金会相关报告显示，2000—2017 年，美国研发支出年均增长 4.3%，中国年均增长 17%以上，2017 年全球研究与试验发展（R&D）支出总额中美国占 25%，中国占 23%。2020 年，中国科技创新投入经费达 24 426 亿元，稳居世界第二；经费投入增长率一直保持在 10%以上，投入强度从 1%（2000 年）增加到 2.4%（图 7）。中国科技投入力度位居世界前列，创新能力大幅度提升，正在从科技大国迈向科技强国。《世界知识产权指标》报告指出，2018 年中国国家知识产权局受理的专利申请数占全球总量的 46.4%，2020 年，中国世界专利申请量、全球商标申请量以及世界外观设计量名列第一。中国国家知识产权局数据显示，2020 年中国国内发明专利申请量共 1 344 817 项，每万人拥有发明专利 15.8 项，比 2010 年增加 14.1 项。量子信息、铁基超导、载人航天与探月、北斗导航、高速铁路、5G 移动通信、超级计算等一大批战略高技术成果取得重大突破。

（2）信息化综合化水平显著提升。2010—2016 年，中国信息化综合指数（IDI）从 3.55 逐年增长至 5.60，世界排名第 80，已超过全球平均水平，成为全球进步最快的 10 个国家之一。信息产业也迅速发展起来，产业增加值比在 2020 年达到历史最高，为 3.95%，比 2004 年高出 1.33%②。

---

① 年均出境旅游数根据世界银行公开数据计算，年均观影数据根据国家广播电视总局电影局公开数据计算。

② 信息化指数来自国际电信联盟历年《衡量信息社会报告》，信息产业增加值根据历年《中国统计年鉴》公开数据计算。

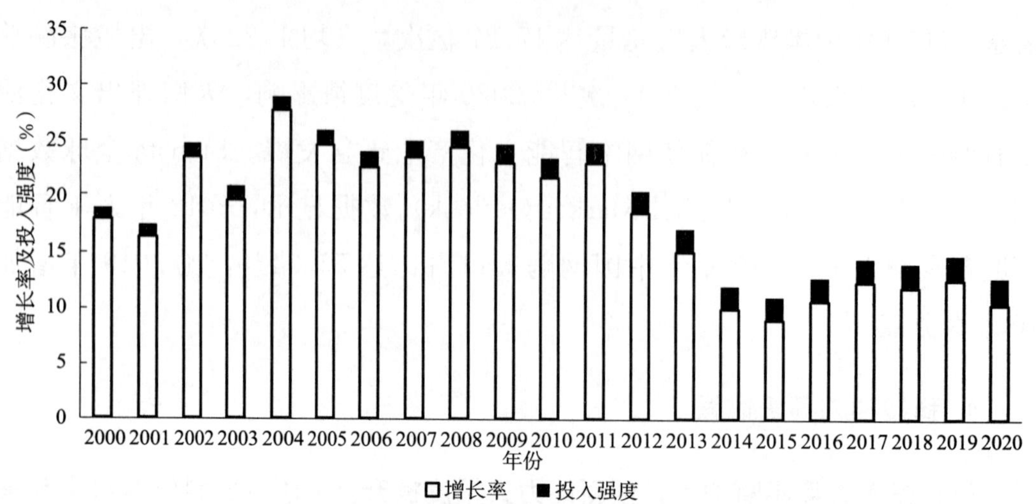

图 7　2000—2020 年中国知识创新经费投入增长率及投入强度

数据来源：2020 年投入强度来自国家统计局，其他数据来自《中国科技统计年鉴》

（3）科技创新驱动发展成效显著。中国科技进步贡献率从 2005—2010 年的 50.9%，上升到 2014—2019 年 59.5%，并带来了巨大的经济效益（图 8）。2003—2018 年，中国知识和技术密集工业产出的全球比例从 6%增长到 21%，2018 年高新技术产业增加值占工业增加值比例为 14.88%。

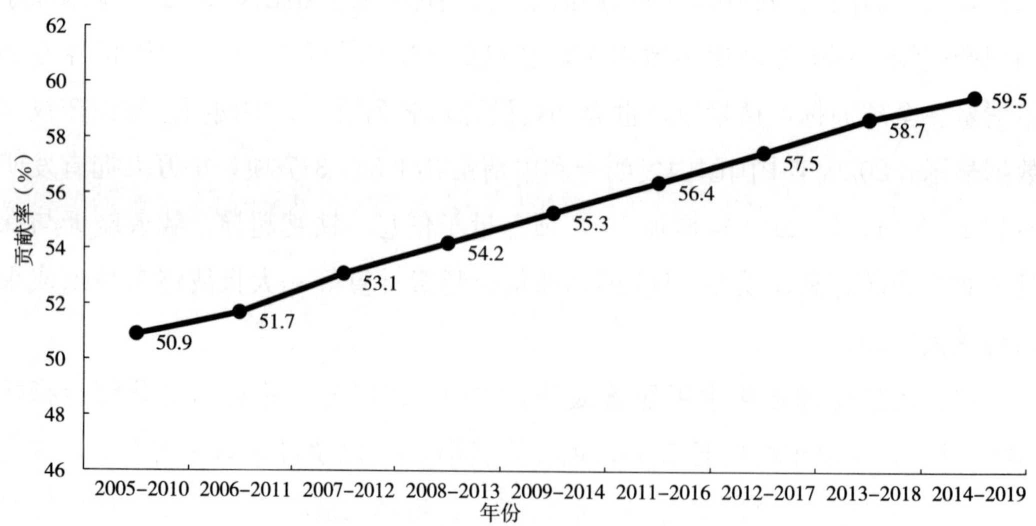

图 8　2005—2019 年中国科技进步贡献率

数据来源：科技进步贡献率来自国家知识产权局《2020 年中国专利调查报告》

5. 生态环境发生历史性变化

（1）生态效能持续提升。中国能源消耗仍呈增长之势，人均能源消费从

2000 年的 898.987 美元/千克标准油，增长到 2014 年的 2 224.355 美元/千克标准油。但能源消费结构不断优化，能源经济效能持续提高。2000—2011 年，可再生资源消费比例从 29.603%降到 11.338%，下降 18.265 个百分点；2014—2018 年有所回升，但增幅不大，2018 年为 13.124%。能源生态效益则整体稳步提升，2000 年每千克标准油效益为 3.249 美元，2014 年达 5.611 美元（图 9）。

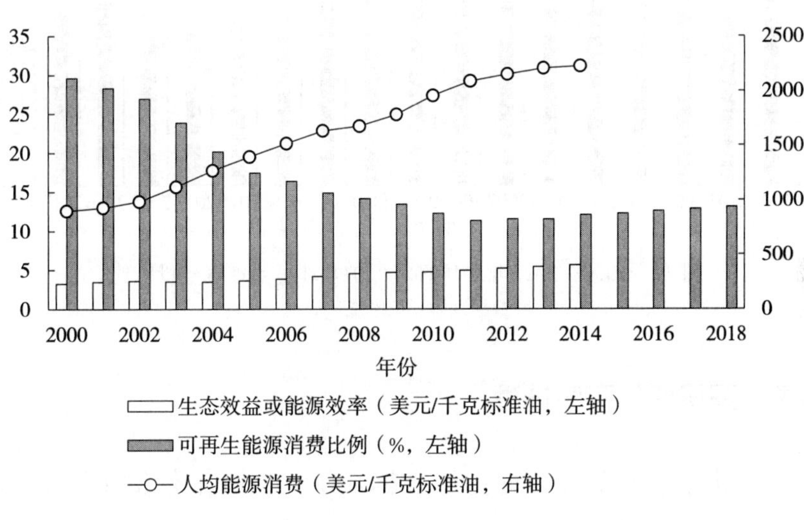

图 9　2000—2018 年中国能源消费及能源效益

数据来源：世界银行

(2) 环境治理取得显著成效。 2000—2017 年，中国环境污染治理资金额度均占到当年 GDP 总量的一成以上，2017 年投入总额高达 9 538.95 亿元，比 2000 年增加了 8 524.05 亿元。2007—2019 年，国家财政环境保护资金额度也逐年上涨，2019 年最高，投入占当年 GDP 比重为 0.75%，2020 年占比下降为 0.62%，但总投入 6 333.4 亿元，仅低于 2019 年（图 10）。大量人力、物力投入，以及多年强力治理，森林覆盖率从第六次森林普查（1999—2003 年）的 18.21%增加到第九次森林普查（2014—2018 年）的 22.96%。人均公园绿地面积在 2020 年达 14.78 平方米/人，人均面积比 2004 年扩大一倍。PM2.5 年均浓度在 2011 年达到峰值 70.542 微克/立方米，2017 年降为 52.665 微克/立方米，空气质量得到一定改善。工业废水排放达标量在 2010 年达到

95.3%。中国环境状况得到了89.5%民众的认可①。

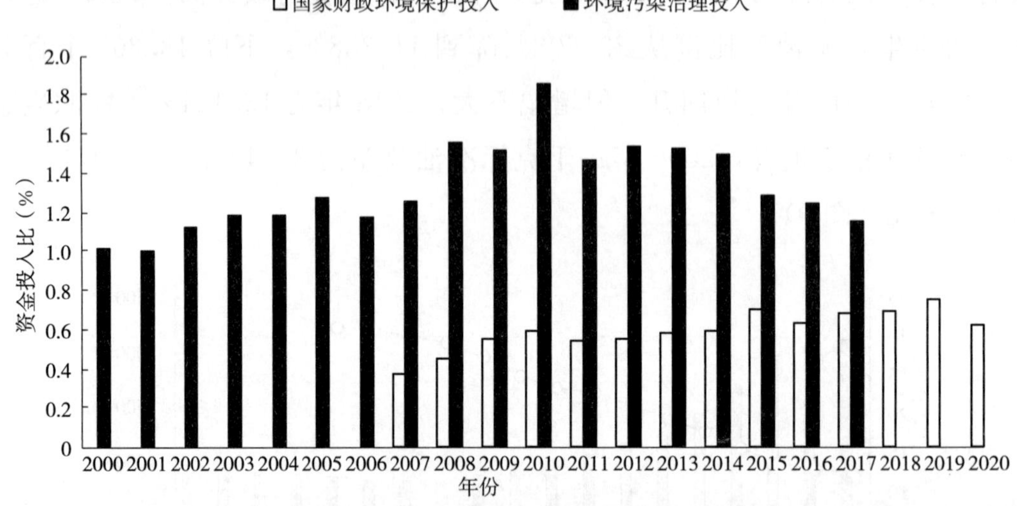

图10　2000—2020年中国环境保护及环境治理资金投入比

数据来源：国家统计局

6. 国家治理现代化有序推进

2021年，世界银行全球治理指标数据显示，“中国政治稳定性”和“不存在暴力”两个指标近几年整体呈下降之势，2020年数值为－0.29，仅低于2019年（－0.26）。在平安中国、法治中国、打虎拍蝇猎狐等一系列治理整体推进下，“规管质量”“法治”和“腐败控制”3个指标值均在2020年达到最高值，分别为－0.08、－0.06和－0.07。中国政府效率指标在2006年突破0，2020年达到最高值0.65，是全球治理六大指标项目中唯一达到正值的项目。中国话语权和责任指标值一直处于低分区，2008年开始逐年下降，2019年开始又有所上升，其根源在于中西方民主认识和民主制度的差异。

第十至第十三届全国人民代表大会中女性全国人大代表占比依次为20.2%、21.3%、23.4%、24.9%，少数民族全国人大代表占比分别为13.9%、13.8%、13.7%、14.7%（表4）。少数民族代表比例整体稳定，女性代表比例呈整体上升趋势，一线工人、农民、专业技术人员、农民工代表比

① 中国政府网．中国的全面小康［EB/OL］．http：//www.gov.cn/zhengce/2021-09/28/content_5639778.htm

例也整体上升，领导干部代表数量减少，人大代表结构不断优化。同时，中国进一步加大政府公职人员公共权力监管，清廉指数稳步上升，2020 年达到 4.2，为近 20 年最高值，充分体现了国家对人民行使民主权利的全面保障。

表 4　中国近四届全国人民代表大会人数占比（单位:%）

代表比例	第十届（2003 年）	第十一届（2008 年）	第十二届（2013 年）	第十三届（2018 年）
女性代表比例	20.2	21.3	23.4	24.9
少数民族代表比例	13.9	13.8	13.7	14.7

数据来源：中国人大网。

中国国防建设不断强化，国防费用支出占 GDP 比重平缓波动，近 20 年保持 1.2%～4%。2001—2015 年，道路交通死亡率逐年下降到每 10 万人 5.85 次，2016 年、2017 年有所增加，2018—2020 年又回落到每 10 万人 6.17 次。刑事案件发生率整体呈递增趋势，但人民群众的安全感显著提高①。中国国家统计局调查显示，2020 年中国人民群众安全感为 98.4%。美国盖洛普民调结果显示，2020 年全球法律与秩序指数平均 82 分，中国以 93 分位居全球第二。中国成为国际社会公认的最有安全感的国家之一。

（二）过去 20 年中国现代化发展的主要特点

1. “并联式”全方位协调发展

“西方发达国家是一个‘串联式’的发展过程，工业化、城镇化、农业现代化、信息化顺序发展，发展到目前水平用了二百多年时间。我们要后来居上，把‘失去的二百年’找回来，决定我国发展必然是一个‘并联式’的过程，工业化、城镇化、农业现代化、信息化叠加发展”②。近 20 年国家现代化指标数据也显示，中国经济持续健康发展，国家治理现代化不断推进，人民生活水平全面提升，文化更加繁荣发展，科学技术实现跨越式发展，生态环境发生根本性改善，中国全方位现代化协调发展取得显著性成就。从工业化到“工

① 根据国家统计局历年《中国统计年鉴》数据计算所得。

② 习近平，2022. 论“三农”工作［M］. 北京：中央文献出版社，第 33 页.

业、农业、国防和科学技术”四个现代化，再到2012年党的十八大提出经济、政治、文化、社会、生态“五位一体”总体布局，都表明中国现代化是并联的全方位发展。

2. 发展进程渐进与赶超相结合

作为后发巨型文明国家，基础薄弱、人口规模巨大是中国现代化的社会底色。从工业化到工业、农业、国防、科技“四个现代化”，到国家治理体系和治理能力现代化，再到全面建设社会主义现代化国家，中国的现代化建设过程是渐进性的。中国在坚持以经济建设为中心的同时，全面推进经济建设、政治建设、文化建设、社会建设、生态文明建设，促进现代化建设各个环节、各个方面协调发展。

在渐进发展的不断积累中，中国逐渐具备赶超西方发达国家的基础和实力。根据国际货币基金组织（IMF）、世界银行采用的购买力平价法衡量，2020年中国GDP为24.14万亿美元，高于美国GDP（20.93万亿美元），成为世界第一大经济体。2020年，中国创新指数位居世界14位，航空、5G、铁基超导材料等一系列科学技术位于世界前列。中国成为国际社会公认的最有安全感的国家之一，中国教育现代化发展总体水平跨入世界中上国家行列。

3. 公平、可持续日益成为发展重点

在过去近20年的现代化建设中，中国日益重视社会公平和可持续发展。从初次分配、二次分配到三次分配，中国收入分配格局不断完善。2020年中国城乡收入倍差为2.6，城乡居民收入差距缩小。从新农村建设到乡村振兴战略，中国进入城乡融合发展的新阶段。全国人大代表中，农村和城市每位代表所代表的人口比在2010年提高到1∶1，实现了城乡人口的平等选举和平等参政。全国女性人大代表、少数民族人大代表占比也不断提高。在学有所教、劳有所得、病有所医、老有所养、住有所居方面，中国持续取得新进展，全面建成小康社会。

4. 党的领导更加坚强有力

中国式现代化道路是一条社会主义现代化新道路，中国共产党的坚强领导

是中国实现社会主义现代化的根本保证。中国共产党以马克思主义为指导，并不断通过理论创新，为中国现代化建设提供最先进的思想指导；总揽全局、协调各方、全国一盘棋的强大领导和有力执行推动着中国现代化快步发展；密切联系群众，与人民保持血肉联系的政治优势为中国现代化建设凝聚人心；勇于自我革命的鲜明品格使中国共产党始终保持生机与活力。

三、中国现代化的发展趋势和基本要求

（一）国民经济持续健康发展

1. 经济总量和人均收入稳定增长

中国是世界上国内储蓄率最高的国家，总人口就业率仍保持着较高比例。近年来创新驱动发展成效显著。在未来 15 年，中国只要在新发展格局战略统领下，通过深化改革和结构优化，释放人口红利，激发潜在经济增长空间，经济年均增速若保持 4.8%左右，就有可能到 2035 年实现经济总量或人均收入翻一番。

2. 经济大循环逐步优化提升

新发展格局的推进将进一步释放中国社会的消费潜力，助推中国在“十四五”期间构建起国内统一大市场。到 2035 年，中国将逐步形成具有稳定优化的产业链、供应链、价值链为基础的产业循环；形成促进区域和城乡协调发展的区域间循环；打造促进城乡要素自由流动的城乡循环；畅通物流、人流、信息流、资金流、科技流等要素的要素循环，实现更高水平动态平衡。

3. 现代产业体系建设持续推进

在未来 15 年，中国将立足于实体经济，加快推进制造强国、质量强国建设，深化先进制造业和现代服务业融合，建构现代产业体系。战略性新兴产业形成融合化、集群化、生态化的发展趋势。生产性服务业的融合化发展也将推动生产性服务业向专业化和价值链高端延伸，促进服务产业新体系高速发展。

人工智能、大数据、区块链、云计算等新兴数字产业将成为数字经济的重要产业，5G 技术在智能交通、智慧物流、智慧医疗等重点领域将得到进一步应用和发展，助推全产业链的数字化协同转型。

4. 乡村振兴全面推进

以农业供给侧结构性改革为抓手，中国的农业将走向机械化、科技化和绿色化。农业生产布局也将实现优化调整，乡村经济业态日趋丰富。农村一二三产业融合发展将推动产业链再造，农产品加工业、休闲农业、民俗经济等各具特色的现代乡村富民产业将使农民获得更多的产业增值收益。

（二）科技创新体制机制逐步完善

1. 基础研究和原创性研究逐渐强化

中国将以国家战略性需求为导向，推进创新体系优化组合，加强原创性引领性科技攻关。基础研究的财政投入力度、支出结构将得到进一步优化，逐步建立持续稳定的基础研究投入机制。到 2035 年，中国的基础研究经费投入占研发经费投入比重预计将提高到 8%以上[①]。重大科技创新平台成果逐渐凸显，北京、上海、粤港澳大湾区有望成为新的国际科技创新中心。中国将总体上扭转科技创新以跟随为主的局面，在若干战略领域走向领跑。

2. 企业创新能力稳步提升

中国将在未来 15 年从研发投入、共性基础技术研发、创新服务体系三个层面促进各类创新要素向企业集聚，提升企业创新能力，形成以企业为主体、市场为导向、产学研用深度融合的技术创新体系。集中力量打造新型共性技术平台，解决关键共性技术问题，逐步完善创新性科技成果转化机制。

① 中国政府网．中华人民共和国国民经济和社会发展第十四个五年规划和 2035 年远景目标纲要［EB/OL］．http：//www.gov.cn/xinwen/2021-03/13/content_5592681.htm

3. 科技创新体制机制逐步完善

在完善国家科技治理体系的基础上，中国将健全以创新能力、质量、实效、贡献为导向的科技人才评价体系。知识产权保护体制的健全将更好地保护和激励高价值专利，助推专利密集型产业的培育和发展。创新创业创造生态的持续优化将在全社会中形成创新活力竞相迸发、创新源泉不断涌流的良好局面。

（三）共同富裕迈出坚实步伐

1. 教育现代化基本实现

中国教育发展的总体目标是在2035年实现教育现代化，迈入教育强国行列，建成学习大国、人力资源强国和人才强国。到2035年，中国的劳动年龄人口平均受教育年限将提高到11.3年①。中国将构建起更加开放畅通的人才成长通道，打造全民终身学习的制度环境，强化职业学校和高等学校的继续教育功能，扩大社区教育资源供给，建成服务于全民终身学习的现代教育体系。

2. 健康中国建设稳步推进

到2035年前，中国政府将强化监测预警、风险评估、流行病学调查等职能，构建强大的公共卫生体系，健全全民医保制度。医疗消费升级叠加人口老龄化，中国的医疗行业需求在未来将有大幅提升。以疾病诊断相关分组（DRG）付费改革为标志，中国在推进国家组织药品和耗材集中采购使用方面的改革，将促使医疗服务和产品市场趋向良性发展，提升医保基金的使用效率，推动现代医院管理制度的建立和城乡医疗服务网络完善。

3. 人口服务体系逐渐完善

在未来15年，中国将推动生育政策与社会政策配套衔接，以“一老一小”

---

① 中国政府网．中华人民共和国国民经济和社会发展第十四个五年规划和2035年远景目标纲要［EB/OL］．http：//www.gov.cn/xinwen/2021-03/13/content_5592681.htm

为重点完善人口服务体系。到 2035 年，中国将支持 150 个城市利用社会力量发展综合托育服务机构，新增示范性普惠托位 50 万个以上[①]。在养老服务体系方面，中国将在完善社区居家养老服务网络的基础上，推进公共设施适老化改造，推动专业机构服务向社区延伸。

4. 覆盖城乡的就业公共服务体系逐渐健全

以基层公共就业创业服务平台建设为依托，中国为劳动者和企业提供的政策咨询、职业介绍、用工指导等就业服务体系在未来 15 年也将日趋完善。中国将逐渐建立以创业带动就业、多渠道灵活就业机制，构建起常态化援企稳岗帮扶机制、就业需求调查和失业监测预警机制，以及终身技能培训制度，推动实现高质量就业。

5. 收入分配结构日趋优化

中国将完善最低工资标准和工资指导线形成机制，提高劳动报酬在初次分配中的比重，健全各类生产要素由市场决定报酬的机制，拓展居民收入增长渠道。同时，再分配领域将完善立法，加大对税收、社会保障、转移支付等的调节力度和精准性，不断规范收入分配秩序。

（四）公共文化服务体系建设加快

1. 公共文化服务的覆盖面和实效性稳步提升

未来 15 年，中国将推动尚未达标的公共图书馆和文化馆（站）达到国家建设标准，加强乡镇综合文化站管理，深入推进县级图书馆文化馆总分馆制建设，推动优质公共文化服务向基层延伸。同时，针对一些特殊区域发展城乡流动文化服务，实现流动服务常态化。促进城乡公共文化服务一体化建设，实现城乡基本公共服务全覆盖，推动公共文化设施和旅游公共服务融合发展。

---

① 中国政府网．中华人民共和国国民经济和社会发展第十四个五年规划和 2035 年远景目标纲要［EB/OL］．http：//www. gov. cn/xinwen/2021-03/13/content _ 5592681. htm

2. 文化产业走向数字化和融合发展

在未来 15 年的中国文化产业发展中，“互联网＋文化”新业态将持续保持快速增长的态势。中国将不断壮大数字创意、网络视听、数字出版、数字娱乐等产业，打造一批有影响力、代表性的文化品牌。中国的数字文化新业态发展将保持较长期的强劲增长态势。互联网、数字化、人工智能、工业 2025 与文化的高度融合，将催生文化消费新模式。

（五）绿色发展全面转型

1. 生态系统质量和稳定性稳步提升

中国将加快完善生物多样性保护相关政策法规，完善生态安全屏障体系，优化生物多样性保护空间网络，健全生态保护补偿机制，不断提高生态系统自我修复能力和稳定性。同时，建设生态保护红线监测预警，开展生态保护红线保护成效评估，构建起生物多样性保护监测体系。

2. 综合治理不断深化，环境质量持续改善

在未来的环境治理中，中国将更有力地落实和推进精准治污、科学治污、依法治污。按照“提气、降碳、强生态，增水、固土、防风险”的思路，统筹推进污染防治与生态保护。逐步构建一个集污水、垃圾、固废、危废、医废处理处置设施和监测监管能力于一体的环境基础设施体系，使城市污泥无害化处置率达到 90%，地级及以上缺水城市污水资源化利用率超过 25%①。

3. 低碳发展持续推进，资源利用率逐步提高

为完成“双碳”目标，中国将实施以碳强度控制为主、碳排放总量控制为辅的制度，加大甲烷等温室气体的控制力度，推动能源清洁低碳安全高效利用，全面提升资源的利用效率，稳步推进工业、建筑、交通等领域的低碳转

① 中国政府网．中华人民共和国国民经济和社会发展第十四个五年规划和 2035 年远景目标纲要[EB/OL]．http：//www.gov.cn/xinwen/2021-03/13/content_5592681.htm

型。在2035年前，中国将完成对8.5亿吨水泥熟料、4.6亿吨焦化产能和4 000台有色行业炉窑清洁生产改造，以及5.3亿吨钢铁产能的超低排放改造①。

（六）治理体系和治理能力现代化基本实现

1. 国家安全体系和能力建设不断提升

以安全生产、食品药品安全、生物安全和应急管理为重点领域，中国将不断健全公共安全体制机制，基本实现重要产业、战略资源、重大科技等关键领域安全可控，提升粮食、能源、金融等领域安全发展能力。社会治安也将不断提高立体化、法治化、专业化、智能化水平，建设更高层次的问题联治、工作联动、平安联创的工作机制。

2. 基层治理现代化持续推进

到2035年，中国将基本实现基层治理体系和治理能力现代化。建成党组织统一领导、政府依法履责、各类组织积极协同、群众广泛参与，自治、法治、德治相结合的基层治理体系，健全常态化管理和应急管理动态衔接的基层治理机制，构建网格化管理、精细化服务、信息化支撑、开放共享的基层管理服务平台。基层治理社会化、法治化、智能化、专业化水平将得到稳步提升，实现更公平惠及全体人民的基本民生福利保障的目标。

3. 数字政府建设水平大幅提升

推动政务服务的数字化和智能化，建设数字政府是国家治理发展的一大趋势。中国将把数字技术广泛应用于政府管理服务，建立国家公共数据资源体系，实现公共数据的跨部门、跨层级、跨地区融合和使用，推动政务信息化共建共用。政府的运行方式、业务流程和服务模式日渐走向数字化和智能化。

---

① 中国政府网．中华人民共和国国民经济和社会发展第十四个五年规划和2035年远景目标纲要［EB/OL］．http：//www.gov.cn/xinwen/2021-03/13/content_5592681.htm

4. 宏观经济管理逐步完善，政府治理效能不断提高

到 2035 年，中国将建立以国家发展规划为战略导向，以财政政策和货币政策为主要手段的宏观经济管理体系。政府权责清单制度的全面实行将进一步深化简政放权，持续优化营商环境。“双随机、一公开”监管和“互联网＋监管”的稳步推进将助推监管能力现代化，实现跨领域跨部门联动执法、协同监管机制和线上线下的一体化监管。

四、推进中国全面建设现代化国家的思路和措施

（一）坚持创新发展，建设高质量发展的现代化国家

党的十九大报告指出：“创新是引领发展的第一动力，是建设现代化经济体系的战略支撑”①。因此，为进一步推动我国经济的高质量发展，为建设现代化强国奠定经济基础，必须坚持创新引领发展。高质量发展阶段是一个以效益和质量为价值取向，不断探求经济发展方式的转变、经济结构的优化和经济增长动力的转换的阶段，是新时代我国实现经济体系现代化的必由之路。

1. 建设高质量发展现代化国家面临的问题挑战

当前，世界发展日新月异，国际局势复杂多变，全球治理体系正加速推进，国际格局不断演变和重构，新一轮科技革命和产业变革正逐步深入，这些给我国经济的高质量发展带来了新的问题与挑战。

一是在创新发展方面，主要表现在创新体系不健全、创新政策协调机制不成熟、创新激励机制不明确、创新资源共享机制不完善等问题。

二是在人力资本方面，我国正逐渐进入低生育率以及人口老龄化加剧的阶段，人口红利正逐步消失，劳动力人口数不断减少，企业用工成本增加。

---

① 中国政府网．习近平：决胜全面建成小康社会　夺取新时代中国特色社会主义伟大胜利——在中国共产党第十九次全国代表大会上的报告［EB/OL］．http：//www.gov.cn/zhuanti/2017-10/27/content_5234876.htm

三是在金融服务方面，金融具有筹集资金、引导资金流向、优化资源配置、提供信息、加快技术创新、促进企业重组的功能。然而，随着金融衍生品的快速发展，虚拟经济迅猛发展甚至超过实体经济。如何摆正金融体系在经济领域中的位置，处理好金融业与产业之间的关系，为推动产业更新升级的资本市场提供更好的金融服务成为当前需要解决的问题。

四是在制度建设方面，我国作为后发追赶型经济体，市场机制仍然存在着诸多要素配置的壁垒，仍需进一步探索能够适应经济高质量发展的、更为科学的产权制度和市场制度。

2. 建设高质量发展现代化国家的对策措施

一是要强化高质量发展观念。从关注“有没有”和“有多少”向关注“优不优”转变，从追求“体量优势”和“速度优势”向追求“质量优势”和“效益优势”转变。

二是要培育高质量发展新动能。淘汰落后产能，升级传统产业，培育新的推动经济高质量发展的产业链，大力发展数字经济，加快数字基础设施建设，推动产业实现全方位、全角度、全流程数字化。

三是要创新高质量发展方式。改变传统的以高耗能、高污染为代价的发展方式，坚持绿色发展、生态优先，要积极构建以战略性新兴产业和现代服务为主导、科技进步为主要动力的绿色、低碳、循环的现代产业体系（任保平，李禹墨，2019）。

四是推进高质量发展制度创新。通过合理的市场制度和调控政策弥补市场失灵的状况和问题，进一步明确产权界限、保护财产权利和知识产权，保障创新者权益。

五是强化高质量发展人才支撑。“激发和保护企业家精神，鼓励更多社会主体投身创新创业，建设知识型、技能型、创新型劳动者大军，弘扬劳模精神和工匠精神”①，在全社会形成崇尚科学、追求创新的氛围，激励科研人员潜

① 中国政府网．习近平：决胜全面建成小康社会　夺取新时代中国特色社会主义伟大胜利——在中国共产党第十九次全国代表大会上的报告［EB/OL］．http：//www.gov.cn/zhuanti/2017-10/27/content_5234876.htm

心钻研、勇于创新。

（二）坚持协调发展，建设平衡协调发展的现代化国家

1. 建设平衡协调发展现代化国家存在的主要问题

习近平总书记指出："我国发展不协调是一个长期存在的问题，突出表现在区域、城乡、经济和社会、物质文明和精神文明、经济建设和国防建设等关系上"。进入21世纪以来，我国东西差距、南北差距不断扩大，伴随中国经济结构深度调整，资源型地区转型升级亟待摆脱对资源部门技术和制度变迁的路径依赖（杨俊生，杨玉梅，2010）。城乡二元体制机制在农业支持工业的过程中形成并长期存在，收入、教育、医疗、消费、就业以及政府公共投入的城乡差异阻碍生产要素自由流动，致使差距进一步扩大。经济发展迅猛而社会发展滞后，存在社会事业短板较多、社会保障体系覆盖面较小、社会管理体制机制不健全、社会阶层趋于分化和固化等社会问题。公民素质还有待提高、精神文明建设还有待加强。经济建设和国防建设还处在由初步融合向深度融合的过渡阶段（姬文波，2017），这些问题在全面建设社会主义现代化国家的新征程中必须引起高度重视。

2. 建设平衡协调发展现代化国家的基本思路

新发展阶段，推进我国全面建设社会主义现代化国家必须牢牢把握协调发展的内在要求，推动经济社会全面协调可持续发展。要以人民群众的根本利益为出发点和落脚点，维护和促进社会公平正义，满足人民日益增长的美好生活需要。要深入推进新型城镇化战略，全面推进乡村振兴，推动资源要素向农村倾斜，破除城乡分割的二元结构，特别是要清除在户籍管理、土地管理、教育就业和社会保障等方面形成的体制机制障碍（张雅光，2021）。健全多层次社会保障体系，加大对基础设施建设、公共服务的投入，实施就业优先战略，优化收入分配结构。必须统筹推进"五位一体"总体布局。要大力促进经济的高质量发展，发展社会主义民主政治，建设社会主义文化强国，加强以民生为重点的社会建设，推进美丽中国建设，实现我国经济、政治、文化、社会和生态

文明全方位的发展和进步。

（三）坚持绿色发展，建设人与自然和谐共生的现代化国家

党的十九大报告提出，“我们要建设的现代化是人与自然和谐共生的现代化，既要创造更多物质财富和精神财富以满足人民日益增长的美好生活需要，也要提供更多优质生态产品以满足人民日益增长的优美生态环境需要”①，这些为全面建设社会主义现代化国家提供了基本遵循。

1. 建设人与自然和谐共生现代化国家存在的主要问题

在生产方面，首先，目前我国经济发展方式比较粗放，传统的旧的经济增长模式已经不适应人与自然和谐共生现代化国家建设的需要；其次，以煤为主的能源结构仍难在短时间内根本改变。在生态方面，我国生态环境保护结构性、根源性、趋势性压力总体上尚未根本缓解，生态环保工作仍然任重道远。在生活方面，随着经济发展水平不断提升，人们生活水平不断提高，但与此同时在一定范围内出现了奢侈浪费、过度消费等不合理消费现象，一定程度上加剧了资源消耗、环境污染和生态破坏。地球上的不可再生资源具有稀缺性，可再生资源的再生需要优良的自然条件，并且环境容量十分有限，如果毫无节制地进行索取，自然将承受巨大的资源消耗，极大损害人与自然的平衡。

2. 建设人与自然和谐共生现代化国家的基本思路

一是要践行习近平生态文明思想。树立绿水青山就是金山银山的理念，坚持绿色发展和循环发展，切实保护生态环境。

二是要深入打好污染防治攻坚战。调整优化环境治理模式，加快推动从末端治理向源头治理转变，通过应对气候变化，降低碳排放，从根本上解决环境污染问题。同时，要坚持用最严格的生态环境保护制度保护生态环境。从体

① 中国政府网．习近平：决胜全面建成小康社会　夺取新时代中国特色社会主义伟大胜利——在中国共产党第十九次全国代表大会上的报告［EB/OL］．http：//www.gov.cn/zhuanti/2017-10/27/content_5234876.htm

制、机制、法治等多个层面多管齐下，全面保护生态环境。

三是要健全绿色发展制度体系。加大环境保护立法力度，健全和完善环境保护制度，制定和推行生活垃圾分类管理制度等。

四是要倡导绿色生活方式。引导全社会树立节约意识、环保意识、生态意识，倡导低碳、环保生活方式，厉行节约，反对浪费。

（四）坚持开放发展，建设互利共赢的现代化国家

开放是一个国家繁荣发展的必由之路，中国经济社会发展所取得的伟大成就表明，以开放促改革、促发展是我国现代化建设的重要经验。中国开放发展的实践证明，只有实行更高层次更高水平的对外开放，从基本国情出发，探索出中国式的开放发展模式和现代化道路，才能在第二个百年征程上实现现代化强国目标。

1. 建设互利共赢现代化国家面临的问题挑战

我国建设开放型经济，加强友好合作面临新的问题挑战：第一，逆全球化思潮上升，单边主义、保护主义对全球治理与经济贸易发展形成挑战。随着我国经济实力稳步提升，在坚定奉行互利共赢的开放战略，推动外部合作的同时，外部遏制力量影响也在增强。第二，地缘政治冲突加剧，进一步恶化发展环境，对全球产业链、供应链稳定带来严重冲击。

2. 建设互利共赢的现代化国家的主要思路

中国的发展离不开世界，世界的繁荣离不开中国，开放发展是我国实现互利共赢和走向现代化的必由之路。

一是以新发展格局推动互利共赢的现代化建设。正确处理开放和自主的关系，更好统筹国内国际两个大局，畅通国内大循环，提升竞争能力；推进实施自由贸易区战略，促进国际大循环，加快形成以国内大循环为主体、国内国际双循环相互促进的新发展格局。

二是以“一带一路”推动形成全面开放的现代化格局。落实“一带一路”

倡议，加强与“一带一路”沿线国家和地区在经济、金融、能源、人文、贸易等方面的合作，促进中国和沿线国家的良性互动和共赢发展。

三是积极推动构建人类命运共同体。深刻领会人类命运共同体的价值内涵，倡导“合作共赢”模式；大力倡导和强化人类命运共同体的理念，创新话语表达体系，通过各种方式将人类命运共同体的基本理念和核心要义传播到各个国家和地区，唤醒和强化人们对于人类命运共同体的自觉意识；着力保障人类的共同利益，积极探索如何将不同国家、地区的发展利益上升为人类共同利益，构建平等对话交流机制，促进人类共同繁荣和发展。

（五）坚持共享发展，建设共同富裕的现代化国家

2021年8月17日，习近平总书记在中央财经委员会第十次会议上强调：“共同富裕是社会主义的本质要求，是中国式现代化的重要特征”[①]。在全面建设社会主义现代化国家的新征程中，贯彻共享发展理念、促进共同富裕不仅是经济问题，而且是关系党的执政基础的重大政治问题，必须将推动共享发展和促进共同富裕作为价值追求和发展目标。

1. 共享发展中存在的问题与制约因素

城乡区域差距、收入分配不均和相对贫困这三大问题是建设共同富裕的现代化国家过程中必须解决的突出问题。

一是城乡区域差距依然较大。主要体现在城乡居民收入差距、教育差距、生活水平差距、就业差距、医疗差距等方面。在全面建设社会主义现代化国家和向第二个百年奋斗目标迈进的征程中，协调发展、“全国一盘棋”至关重要。

二是收入分配差距较大。当前，我国基尼系数仍然高于0.4，城乡居民收入差距、地区收入差距、行业收入差距和居民收入分配内部差距较大。

三是相对贫困的治理任重道远。在新发展阶段，治理相对贫困已成为我国扶贫工作的重点，也是建设共同富裕的现代化国家征程中的阻力和难点之一。

① 中国新闻网．习近平：中国式现代化是全体人民共同富裕的现代化［EB/OL］．https：//www.chinanews.com/gn/2022/08-26/9837064.shtml

相对贫困的衡量标准具有相对性，贫困主体具有动态性，分布区域具有复杂性，扶贫内容具有多维性，其治理比消除绝对贫困更为复杂。

2. 推动共享发展的思路和举措

一要坚持全民共享，发展成果惠及全民。首先要高质量全面推进乡村振兴战略，加快推进农业农村现代化，推动农村产业优化升级，促进农民增收，不断健全农村基本公共服务体系，推动城乡一体化发展，缩小城乡差距。

二要坚持全面共享，满足人民美好生活需要。坚持“五位一体”总体布局，推动经济高质量发展，建设现代化经济体系；发展完善中国特色社会主义政治制度，保证人民当家做主落到实处；发展中国特色社会主义文化，推进优秀传统文化创造性转化和创新性发展；在发展中保障和改善民生，推进现代社会治理格局的建设；继续践行绿水青山就是金山银山的理念，坚持人与自然和谐共生。

三要坚持共商共建共享，激发人民群众创造力。始终坚持以人民为中心的发展理念，尊重人民主体地位，走好群众路线，充分激发人民群众的积极性、主动性和创造力。

四要坚持渐进共享，把握稳中求进总基调。根据共享发展在不同阶段的特征，循序渐进地实现平衡、协调、可持续发展。要立足我国正处于并将长期处于社会主义初级阶段这个最大实际，久久为功，聚沙成塔，落实各项发展任务，奋力建设共享发展和共同富裕的社会主义现代化国家。

专题报告二

关于农业现代化问题研究

农为邦本，本固邦宁。农业问题是关系国计民生的根本问题，实现农业现代化是全国人民的共同愿望。从1954年第一届全国人大一次会议首次提出建设“现代化的农业”到2021年中央1号文件强调“加快推进农业农村现代化”，党和政府始终将实现农业现代化作为“三农”工作重要目标任务。农业现代化的内涵经历了由20世纪中期“增产增收”到21世纪“高产优质高效”的转变。全面总结农业现代化发展历程，客观评价我国各地区农业现代化发展状况，深入分析农业现代化面临的问题和挑战，对补齐农业发展短板弱项，走中国特色农业现代化道路，进而实现农业现代化具有重要意义。

一、农业现代化的内涵特征与测度指标

（一）中国农业现代化的发展历程

农业现代化是一个动态的历史概念，人们对农业现代化概念内涵的理解随着时代背景的变化而不断丰富和扩展。

1. 社会主义新农村建设，赋予农业现代化新内涵

进入20世纪90年代以后，随着农业现代化进程的加快，在农业发展中涌现出大量新情况新问题，同时面临着世界科技革命浪潮及经济全球化的机遇和

挑战。党的第四代中央领导集体从战略和全局的高度提出，大力发展现代农业，推进农业现代化，为新时期我国农业现代化发展指明了前进方向。

2007 年中央 1 号文件提出，要按照高产、优质、高效、生态、安全的总要求，用现代物质条件装备农业、用现代科学技术改造农业、用现代产业体系提升农业、用现代经营方式推进农业、用现代发展理念引领农业、用培养新型农民发展农业。

2. 实施乡村振兴战略，对农业现代化提出更高要求

党的十八大以来，中国特色社会主义进入新时代。以习近平同志为核心的党中央提出，必须始终把解决好“三农”问题作为全党工作重中之重。要坚持农业农村优先发展，按照产业兴旺、生态宜居、乡风文明、治理有效、生活富裕的总要求，建立健全城乡融合发展体制机制和政策体系，加快推进农业农村现代化。

2018 年中央 1 号文件对实施乡村振兴战略，加快推进农业农村现代化，做出了一系列部署和安排。党中央国务院联合印发的乡村振兴战略五年规划提出了一系列政策和措施。

（二）农业现代化的内涵和特征

所谓农业现代化，通常是指用现代物质条件、现代科学技术、现代经营方式和现代产业体系发展起来的现代农业。推进农业现代化，要提高农业水利化、机械化和信息化水平，提高土地产出率、资源利用率和农业劳动生产率，提高农业素质、效益和竞争力。

1. 保障粮食安全，增加农产品供给

“洪范八政，食为政首”。对我国这样一个人口众多的发展中大国来说，立足国内解决粮食和主要农产品供给问题，始终是治国安邦的头等大事。党中央一再强调，保障国家粮食安全这根弦任何时候都不能放松，中国人的饭碗任何时候都要牢牢端在自己手上。近年来，随着经济社会发展，我国粮食供求形势

发生了重大变化，紧平衡已成为常态，粮食需求刚性增长将成为长期趋势。对于一个有14亿人口的大国而言，确保粮食安全是头等大事。尤其在国内资源压力增大、国外贸易争端不断和国际新冠病毒感染疫情肆虐的背景下，农业现代化发展面临重重考验，无论何时必须牢牢守住粮食安全的底线。农业现代化目标的实现同样要在确保粮食安全和重要农产品有效供给的前提下推进。

2. 增加农民收入，提高生活品质

新时期推进农业现代化，既要增加农产品产量，保障有效供给，又要增加农民收入，提高农民生活质量。目前，农业收入在农民人均纯收入中大约占32％，农业的增收功能并未充分发挥。农业部门对高质量要素的吸引力受到抑制，导致优质的劳动力资源、资金资源和新技术在农业部门缺乏流动性，不利于稳步推进农业现代化。因此，要充分挖掘农业增收潜力，激励优质生产要素在农业部门的集聚，加快推进农业现代化。

3. 创新体制机制，促进“四化”同步

农业现代化的实现需要依靠工业化的物质装备、城镇化刺激市场需求和信息化的技术支撑，农业现代化无法脱离工业化、城镇化和信息化而独立发展。从当前我国的情况看，一方面，随着资源环境约束进一步加强，对实现农业现代化目标提出了更加严峻的挑战，通过借助外部力量激发农业增长潜力，是农业现代化的重要出路。另一方面，实现农业现代化需要依靠技术创新和制度创新：就技术创新而言，由于我国关于农业技术创新研究的起步较晚，加之国外高精尖技术的封锁，在关键“卡脖子”技术方面，尚存在一定缺口；就制度创新而言，我国在面对农产品缺乏国际竞争力的背景下，如何通过制度创新，完善农产品的价格支持系统，强化农民增收支持系统，是实现农业现代化过程中不能回避的重要问题。要促进“四化”同步发展，必须推动制度与技术创新。

（三）构建农业现代化指标体系

本研究根据2021年中央1号文件关于农业现代化的主要论述，综合考虑指标体系的系统性、代表性、可比性、可获得性，基于农业投入现代化、农业产出现代化、政策支持和可持续发展四大维度，选取22个指标构建评价农业现代化水平的指标体系（表1）。

一是农业投入。包括两方面内容，分别为生产要素投入和科技要素投入。生产要素主要从农村劳动力受教育年限、农业机械总动力、化肥、农药、灌溉、生产性固定资产投入等角度进行衡量。

二是农业产出。现代农业产出需综合考虑产出数量和产出质量两大二级指标。产出数量选取粮食产量、畜产品产量、农业产值和农业社会化服务。

三是支持政策。选用财政支农和农业保险深度两个指标。

四是可持续发展。用污染排放、能耗水平和森林覆盖率来表示。

表1　农业现代化指标体系

一级指标	二级指标	三级指标	数据说明	权重
农业投入	生产要素投入	劳动力受教育年限	农村劳动力人均受教育年限（年）	1.86%
		机械总动力	农业机械总动力/耕地面积（千瓦/公顷）	4.40%
		单位耕地面积化肥使用量	化肥使用量/耕地面积（吨/公顷）	1.34%
		单位耕地面积农药使用量	农药使用量/耕地面积（吨/公顷）	0.33%
		有效灌溉率	有效灌溉面积/耕地面积（%）	3.98%
		生产性固定资产投资额	农户生产性固定资产投资额/农户固定资产投资总额（%）	2.01%
	科技投入	农业技术人员	农业技术人员/第一产业从业人员（%）	13.69%
		农业科研经费投入	农业R&D经费投入（亿元）	14.02%
农业产出	产出数量	劳均粮食产量	粮食总产量/第一产业从业人员（千克/人）	6.12%
		劳均畜产品产量	肉蛋奶产量/第一产业从业人员（千克/人）	6.56%
		人均农业产出	农业GDP/总人口（元/人）	5.64%
		社会化服务	农林牧渔服务业产值/农林牧渔业总产值(%)	4.67%
	产出质量	农民人均纯收入	元/人	4.98%
		农村恩格尔系数	农村居民人均食品消费支出/农村居民消费总支出（%）	1.44%
		劳动生产率	第一产业总产值/第一产业从业人员（元/人）	5.03%
		土地产出率	粮食总产量/耕地总面积（千克/公顷）	3.05%
		农业对外开放	农产品进出口额/GDP（%）	7.08%

（续）

一级指标	二级指标	三级指标	数据说明	权重
支持政策	财政金融	财政支农	农林水务支出/财政总支出（%）	2.31%
		保险深度	农业保费收入/第一产业增加值（%）	3.73%
可持续发展	污染排放	农业污染排放强度	COD、TP、TN 排放量（吨）	1.50%
	能耗水平	能源消耗水平	柴油、电力消耗量/第一产业产值（吨/万元、千瓦时/万元）	0.29%
	森林覆盖率	森林覆盖率	森林总面积/土地总面积（%）	5.97%

目前对农业现代化评价的方法，主要包括达标率评价法、DEA 模型法、脱钩指数法、模糊综合定级法、AHP 层次分析法、因子分析法、专家评判法、熵值法和多指标综合测度法。其中熵值法基于各指标内生特征进行甄别，算法简单且更具客观性和科学性，因此本研究采用熵值法对指标赋权。本报告基于各指标体系的权重（表 1），计算出 2000—2019 年 30 个地区（西藏地区数据缺失较为严重，难以进行准确衡量，因而没有将其纳入考察范围）的农业现代化水平。

二、农业现代化水平的变化趋势和地区差异

（一）农业现代化水平及趋势分析

数据显示 2000—2019 年，30 个地区的农业现代化水平均呈现明显的上升趋势，尤以北京、上海、江苏和黑龙江等地区最为明显，一方面主要得益于这些地区的生产要素和科技资源优势。另一方面得益于政府的政策扶持，例如，自 2010 年国家先后在北京、上海、江苏和黑龙江等地设立了现代农业示范区，通过运用政策红利，该类地区已经成为我国现代农业建设的排头兵，并以示范区为圆心，对周边地区产生了溢出效应，从而带动当地农业现代化水平的提升。云南、四川、宁夏、山西和甘肃等地虽有上升趋势，但增速缓慢，可能陷入了农业现代化建设的平台期。

图 1 描述了 2019 年 30 个地区的农业现代化水平。整体而言，2019 年的农

业现代化水平呈现“东高西低、北高南低”的特点。其中现代化水平最高的4个地区分别是上海、北京、黑龙江和江苏，均值为0.455；现代化水平最低的4个地区分别是贵州、山西、云南和甘肃，其均值为0.234。

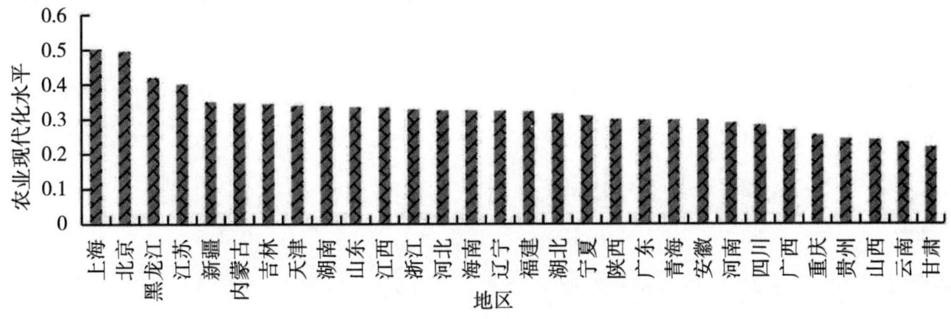

图1　2019年各地区农业现代化水平

表2说明了30个地区初期（2000年）和末期（2019年）的农业现代化水平、排名及增长比例情况。

表2　2000年和2019年农业现代化水平

地区	期初排名	期初（2000年）	期末排名	期末（2019年）	增长比例（%）
北京	1	0.271	2	0.495	82.631
浙江	2	0.254	12	0.328	29.199
上海	3	0.228	1	0.502	120.206
天津	4	0.219	8	0.339	54.882
广东	5	0.217	20	0.299	37.500
福建	6	0.216	16	0.322	49.050
宁夏	7	0.197	18	0.311	58.010
吉林	8	0.178	7	0.344	93.339
江苏	9	0.171	4	0.401	134.549
海南	10	0.170	14	0.326	91.678
广西	11	0.168	25	0.269	60.077
新疆	12	0.165	5	0.351	113.140
山东	13	0.164	10	0.335	104.280
黑龙江	14	0.162	3	0.421	159.887
河北	15	0.159	13	0.326	104.833
辽宁	16	0.158	15	0.324	104.617

（续）

地区	期初排名	期初（2000 年）	期末排名	期末（2019 年）	增长比例（%）
江西	17	0.156	11	0.334	114.310
安徽	18	0.153	22	0.298	95.091
河南	19	0.148	23	0.290	95.876
湖南	20	0.137	9	0.338	146.129
重庆	21	0.133	26	0.255	91.549
陕西	22	0.130	19	0.300	130.264
湖北	23	0.130	17	0.315	142.690
内蒙古	24	0.130	6	0.346	166.138
贵州	25	0.126	27	0.243	92.609
青海	26	0.124	21	0.298	140.735
四川	27	0.124	24	0.283	129.031
甘肃	28	0.104	30	0.219	110.147
山西	29	0.101	28	0.240	137.092
云南	30	0.099	29	0.233	135.286
均值		0.163		0.323	104.161
粮食主产区		0.152		0.340	123.684
非粮食主产区		0.172		0.314	82.559

注：农业现代化水平取值范围为 0～1，数值越接近 1，说明农业现代化水平越高。

1. 农业现代化总体水平不高，但呈逐步上升趋势

从表 2 可以看出，2000—2019 年全国农业现代化水平总体不高，2000 年排名最高的北京市为 0.271，最低的云南省为 0.099，各地区均值为 0.163。2019 年排名最高为上海市 0.502，最低为甘肃 0.219，各地区均值为 0.323。该数据反映了我国农业现代化的发展历程。2000 年，我国农业主要以小规模自给自足为主，生产要素的投入主要以农药化肥和人工为主，机械化程度低，粮食产量不高，农民收入水平低，收入主要为了满足农户的食品消费，并且未重视农业污染问题。随着经济发展水平的提高，农民收入的增加，政府开始重视农业发展，采取各项措施鼓励农业发展，从废除农业税到农户的种地补贴，加大基础设施的投入，重视生产规模的扩大，加大资金支持农业技术创新力

度。在一系列行之有效的政策引领下，我国农业现代化的进程逐步加快。从2000年到2019年，全国农业现代化水平增长率上升趋势明显，上升速度较快，增长率均值为104.161％，其中增长率在100％以上的地区有12个，表明2000年以来我国农业现代化发展较快。

2. 粮食主产区的农业现代化水平较高，且增长率水平更高

我国的粮食主产区包括辽宁、河北、山东、吉林、内蒙古、江西、湖南、四川、河南、湖北、江苏、安徽、黑龙江13个地区。2000年粮食主产区的农业现代化水平均值为0.152，非粮食主产区水平高于粮食主产区达到0.172；但2019年粮食主产区的农业现代化水平均值为0.340，高于非粮食主产区的0.314；而且就增长率而言，粮食主产区为123.684％，远高于非粮食主产区的82.559％。这可能是由于粮食主产区政策实施以来，在加快粮食流通体制改革、解决农民收入增长缓慢、促进粮食生产稳定发展、增强国家粮食安全能力等方面取得了显著成就，从而提升了农民的生产积极性、强化了粮食连年增产的主导要素，为集聚生产要素提供了有力的政策保障，加快了农业现代化进程。

（二）农业现代化的地区差距

1. 各地区农业现代化水平的差异

根据各地区2000—2019年农业现代化水平均值情况，不难看出我国农业现代化水平有明显的地区差异。农业现代化水平较高的省份主要分布于东北、华北、华东和西北地区的新疆，农业现代化水平较低的省份主要分布于西北和西南地区。其中东北和华北的部分地区人少地多，多平原，利于规模化和机械化生产，东北地区是农业机械化程度最高的地区之一，而且东北地区多为黑钙土，肥力较高，农作物的产量高。华东地区作为我国东部经济发展水平最高的地区之一，农业发展会受到第二、三产业的反哺效应，而且华东地区在技术创新方面资源更多、能力更强，且对外开放水平较高。新疆农业现代化水平较高的主要原因包括：首先，新疆地广人稀、利于机械化作业；其次，新疆地区的自然条件优势，昼夜温差大，作物的质量更好；最后，新疆地区的支持保护水

平高，尤其是农业保险密度居全国首位。总体而言，农业现代化水平呈现“东高西低、北高南低”的分布特征。

2. 粮食主产区的内部差异

除北京和上海外，在多重政策的助推下，粮食主产区的农业现代化水平普遍较高，但就中部地区的安徽、河南和湖北而言，虽然该地区的粮食产量水平较高，在保供给方面作出了重要贡献，但在农业现代化建设中，未起到引领作用。可能的原因有：第一，该地区的科技创新能力弱，以 2019 年为例，北京地区农业科研经费投入分别是安徽的 10.35 倍，是湖北的 4.06 倍，是河南的 3.85 倍。现阶段，科技创新能力在农业现代化进程中的地位越来越重要。第二，农民收入较低，同样以 2019 年为例，北京地区农民人均纯收入是安徽的 2.53 倍，是河南的 2.53 倍，是湖北的 1.99 倍。由于收入水平约束，难以充分激发农户生产的积极性和农业部门要素的活力。总体而言，粮食主产区的农业现代化水平普遍较高，但部分地区并未充分发挥其主产区优势。

（三）农业现代化的发展趋势

基于“俱乐部收敛视角”，对农业现代化潜力进行测算。本报告借助 stata16.0 软件，根据各地区在不同年份农业现代化水平的均值变动情况，利用非线性时变因子检验法，检验出不同地区的农业现代化存在收敛俱乐部，且收敛于 4 个俱乐部。其中，俱乐部 1 为高水平俱乐部、俱乐部 2 为中高水平俱乐部、俱乐部 3 为中等水平俱乐部、俱乐部 4 为低水平俱乐部。俱乐部 1 包括北京、上海、江苏和黑龙江；俱乐部 2 包括全国 20 个地区；俱乐部 3 成员有山西和重庆；俱乐部 4 包括宁夏、甘肃、贵州和云南。由此可见，我国大部分地区农业现代化水平收敛于中高水平的俱乐部（表 3）。

表 3　俱乐部收敛结果

地区	俱乐部	地区	俱乐部
北京	1	内蒙古	2

（续）

地区	俱乐部	地区	俱乐部
上海	1	山东	2
江苏	1	陕西	2
黑龙江	1	天津	2
安徽	2	新疆	2
福建	2	浙江	2
广东	2	广西	2
海南	2	四川	2
河北	2	青海	2
河南	2	山西	3
湖北	2	重庆	3
湖南	2	宁夏	4
吉林	2	甘肃	4
江西	2	贵州	4
辽宁	2	云南	4

基于俱乐部的收敛结果，测算2000—2019年我国农业现代化水平的增长潜力（表4），得出如下结论：一是农业现代化水平有较大的增长潜力；二是从增长空间来看，各年份的增长空间随时间的趋势不断下降，也验证了俱乐部内部农业现代化水平的差异在不断减少。

表4　各年份实际水平与潜在水平情况

年份	实际水平	潜在水平	增长空间（%）
2019	0.323	0.359	11.311
2018	0.320	0.356	11.315
2017	0.310	0.350	12.941
2016	0.304	0.337	10.780
2015	0.296	0.330	11.508
2014	0.291	0.332	14.115
2013	0.287	0.331	15.439
2012	0.273	0.318	16.766
2011	0.269	0.324	20.744

（续）

年份	实际水平	潜在水平	增长空间（%）
2010	0.256	0.305	19.242
2009	0.237	0.276	16.317
2008	0.229	0.275	20.105
2007	0.220	0.266	20.747
2006	0.212	0.267	25.897
2005	0.211	0.260	23.302
2004	0.202	0.250	23.948
2003	0.192	0.256	33.026
2002	0.159	0.205	28.871
2001	0.164	0.255	55.395
2000	0.163	0.241	47.502

进一步，根据各年份的实际水平、潜在水平和增长空间绘制变动趋势图（图 2）。我们发现：第一，实际水平和潜在水平有相同的增长趋势，且无较大波动，说明在国家一系列政策的助推下，我国农业现代化水平在稳步提升。第二，实际水平和潜在水平的差距在不断缩小，21 世纪初农业现代化水平的增长潜力接近 40%，2018 年前后下降为 10%以下，说明地区间农业现代化水平的差距在减小。第三，本报告用增长空间对时间趋势项进行简单的线性回归，结果显示增长潜力每年大约下降 1.7 个百分点，到 2024 年前后，预期的潜在

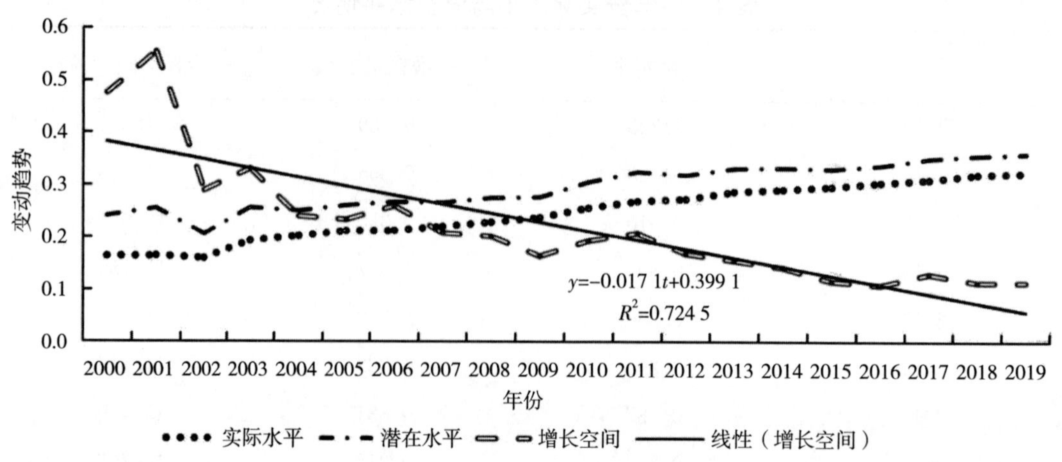

图 2　实际水平与潜在水平变动趋势

水平与实际水平将趋于一致。然而我们观察到 2017 年的增长潜力为 12.9%，2019 年的增长潜力为 11.3%，所以我们可能会高估了增长潜力下降的速度，因此，结合增长空间变化的长期时间趋势回归结果和近年来的实际波动情况，我们认为，未来 5～10 年农业现代化水平仍然具有 10%左右的增长潜力。

三、推进农业现代化的问题挑战和路径选择

（一）发展面临“三大”问题

1. 路径选择问题

农业现代化是各国农业发展的共同方向。由于不同国家的农业资源状况和经济发展情况不尽相同，各国农业现代化的具体内涵也表现出差异性。加快我国农业现代化发展不可忽视国情农情，中国特色农业现代化道路究竟是什么呢？概括来讲，中国特色农业现代化道路就是遵循世界现代农业发展的一般规律，并从我国的具体国情出发，确定发展现代农业的主要目标、实现路径和战略措施。学术界对中国特色农业现代化道路的内涵进行了大量探讨研究。21 世纪初，学术界认为，我国农业现代化的路径需要由传统的小农经济模式向规模化大农业转型。或基于对日本资源禀赋的考察，认为我国应该借鉴日本的经验，发展农协，依靠资本和技术提升土地生产率。无论是以大农场为主的美国模式，还是以农协为主的日本模式，都需要结合我国的实际情况进行适用性分析：第一，我国以小农为主的家庭经营形式。根据第三次农业普查数据，我国小农户数量约占各类经营主体总数的 98%以上，小农户经营耕地面积约占耕地总面积的 70%。这表明以大农场为主的美国模式难以在中国发挥作用。第二，我国人均收入水平低于日本，居民的消费能力受限。以 2019 年为例，我国居民人均可支配收入为 30 733 元，同年的日本为 116 424 元，约为中国的 3.8 倍。这一差距表明日本借助农业协会的力量故意提高农产品的内部市场价格，使其长期远高于国际市场价格的模式在我国难以实现。

随后有学者研究认为，我国应该立足国情，走中国特色农业现代化道路。从关键词的角度具体来看，“特色”指的是我国发展农业现代化面临着不同于他

国的基本国情和农情，这是我们选择具体实现路径的背景和基础，不同的“特色”决定了不同的“道路”。因此，我们探究加快中国农业现代化建设的路径选择，就必须从“中国特色”出发，以我国基本国情和特色农情为逻辑起点。现阶段“中国特色”的基本国情和农情主要体现在特殊的资源约束、基本制度和区域条件等三大方面。第一，我国地域辽阔，但由于人口基数大、自然资源分布不均，很多农业资源面临严重短缺，尤其是人地矛盾最为突出。据预测，到2030年我国人均耕地占有量会下降至1.1亩左右，临近国际警戒线，在这种资源约束下，农业现代化的推进将面临严峻挑战。第二，我国农业生产必须坚持土地集体所有、家庭经营的基本经营制度，如何实现这一制度带来的小农户与现代农业的有机衔接是农业现代化进程中的关键问题。第三，我国幅员辽阔，各地自然资源禀赋和经济发展状况差异较大，因此加快我国农业现代化建设需要重视这些差异。第四，我国农业现代化建设面临着城乡二元结构根深蒂固，工业化、城镇化和信息化的快速推进等特殊背景。这些情况不仅为我国农业现代化建设提出了客观要求，同时也为实现路径的选择设置了多种边界。具体而言，要坚持富民强农的目标以及家庭经营的基本制度（卫龙宝等，2009；郑晶，2009），统筹城乡发展的基本方略，努力提高土地产出率、劳动生产率和资源利用率，充分发挥我国特有体制机制、劳动力资源以及市场优势，依靠科技创新走出一条产出高效、产品安全、资源节约、环境友好的现代农业发展道路。

2.“四化”关系问题

2010年通过的《中共中央关于制定国民经济和社会发展第十二个五年规划的建议》，首次提出将农业现代化融入工业化和城镇化发展的进程中，由此构建“三化同步”的发展格局。结合我国的发展历程，工业化、城镇化和农业现代化一直是中国现代化建设的三条主线。随后，2012年党的十八大报告中将信息化加入三化格局，提出要坚持走中国特色新型工业化、信息化、城镇化和农业现代化“四化同步”的道路，由此构建“四化同步”的发展格局①。在

① 共产党员网．坚定不移沿着中国特色社会主义道路前进　为全面建成小康社会而奋斗——在中国共产党第十八次全国代表大会上的报告［EB/OL］，https://www.12371.cn/2012/11/17/ARTI1353154601465336_all.shtml

推进国家现代化发展的进程中，“四化”之间是相互协调、相互促进的关系，共同构成一个整体。工业化为农业现代化提供生产工具，城镇化为农业现代化创造市场需求，信息化为农业现代化提供技术支撑。由此可见，协调推进新型工业化、信息化、城镇化和农业现代化同步发展，本质是实现“四化”互促共进。

3. 区域分工问题

我国经济发展的特殊性很大程度上源于区域经济发展的不均衡，各地区的资源禀赋、发展条件和政策导向不同，需要因地制宜，选择不同区域的农业现代化模式，制定区域发展战略。

一是基于我国四大分区的战略规划。其中，东部地区在我国经济中处于领先地位，东部地区要充分利用交通、区位、市场和人力资源优势，率先基本实现农业现代化。具体而言，要加快提高资本、技术等现代化的生产要素在本地区的集聚程度，同时要维持耕地面积不减少，稳定发展粮食生产，加快发展以园艺产品、畜产品、水产品为重点的高效农业、精品农业、外向型农业和城郊农业，大力推进标准化生产和集约化经营，提高信息化、优质化和品牌化水平，提升产品的科技含量和附加值。根据沿海地区经济发展特点，大力发展蔬菜水果、花卉等高效园艺产业和畜禽水产业，提高大城市“菜篮子”产品的自给率。在稳定城市副食品供应保障能力的基础上，进一步挖掘农业的生态涵养、观光休闲和文化传承等多种功能，提高农业效益，增加农民收入。中部地区是我国重要的粮食主产区和商品粮供给基地，农业发展潜力巨大。要充分发挥中部地区粮食安全基础保障作用，深入开展粮食稳定增产行动，加强农田水利和高标准农田建设，推广防灾减灾增产关键技术，大幅度提升粮食综合生产能力和现代化生产水平。“中部崛起战略”的实施，对农业发展的带动作用将进一步增强，农产品深加工业将进一步发展，农业专业化、精细化与产业带将率先形成。西部地区属于稳步发展区域，特色农业、草地畜牧业将得到进一步发展。该区域的农业现代化建设对于保障我国生态安全具有不可替代的战略作用。由于受资源禀赋和气候环境的影响，该地区的畜牧业将保持稳定增长，奶业生产能力将大幅提高。西部地区将成为我国专用玉米、糖料、棉花、水果、肉羊、牛奶等优势产区，其中新疆地区棉花产量将占到全国的40%以上，特色农产品将在全国占有举足轻重的地位，成为农民收入增加的主要来源。东北地区地域辽阔，土地资源相对丰富，农业生产技术较为成熟。该地区要继续发挥规模优势，全面推进机械化、标准化、品牌化、产业化发展，加快农田基础设施和现代农业装备建设。东北地区将成为我国重要的商品粮生产基地和精品畜牧业供应基地，其中粳稻商品率将超过90%。同时，大力发展粮食精深加工及仓储物流业，完善粮食仓储运输设施，率先成为我国大宗农产品储备基地，为国家粮食安全提供保证。

二是基于国家现代农业示范区建设。我国地域广阔，各地情况千差万别，推进农业现代化不可能一刀切、齐步走。通过创建农业现代化示范区，立足当地资源禀赋、产业特色和经济社会发展条件，分区域分类型培育一批样板区，探索差异化、特色化农业现代化发展模式，形成一套有代表性可复制可推广的建设路径、政策框架和评价办法，示范引领同类地区农业农村现代化加快发展。自2010年以来，农业农村部先后认定了3批共283个国家现代农业示范区。2021年中央1号文件提出，到"十四五"末期计划创建500个左右的农业现代化示范区。以进一步激发示范区的引领和带动作用。从发展历程来看，农业现代化示范区建设水平的综合得分从2010年的56.4分稳步提升到2015年的71.6分，年均增长速度为4.9%。2015年现代农业示范区的增速为3.5%，已经达到基本实现农业现代化水平的95.4%（孟召娣等，2018）。根据《2015年国家现代农业示范区建设水平监测评价报告》，监测评价的前两批153个国家现代农业示范区的试点情况如表5所示。

表5　基本实现农业现代化示范区名单

年份	基本实现农业现代化示范区名单
2010	北京市顺义区、江苏省太仓市、黑龙江垦区
2011	新疆生产建设兵团农六师五家渠垦区、江苏省太仓市、北京市顺义区、黑龙江垦区、新疆维吾尔自治区呼图壁县、江苏省无锡市、江苏省昆山市
2012	江苏省太仓市、上海市浦东新区、新疆维吾尔自治区呼图壁县、浙江省慈溪市、江苏省昆山市、江苏省徐州市铜山区、北京市顺义区、江苏省东台市、江苏省无锡市、江苏省沛县、江苏省苏州市相城区、黑龙江垦区、宁夏农垦、新疆生产建设兵团农六师五家渠垦区

（续）

年份	基本实现农业现代化示范区名单
2013	北京市顺义区、黑龙江垦区、湖南省岳阳市屈原管理区、江苏省东台市、江苏省海安县、江苏省昆山市、江苏省沛县、江苏省太仓市、江苏省徐州市铜山区、江苏省无锡市、江苏省苏州市相城区、宁夏贺兰县、宁夏农垦、上海市浦东新区、新疆生产建设兵团农六师五家渠垦区、新疆生产建设兵团农一师阿拉尔垦区、新疆维吾尔自治区呼图壁县、浙江省慈溪市、浙江省湖州市、浙江省平湖市
2014	北京市房山区、北京市顺义区、福建省福清市、甘肃省张掖市甘州区、黑龙江垦区、黑龙江省富锦市、黑龙江省庆安县、黑龙江省五常市、湖北省监利县、湖南省岳阳市屈原管理区、湖南省益阳市大通湖管理区、江苏省东台市、江苏省海安县、江苏省建湖县、江苏省昆山市、江苏省沛县、江苏省苏州市相城区、江苏省太仓市、江苏省泰州市、江苏省徐州市铜山区、江苏省无锡市、江西省南昌县、内蒙古自治区鄂温克旗、内蒙古自治区开鲁县、宁夏回族自治区贺兰县、宁夏农垦、宁夏回族自治区永宁县、山东省东营市、山东省滕州市、山东省威海市、山西省太谷县、陕西省西安市长安区、上海市崇明县、上海市浦东新区、天津市武清区、天津市西青区、新疆生产建设兵团农六师五家渠垦区、新疆生产建设兵团农一师阿拉尔垦区、新疆维吾尔自治区呼图壁县、浙江省慈溪市、浙江省杭州市萧山区、浙江省湖州市、浙江省平湖市、浙江省诸暨市

该结果显示，北京、江苏、黑龙江、上海、新疆等地区的部分县市在“十二五”期间已经基本实现农业现代化。正是在示范区引导和带动作用下，2019年这些地区整体的农业现代化水平居于前列，同时验证了本报告第二部分的测算结果。2016年监测评价报告显示，281个示范区的经营管理水平、科技推广水平、农业物质装备水平、产出水平、支持水平和可持续发展水平基本实现程度分别为83.1%、116.2%、99.6%、78.5%、99.9%和98.1%。2015年示范区农产品质量安全抽检合格率比全国平均水平高2.6个百分点；农民人均纯收入达到1.37万元，比全国平均水平高20.5%；农作物耕种收综合机械化水平比全国平均水平高14.3个百分点；劳动生产率是全国平均水平的2.1倍。由此可知，国家现代农业示范区在全国发挥了重要的引领、示范和推广作用，其带动力与影响力强大。

（二）推进农业现代化的实现路径

农业现代化就是由传统农业向现代农业发展转变的过程，是对当今世界农业已经达到的最高发展水平的概括。而农业现代化道路，就是推进农业现代化的具体发展战略、方式和途径。本报告认为，农业现代化的路径选择应该从以下几个方面着手：

1. 发展适度规模经营，加快建设现代农业

小农户经营是我国基本农情，而耕地细碎化问题则是影响我国农业现代化发展的潜在障碍。在这样的背景下，经营管理的提升和技术装备的引入会受到农地规模的影响而极大降低效益，也会影响社会化服务的使用效率。习近平总书记指出，土地流转和多种形式的规模经营是发展现代农业的必由之路，可见，农业现代化的关键在于通过一定的路径实现农业经营体制的突破，以完成土地经营规模化。2017 年的中央 1 号文件就已经明确提出农业适度规模经营包括土地流转型和服务带动型，但二者之间并没有严格区分，比如，土地流转的主体也可以通过购买社会化服务进一步辅助实现规模化经营（孔祥智，穆娜娜，2018），而农业机械这类社会化服务需要土地流转使耕地集中连片才能更好地发挥作用。

一是推进土地流转制度改革，促进土地资源市场化合理配置，实现土地资源集约化经营。土地通过流转从边际产出低的农户转移到边际产出高的农户，提高了土地资源利用效率，既能避免出现土地抛荒现象，又可以提升农业生产效率（卿定文，王伊吕，2021）。经营规模的扩大不仅有利于农业机械化作业，提高土地产出率，而且还可以促进农业管理技术发展，从而加快我国农业现代化进程。虽然土地流转型规模经营在我国农业规模化经营中占有举足轻重的地位，但现阶段土地流转仍然存在诸多问题：第一，土地流转并未改变我国土地经营细碎化的现状，2015 年我国土地经营面积在 10 亩以下的农户占比 79.6%，30 亩以上的农户占比仅 3.9%，与此同时，土地流转的增速从之前的 4%下降到 2.9%，说明土地流转并没有显著改变我国农地小规模经营的现状。第二，通过土地流转实现规模经营的主体存在较大的经营风险，考虑到当前农业保险覆盖率和赔付率低的情况，一旦出现灾害影响农作物生长，土地租赁主体便要承担亏损。第三，土地流转存在较大的负面经济效应。这是指以土地租赁方式进行土地流转的农业规模经营主体时常面临经营亏损，从而导致农田撂荒、退地或负责人“跑路”甚至自杀的现象。

二是健全社会化服务体系，实行社会化分工和专业化生产。农业社会化服务作为一种新型生产要素，改变了传统农业生产方式，可以通过分工效应、技术效应和替代效应促进农业生产技术效率的提升（扬子 等，2019），推动农业规模经营。从我国农业发展的现实状况来看，不仅是小规模农户需要社会化服务，经营规模较大的家庭农场和农民合作社同样需要社会化服务。健全社会化服务体系需要从政府、社会和村集体三个方面着手努力：第一，政府方面，要充分发挥和利用政府农技推广系统的职能。考虑到政府农技推广部门并没有提供农业社会化服务的能力，可以通过政府购买服务的方式引导各类社会资本来提供这些服务，比如在山东省和河南省，已经对机耕、机种、机收等农业生产环节实施了政府购买服务试点，取得了积极的效果。第二，社会是提供农业社会化服务的主力军，要积极鼓励其参与到农业社会化服务体系的建设中来，充分发挥其优势。包括农民专业合作社、农业龙头企业在内的社会力量可以更有针对性地为农业生产主体提供全方位专业的社会化服务。第三，村集体也是提供公益性农业社会化服务的重要力量。村集体是农村的基层组织，可以有效地整合全村农民，集中力量办大事，需要重视村集体在农村社会化服务建设中的作用，对村干部和村集体开展农业社会化服务给予政策与资金支持。

2. 强化以工促农以城带乡，以信息化助力农业现代化

我国总体上已到了以工促农以城带乡、以信息化助力农业现代化的发展阶段，正在走中国特色新型工业化道路、中国特色城镇化道路和中国特色农业现代化道路，必须统筹工业化、城镇化、信息化和农业现代化建设。农业现代化一直是“四化”发展的突出短板（刘敏，白塔，2017），主要表现为城乡资源要素分配矛盾和农业科技薄弱。要想做到“四化同步”发展，就需要进一步加大工业化、城镇化、信息化对农业现代化的带动力度，坚持工业反哺农业，城市支持农村，促进信息化与农业现代化的深度融合，推动各类先进生产要素进入农业，从而加速农业现代化的发展。

一是发挥工业化对农业劳动力非农就业、农村第二和第三产业发展以及农业科技水平提高等方面的带动作用。加快农村劳动力转移就业，促进农业分工和专业化生产，构建起现代农业发展模式和管理方式，进而加快农业现代化发

展。第一，工业要发挥资金回流效应，通过资金夯实农业现代化的基础。加大政府财政支农力度，优化财政支农的结构与方式，以便提高资金使用效率。积极引导社会资本参与农村建设，进一步创新农村金融服务体系，扩大资金回流农业的途径，以此夯实农业现代化发展的基础。第二，发挥工业吸纳农业剩余劳动力转移的能力，加速农村人口向城镇转移，是提高土地生产率，实现农业现代化的重要环节。应该进一步协调工业化与城镇化发展，促进工业企业向城镇集中，优化产业空间布局，提升城镇对农村剩余劳动力的吸纳能力，加速农村剩余劳动力向城镇转移。第三，发挥规模化经营效应，助力农业机械化和技术进步。最大限度发挥以工促农的功效，需克服农业经营规模小、分散程度高、经营方式落后和农民组织化程度低等弊端。政府部门应该加速推动农村土地流转和适度集中农地规模，以提升农业对工业化成果的利用，加快农业机械化和技术进步的步伐。

二是城镇化发展中要与新农村建设相互促进，辐射带动周围农村的发展、农民就业和公共事业发展，合理配置城乡发展之间的社会资源。第一，健全农业转移人口市民化体制机制。新形势下推进农业转移人口市民化需要认真落实不同规模城镇的差别化落户政策，对于大城市要尽快放开户口限制，并逐步实现全国城乡户籍制度并轨；在这一并轨过程中，可以先通过全覆盖居住证制度，将暂未落户、持有居住证的人口全部纳入基本公共服务保障范围，使持证人最终能够享受与城镇居民同等的基本公共服务。第二，统筹推进新型城镇化和新农村建设，促进公共资源在城镇和农村间均衡配置。通过将农村基础设施建设纳入城乡发展总体规划，将城市基础设施向农村延伸；通过发挥政府再分配职能，加大政府对于农村投入的倾斜力度，保障财政新增经费及固定资产投资增量主要用于农村，实现城乡资源共享。第三，深化农村集体产权制度改革，进一步完善农村产权交易市场，使农民拥有的承包地、宅基地、住房等资源能够转变为资产，进而转化为资本。

三是在当前城乡信息化发展不均衡的背景下，注重信息化与农业现代化的融合，以信息化助力农业现代化发展。第一，加快农村地区信息化基础设施建设。完善的农村互联网配套基础设施是信息化农业发展的前提。政府部门应将农村信息化配套设施纳入新农村建设整体规划中统筹考虑，加大农村信息化基础设施建设力度，为农业信息化的推进打好基础。第二，建立完善的农业信息服务体系。现代化农业的快速发展，必须加快农业信息服务体系建设，构建适合我国国情的，政府部门、社会组织、私营机构分工协调的，针对性强、运转高效、服务周到的社会化信息服务体系。第三，重视先进新兴信息技术的推广应用。物联网、大数据、云计算、移动互联网等前沿信息技术在农业领域的早期应用中存在成本高、风险大、普及难等问题，应充分发挥政府主导作用，同时注意调动农场、企业参与试点试验，形成政府主导、多方协作、共同推进的先进技术试点试验推广新机制。第四，加强农业信息技术知识的培训与普及。信息化时代的农业需要掌握高科技技术的农民。因此，政府部门要进一步完善新型职业农民教育培训体系，把信息化能力培训纳入其中，提高农民对信息化的适应和接纳能力，由传统农民转变为职业农民，为农业信息化发展奠定坚实基础。此外，农技推广部门要鼓励农户将信息化技术运用到农业生产和管理当中，使农业生产更加精准化和智能化，提高农业资源利用效率和农业产出率。同时，政府部门应该推广农产品可追溯技术，保障食品安全；积极引导农业企业利用信息网络打破传统农产品销售模式，开辟网络营销新渠道。

3. 创新体制机制，优化配置农业资源

农业现代化的过程是转变经营主体观念和改造经营行为的过程，必须依靠制度引导、调节和规范农户的经营观念和行为，从而激发其发展现代农业的内生动力，实现对传统农业的改造。当前我国农业体制机制并不能很好促进小农户与现代农业的有机衔接，因此，加快我国农业现代化建设关键在于制度创新，为我国小农经营背景下的农业现代化发展提供制度保障和前进动力。

一是深化户籍制度改革，突破城乡二元经济体制对农民非农转移的障碍，增强工业发展对农村劳动力的吸纳程度，从而提高农业劳动生产率。

二是创新土地产权制度，保障农户长期、可靠的土地承包经营权，并健全农村土地承包经营权价值评估，确保其在土地流转、入股、抵押和征收时的收益。放活经营权，通过健全土地流转市场、规范中介服务和强化流转合同法律保护措施，确保土地流转双方的权益，促进土地向生产效率高的经营主体集中。

三是创新农业经营制度，对现阶段的农业生产关系进行调整和变革。考虑到农户兼业化的广泛性和长期性，在坚持家庭经营基础性地位的同时，通过制度培育专业大户、家庭农场等新型农业经营主体。

四是创新农业科技体制机制，重点在于建立农业科技创新制度和农业技术成果推广制度。立足农业发展需要，注重农业技术研发与推广应用相结合，综合提高土地产出率、资源利用率和劳动生产率，由传统单一发展农业生产技术向农业多功能发展转变，通过集中投入、联合攻关，大力开发具有重大应用价值的突破性科技成果。政府部门还应该积极培育以企业为主体的农业科技创新组织，建立产学研深度融合机制，让农业科技发展与农业生产紧密相连，将优质的科技资源向农业优势产区输送。

五是深化农村金融制度改革，满足现代农业经营主体发展对于金融需求额度高、周期长和类型多样的特点。针对农业产业特征，创新金融产品和服务方式，满足不同主体的金融需求，克服涉农信贷担保瓶颈，为农业现代化发展引入更多资金流。同时，健全政策性农业保险制度，增加保费补贴品种和财政支持力度，提高利益相关者的参与度。

六是创新交易制度，以促进小农户便捷交易，节约交易成本。建立健全以价值为基础、以市场为导向的农业生产资料和农产品价格形成机制，避免出现“谷贱伤农”的现象。此外，以政府为主导创新农业经营和交易机制，构建企业、家庭、集体等多种形式共同发展的新型农业经营体系，加强小农户与新型经营主体的联系合作，提升小农户的流通组织化程度，降低市场风险。

4. 立足区域分工与协作，推进农业产业化发展

现代农业与传统农业的重要区别在于农业产业化。加快我国农业现代化发展，亟须打破地域和行业的限制，在更加广阔的范围和更深的层次上对生产要素配置和产业协同发展进行优化（金福子，苏燕华，2019）。区域分工与协作可以打破农业产业化发展中生产要素的地域限制，例如，我国东部农业发达地区在农产品深加工方面拥有技术和资金优势，若将东北地区种植优势与东部地区资金和技术优势结合起来，便有助于降低生产和经营成本，提升农业产业附加值，从而调动农民生产积极性。区域分工协作和农业产业化发展已经成为我

国推进农业结构转型升级和建设现代农业的必然要求。我国幅员辽阔，各地地貌、资源、气候和生产资源差异很大，农业生产显示出明显的区域特征，形成了东部、中部、西部和东北部四个不同发展水平的经济地带。从我国基本国情出发，推进中国特色现代农业建设的基本思路应该以发展区域农业经济为突破口，围绕农业农村部制定的优势农产品区域布局规划，构建我国现代农业的区域平台，按照“重点突出、梯度递进”的原则，重点抓好东部沿海地区和大中城市郊区的现代农业建设，积极稳妥地推进中西部地区的现代农业建设，充分发挥各分区农业的比较优势，推进形成合理的农业区域布局和产业分工，提高我国农业的市场竞争力，实现由农业大国向农业强国的转变。

探索不同区域的农业现代化模式需要从各地的资源禀赋和经济社会条件出发，最大程度发挥不同区域的比较优势。譬如，东北地区地广人稀，并且拥有肥沃的土壤、充足的水资源和良好的生态环境，非常适合发展机械化农业。可以借鉴美国、加拿大等发展机械化大农业，利用现代农机装备提高劳动生产率、资源利用率和土地产出率，推动农业产业化发展，延长农业产业链条。西北地区多为沙地，土壤条件差，水资源短缺，适宜发展以特殊资源和气候条件为基础的现代特色农业和节地节水农业。西南地区拥有丰富的农业资源和劳动力资源，同时与中亚和东南亚国家接壤，适宜发展多功能现代农业，重点特色地区发展特色农业、观光农业和生态农业。东部沿海地区可以利用先进的科学技术，开发生产适于家庭使用的自动化程度高的小型农业生产设备，以提升农业现代化的机械化水平。中部地区农业资源和劳动力资源丰富，气候温和、光照充足，并且拥有平原、山地、草地、湖泊等多种生态系统，应全力建设集约可持续农业、加工型农业和无公害农业。

5. 培育新型职业农民，发挥人力资本优势

人力资本是影响农业生产率的重要因素之一，当前小农户仍然是中国农业发展的主力军。因此，除了培育高水平的农业科技人才，加快培育新型职业农民，将劳动力优势转化为人力资本优势，也是我国农业现代化发展的重要途径。根据舒尔茨的改造传统农业理论，发展现代农业的关键在于向农民提供使农业获得新的收入来源的生产要素，例如新知识、新技术和生产技能等。然

而，这些新的生产要素必须与人力资本结合才能发挥出作用，转化为人力资本投资。

一是加大对农业农村基础设施建设的投入，建立农业投入长效稳定机制，让小农户感知到农业的广阔发展前景，提高农户参与农业生产积极性。

二是实行新型职业农民准入机制，制定相关准入标准和扶持政策，让新型农民成为一份有标准、有保障、有尊严的工作。

三是强化对新型职业农民的教育培训，重点针对家庭农场主、农民合作社负责人和返乡创业人员进行培训，提高他们的专业技能与素养，并通过农村社会网络的辐射作用，提高农户的生产效率。

6. 完善农业政策体系，保障现代农业发展

在现阶段我国经济发展水平快速提高，工农关系城乡关系转变，以及增强我国农产品国际竞争力的背景下，实现农业现代化，需要坚持不断加大农业支持保护力度，同时考虑到国际因素，探索和发展与国际惯例接轨的农业政策工具，建立和完善现阶段我国农业政策体系等是保障现代农业发展的必要选择（张红宇 等，2015）。

一是农业投入政策要聚焦农业基础设施建设和社会化服务等农业基本公共服务，政府部门应该增加对农业基础设施建设的财政投入力度，逐步建立起长效稳定的农业投入机制。具体而言，投入建设具有经济效益和生态效益的农业农村建设项目，以完善农业部门的基础设施。同时，政府部门应该整合财政投入，重点关注耕地质量建设和水利建设，持续推进高标准农田建设，继续加强农田水利设施建设，提高建设标准，增强建设效果。同时，不能忽视对农业污染的防控，防止城镇和工业污染向农村扩散，影响农业绿色发展。

二是完善农产品价格支持政策。我国主要粮食作物最低收购价格和其他经济作物的收储价格已经远高于其到岸价格，迫切需要探索实施“价补分离”的目标价格补贴政策。一方面可以让市场发挥对农产品价格的形成作用，另一方面可以保障农户种植收益。2014 年我国开始对东北和内蒙古的大豆、新疆的棉花开展目标价格试点，下一步试点将扩大到蔬菜、猪肉等农产品，在总结经验的基础上，逐步扩大目标价格政策的范围和产品，完善农产品价格形成

机制。

三是健全和完善农业补贴政策，增加补贴总量，扩大补贴范围，同时增加生产性专项补贴，重点增加农田水利建设、农业灾害救助、农业技术研发与推广、资源保护以及农民培训方面的补贴。在此基础上，考虑到农业补贴政策的刚性特征，不减少普惠性补贴数量，以往按照承包经营面积发放的各项补贴仍照旧发放。提高农业补贴针对性，向家庭农场、种植养殖大户以及农业合作社倾斜，完善补贴发放渠道，提高补贴政策的实施效率。

专题报告三

关于农村现代化问题研究

一、推进农村现代化应把握的基本问题

农村现代化，通常是指乡村产业现代化，基础设施一体化，公共服务均等化，城乡关系融合化等。中国的农村现代化，是在要素资源短缺、人口规模巨大的条件下，城市部门的工业化、市场化、信息化逐步向农村扩展，推动农村从传统社会向现代社会转变的过程。农村现代化是全面现代化的重要组成部分，推进农村现代化是全面建设现代化国家的重要任务。加快推进农村现代化，需要把握和处理好三个基本问题。

（一）中国农村现代化的三个条件

深刻理解和把握中国农村现代化，首先要明确其发展的基本条件。中国农村现代化展开的基本条件，主要包括以下三个方面。

1. 要素资源短缺

农村现代化高度依赖各地区的水土资源、地理位置、区位特征等自然禀赋和区位优势。在自然资源和区位优势较好的地区，向城市和工业部门提供农业剩余的能力就强，容易得到城市与工业部门的重视和投资。新中国成立以来，农村现代化一直面临着资源短缺的特性：一是水土等资源短缺。与中国占全球人口20％的规模相比，只有6％的淡水资源、8.6％的耕地资源，水土资源都

不及世界平均水平，人地关系长期处于紧平衡状态。二是资本资源短缺。金融和资本资源是进行工业化、城市化、市场化的主要资源。由于城乡二元结构等原因，使得农村的储蓄资金大规模外流，农村可用的金融资源长期处于短缺状态。

2. 人口规模巨大

中国农村地域广阔，人口众多。在农村现代化启动之初，中国的农村人口规模基本接近英美发达国家的人口总和。在人口规模巨大的条件下推进农村现代化，不仅需要农村留出相当比例的要素资源用于解决粮食安全问题，还需要设计专门的制度解决好农村居民的增收问题；不仅需要考虑通过城市化吸收部分农村人口以改善城乡人口结构的问题，还需要考虑由于老龄化等原因还没有来得及以及进不去城市的那些人口的发展问题；不仅需要考虑农村人口物质生活改善的问题，还要解决好精神生活提升的问题。

3. 农村集体经济

农村集体经济是集体成员利用集体所有的资源要素，通过合作与联合实现共同发展的一种经济形态。在全面建设社会主义现代化国家的进程中，适应健全社会主义市场经济体制的新要求，不断深化农村集体产权制度改革，探索农村集体所有制有效实现形式，盘活农村集体资源资产，构建集体经济治理体系，形成既体现集体优越性又调动个人积极性的农村集体经济运行新机制，增强集体经济发展活力，是加快推进农村现代化，促进农民共同富裕的制度保障。

（二）中国农村现代化的三个转变

农村现代化是农村生产力发展与农村产业结构变革的过程。农业和乡村产业是乡村发展的经济基础，调整优化农业农村产业结构，培育农业农村发展新动能，是加快推进农村现代化的物质基础。回顾总结中国农村现代化的历程和经验，加快推进农村现代化，从根本上说要推动以下三个转变。

1. 产业结构变革

一是种养结构调整。随着收入水平提高和消费结构升级，人们对农产品的需求更加多样化、优质化。在保障口粮安全的同时，农业生产以市场需求为导向，产业结构相应调整，农林牧副渔高效发展，百姓餐桌不断丰富，农民收入持续增加，为实现农民共同富裕，推动农村现代化提供物质条件。

二是产业结构增效。农村是农业生产的空间，是农民生活的家园，是市民休闲的乐园。挖掘开发农村丰富特色的物质与非物质资源，促进乡村休闲旅游、农村电商、现代食品加工等二三产业快速发展，实现了农村产业结构的优化升级，促进了农村产业由传统的单一产业向一二三产业融合发展转变。

三是区域结构优化。随着粮食生产功能区、重要农产品生产保护区、特色农产品优势区、现代农业产业园等园区建设加快，现代物流体系不断完善，农业生产分工协调水平逐步提升，地区比较优势得到发挥，区域产业布局得到优化，推动了乡村产业高质量发展，提升了农村现代化动能水平。

2. 政村关系调整

农村现代化不是农业现代化的简单延伸，而是农村经济社会关系的重塑。随着农村基层治理体系、治理结构、治理方式的变革，乡镇政府与农村基层组织关系发生一系列调整和变化。

一是党管农村工作。中国是一个农业大国，农民人口多、农村地域广，办好农村的事情关键在党。加强党对农村工作的全面领导，确保党总揽全局协调各方，发挥把方向定政策促改革的重要作用，是推动农村经济社会发展，加快推进农村现代化的政治保障。

二是政府功能转变。随着我国经济体制由计划经济向市场经济转变，政府功能逐渐由全能型向服务型转变。政府机构设置不断优化，组织功能不断完善，"放管服"改革不断推进，发挥市场有效和政府有为的作用，促进优质资源要素向农村流动，夯实农村现代化的体制机制基础。

三是村民自治加强。随着"乡政村治"治理格局的确立和不断完善，基层民主建设持续深化，农民群众民主意识日益增强，形成了具有中国特色的村民自治制度。在民主选举、民主协商、民主决策、民主管理、民主监督原则指导下，实行村民自我管理、自我教育、自我服务，充分发挥农民首创精神，推动农业经营主体组织和体制机制的创新，是农村现代化的制度保障。

3. 城乡融合发展

在城乡二元结构的背景下，农业为工业提供积累，农村为城市做贡献。随着工业化、城镇化的推进，城乡之间要素流动和资源配置方式的变化，带动了工业生产方式和城市生活方式向农村的扩散，推动了农业生产方式和农村生活方式的现代化转型。

一是随着工业化城镇化进程的加快，城市的产品与服务，科技与人才，信息与资本，经营理念与管理方式等生产要素开始向农村合理流动，有力地促进了农村现代化的进程。

二是随着工业化城镇化的推进，城市的教育、医疗、文化、社保等公共资源开始向农村优化配置，填补了农村公共服务的短板弱项，有力地促进了农村现代化的进程。

三是工业化为农业现代化提供了技术和装备，城市化为农村现代化提供了市场和信息，工农互促，城乡互补，加快了农业农村现代化，有力地推动了新型工农城乡关系的形成。

（三）中国农村现代化的三条底线

改革开放以来，我们之所以战胜各种风险挑战，关键在于坚持底线思维、增强忧患意识，坚持稳中求进，避免折腾反复。加快推进农村现代化，要牢牢守住底线，才能行稳致远。

1. 稳产保供，保障国家粮食安全

粮食安全是国之大者。党的十八大以来，以习近平同志为核心的党中央审时度势，提出了“确保谷物基本自给、口粮绝对安全”的粮食安全目标，确立了以我为主、立足国内、确保产能、适度进口、科技支撑的粮食安全战略。通

过落实“藏粮于地、藏粮于技”战略举措，推进种植业结构调整，推进农业绿色高质量发展等一系列政策措施，实现了稳产保供的目标，取得了粮食产量稳步增长、谷物供应基本自给、居民健康营养状况明显改善、贫困人口吃饭问题有效解决的巨大成就，走出了一条中国特色粮食安全之路。

2. 记住乡愁，传承优秀传统文化

农村是农耕文明的根基。农村现代化不只是农业生产方式和农民生活方式的现代化，更是农村优秀传统文化的现代化，是乡村文明的现代化。记住乡愁，推动乡村文化振兴，坚持物质文明和精神文明一起抓，培育文明乡风、良好家风、淳朴民风，使乡村村容村貌和农民精神面貌焕然一新。传承弘扬发展乡村优秀传统文化，为农业增效、农村增美、农民增收提供文化支撑，为促进农村现代化提供精神动力。

3. 消除贫困，促进农民共同富裕

实现全体人民共同富裕是中国特色社会主义的本质要求，是中国式现代化的鲜明特征。加快推进农村现代化，要适应农民群众对美好生活的新期待，巩固拓展脱贫攻坚成果，守住不发生规模性返贫的底线，全面推进乡村振兴，促进农民群众的物质生活和精神生活协调发展，维护和促进社会公平和正义，坚决防止出现两极分化，促进农村农民共同富裕。

二、中国农村现代化的发展历程

中国农村现代化是一个持续发展的过程。改革开放后，农村工业化、城镇化为农村发展提供了物质基础，为农村现代化准备了条件。进入 21 世纪以来，我国农村现代化步伐逐步加快。

（一）新农村建设助推农村现代化

2005 年党的十六届五中全会提出，建设社会主义新农村是我国现代化进

程中的重大历史任务，要按照生产发展、生活宽裕、乡风文明、村容整洁、管理民主的要求，扎实稳步地加以推进。

2006 年中央 1 号文件对推进新农村建设作出一系列部署安排：一是要统筹城乡经济社会发展，妥善处理工农城乡关系；二是要推进现代农业建设，强化产业支撑；三是要促进农民持续增收，夯实经济基础；四是要加强农村基础设施建设，改善物质条件；五是要加快发展农村社会事业，培养新型农民；六是要全面深化农村改革，健全体制保障；七是要加强农村民主政治建设，完善乡村治理机制；八是要切实加强领导，动员全党全社会关心支持和参与社会主义新农村建设。

围绕社会主义新农村建设的目标任务，党中央国务院坚持以发展农村经济为中心，坚持“多予少取放活”的基本方针，不断增加对农业和农村的投入，加快建立以工促农、以城带乡的长效机制。各地区各部门认真落实中央部署，切实加强“三农”工作，农业和农村发展取得明显成就，为推进农村现代化提供了物质基础，为建设现代化国家提供了重要支撑。

1. 农业生产稳定增长

国家出台实施一系列政策措施，如减少农产品征购基数，实施粮食直接补贴政策，完善工农业之间的产品比价制度，继续推动农业内部的产业结构升级等支持农业生产发展。一方面农业生产稳步增长，粮食产量由 2005 年的 48 402.19万吨，增长到 2016 年的 66 043.51 万吨，增长近 36.45%；2016 年农林牧渔业总产值 106 478.73 亿元，是 2005 年的 2.7 倍；另一方面农业生产结构逐步优化，在农业内部，粮食种植面积下降到 68.1%，经济作物的比例上升，其中蔬菜最为突出，提高到 12.5%，提高了农民农业经营收入，丰富了城乡居民的农产品消费。

2. 农民收入持续增长

2003—2017 年，农村居民人均可支配收入由 2 690 元增长至 13 432 元，增长近 400%，年增长率达到 12.17%。同期，城乡居民收入比呈现了下降趋势，由 2003 年的 3.12 降至 2017 年的 2.7（图 1）。

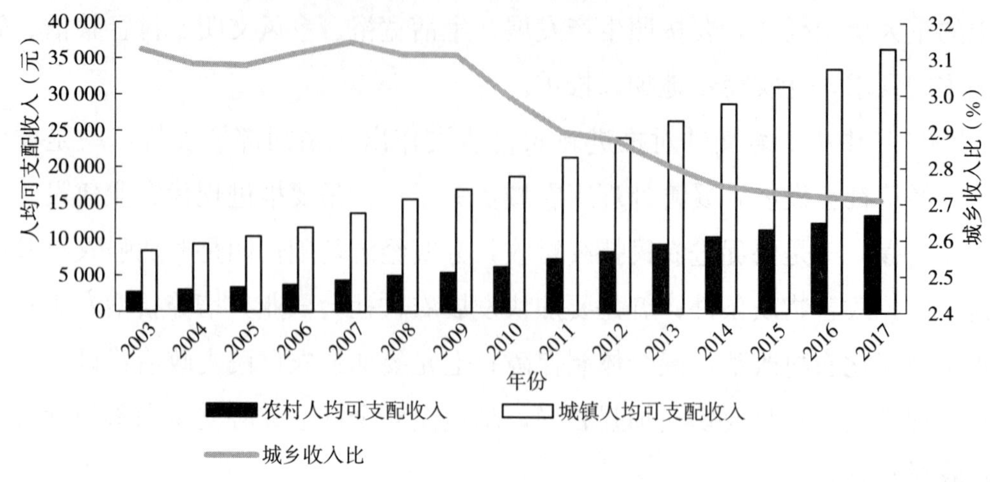

图 1　2003—2017 年我国城乡居民人均可支配收入及比例变化

数据来源：国家统计局

3. 农村基础设施建设得到加强

2003 年乡村办水电站个数为 26 696 个，农村发电设备容量约 3 400 万千瓦，有效灌溉面积约 54 000 千公顷，到 2017 年乡村办水电站个数增至 47 498 个，发电设备容量近 8 000 万千瓦，有效灌溉面积近 68 000 千公顷（图 2）。2000 年农村地区累计使用卫生厕所的村户不到 9 600 万户，卫生厕所普及率仅为 44.8%，到 2017 年翻了一番，累计使用卫生厕所的村户达到两亿多户，卫生厕所普及率也在 80%以上；太阳能热水器和太阳灶的安装量增长了 6～7 倍(图 3)。

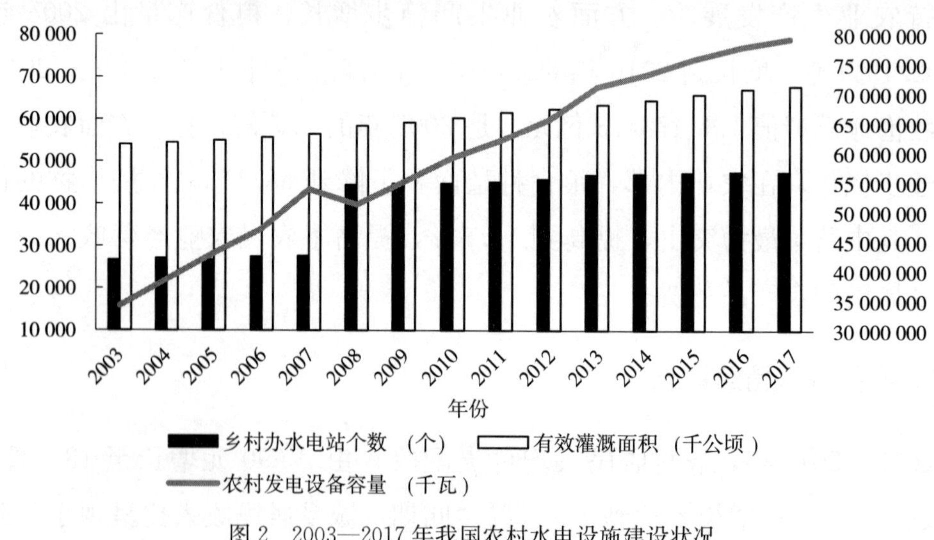

图 2　2003—2017 年我国农村水电设施建设状况

数据来源：国家统计局

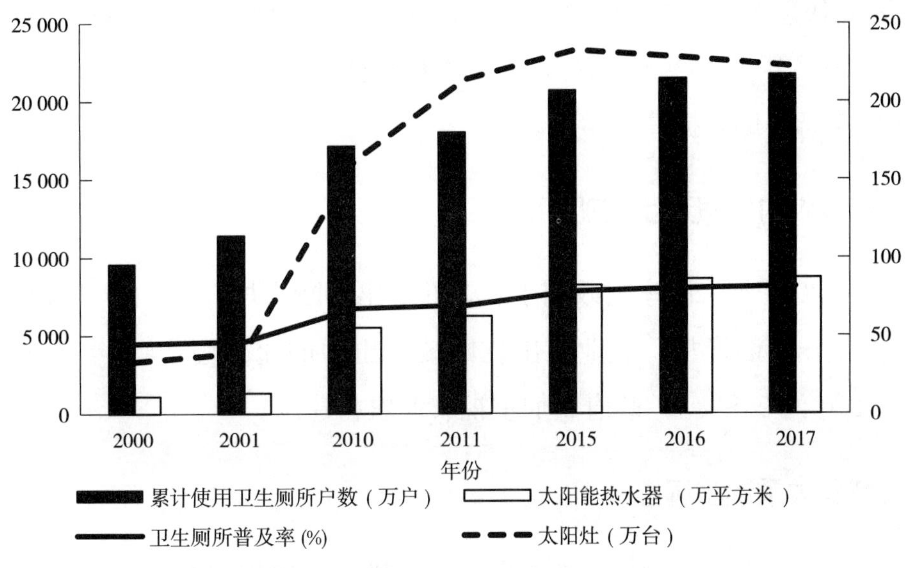

图3　2000—2017年我国农村环境状况

数据来源：《中国农村统计年鉴》2021年，第53页

4. 农村公共服务不断优化

截至2017年年底，基层医疗卫生机构共有社区卫生服务中心（站）34 652个，乡镇卫生院36 551个，诊疗所211 572个，村卫生室623 057个，乡镇卫生人员不断增多（图4）；实行农村合作医疗，减轻农民看病负担，缓解和消除农民因病致贫、因病返贫问题。农村普通小学教育经费由2003年的

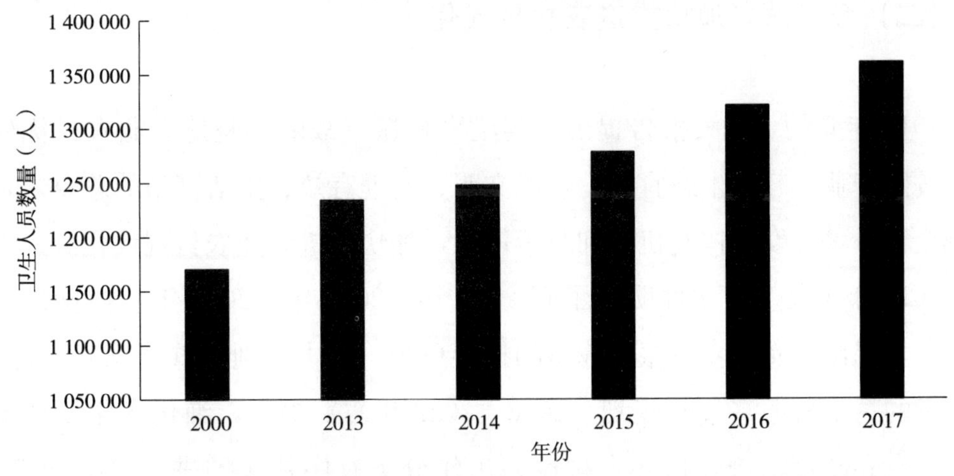

图4　2000—2017年我国乡镇卫生人员数量

数据来源：国家统计局

896.6 万元快速增长至 2011 年的 3 797.5 万元，其中绝大部分为国家财政性教育投入；2007 年下半年开始减免农村义务教育阶段学费，逐步实现全免，对困难学生实行补助，提高入学率。

5. 农业农村投资逐步增加

2002—2012 年，国家财政用于农业的支出不断增加，“三农”支出与支持农业生产支出不断增加，农业支出在财政支出中的比重由 2002 年的 7.2%上升至 2012 年的 9.8%①，政府愈加重视农业农村建设。

6. 城乡关系逐步调整

实施统筹城乡发展方略，政府出台多项措施，加快调整城乡关系：加快户籍制度改革，方便进城农民落户和转变为市民，逐步实现农民工劳动报酬、子女就学、公共卫生、住房租购等与城镇居民享有同等待遇；促进农村医疗卫生事业发展、完善农村医疗救助制度，促进城乡一体化发展的进程。

总的来看，新农村建设时期，我国农村面貌发生重大变化，农村基础设施得到加强，公共服务体系逐步完善，农民生活水平显著提升，城乡关系明显改善，有力地推进了农村现代化进程。

（二）乡村振兴加快推进农村现代化

2017 年党的十九大报告提出，实施乡村振兴战略。坚持农业农村优先发展，按照产业兴旺、生态宜居、乡风文明、治理有效、生活富裕的总要求，建立健全城乡融合发展体制机制和政策体系，加快推进农业农村现代化。

2018 年中央 1 号文件明确了到 2020 年、2035 年、2050 年乡村振兴的目标任务，提出了实施乡村振兴战略的指导思想、基本原则、重要政策。同年 9 月印发的《乡村振兴战略规划（2018—2022 年）》提出，细化实化乡村振兴工作重点和政策措施，指导乡村振兴工作分类有序扎实推进。2019 年 9 月，

① 根据 2003—2013 年《中国农村统计年鉴》相关数据整理所得。

中共中央印发《中国共产党农村工作条例》，强调坚持和加强党对农村工作的全面领导，提高新时代党全面领导农村工作的能力和水平，深入实施乡村振兴战略。2021 年 6 月，颁布实施了《中华人民共和国乡村振兴促进法》，为促进农业全面升级、农村全面进步、农民全面发展，加快推进农业农村现代化提供了法律保障。经过 5 年努力，乡村振兴取得重要进展，农村现代化建设成效明显。

1. 农业生产持续增长

2021 年，我国粮食总产量达到 68 284.75 万吨，水稻、小麦自给率保持在 100%以上，玉米自给率超过 95%，肉蛋奶、果菜茶品种丰富、供应充裕，有效满足了人民群众日益增长的消费需求。中国人均粮食占有量 474 千克（图 5），高于国际确定的 400 千克粮食安全标准线。

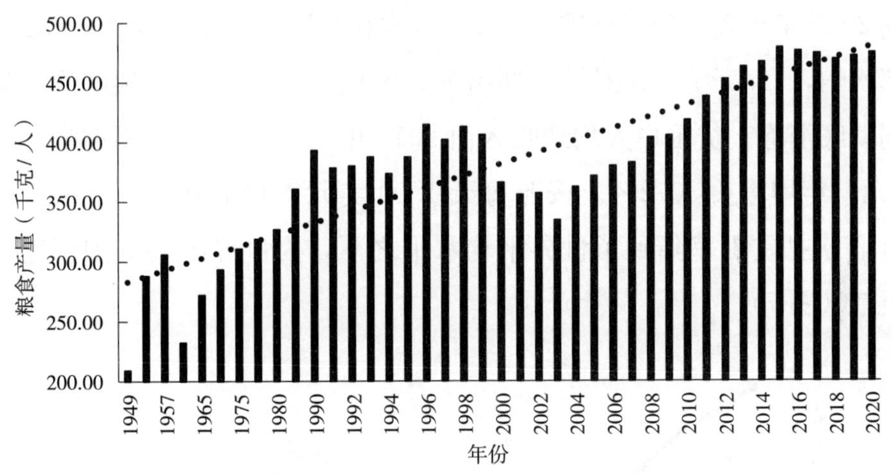

图 5　1949—2020 年我国人均粮食占有量

数据来源：《中国农村统计年鉴》2021 年

2. 农民收入快速增长

2017—2021 年，农村居民人均可支配收入从 13 432 元增加至 18 931 元，年均增长率约 7.1%，农民收入的增长速度明显快于城镇居民收入和国民经济的增长速度；城乡收入比不断缩小，从 2017 年的 2.71 下降至 2021 年的 2.50（图 6）。

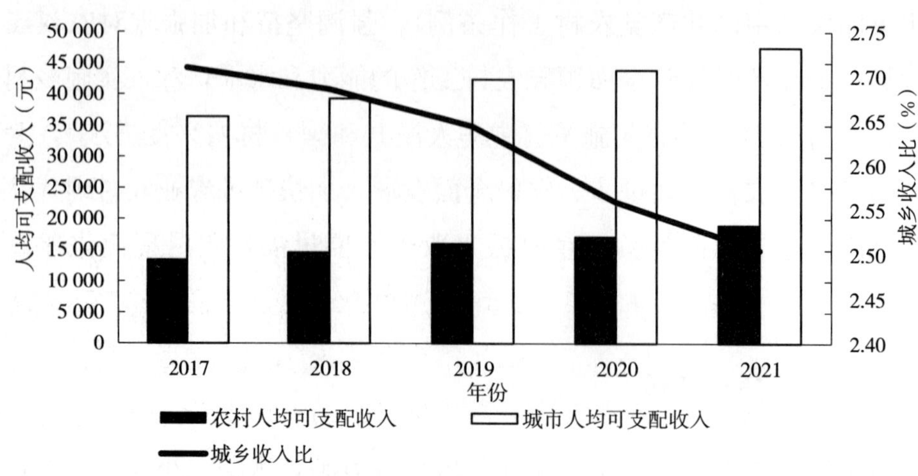

图 6　2017—2021 年我国城乡居民人均可支配收入及比例变化

数据来源：国家统计局

3. 绝对贫困彻底消除

到 2020 年年底，现行标准下 9 899 万农村贫困人口全部脱贫，832 个贫困县全部摘帽，12.8 万个贫困村全部出列，区域性整体贫困得到解决，绝对贫困得到彻底消除。贫困户人均纯收入由 2015 年的 3 416 元，增加到 2019 年的 9 808 元，年均增长 30.2%。按照每天 1.90 美元衡量的贫困标准线，中国在 2005 年首次把贫困率降到了世界平均水平之下，为世界解决贫困问题做出了重要贡献（图 7）。

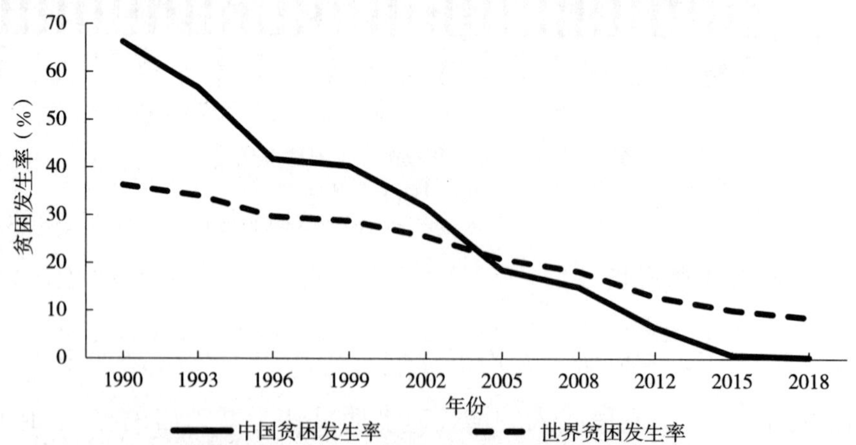

图 7　1990—2018 年中国与世界贫困发生率的变化对比

数据来源：世界银行。该数据中的贫困发生率为贫困人口比例，按每天 1.90 美元衡量的（2011 PPP）（占人口的百分比）

4. 农村基础设施进一步加强

到2020年年底，我国农村地区实现了“一保两治三减四提升”[①]；全国农村公路里程已达420万千米，实现具备条件的乡镇和建制村100%通硬化路；用电条件大幅提升，农村地区基本实现稳定可靠的供电服务全覆盖，供电能力和服务水平明显提升；农村广播节目综合人口覆盖率为98.84%，农村电视节目综合人口覆盖率为99.19%；全国行政村、贫困村通光纤和4G比例均超过98%；农村信息化建设加速，远程教育、远程医疗加快推进，村级电子商务网络逐渐建成。

5. 农村公共服务体系逐步健全

2021年，农村地区有90.1%的户所在自然村可以便利地上幼儿园或学前班，有91.3%的户所在自然村可以便利地上小学[②]。2021年年末，乡镇卫生院达到3.5万家，有卫生院的乡镇占全国乡镇总数的90.8%；村卫生室达59.9万个，平均每个村拥有至少一个卫生室[③]。99.9%以上的贫困人口参加基本医疗保险，贫困人口看病难、看病贵问题有效解决。2021年，农村居民最低生活保障人数3 474万人，相比2017年下降14.11%；2021年，农村分散供养五保人数368万人，农村集中供养五保人数69万人。

6. 城乡融合发展逐步加快

党的十九大以来，城乡融合发展逐步加快，城乡之间的差距逐渐缩小。农村居民人均消费支出从2017年的10 955元增加至2021年的15 916元，年均

① “一保两治三减四提升”：“一保”，即保护农村饮用水水源，农村饮水安全更有保障；“两治”，即治理农村生活垃圾和污水，实现村庄环境干净整洁有序；“三减”，即减少化肥、农药使用量和农业用水总量；“四提升”，即提升主要由农业面源污染造成的超标水体水质、农业废弃物综合利用率、环境监管能力和农村居民参与度。

② 国家统计局．居民收入水平较快增长生活质量取得显著提高——党的十八大以来经济社会发展成就系列报告之十九［EB/OL］．http：//www.stats.gov.cn/xxgk/jd/sjjd2020/202210/t20221011_1889192.html

③ 中国政府网．农业发展成就显著乡村美丽宜业宜居——党的十八大以来经济社会发展成就系列报告之二［EB/OL］．http：//www.gov.cn/xinwen/2022-09/15/content_5709899.html

增长率为7.7%，高于同期城镇居民的年均增速，农民生活水平不断提高。城市每万人口医疗卫生机构床位数从2017年的87.54张增加到2020年的88.10张，农村每万人口医疗卫生机构床位数从2017年的41.87张增加到2020年的49.50张，城乡比例从2017年的2.09：1降低到2020年的1.78：1，农村医疗条件不断改善。

总的来看，实施乡村振兴战略以来，我国农业生产水平明显提升，农民收入水平实现翻番，农村基础设施进一步加强，基本公共服务体系进一步完善，城乡融合发展加快推进。历史性地消除了绝对贫困，农民同全国人民一道迈进全面小康社会，为加快推进农村现代化奠定了坚实基础。

三、面向2050年农村现代化发展的趋势和面临的挑战

（一）中国农村现代化发展趋势分析

1. 预测农村现代化趋势的分析方法

结合已有研究文献，可以采用多种方法分析预测农村现代化的发展趋势，如基于时间序列的计量分析方法、基于演化博弈的理论分析方法和基于倒推法的目标值分析方法，但这些方法往往难以克服以下问题：第一，中国全面建成小康社会前后存在的质的变化，用2021年以前的数据预测以后的变化趋势，预测效果不可能很好；第二，在脱贫攻坚与乡村振兴相互衔接的背景下，现有研究往往对贫困群众的特殊行为缺乏重视；第三，中国式农村现代化各个行为主体的相互关系难以把握，发展中国家的农村地区处于发展的弱势地位，受到农村以外地区和行为主体的强烈影响。这里我们选择系统分析方法，基于农村现代化中各个参与主体的行为特征，分析在给定条件下如何相互影响，研究这些相互关系所形成的规律性变化。

本文以“条件-转变-底线”为分析逻辑，涉及的行为主体主要包括政府部门、城市部门、贫困群体、非贫困群体、农村集体经济组织等。据此，我们使用如下方法对参数进行估计：（1）据统计资料显示，城市部门和政府部门约占据经济总量的90%，农村部门中有5%属于贫困群体。（2）根据资本产出关系

计算得出，贫困群体的技术水平约为0.05、非贫困群体的技术水平为0.1、村集体的技术水平为0.07、城市部门的技术水平为1.4。(3) 按照农村居民最低收入20%群体的打工收入数据计算贫困群体的打工收入，按照农村居民平均收入数据计算非贫困群体的打工收入。(4) 村集体将其收入分配给贫困群体的比例为0.1，非贫困群体得到村集体产值的0.4，生态治理比例为0.25，其他用于储蓄、投资和支付借款利息等。(5) 用贫困群体与非贫困群体收入差距的变化代表乡村治理变量。(6) 据世界银行官网显示，近年来我国平均储蓄率为38%，贫困群体储蓄率低于该数据，非贫困群体储蓄率接近该数据，城市部门储蓄率高于该数据。(7) 中国人口统计年鉴显示，当前我国人口总量为14.118亿，其中农村人口为5.098亿，农村人口中贫困群体初始人口总量为0.166亿，非贫困群体初始人口总量为4.932亿。(8) 使用统计数据，计算贫困群体的出生率与消费的弹性系数为0.01，死亡率与消费的弹性系数为0.013；非贫困群体的出生率与消费的弹性系数为0.008，死亡率与消费的弹性系数为0.008；城市人口中出生率与消费的弹性系数为0.006，死亡率与消费的弹性系数为0.006。(9) 据相关文献资料，贫困群体中有2.138%人口会转变为城市人口、非贫困群体中有2.338%的人口会转变为城市人口。(10) 在进城务工中，有80%贫困家庭存在进城务工现象，非贫困群体中有90%的家庭存在进城务工现象。(11) 在城市系统中，柯布道格拉斯生产函数中劳动的回报份额为61%、资本的回报份额为39%。(12) 农村生态环境按照每年5%的速度恶化，即生态恶化系数为5%、环境膨胀系数最小值为0.5、环境约束系数为100。

2. 预测农村现代化趋势的模拟结果

在图8中，左图反映了农村现代化未来30年的变化趋势。从左图可以看出如下两个阶段性特征：第一阶段是2021—2035年，我国的农村现代化水平开始缓慢下降，然后逐渐上升，以后基本上处于稳中有升的态势；第二阶段是2036—2050年，我国的农村现代化水平持续上升。这个预测结果与党的十九大提出的分两个阶段来安排的战略部署相吻合。从左图中的预测结果看，未来三个五年计划时期将是加快推进农村现代化的关键时期。

在图 8 中，右图反映了城市化未来 30 年的变化趋势。通过对比可以发现，我国的农村现代化和城市化的变化趋势表现出不同的特点，城市化变化趋势并没有像农村现代化早期出现低速徘徊的情况，城镇化率从当前的 63.89%逐步增长到 2050 年的 81.78%①。

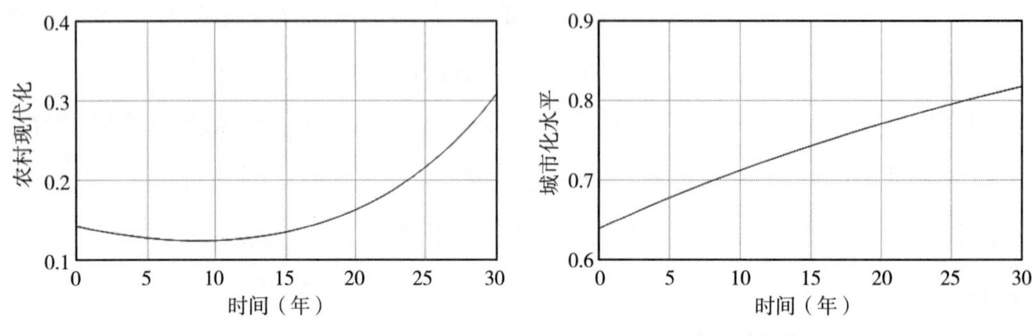

图 8　未来 30 年中国农村现代化和城市化变化趋势比较

（二）影响中国农村现代化的风险和挑战

从 2021—2035 年的预测结果看，中国的农村现代化过程并不是直线上升的。加快推进农村现代化，需要关注以下风险和挑战。

1. 生态环境恶化的风险

众多学者观察到，由于城市工业发展的污染物排放以及农用工业品的回收等环节没有跟上，将造成我国农村环境污染恶化，影响农村生活和生产条件的改善，阻碍农村的现代化发展。在习近平总书记提出的“两山”理念指导以及实现“双碳”目标背景下，生态环境的变化成为农村现代化进程的重要冲击变量。

数据分析结果显示，即便是其他方面都正常运行，如果农村面临的生态环境持续恶化，很可能会抵消掉农村的所有努力，使得未来 30 年中国农村现代化与 2021 年的水平相当。值得一提的是，农村面临的外部生态环境变化还会通过影响农村现代化的其他方面而影响农村现代化的进程。

① 这个估计结果和大部分学者估计的 80%城市化水平很接近。

2. 人口老龄化加剧的挑战

中国的老龄化问题将通过劳动力供给等多个方面影响农村现代化的进程。相比而言，农村经济发展水平和生活水平普遍偏低，农村强壮劳动力都流入城市劳动市场，而老弱病残则滞留在农村地区，农村生产中的“老龄化”现象已经非常明显。在教育、医疗等公共服务相对滞后的情况下，农村青壮年进城入户以便享受较高的公共服务的趋势仍十分明显，农村的老龄化程度还会进一步提升。

从生产角度看，人口老龄化会通过降低农村和城市的就业人数而影响产出；在城市就业的农村青壮年人口由于在城市买不起房等原因会在年龄大、失去就业竞争力后回到农村，因此农村老龄化程度可能会高于城市地区。

数据分析结果显示，人口老龄化问题对农村现代化的影响要弱于农村面临的外部生态环境变化造成的影响。另外，人口老龄化因素对农村生态环境和城乡收入差距也产生相对显著的影响。随着城乡人口相互流动以及城乡一体化的社会保障体系逐步完善，人口老龄化对城乡收入差距的影响将会下降。

3. 农村金融支持不足的影响

近几年国家通过脱贫攻坚和乡村振兴等战略，增加了农村的资金和项目的供给，但在现有的金融政策下，农村部门的储蓄比例本来就较低，随着城市部门吸收农村资源的能力增强，农村金融资源不断流入城市部门，能够留在乡村进行投资的资源较少。农村储蓄不足和投资不足，将影响农村建设主体性功能的充分发挥。近几年，全国各地都出现了城市资本下乡的可喜现象，但是相比农村流入城市的金融资源，下乡资本的规模较小，还不足以填平农村金融缺口。

为了分析农村金融支持不足对农村现代化的影响，将储蓄率近似等于投资率，进而使用储蓄率的变化来表示农村金融资源的多寡。数据分析结果显示，金融资源的短缺对农村现代化进程的影响并没有像预期的那样大。原因可能是，金融资源存在“精英俘获”问题，由大户、精英户等非贫困群体获得，他们投资于非农项目甚至是非农村项目，因此金融资源的多少对农村现代化的影响相对较小。另外，金融支持不足的主要影响是乡村治理和农村总产值。被精英户获得的金融资源较大，他们的技术水平高因而会提高其收入水平进而提高农村总产值。在这个过程中，农村内部收入差距就会拉高、乡村治理问题就会产生，反之亦然。

4. 村集体债务累积的风险

村集体的债务与企业债务有所不同，企业债务往往是自身经营不善导致的，但是处于“洼地”中央的村集体债务，是农村外部债务以各种形式流入“洼地”后逐步积累形成的。从这个角度看，村集体的债务可以看作是外部冲击。

数据分析结果显示，村集体债务对农村现代化的影响要复杂得多。在其他条件不变的情况下，当农村债务增加后，相对贫困发生率会显著上升，城乡收入差距会拉大，农村集体经济的调动整合能力会下降，进而使得农村总产值进一步下降，最终使得农村现代化的趋势发生根本性变化。由此可知，通过高举债务的方式促进当地的乡村发展，存在较大的风险，需要提前预防。

综上所述，本文的分析结果与大部分研究结果比较吻合，说明本文所建立的模型对未来30年我国农村现代化进程的预测具有一定的稳定性。上述四种冲击对未来30年我国农村现代化的影响程度是不同的，其中村集体债务累积和生态环境恶化的冲击影响最大，人口老龄化和金融支持不足的冲击影响次之，但都会对我国农村现代化进程产生较大影响，需要采取有效措施予以应对。

四、面向2050年加快推进农村现代化的对策建议

（一）立足基本条件，做足中国特色

从三个基本条件出发，我们要贯彻新发展理念，构建新发展格局，加快推进农村现代化。

一是推动绿色发展。贯彻落实习近平生态文明思想，加强农业资源开发利用，加强农业面源污染防治，加强农业生态保护修复，打造绿色低碳农业产业链，推动农业绿色高质量发展。统筹山水林田湖草系统治理，加强农村突出环境问题综合治理，建立市场化多元化生态补偿机制，增加农业生态产品和服务供给，形成农村良好生态环境，推动乡村自然资源加快增值，实现农村绿色发展。

二是推动农民发展。我国农民数量巨大，农民既是实现现代化的主体，也是推动农业农村现代化的主体，是农产品的提供者、乡村治理的实践者和优秀传统文化的传承者。推动农民发展，要加强农民职业技能培训，提高农民就业能力；要促进公共教育、医疗卫生、社会保障等资源向农村倾斜，建立健全全民覆盖、普惠共享、城乡一体的基本公共服务体系，推进城乡基本公共服务均等化，提升农村居民人力资本水平。

三是推动集体发展。深入推进农村集体产权制度改革，推动资源变资产、资金变股金、农民变股东，发展多种形式的股份合作。完善农民对集体资产股份的权能和管理办法。制定农村集体经济组织法，充实农村集体产权权能。发挥村党组织对集体经济组织的领导核心作用，注重发挥村支部书记“头雁效应”，把农村集体经济的“蛋糕”做大；防止内部少数人控制和外部资本侵占集体资产，公平公正公开解决“蛋糕”分配问题。

（二）围绕“三个转变”，全面推进乡村振兴

“三个转变”是我国农业农村发展的根本动力，是全面推进乡村振兴加快推进农村现代化的重要途径。

一是进一步变革产业结构。要优化农业生产力布局，以全国主体功能区划确定的农产品主产区为主体，立足各地农业资源禀赋和比较优势，构建优势区域布局和专业化生产格局。要推进农业结构调整，加快发展粮经饲统筹、种养加一体、农牧渔结合的现代农业，促进农业结构不断优化升级。要壮大特色优势产业，以各地资源禀赋和独特的历史文化为基础，有序开发优势特色资源，做大做强优势特色产业。要推动农村产业深度融合，发掘和开发农业农村多重

功能多重价值，促进农业“接二（产）连三（产）”，促进农业内部融合、延伸农业产业链、拓展农业多种功能、发展农业新型业态等多模式融合发展。

二是进一步优化政村关系。坚持以人民为中心，减轻农村基层负担，加强农村基层组织规范化建设，健全村民自治机制，提升村民自治能力，激发农民创新动力。加强农村基层法治建设，加强村民道德建设，加强数字乡村建设，提升智慧治理能力，深化政府“放管服”改革，向基层组织放权赋能，进一步增加农村发展活力。

三是进一步改善城乡关系。坚持城乡融合发展，畅通城乡要素流动。推进以县城为重要载体的城镇化建设，加快推进农业转移人口市民化。坚持农业农村优先发展，加大财政支持农业农村发展力度。鼓励人才、科技、资金、管理等优质资源进入农村，推动产业经营主体和体制机制的创新，实现城乡融合和区域协调发展。

（三）守住三条底线，大力推进乡村建设

乡村建设与农村现代化是系统工程，不能一蹴而就。在现代化过程中，需要坚持底线思维，防止发展变质变味。

一是守住粮食安全底线，端牢自己的饭碗。全方位夯实粮食安全根基，全面落实粮食安全党政同责。守住 18 亿亩耕地红线，逐步把永久基本农田全部建成高标准农田。实施种业振兴行动，强化农业科技和装备支撑。健全种粮农民收益保障机制和主产区利益补偿机制，完善农业补贴制度，激发农民种粮积极性。完善粮食收储制度，稳定和健全供应链体系。倡导全社会珍惜和节约粮食，构建多元化食物供给体系，改善人民食物营养结构。

二是守住乡村文明底线，焕发农村新气象。以社会主义核心价值观为引领，加强农村思想道德建设，加强农村精神文明建设；在保护传承农村优秀传统文化基础上，创造性转化创新性发展；加强农村公共文化建设，开展移风易俗行动，培育文明乡风，良好家风，淳朴民风，增强农村优秀传统文化的凝聚力、感召力。

三是守住不发生规模性返贫底线，筑牢农民共同富裕基础。完善贫困监测

帮扶机制，精准确定监测对象，及时落实帮扶措施。加大对易返贫致贫群体扶持力度，压实阻贫托底工作不留缝隙，巩固拓展脱贫攻坚成果。着力提高低收入农户农民收入，切实保障种粮农民收入，扩大农民收入中位数占比。逐步提高财政补助资金用于产业发展的比重，促进扶贫产业升级。压实就业帮扶责任，深化区域劳务协作，统筹利用好乡村公益岗位，促进农民就业，保障农民合法权益。完善消费帮扶机制，发挥脱贫地区农副产品网络销售平台作用，多渠道增加农民收入，改善农民生活质量，提高农民生活水平。

（四）统筹发展与安全，积极应对风险挑战

必须坚定不移贯彻总体国家安全观，确保国家安全和农村社会稳定。坚持以人民安全为宗旨、以经济安全为基础，夯实国家安全和农村社会稳定基层基础，建设更高水平的平安乡村。增强农民安全意识和素养，发展壮大群防群治力量，建设人人有责、人人尽责、人人享有的社会治理共同体。

一是完善国家粮食安全风险监测预警体系和应急管理体系，加强粮食安全能力建设，确保粮食产业链供应链安全。强化食品药品安全监管，健全生物安全监管预警防控体系。

二是推进农村地区安全生产风险专项整治，加强重点行业和重点领域安全监管。加强农村区域应急力量建设，提高农村防灾减灾救灾和重大突发公共事件处置保障能力。

三是健全乡村治理体系，及时把矛盾纠纷化解在基层、化解在萌芽状态。强化农村治安整体防控，推进扫黑除恶常态化，依法严惩农民群众反映强烈的各类违法犯罪活动。

专题报告四

关于农民现代化问题研究

一、农民现代化的内涵和监测评价体系

（一）农民现代化的内涵特征

农民现代化是农业农村现代化的重要方面，也是推进农业农村现代化的出发点与落脚点，对全面推进乡村振兴，促进城乡融合发展具有重要意义。全面现代化既包括物的现代化，也包括人的现代化，还包括治理体系与治理能力现代化，对促进人的发展与社会进步具有重要作用。马克思主义最本质的内容就是人的存在和发展问题（董一冰，2004；张红英，张俊，2019；栾淳钰，白洁，2021），全面现代化的核心在人的现代化，农业农村现代化关键是农民现代化。农民现代化的实质是赋予农民现代性特质，使农民从传统人变为现代人的过程（苟颖萍，贺春生，2009；郭少华，2014）。

过去一百多年里，中国农民现代化经历了曲折的探索过程。大致可分为新中国成立前、改革开放前、改革开放后三个阶段。第一阶段是新中国成立前，这一时期的农民受到封建主义、官僚资本主义和帝国主义的压迫剥削，难以参与到社会变革中（郭少华，2015）；随着马克思主义在中国的传播，农民阶级成为中国民主革命的主力军（刘玉辉，2011；李秀华，2013）。第二阶段是改革开放前，历经土地改革、合作化运动、人民公社、“文化大革命”等重大历

史事件，农民现代化的发展在曲折中徘徊前进（李晓翼，2008a；杨韵龙，2021）。第三阶段是改革开放以后，农村地区进行了一系列经济与政治体制改革，农民现代化进入了快速发展时期（苟颖萍，贺春生，2009；赵美玲，张霞，2016）。经历以上三个发展阶段，对农民现代化的认识从简单、含糊、笼统、被动逐步走向丰富、明晰、具体、主动（赵秀玲，2021）。

农民现代化的观念由人的现代化延伸而来，人是社会现代化的主体。美国社会心理学家英格尔斯（1985）奠定了人的现代化研究的基础，即人的现代化就是人的心理、思想和行为方式实现由传统人到现代人的转变。英格尔斯把人的现代化定义为态度、观念和行为等的转变，认为其在社会主义和资本主义条件下是基本一致的，忽视了制度环境和社会意识的作用（韩兴雨 等，2013）。历史唯物主义科学阐述了人的本质是一切社会关系的总和，继而得出人的现代化包含现实的人及其世界的现代化（张智，2016），为研究人的现代化问题提供了全新的视角。人的现代化是国家现代化的重要内容之一，要全面实现现代化，首先要实现人的现代化（苟颖萍，贺春生，2009）。

农民现代化是一个综合性的概念，主要包括生产方式、生活方式和价值观念的现代化。生产方式现代化是农民现代化的助推器。传统农民属于生存型农民，从事农业生产是为了满足生存的需要；现代化农民则是发展型农民，通过与外部世界的紧密关联和广泛交换来实现生存和发展（王宇雄，2016）；转变落后的生产方式是改善落后的生活方式与价值观念的根源（李晓翼，2008）。生活方式现代化是农民现代化的着力点（郭少华，2014）。一方面是农民的消费档次提高，从购买生存商品向多样化、高质量、潮流化商品转变；另一方面是农民的生活内容更加丰富，在进行物质消费的同时也注重精神消费（苟颖萍，贺春生，2009）。价值观念现代化是农民现代化的引领。传统农民从封闭走向开放，从传统小农意识转向现代公民意识，接受新的思想观念，才能实现自身的根本性转变（昝剑森，2013；郭少华，2014；王宇雄，2016）。农民现代化是现代化制度与经济赖以长期发展并取得成功的先决条件（殷陆君，2020）。

从已有研究看，对农民现代化问题的认识有不同的观点。不少学者认为农民现代化是指农民的社会关系和人的价值观的现代化，还有学者表明农民自身生产、综合素质、实践活动能够适应并推进社会进步，是传统农民向现代农民的全面转化（陈春燕，2010），另有学者认为农民现代化是农民职业和身份的转化。

综上所述，本文认为所谓农民的现代化是指传统农民转化为现代农民的过程，具体来说就是农民的现代特征发生发展的现实活动，也就是农民主体性凸显和主体意识强化的过程，具体包括农民的思想观念、道德观念、价值观点、思维方式、行为模式以及知识结构等由传统性向现代性的转变。

（二）农民现代化指标体系构建

实现现代化是各国追求的目标，由于经济社会发展状况的不同，现代化评价指标体系也存在差异（姜玉山，2002）。国内外学者主要从现代化的内涵、领域、特征等方面出发，利用具体的量化指标构建现代化指标评价体系。布莱克（1989）将人均国民生产总值（GNP）、劳动就业比例、健康状况等10项指标作为测量总体现代化水平的标准，首次在学术领域构建现代化指标的评价体系。然而社会现代化离不开人的现代化，经济现代化的目的是使人民达到舒适的生活水平。Lerner（1958）的研究中设置了城市化、文化、媒介参与和政治参与四个变量，采用量化研究方法对“人的现代化”进行测量。美国社会学家英格尔斯（1985）基于亚非拉的大量实地调查，根据人的12个典型特征总结出11项现代化标准，建立了一套“人的现代化”指标评价体系。该指标体系由于指标简明准确、数据易获得，也被广泛运用于现代化研究实践中。姜玉山（2002）立足于中国特色社会主义现代化的总目标，将中国现代化指标进一步细分为经济、社会、科技、城市、国民素质等8个子指标，将人民生活质量现代化、国民素质现代化纳入八项现代化评价指标体系之中。陈友华（2003）将人的现代化归结为生育现代化、人口素质现代化、人口结构现代化和经济现代化四个方面，提出了人口现代化的量化标准。马芒和周桂兰（2011）基于我国是农业大国的现实，提出了农民素质现代化的评价指标体系，包括农民身体素质、科学文化素质、思想道德素质三个大的方面和10个具体评价指标。杨国枢（1974）和叶南客（1998）等也都从不同角度设计人的现代化评价指标体系，分析中国不同区域人的现代化水平。

综合有关人的现代化问题的研究，尽管众多学者构建了不同的指标评价体系，其中运用最广泛的还是英格尔斯关于“人的现代化”指标评价体系（姜玉山，2002）。基于英格尔斯的标准，朱庆芳（1996）构建了符合中国国情的现代化指标评价体系，将人口素质、生活质量等作为反映人的全面发展特征的指标。何传启（2020）吸取英格尔斯的思想，构建了包含个人生活层面的世界现代化指标评价体系，将个人的营养与健康、家庭与住房、生活模式作为二级指标。王雅静（2013）在英格尔斯研究的基础上进一步提炼，将农民生产方式、农民生活方式、农民思想观念、农民身体素质、农民社会行为作为评价农民现代化水平的一级指标，研究发现新农村建设试点有助于农民现代化水平的提高。可见，要测量人的现代化水平，英格尔斯的指标评价体系为其提供了较为合理的量化评价方法，也符合各国国情。

部分国内学者构建了不同的农民现代化指标体系以反映农民的现代化水平，主要可以划分为两大类。第一类通常从农民现代化的某一视角出发构建指标体系。例如，赵美英（2008）侧重量化评估农民生活现代化，而马芒和周桂兰（2011）从农民的身体素质、科学文化素质和思想道德素质出发来评估农民素质现代化。第二类则是从农民现代化的全局视角对指标体系进行构建。例如，王静婕（2011）通过考察农民的身体素质、思想观念、科技素质、能力素质、生活方式和生产方式的现代化以统计分析农民的现代化水平。董慧峰（2012）和刘沛宁（2017）从农民生产方式、生活方式、行为方式、思维方式和价值观念四个方面评价农民现代化。王雅静（2013）在总结现有研究的基础上，从农民生活方式、生产方式、思想观念、身体素质、社会行为五个维度构建了评价农民现代化的指标体系。总之，已有对农民现代化进行评估方法的研究，为我们构建中国农民现代化指标体系提供了重要参考。

尽管很多文献已经提出了一些比较成熟的农民现代化指标体系，但仍存在需要充实完善的地方。首先，关于中国农民现代化的实证评估指标还比较滞后。尽管国内外学者先后构建了人的现代化指标体系（英格尔斯，1985；叶南客，1998），但在中国农业农村现代化背景下，很少有研究将已有人的现代化指标体系与我国农民群体的特征相结合，构建农民现代化实现程度的衡量指标体系。其次，衡量农民现代化的指标体系还有待补充完善。已有学者从多个维度构建具体指标衡量农民现代化（王静婕，2011；王雅静，2013），但其涵盖的指标还相对不足，难以综合反映在我国加快推进农业农村现代化进程中的农民现代化的现状。因此，我们在英格尔斯关于人的现代化指标体系基础上，结合中国实际国情增加了对农民社会主义核心价值观的衡量来评价中国农民的现代化程度。

参考已有研究（如英格尔斯，1992），并结合中国社会的实际现状，我们试图构建中国农民现代化指标体系，并将有关现代化的各个维度归纳为观念、态度、行为三个相互关联的总体框架（图 1）。

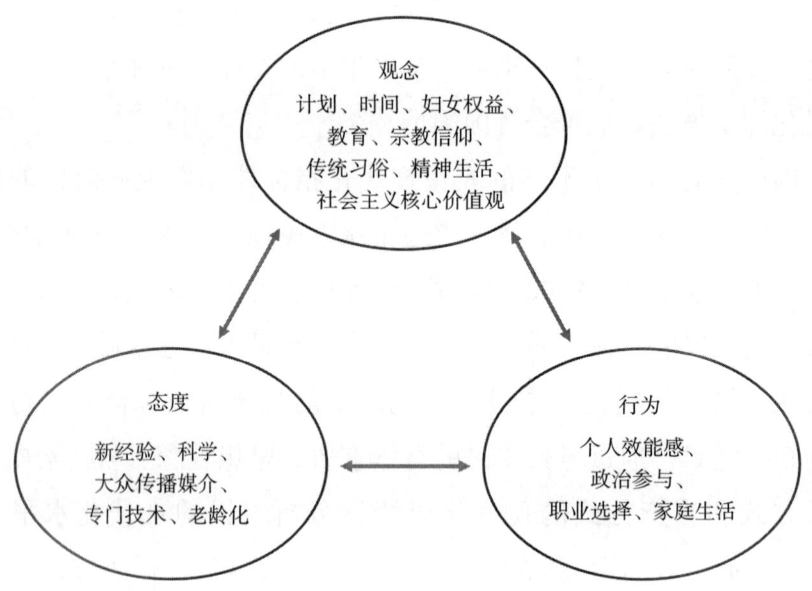

图 1　农民现代化指标体系构建框架

具体而言，观念从通俗意义上来理解，就是人们在长期的生活和生产实践中对事物总体的认识，它既反映了客观事物的不同属性，又具有主观化的理解色彩（洛克，1959）。在我们的指标体系框架中，农民现代化观念的部分囊括了计划、时间、妇女权益、教育、宗教信仰、传统习俗、精神生活和社会主义核心价值观八个维度。

态度是人们基于自身道德观和价值观对事物表现出的情绪和行为倾向等，具体表现包括对外界事物的内在感受、情感和意向三个方面（李游，2008）。在我们的指标体系框架中，农民现代化态度的部分涵盖了新经验、科学、大众传播媒介、专门技术和老龄化五个维度。

行为是指人们受思想支配而表现出来的活动，分为可被他人直接观察到的外显行为和不能被他人直接观察到的内在行为（林崇德 等，2003）。在我们的指标体系框架中，行为的部分由个人效能感、政治参与、职业选择和家庭生活四个维度构成。

在所构建的指标体系中，共有 96 个问题，每个问题都有体现现代化的标准答案；如果农民回答的选项，完全体现现代化取值为 1，比较体现现代化取值为 0.5，不能体现现代化则取值为 0，得分越高表示受访者的现代化程度越高。

（三）农民现代化指标评价方法

从已有研究可以看出，当前对农民现代化的评价方法较多。其中，采用熵值法、德尔菲法、层次分析法、变异系数法、数据包络分析法等对农民现代化发展水平进行评价的学者较多。如王新利和肖艳雪（2015）基于复杂系统理论，结合熵值法，构建黑龙江省关于农垦“四化”发展水平指标模型，研究发现，农业现代化与工业化、信息化之间的协调发展至关重要。尹江海和郭文剑（2018）结合德尔菲法和层次分析法确定指标权重，并通过实证分析发现，江苏省农业现代化水平已达到基本实现农业现代化的阶段，为全面推进农民现代化提供了社会经济条件和物质基础。张玉英和吕剑平（2021）结合熵值法和变异系数法构建了一套关于甘肃省农业农村现代化的评级指标体系，该指标体系囊括了农业现代化、农村现代化、农民现代化、城乡协调发展四个方面共 11 项具体指标，研究表明，从发展水平上看，农业现代化＞农村现代化＞农民现代化＞城乡融合化。张勇民等（2014）运用数据包络分析法实证分析民族地区农业现代化与新型城镇化的协同发展程度，其分析结果表明，目前我国民族地区已逐渐走向农业现代化与新型城镇化协调发展的道路，但存在低水平现象。总体来看，关于农民现代化的各种评价方法各有利弊。

在变异系数法中，评价体系中取值差异越大的指标更能反映被评价单位的差距，也就更能反映出一个国家或一个方面的现代化水平。其计算权重的原理为若是某项指标在所有被评价对象上观测值的变异程度较小，说明达到该指标越稳定，并且其对总目标的实现影响越小，与此同时赋予该指标的权数也越小；反之，则应赋予较大的权数（张雄一 等，2020）。因此，在参考张玉英和吕剑平（2021）、张雄一等（2020）的做法上，本报告采用变异系数法对农民现代化指标体系进行构建。

考虑到原始指标数据在单位和量纲上已经完成统一，无需对数据进行无量纲化处理或标准化处理。在此基础上，本报告应用 Stata15.0 软件对各指标进行实证，以确定各级指标的权重，并进一步构建农民现代化指标体系。具体做法如下：

首先，本报告通过变异系数法计算出 96 个问题的权重，以此完成 17 个三级指标的测算；然后，采用变异系数法计算各三级指标的权重，以此测算出 3 个二级指标；最后，对各二级指标通过变异系数法计算权重，测算出农民现代化指标，即目标指标（一级指标）。至此，农民现代化指标体系构建完成。

变异系数法的具体计算过程如下：

（1）计算指标均值。

$$\overline{x_j} = \frac{1}{n}\sum_{i=1}^{n} x_{ij} \tag{1}$$

式（1）中，i 表示各省份，j 表示第 j 项指标；$\overline{x_j}$ 代表各指标均值，x_{ij} 代表各指标原始数据；

（2）计算指标标准差。

$$s_j = \sqrt{\sum_{i=1}^{n}(x_{ij} - \overline{x_j})^2} \tag{2}$$

式（2）中，s_j 代表各指标标准差；其余变量含义与式（1）一致；

（3）计算指标变异系数。

$$CV_j = \frac{s_j}{\overline{x_j}} \tag{3}$$

式（3）中，CV_j 代表各指标变异系数；其余变量含义与式（2）一致；

（4）计算指标变异权重。

$$\omega_j = \frac{CV_j}{\sum_{j=1}^{n} CV_j} \tag{4}$$

式（4）中，ω_j 代表各指标变异权重；其余变量含义与式（3）一致。

二、农民现代化的地区差异和主要特点

（一）数据收集

本研究所使用的数据主要包括两个部分。第一部分是 2021 年 8 月在全国范围内开展的农户调查数据。调研中使用了针对性的调查问卷，除了农民个人与家庭社会经济特征信息，主要内容是农民现代化指标体系部分的 96 个调查问题。调查问卷设计完成后，经过了三轮测试：首先，团队所有师生分别完成一份问卷进行测试，提供修订建议；然后，团队学生通过电话或网络采访亲朋好友进行了第二轮测试；最后，在大连开展预调查，针对问卷进行最后修订。

依据华中农业大学 2021 年 8 月对新冠感染疫情防疫的最新规定，无法开展基于分层随机抽样的农户调查，调整为采取线下由各地大学生对本村村民随机访问开展调查。团队经历了三阶段调研，第一阶段是在辽宁省大连开展约 100 户的实地预调查。第二阶段是 8 月初的正式调研，在全国范围内招募了近 100 名农村大学生，于 8 月 10 日对全部调查员通过腾讯会议在线开展了调查培训，并进行调研。第三阶段是 11 月中旬的补充调研，为了扩大样本代表性，主要面向沿海、西藏等地区进一步展开线上线下调研。调查过程中采用问卷星对调研问卷进行了电子化，每位调查员在采访农户时，利用手机链接问卷星进行填写调查问卷。为了进一步保证数据可靠性，每份问卷都采取了双实名制的方式，即调研员实名制＋联系电话，被采访农户实名制＋联系电话，在调研过程中由团队成员随机电话抽查被采访农户，确认问卷是否完全由被调查者完成。最后，在完成所有调查后，团队成员对每份问卷进行了进一步核对，排除存在较多异常值与缺失值的问卷，最终有效问卷数达到 1 781 份。样本农户分别来自全国 30 多个省份，其中河南、云南、山东、山西、湖北、甘肃、内蒙古、辽宁、广东、浙江、西藏等省份的样本数量达到 100 份以上。

本研究中所使用的第二部分来源于样本农户所在城市的宏观统计数据。根据农户调查数据，收集了样本城市的名字，并进一步查询 2020 年各省份统计

年鉴，收集了样本城市的 GDP、人口数、城市化、交通、教育等宏观数据。该部分数据主要用于连接农户调查数据，研究分析这些相对外生的城市层面宏观因素是否以及在多大程度上能够影响农民现代化程度。

（二）农民现代化总体水平

表 1 展示了变异系数法加权计算后的农民现代化水平总得分。我们选取样本数量大于 50 份的省份进行数据分析。整体来看，各省份的农民现代化水平差距不大，总得分比例均在 70%左右，各省份农民现代化的总体发展水平较为一致，全国农民现代化的平均水平已处在较高位置。对各省份总得分的最大值和最小值进行比较分析，最小值在 25%～45%左右，而最大值均在 90%以上，说明各省份内部均存在农民现代化发展不均衡，水平差距较大。总的看来，农民现代化水平在不同区域呈现出一定差异，其中东部和中部省份整体上农民现代化水平较高，而西部省份农民现代化水平相对较低。各省份内部需找到不同地区农民现代化水平差异较大的原因，协调高水平地区和低水平地区的资源配置，精准施策，实现各省份内部农民现代化的均衡发展。

表 1　各省份农民现代化总得分分布

省份	均值	标准差	最小值	最大值
云南（0～1）	0.679	0.131	0.251	0.932
内蒙古（0～1）	0.692	0.136	0.265	0.905
吉林（0～1）	0.736	0.129	0.352	0.930
山东（0～1）	0.746	0.104	0.434	0.917
山西（0～1）	0.705	0.109	0.374	0.934
广东（0～1）	0.777	0.943	0.346	0.946
河南（0～1）	0.758	0.106	0.359	0.946
浙江（0～1）	0.747	0.096	0.419	0.927
湖北（0～1）	0.742	0.107	0.447	0.946
湖南（0～1）	0.761	0.108	0.434	0.947
甘肃（0～1）	0.722	0.141	0.303	0.941
西藏（0～1）	0.716	0.109	0.315	0.919

（续）

省份	均值	标准差	最小值	最大值
辽宁（0～1）	0.725	0.150	0.319	0.954
陕西（0～1）	0.696	0.168	0.342	0.927

整体来看，在总得分满分为1分的情况下，汇报省份分数最小值为0.69，各省份农民现代化总得分较高。具体来看，样本数量在50份以上的地区中，广东省、湖南省、河南省农民的总得分最高，得分比例大于0.75；浙江省、山东省、湖北省农民的观念现代化得分次之，分数在0.74～0.75区间；吉林省、甘肃省、辽宁省、西藏自治区、山西省的总得分在0.70～0.74区间；陕西省、内蒙古自治区、云南省农民的总得分最低，小于0.7但也大于0.67。位于华南和华中地区的三个省份总得分最高，得分次之的三个省份位于华中和华东地区。华南、华中和华东地区的经济水平与其他大区相比，发展较好，农民生活水平较高，物质、精神生活较丰富，有更多机会和资源见识到现代化的事物。西北和西南地区由于地理位置、自然条件、经济结构等因素，整体经济发展缓慢，农民接触到现代化事物的机会较少，致使西部地区的农民现代化水平整体较低。促进经济发展，提高整个地区的经济实力，将会带动该地区农民现代化水平的进步。

（三）农民观念、态度、行为现代化

表2展示了经系数变异法测算出的3个二级指标：观念、态度和行为。整体来看，农民观念、态度和行为得分比例为70%～80%，大部分农民的现代化水平较高。农民的态度和行为得分最小值为0.150 1和0.177 5，得分比例不到20%，说明部分农民现代化水平较低，需通过新型职业农民培育、互联网信息推广等渠道促进农业农村发展、提高农民现代化水平。有些农民在这三方面的得分接近满分甚至是满分，可见农业农村现代化建设初显成效，部分农民已经实现了从“传统人”到“现代人”的转变。对比可以看出，不同农民的观念、态度和行为现代化水平存在较大差异，农民现代化发展呈现不均衡特点。面对农民现代化的差异化发展，协同发展、分别施策和精准对策是中国农

民现代化需要调整的要点。

表 2　二级指标分数

变量	均值	标准差	最小值	最大值
观念（0～1）	0.796 0	0.116 9	0.215 3	1.000 0
态度（0～1）	0.733 6	0.135 1	0.150 1	1.000 0
行为（0～1）	0.688 9	0.163 3	0.177 5	0.987 6

整体来看，不同地区农民观念现代化水平存在差异，其中华中地区农民观念现代化水平较高。具体来看，样本数量在 50 份以上的地区中，河南省、湖北省、湖南省、广东省、浙江省农民的观念现代化得分最高，分数在 0.8～0.82 区间，得分比例大于 80%；甘肃省、吉林省、辽宁省、山东省农民的观念现代化得分次之，分数在 0.76～0.8 区间；内蒙古自治区和山西省农民的观念现代化得分在 0.74～0.76 区间；云南省、陕西省农民的观念现代化得分最低，小于等于 0.74。华东、华中、华南的观念现代化得分最高，这些地区经济发展状况良好，农民对事物总体的认识也更加科学理性。华北和西南地区由于地理位置、资源禀赋、人力资本等因素发展缓慢，农民现代化进程也较为滞后。缩小地区经济发展的不平衡性是实现农民现代化的有效途径。

在农民态度现代化方面，整体来看，在态度现代化分数满分为 1 分的情况下，汇报省份分数为 0.68～0.77，较观念现代化而言得分较低。从区域分布来看，华东、华中、华南的态度现代化得分最高，这些地区经济发展状况良好，农民劳动力交易效率、农业生产要素交换增加，有更多机会接触新事物；西南、华北地区态度现代化得分较低，存在基础设施落后、社会保障不足等问题，农民对事物的评价和行为倾向仍然停留在传统思维。其中，河南省的农民态度现代化得分最高，为 0.77 分，云南省的农民态度现代化得分最低，为 0.68 分，地理位置导致的农民态度现代化水平差距明显。

在农民行为现代化方面，汇报省份分数为 0.63～0.77，得分比例均超过 60%，农民现代化进程初显成效。从区域分布来看，华南的行为现代化得分最高，这些地区经济发展带来了物质和精神上的极大丰富，农民眼界更加开阔；受限于劳动力要素市场发育不充分、就业机会严重不足，西南、华北地区行为现代化得分较低，与其他地区的农民现代化进程进一步拉大。其中，广东省的农民行为现代化得分最高，为0.77分，云南省的农民行为现代化得分最低，为0.63分，与观念、态度的结果基本一致，再次印证了地理位置带来的农民行为现代化水平差距。

三、面向2035年促进农民现代化的重点难点和政策建议

（一）面向2035年促进农民现代化面临的主要问题

1. 人才引领农业农村现代化能力有待提升

家庭农场主生产经营能力有待加强，带动小农户的引领作用发挥不够。农民合作社带头人规范运行意识有待加强，拓展服务能力还需提升。

2. 人才支撑农业转型升级能力有待加强

引领农业科学发展方向，解决关键核心技术难题的科研领军人才缺乏。专业化社会化服务组织带头人队伍基础薄弱，联结小农户的桥梁纽带作用发挥不充分。农业企业家队伍规模偏小，引领产业转型发展、带动农民融入大市场的能力有待提升。

3. 人才发展的支持政策和保障服务有待健全

现有人才支持政策统筹协调不够，促进人才发挥作用的机制需要进一步创新。农村基础设施和公共服务仍然薄弱，推动人才向乡村流动的机制不健全，人才到农村创业的金融、土地、信贷等支持政策不完善，城市专业人才进入农村、服务农村的机制不灵活，农业农村人才的培育、引进、使用、激励政策措施有待强化。

（二）面向2035年促进农民现代化的政策建议

1. 扶持壮大家庭农场主队伍，促进农业适度规模经营

一是提升经营管理能力。实施家庭农场主素质提升计划，指导各地对纳入

名录的家庭农场主开展轮训，提升农业生产能力和经营管理水平。实施青年农场主培养计划，对青年农场主进行重点培养和创业支持，不断壮大家庭农场经营者的后备力量。开展家庭农场主知识更新工程，充分发挥农广校、职业院校、农技推广单位、农业企业等机构培训功能，采取“田间学校”“送教下乡”等形式开展培训，提高培训的针对性和有效性，不断满足家庭农场多样化发展能力需求。

二是创新协同发展模式。鼓励组建家庭农场协会或联盟，搭建合作服务平台，为家庭农场提供农事服务、营销服务、金融服务、培训服务、信息服务等。引导家庭农场主领办或加入农民合作社，开展统一生产经营。支持家庭农场协会或联盟开展跨区域、跨行业、跨领域的联合合作，促进家庭农场资源共享，提升自我服务能力。探索创新利益联结机制，推广家庭农场与龙头企业、社会化服务组织合作的有效方式，提升抱团发展能力。

2. 加快培育农民合作社带头人队伍，带动小农户与大市场有效衔接

一是提升规范办社水平。充分发挥农民合作社带头人的主体作用，引导农民合作社完善章程制度，健全组织机构，规范财务管理，合理分配收益，提升运营管理规范化水平。加强辅导员队伍建设，拓宽辅导员选聘渠道，引导农民合作社带头人依法依规办社。鼓励农民合作社带头人积极参与示范社创建，将规范管理、创新发展、联农带农作为评定考核内容和政策扶持的主要依据，培育一批制度健全、管理规范、带动力强的农民合作社行业标杆，提升农民合作社发展质量。

二是增强服务带动能力。鼓励农民合作社带头人与成员、周边农户建立利益联结关系，推行品种培优、品质提升、品牌打造和标准化生产，积极发展循环农业、休闲农业、电子商务等新产业新业态，由种养业向产加销一体化拓展，为成员提供低成本便利化服务。鼓励各地依托农民合作社联合社、联合会等，创建农民合作社服务中心，出台扶持政策措施，为农民合作社带头人提供培育孵化和公共服务。引导农民合作社与各类企业对接合作，解决销售、品牌、物流、融资等难题。

三是营造良好发展生态。强化农民合作社带头人培育，重点围绕发展乡村

产业、拓展服务功能、加强利益联结等内容开展培训，提高带头人高质量发展能力。支持各地制定财政奖补、工资补贴等优惠政策，吸引大中专毕业生等各类人才领办创办农民合作社。开展信贷直通车活动，探索构建农民合作社信用评价体系，鼓励创设符合农民合作社需要的金融信贷产品。支持县级以上示范社、联合社承担国家涉农项目，落实用地用电政策。开展农民合作社带头人发展典型案例选树和宣介，对作出突出贡献的农民合作社带头人，可按照国家有关规定给予表彰奖励。

3. 培育农业社会化服务组织带头人队伍，充分发挥联农带农益农作用

一是引导提升服务能力。实施农业社会化服务组织带头人培育工程，在支撑重要农产品生产营销、解决产业链薄弱环节问题、推广新技术新装备等领域，加强政策扶持、推动机制创新、强化服务保障，加快培养一批农业社会化服务组织带头人。鼓励开展农业社会化服务组织服务质量评价，主动适应农业生产多样化、个性化、专业化、信息化的服务需要，持续提升服务能力，重点解决一家一户干不了、干不好、干起来不划算的问题。

二是创新合作共赢模式。鼓励农业公共服务机构与社会化服务组织带头人合作，推行“整合托管”“公建民营、民办公助”等多种模式，合力提升服务质量和水平。鼓励农业社会化服务组织带头人以资金、技术等要素为纽带，加强联合合作，促进功能互补、互惠互利。鼓励农业社会化服务组织带头人与农村集体经济组织、新型经营主体、农户开展多种形式的合作，推广“服务主体＋农村集体经济组织＋农户”“服务主体＋各类新型经营主体＋农户”等组织形式，形成利益共享、风险共担的共同体。

三是完善支持服务政策。整合政策资源，为农业社会化服务组织提供财政、税收、信贷、保险、用地支持。强化行业指导，通过健全服务标准、加强价格监测、强化合同监管、规范服务行为、建立行业自律组织等，促进规范发展。继续开展全国农业社会化服务典型选树活动，树立行业标杆和服务典型，发挥示范带动作用。加快推广应用中国农业社会化服务平台，促进服务供需线上对接、线下落地。

4. 健全人才培育政策体系

鼓励各地统筹谋划、集成整合农业农村人才培训培育资源，建立层次分明、结构合理、开放有序的教育培训体系。围绕抓数量、抓质量、抓多样，建立学历教育、技能培训、实践锻炼等多种方式并举的培养开发机制。加大农业农村人才培训的规模和覆盖面，做到按需培训、应训尽训。提升农业农村人才培训的针对性和精准性，促进培训培育与产业和乡村发展相结合，加大对带头人、"关键少数"的培训力度，进一步激发带头人的示范带动作用，实现"培训一人，带动一片"。围绕不同地区乡村产业发展特点，采取"订单培育、定制培育、定向培育、定点培育"系列举措，开展多样化、特色化培训培育，提升培训培育效果。

专栏1　高素质农民培育计划

围绕乡村振兴人才需求，构建农民短期培训、职业技能培训和学历教育相衔接的培育机制，加快培养有文化、懂技术、善经营、会管理的高素质农民队伍，为加快农业农村现代化提供有力人才支撑。

开展高素质农民培育。按照"需求导向、产业主线、分层实施、全程培育"的思路，重点面向从事适度规模经营的农民，分层分类开展全产业链培训，"十四五"期间培育500万高素质农民。

发展农民学历教育。实施"百万乡村振兴带头人学历提升计划"，培养100万具有中高等学历教育的乡村振兴带头人，推介百所乡村振兴人才培养优质院校。

健全农民教育培训体系。强化农广校等公益性农民教育培训机构主体功能，鼓励和引导涉农高校、职业院校、农业科研院所、农技推广机构等参与培训，推进教育培训资源共建共享、优势互补。引导各类市场主体，依托线上培训平台，持续开展农民手机应用技能培训。

专题报告五

关于乡村治理现代化问题研究

一、乡村治理现代化的概念内涵与测度标准

（一）深刻理解乡村治理现代化

1. 治理现代化

1995年，全球治理委员会在《我们的全球伙伴关系》报告中将治理定义为个人和机构、公共与私人部门管理其共同事务的各种方式的总和。它是使相互的冲突或不同的利益得到协调并采取合作行动的持续过程，其方式既包括有权迫使人们服从的正式制度和规则，也包括各种人们同意或以为符合其利益的非正式的制度安排。“治理”与“管理”虽然只有一字之差，含义却大不相同。管理更加侧重于自上而下的进程，强调管理者对人、财、物、事以及信息等进行计划、组织、指挥、协调和控制，而治理则更为强调网状结构和互动关系。

专栏1　世界银行定义的“治理”

治理系指国家和非国家行动者在既定的一套塑造权力、反过来又被权力塑造的规范和不规范的框架体系中进行互动，并在互动中制定和实施政策的过程。本报告将权力定义为群体和个体迫使他者按照自己所属群体和

自己的利益开展行动并产生具体结果的能力。

行动者可能根据具体环境建立一套规范的国家制度（学术文献中用来指代组织和规则的术语）组成的政府来推行和实施政策。同样，国家行动者将根据具体环境发挥自己的作用，与诸如公民社团组织或者商业游说群体等非国家行动者相比，国家行动者的作用可大可小。除此之外，治理发生在从国家机构到民族国家制度，从地方机构到社区或者商业协会等不同的层面上。这些维度常常交叉重叠，从而创造出一个关于行动者和利益的错综复杂的网络。

“现代化”可以被视为一种静态的结果，也可以是一个动态的过程，“化”的本意即是转变为某种性质或状态。与传统社会相比，现代化社会实现了从自然经济到市场经济、从政治专制到政治民主、从人治到法治、从官本位到公民本位、从政府统治到政府服务、从愚民文化到科学文化的转变。具体来说，它是指工业革命以来人类社会所发生的进步的过程和结果。这种过程和结果包含发展生产力、巩固公民权威、建立民主政治体制、转换价值观念、追求包容和开放等，也即追求“善治”的过程。

综上所述，可以将治理现代化理解为有机组合的多元治理主体通过一系列正式和非正式的制度和规则追求善治的过程，也可以将其视为一种理想中的治理状态。具体到我国，有机组合的多元主体是指中国共产党领导下的政府、社会组织和公众等治理主体构成的协同体系，善治则是指实现经济、政治、文化、社会和生态各领域综合现代化的过程和结果，这一过程包括治理体系现代化和治理能力现代化两个层面。

2. 治理体系与治理能力

治理是多种主体力量参与的过程，包括政党、政权机构、社会组织和公民个人，治理体系就是这些治理主体根据特定的体制、机制、规则和文化等要素构建的一整套结构体系。在不同的国家和不同的发展阶段，治理体系的样态通常是不一样的，具有分权传统的国家往往会形成一种去中心化的治理体系，具有大一统传统的国家则通常会形成“一主多中心”的治理体系。我国现阶段形成了中国共产党领导下的政府负责、民主协商、社会协同、公众参与的社会治理体系，融汇了中华文明传统和现代国家治理体系的特征，彰显了社会主义国家的性质。

与治理体系相互依存的概念是治理能力，它是各类治理主体实现治理目标的方式和手段，也即将制度优势转化为治理效能的素养和本领，包括经济手段、行政手段、法律手段、文化手段和技术手段等。治理能力和治理体系是一个有机整体，有了好的治理体系才能提高治理能力，提高治理能力才能充分发挥治理体系的效能。

3. 乡村治理

乡村治理是国家治理现代化具体到乡村维度上的表现，也是人民群众感知政策效度和温度的直接途径，决定了国家治理的“最后一公里”能否打通。在现有国家治理框架下，乡村治理是在基层党组织领导下，政府、自治组织、社会组织和农民等治理主体开展协作，综合多种治理手段和方式配置乡村公共资源、处理乡村公共事务、增进乡村公共利益、促进乡村有序发展的过程。

全面把握乡村治理，可以从治理主体、权力结构、治理目的和治理内容四个维度出发。从主体维度看，治理主体是多元的。乡村基层党组织居于乡村治理的领导地位，但不是唯一主体。乡村治理主体还包括其他不同性质的各种组织，如乡镇政府及其附属机构，村党支部、村委会、妇女协会等各类村级组织，民间的红白理事会、宗亲会等民间团体及组织，这些治理主体通过乡村治理体制和机制共同管理乡村公共事务，解决乡村公共问题。从权力结构维度看，权力配置是多元的。在国家和社会共同管理和调控乡村社会的过程中，不仅存在党和政府的权力，还存在着丰富的社会自治权力。从治理目的来看，乡村治理以善治为导向，也即增进农民福祉，实现共同富裕和乡村公共利益最大化。从治理内容来看，乡村治理涉及党建、村民自治、乡风文明、法治乡村、平安乡村、腐败治理等多方面丰富的内容。

4. 乡村治理体系和治理能力现代化

乡村治理体系是指在党的统一领导下，政府、群众和各类社会组织等治理主体以实现共建共治共享为目标，在处理乡村各项公共事务过程中形成的一整套紧密相连、相互协调的结构体系。乡村治理是一项持续的工作，乡村治理体系现代化就是按照中国特色社会主义现代化的原则不断完善和发展乡村治理体系的过程。具体而言，乡村治理体系现代化就是在建立健全党委领导、政府负责、社会协同、群众参与的治理结构的基础上，强化系统治理、综合治理、源头治理和智慧治理，以实现乡村善治的过程。

乡村治理体系现代化与乡村治理能力现代化，是结构与功能、硬件与软件的关系，两者相辅相成。乡村治理能力就是乡村制度执行能力，即在党的统一领导下，乡村各类治理主体综合运用自治、法治、德治和信息技术等现代治理手段，化解乡村治理面临的危机风险，推动乡村实现可持续发展的能力。乡村治理能力现代化过程就是各类治理主体把各方面制度优势转化为治理效能的过程。具体而言，是指在党的统一领导下，各类治理主体为了适应乡村发展的不同需要，实现自治、法治、德治有机融合并不断吸纳信息技术等现代治理手段的过程。

需要注意的是，理解乡村治理现代化不是简单地与过去对立或与传统割裂，也不能脱离治理现代化的一般规律和进程，需要立足于历史和现实，把握其任务的目标与方向，注重过程的动态发展性和一般规律性，也即毫不动摇地坚持和巩固具有中国特色的乡村治理发展方向，同时与时俱进地理解乡村治理现代化的进程和内涵。

专栏 2　政策表述中的“乡村治理体系”

2018 年 1 月，中共中央、国务院出台《关于实施乡村振兴战略的意见》，强调要加强农村基层基础工作，构建乡村治理新体系，“必须把夯实基层基础作为固本之策，建立健全党委领导、政府负责、社会协同、公众参与、法治保障的现代乡村社会治理体制，坚持自治、法治、德治相结合，确保乡村社会充满活力、和谐有序”，并列出了加强农村基层党组织建设、深化村民自治实践、建设法治乡村、提升乡村德治水平、建设平安乡村五项重要内容。

2019 年 6 月，中共中央办公厅、国务院办公厅印发《关于加强和改进乡村治理的指导意见》，明确了乡村治理体系的基本框架，即“建立健全党委领导、政府负责、社会协同、公众参与、法治保障、科技支撑的现代乡村社会治理体制，以自治增活力、以法治强保障、以德治扬正气，健全党组织领导的自治、法治、德治相结合的乡村治理体系，构建共建共治共享的社会治理格局，走中国特色社会主义乡村善治之路，建设充满活力、和谐有序的乡村社会，不断增强广大农民的获得感、幸福感、安全感。”

2021 年 4 月，中共中央、国务院印发《关于加强基层治理体系和治理能力现代化建设的意见》，指出“力争用 5 年左右时间，建立起党组织统一领导、政府依法履责、各类组织积极协同、群众广泛参与，自治、法治、德治相结合的基层治理体系，健全常态化管理和应急管理动态衔接的基层治理机制，构建网格化管理、精细化服务、信息化支撑、开放共享的基层管理服务平台；党建引领基层治理机制全面完善，基层政权坚强有力，基层群众自治充满活力，基层公共服务精准高效，党的执政基础更加坚实，基层治理体系和治理能力现代化水平明显提高。”

（二）如何测度乡村治理体系和治理能力现代化

从 20 世纪末至今，国内外各类机构和研究者开展了大量治理评估的实践和研究，仅评估体系就有上千套。按照世界银行的统计，目前常用的有 140 多种治理评估体系，其中影响较大的有世界银行的“全球治理指标”（WGI）、联合国人类发展中心的“人文治理指标”（HGI）、联合国奥斯陆治理中心的“民主治理测评指标体系”（MDG）等。就目前各类流行的国际指标体系而言，其特点是希望建立一套具有普适性的评价标准，从而衡量不同国家、不同地区的治理水平。但由于各国各地区的历史、制度、社会环境和经济发展水平差异很大，不同国家和政府对数据采集的配合程度也不一致，这些指标体系在实际运用中会出现一定甚至较大的偏差，因而遭到了不同程度和范围的质疑。对于测度乡村治理体系和能力现代化而言，确立合理适恰的评估体系难度同样很大但又至关重要，这是进一步认知乡村治理体系和治理能力现代化的依据，也是把握当前乡村治理的效能和发展态势的前提。为此，我们结合中国乡村治理发展实际，将该议题置于国家治理现代化和乡村振兴的整体战略框架中，尝试着对其测度原则和指标选取进行思考。

国内实践中有两个层次的乡村治理测度指标体系。

一是农业农村部开发并设计的村级和乡镇级的《乡村治理评价指标体系》。村级指标体系重点评价的是党建、自治、法治、德治、乡村发展活力和乡村秩序，同时加设了附加分项，用以鼓励地方开展乡村治理创新。乡镇指标体系重点评价履行管理职能、公共服务供给和治理创新三个方面，考察内容主要是中共中央办公厅和国务院办公厅印发《关于加强和改进乡村治理的指导意见》中的内容。

二是地方结合实践创造的评价指标体系。如浙江省标准化研究院、美丽乡村标准化研究中心等7家单位共同起草的《乡村治理工作规范》，该规范规定了乡村治理的基本要求，将党建引领、三治结合、群众主体、因地制宜、继承创新作为制定乡村治理规范的基本原则，设计了8个一级规范和28个二级规范。总的来看，目前的乡村治理评估的指标体系各有特点，但存在部分指标体难以准确测度、偏重于评价贯彻上级要求等问题，这在一定程度上忽略了治理效果这一本源问题，因此更像是政府部门监督乡村治理和推动各类政策落实的一种手段。

本报告也尝试对此做出一些回应和探索。具体而言，根据对乡村治理体系和治理能力现代化概念的界定，结合国际治理评估的一般做法、现有政策要求、地方实践，同时兼顾数据的可得性，报告设计了一套测度我国乡村治理现代化的指标体系。该指标体系基于乡村治理体系现代化和乡村治理能力现代化2个维度，设计了7个一级指标和21个二级指标，力求反映乡村治理现代化的重点内容（表1）。在指标的选取上，我们纳入了统计数据、政府工作报告和全国范围的公开调查数据等。

测度“乡村治理体系现代化”主要采用两个指标，即“制度体系的完备性”和“制度体系的协调性”。制度体系的完备性主要考察乡村治理体系运行的制度支撑情况，包括政策发文数量和政策效力两个指标，其中政策发文数量反映的是政策出台的密集度，政策效力反映了乡村治理受关注层级的高低。制度体系的协调性包括政策合作发文数量和政策主体协同程度两个二级指标，前者主要体现了联合发文的频度，后者主要体现了发文主体间的协同程度。指标评价的数据来源于“北大法宝”，主要采用了文献计量分析法和网络分析法。

表1　乡村治理体系和治理能力现代化测度指标体系

维度	一级指标	二级指标	数据来源
乡村治理体系现代化	制度体系的完备性	政策发文数量	北大法宝
		政策效力	北大法宝
	治理体系的协调性	政策合作发文数量	北大法宝
		政策主体协同程度	北大法宝
乡村治理能力现代化	基层党建能力	软弱涣散村党组织占比	统计数据
		行政村党组织覆盖率	中国共产党党内统计公报
		农村党员人数占比	中国共产党党内统计公报
	自治能力	村（居）委会选举投票率	民政事业发展统计公报
		实行财务公开村覆盖率	中国农村政策与改革统计年报
		民主理财小组覆盖率	中国农村政策与改革统计年报
		农村一事一议奖补资金数量	中国农村政策与改革统计年报
	德治能力	乡镇文化站覆盖率	中国农村统计年鉴
		乡村社会信任感	CGSS调查数据
		乡村社会公平感	CGSS调查数据
	法治能力	乡镇法律服务工作者占比	律师、基层法律服务工作统计分析
		有法律顾问的村（居）数	律师、基层法律服务工作统计分析
		免费法律服务件数	律师、基层法律服务工作统计分析
	智治能力	农村宽带用户数占比	中国数字乡村发展报告
		农村网民规模	中国互联网络发展状况统计报告
		农村互联网普及率	中国数字乡村发展报告
		实行会计电算化的村数	中国农村政策与改革统计年报

测度“乡村治理能力现代化”主要采用5个指标，分别反映了“党建”“自治”“德治”“法治”和“智治”水平，具体内容如下：

“基层党建能力”主要考察基层党组织的领导能力，包括软弱涣散村党组织占比、行政村已建立党组织覆盖率、农村党员人数占比3个二级指标，数据主要通过查阅统计年鉴和中国共产党党内统计公报两种方式获取。

“自治能力”包括基层选举投票率、实行财务公开村覆盖率、民主理财小组覆盖率、农村一事一议奖补资金数量4个二级指标，其中一事一议奖补资金需要通过村民代表大会或村民大会等民主程序分配，可以在一定程度上反映自治的活跃程度，因此研究将其作为替代性指标纳入。本部分数据主要采用查阅民政事业发展统计公报和中国农村政策与改革统计年报两种方式获取。

“德治能力”的评价缺乏直接连贯性的数据，因此本研究使用了替代性指标进行衡量，包括乡镇文化站覆盖率、村民社会公平感、村民社会信任感3个二级指标。其中，乡镇文化站覆盖率主要反映乡风文明建设的基础设施情况，村民社会公平感和社会信任感主要反映德治的效果。本部分数据主要通过查阅中国农村统计年鉴和中国综合社会调查（CGSS）数据分析得到。

“法治能力”包括乡镇法律服务工作者占比、有法律顾问的村（居）数、免费法律服务件数3个二级指标，数据来源为“司法部律师、基层法律服务工作统计分析”和中国农村政策与改革统计年报。

“智治能力”主要考察数字乡村治理建设水平，由于当前缺乏相关统计数据，因此本研究使用农村宽带用户数占比、农村网民规模、农村互联网普及率和实行会计电算化的村数4个替代性指标，目的是衡量乡村“智治”的基础。本部分数据来源包括中国数字乡村发展报告、中国互联网发展状况统计报告和中国农村政策与改革年报等。

二、乡村治理现代化的演变历程和主要特征

（一）乡村治理能力现代化的评价

1. 基层党建能力

（1）软弱涣散村党组织占比。根据中共中央政法委员会发表的数据显示，

截至 2014 年 4 月底，全国共排查确定软弱涣散村党组织 57 688 个，占村党组织总数的 9.6%；截至 2019 年 10 月底，全国共排查整顿 5.1 万个软弱涣散村党组织，占村党组织总数的 8.3%；截至 2021 年 12 月，全国共排查出 5.47 万个软弱涣散村党组织，占村党组织总数的 11.1%。从 2014、2019 和 2021 三年的数据可以看出，软弱涣散村党组织占比控制在了一定的比例，但同时也有一定的波动。

(2) 行政村党组织覆盖率。根据 2012—2021 年《中国共产党党内统计公报》显示，截至 2021 年 6 月 5 日，491 748 个行政村已建立党组织。从总体上看，行政村建立党组织的数量逐年减少，这与近些年来村村合并、合村并镇有很大的关系。从覆盖率上讲，自 2012 年起，党组织在行政村的覆盖率稳定在 99%以上（图 1）。

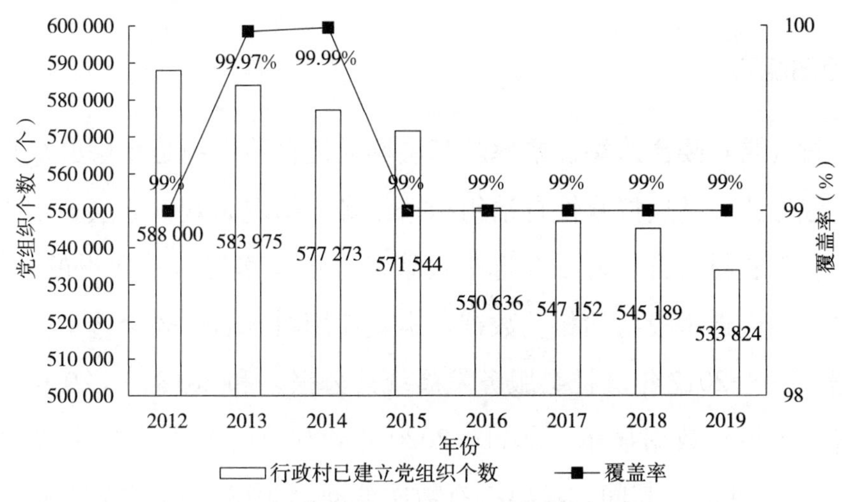

图 1　2012—2019 年基层党组织个数与覆盖率

(3) 农村党员人数占比。关于该数据，研究采用了职业身份为农牧渔民的党员人数进行了衡量。根据 2012—2021 年《中国共产党党内统计公报》显示，截至 2021 年 6 月 5 日，农牧渔民党员数量为 2 581.7 万名。从整体上看，我国农村党员人数呈现稳定的趋势，没有太大波动。2021 年较 2012 年农村党员数量有所上升，2012—2019 年，农村党员人数占比维持在 4%左右，呈现逐年上升的趋势（图 2）。

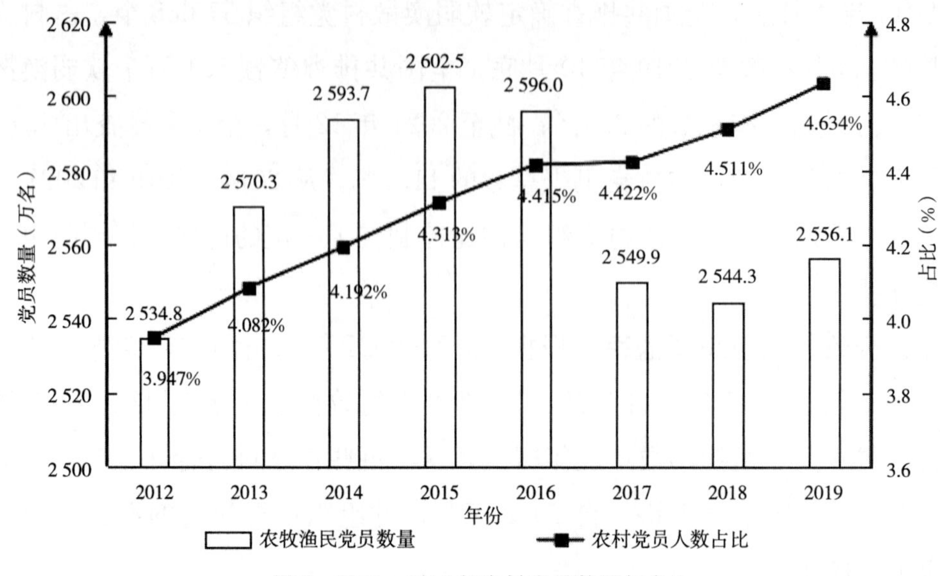

图 2　2012—2019 年农村党员数量与占比

2. 自治能力

（1）村（居）委会选举投票率。基层群众性自治组织是基层群众自治制度的重要实践形式，基层群众性自治组织选举参与情况是观察基层自治水平的可视化窗口。就农村而言，村委会选举投票率是衡量基层自治建设的关键指标。由于缺少村委会选举投票的相关数据，本文使用村（居）委会选举投票率来替代。根据 2011—2017 年《社会服务发展统计公报》和 2018—2020 年《民政事业发展统计公报》数据显示，2011—2020 年，村（居）委会选举投票率维持在 50%以上（图 3）。其间，投票率有数次波动，2018 年后降幅较大。

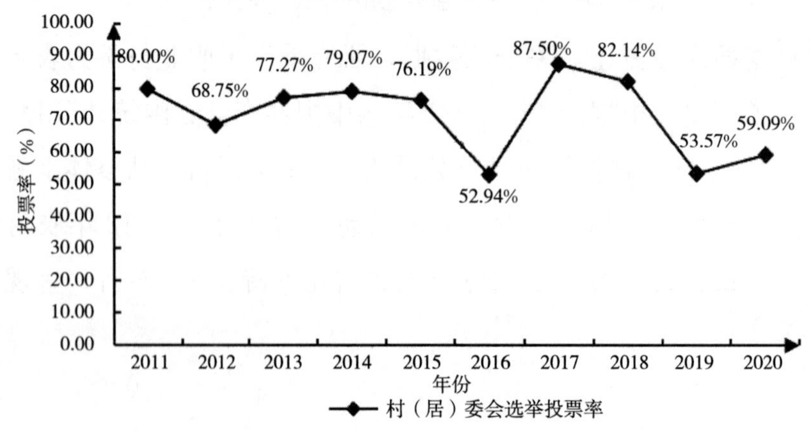

图 3　2011—2020 年村（居）委会选举投票率

（2）实行财务公开村覆盖率。农村财务公开是农村村务公开在经济领域的体现，实行财务公开村数是衡量村民自治有效性的重要指标。根据 2015—2018 年《中国农村经营管理统计年报》及 2019—2020 年《中国农村政策与改革统计年报》显示，截至 2020 年年底，全国共有 55.9 万个行政村实行了财务公开，较上年下降 0.9%，6 年来平均降幅为 1.16%。虽然数量有所下降，但就覆盖率而言，实行村务公开村数占总村数比重呈波动上升趋势，截至 2020 年年底，全国实行村务公开村数占比为 99.8%（图 4）。

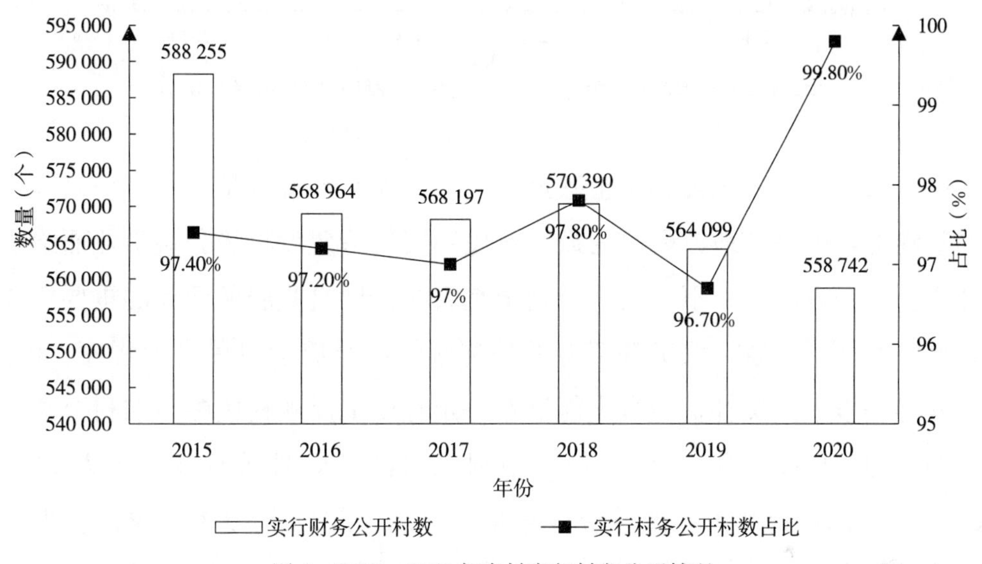

图 4　2015—2020 年农村实行村务公开情况

（3）民主理财小组覆盖率。民主理财作为村集体经济组织的一种民主管理活动，是加强村集体"三资"管理的重要环节。民主理财小组则是由村民会议或村民代表会议选举产生的监督机构，对农村基层组织财务活动实行民主管理与监督。建立村民理财小组的村庄数量是衡量农村民主管理与监督水平的重要指标。根据 2015—2018 年《中国农村经营管理统计年报》及 2019—2020 年《中国农村政策与改革统计年报》显示，截至 2020 年年底，全国共有 55.4 万个村建立了村民理财小组，较上年下降 1.1%。2015 年后，建立村民理财小组的村数持续下降（图 5），年平均降幅为 0.62%。但就近 5 年而言，村民理财小组村数围绕 55.5 万这一数字小幅度上下波动。从覆盖率来看，建立村民理财小组的村数占总村数比重不断上升，2019 年快速增加，截至 2020 年年底，全国建立村民理财小组的村数占比为 99%。

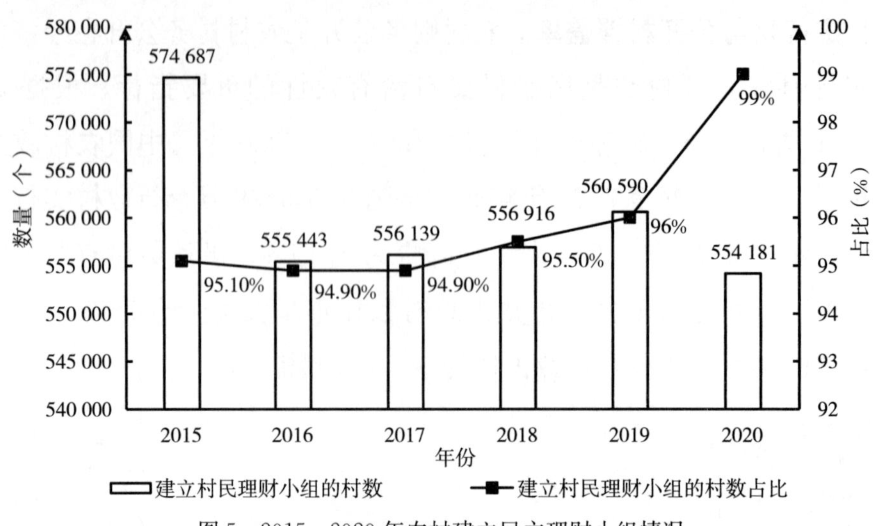

图 5　2015—2020 年农村建立民主理财小组情况

（4）农村一事一议奖补资金数量。一事一议奖补资金是在一事一议筹资筹劳的基础上，中央和地方财政为鼓励村民筹资筹劳建设村级公益事业而给予的奖补资金。一方面，一事一议奖补资金是农村开展自我服务活动的重要资金来源，另一方面，一事一议奖补资金的分配必然涉及启动村民自治程序。因此，农村获得一事一议奖补资金数量能够在一定程度上反映村民参与农村公益事业建设的活力。根据 2015—2018 年《中国农村经营管理统计年报》及 2019—2020 年《中国农村政策与改革统计年报》显示，2015 年以来，农村获得一事一议奖补资金数量波动下降（图 6），2019 年达到其 6 年间的最高峰，为 322.1 亿元。2020 年农村获得一事一议奖补资金降幅较大，较上年减少 71.6%，为

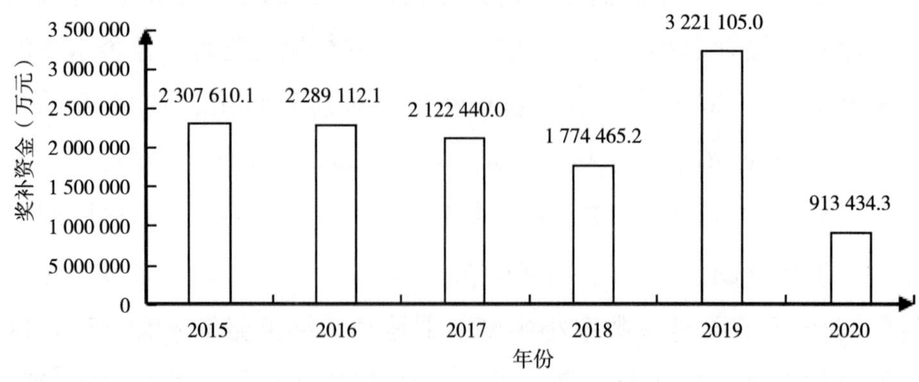

图 6　2015—2020 年农村获得一事一议奖补资金情况

91.3 亿元。

3. 德治能力

(1) 乡镇文化站覆盖率。乡风文明是德治水平的重要指标，乡镇文化站是乡风文明的重要载体，因此报告选取乡镇文化站覆盖率作为衡量德治的替代性指标。根据《中国农村统计年鉴》中乡镇文化站个数，以及国家统计局公布的历年我国乡镇个数，报告计算出 2011—2020 年全国乡镇文化站的覆盖率（图 7）。可以看出，乡镇文化站在全国范围内整体覆盖率处于上升态势，其间有所波动。截至 2020 年，全国已建立 33 530 个乡镇文化站，覆盖了 86.55%的乡镇。

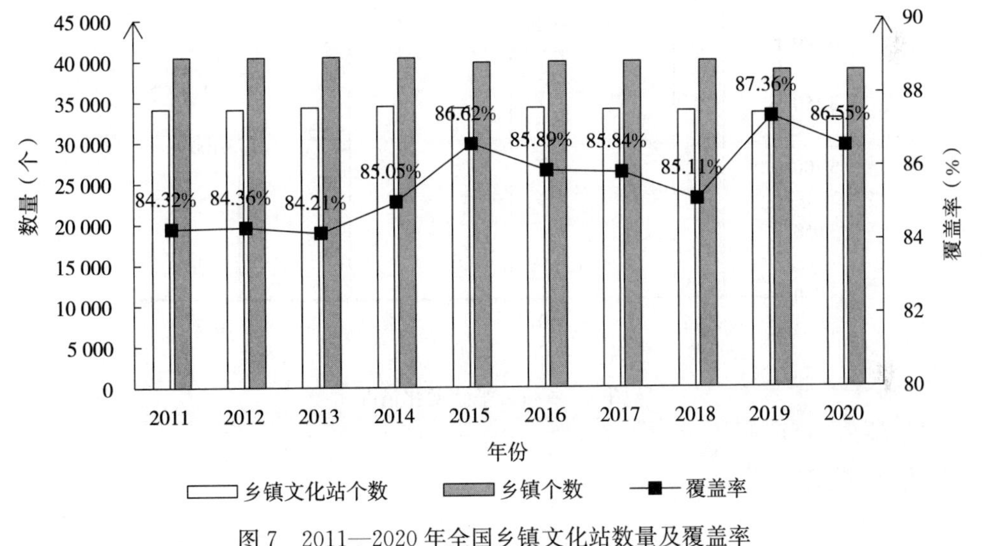

图 7　2011—2020 年全国乡镇文化站数量及覆盖率

(2) 村民社会信任感。德治需要社会信任感的支撑，因此村民社会信任感是衡量德治的一个重要指标。报告利用中国综合社会调查（CGSS）（公开数据更新至 2017 年），首先筛选得出村民个体数据，而后选取关于信任感的测量题项（采用了李克特五分量表），计算了村民社会信任感的平均值（图 8）。可以看出，近年来农村的信任感处于一般水平。

(3) 乡村社会公平感。社会公平是推动社会稳定发展的基石，也是德治的重要衡量指标。因此报告选取 CGSS 数据中公平感题项（李克特五分量表，1 代表最低，5 代表最高）衡量社会公平感，计算方式依照信任感的测量方法

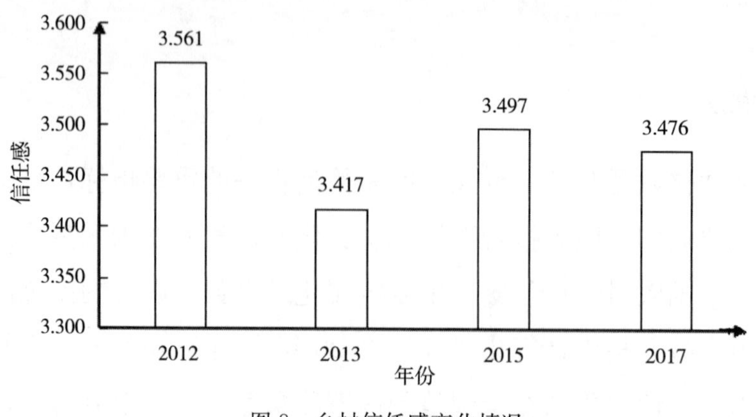

图 8　乡村信任感变化情况

（图 9）。可以看出，村民的公平感也处于一般水平，并呈现波动下降的趋势。

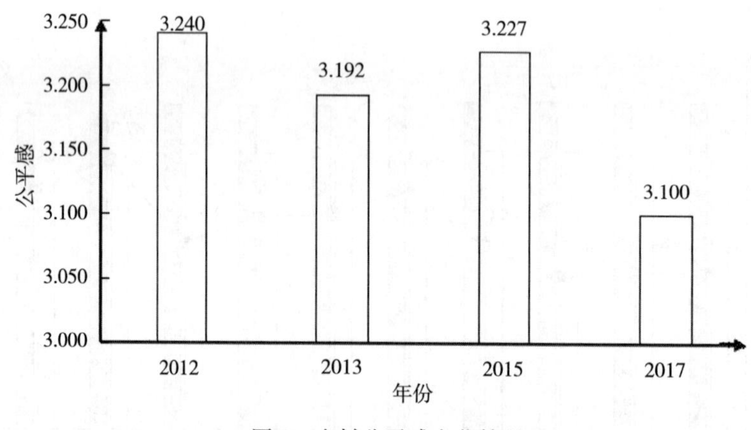

图 9　乡村公平感变化情况

4. 法治能力

（1）乡镇法律服务工作者占比。据司法部 2017—2020 年《律师、基层法律服务工作统计分析》显示，从基层法律服务工作机构队伍来看，截至 2020 年年底，全国共有基层法律服务机构 1.4 万多家，其中乡镇所 8 700 多家，占 59.5%。全国基层法律服务工作者 6.3 万人，其中乡镇法律服务工作者 2.8 万多人，占 44.4%。2017—2020 年乡镇法律服务队伍状况整体平稳，2019—2020 年乡镇法律服务工作者数量和乡镇法律工作者占基层法律工作者的比例都明显减少（图 10）。

（2）有法律顾问的村（居）数。村（居）法律顾问工作是公共法律服务体系建设的重要组成部分，也是司法行政工作向基层延伸、服务人民群众的重要

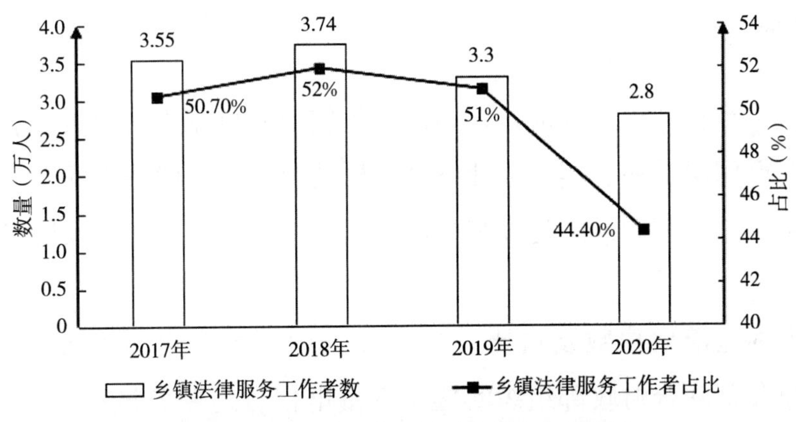

图 10 2017—2020 年乡镇法律服务队伍情况

载体。截至 2020 年，基层法律服务工作者为 15 万多个村（居）担任法律顾问，2017—2020 年有法律顾问的村（居）数较为稳定。或受到新冠病毒感染疫情和行政村合并减少等因素影响，2019—2020 年有基层法律服务工作者担任法律顾问的村（居）数明显下降，2018 年和 2019 年有法律顾问的村（居）数分别降至 4.2 万个和 3.5 万个，2020 年明显上涨，增至 15 万个（图 11）。

（3）免费法律服务件数。从基层法律服务业务方面来看，法律顾问免费法律服务数是衡量基层法治建设的重要指标。截至 2020 年，相关法律顾问为弱势群体提供免费法律服务 46 万多件。2018 年和 2019 年弱势群体享有的免费法律服务数量明显减少，提供的免费法律服务件数分别降至 51.9 万件和 51.4 万件，2020 年继续下降至 46 万件（图 11）。

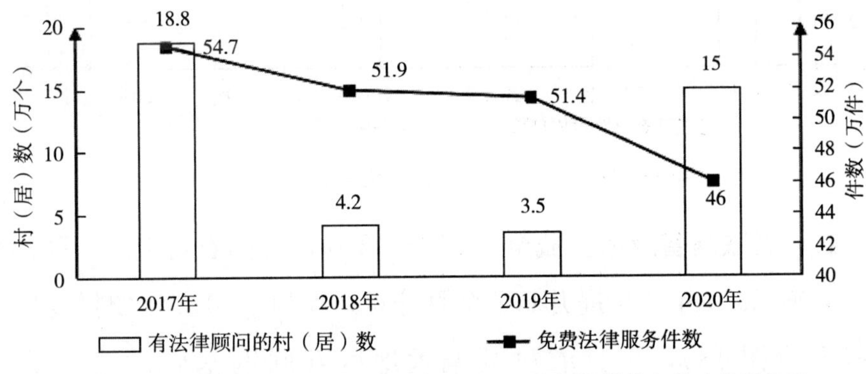

图 11 2017—2020 年有法律顾问的村（居）数与提供的免费法律服务数

5. 智治能力

我国数字乡村建设尚未成熟，因此报告使用农村宽带用户数、农村网民规模、农村互联网覆盖率、实行会计电算化村数等 4 个替代性指标。上述指标能够反映数字乡村的基础设施建设和推广情况，是评价乡村智治发展状况的重要参考。

(1) 农村宽带用户数及占比。2020 年《中国数字乡村发展报告》指出，工业和信息化部联合财政部组织实施了 6 批电信普遍服务试点，支持 13 万个行政村通光纤和 5 万个 4G 基站建设，并优先支持“三区三州”等深度贫困地区加快网络覆盖和普及应用，全国行政村通光纤和通 4G 比例双双超过 98%，保障了农村群众的上网用网需求。中央财政和基础电信企业投资累计超过 500 亿元，支持全国 13 万个行政村光纤建设以及 3.6 万个基站建设。截至目前，全国行政村通宽带比例达到 98%，农村互联网应用快速发展。农村宽带接入用户数达到 1.39 亿户，比上年末净增 488 万户，比上年同期增长 8%（图 12）。由此可见，乡村信息基础设施建设逐步全面升级。

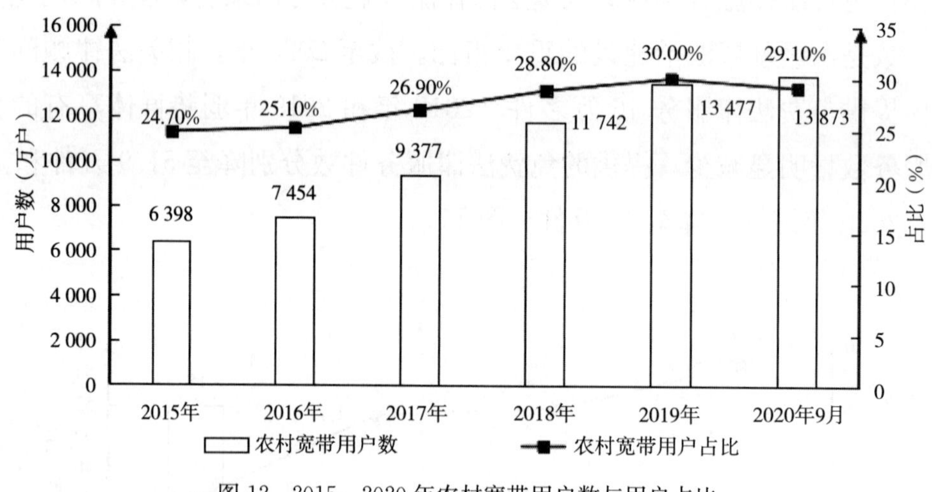

图 12　2015—2020 年农村宽带用户数与用户占比

(2) 农村互联网普及率。截至 2020 年 12 月，我国农村地区互联网普及率为 55.9%，较 2020 年 3 月提升 9.7 个百分点，2014—2020 年农村互联网普及率稳步提升（图 13），可见农村及偏远地区互联网基础设施正不断得到改善。

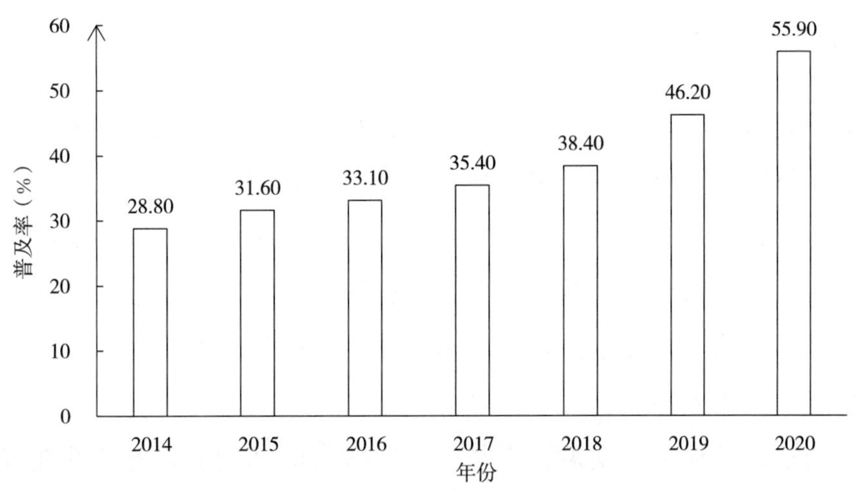

图 13　2014—2020 年农村互联网普及率

（二）过去 20 年乡村治理结构和治理方式的演变

总结过去 20 年来我国乡村治理结构和治理方式的演变历程，对于构建中国特色乡村治理体系，推进乡村治理体系和治理能力现代化具有重要意义。通过回溯 20 年来乡村治理结构与方式的演变特征，可以进一步理解乡村治理变化的总体逻辑。

1. 乡村治理结构演变的特征

一是主体数量的增加。乡村治理的参与主体越来越多元，汇聚的各类社会人才成为乡村治理的重要参与者。

二是主体参与的提升。乡村治理主体的变化不仅表现在数量上的增加，也表现为主体参与度的提升。通过基层党组织自身强化，党建引领作用的加强，各种制度体系的建立健全，以及各种体制机制的持续调整，基层政府、村民委员会以及社会大众的参与积极性都被极大地调动起来，参与效能感也明显增强。

三是主体协同的增强。随着乡村治理主体参与积极性的提升，参与的协同度也在不断增强，甚至出现了高度融合的局面，多元主体协商、共建共治共享的乡村治理格局逐步显现。

2. 乡村治理方式演变的特征

一是党建引领作用的强化。随着“全面从严治党”向基层延伸，农村党组织和农村党员队伍建设得到了极大优化，在农村各项事业中，党建引领作用不断强化，党委领导下的“一核多元”的乡村治理体系不断得以突显。

二是治理方式的创新发展。一方面，村民自治、法治化等治理方式在不断深化发展；另一方面，数字治理、技术治理等新的治理方式为乡村治理现代化提供了良好的技术支撑。

三是治理方式的融合发展。在“三治”融合的基础上，各地都在着力探索构建乡村治理新体系，提高乡村治理的社会化、法治化、智能化、专业化水平，探索“党委领导、政府负责、社会协同、公众参与、法治保障、科技支撑”的乡村善治之路。

过去 20 年，我国乡村治理结构与治理方式总体呈现出多元协同发展的演变特征。回溯这一演变过程，厘清变迁内容与方向，更能理解我国乡村治理发展的历史逻辑与未来方向。新时代的乡村治理站在新的历史起点上，面临新的任务和挑战，应该始终着眼于乡村治理现代化的目标，推动各类治理主体协同发展，以不断满足人民群众日益增长的美好生活需要，增强人民群众的幸福感、获得感。

三、创新乡村治理结构和治理方式面临的挑战和问题

（一）面临的挑战

1. 乡村社会结构快速变迁

乡村社会结构的变迁主要表现为农民的大量外流和企业等外部力量的嵌入，这导致乡村社会治理主体的类型、层次和结构发生变化，朝着复杂化和多元化的方向转变。

一方面，随着大量乡村人口不断涌入城镇，乡村空心化进一步加剧。据 2020 年第七次全国人口普查结果显示，全国人口中，居住在城镇的人口占

63.89%（2020 年我国户籍人口城镇化率为 45.4%）；居住在乡村的人口占 36.11%。与 2010 年第六次全国人口普查相比，城镇人口比重上升 14.21 个百分点①。

另一方面，在乡村振兴的背景下，企业家、专家学者、新乡贤和其他各类技能人才等社会力量大量进入我国乡村治理体系当中，使得乡村治理主体结构面临重构。

2. 乡村生活方式快速转型

我国农村居民人均收入持续稳步增长，农民生活水平得到改善和提高。据国家统计局发布的我国 2020 年国民经济和社会发展统计公报显示，2020 年全国居民恩格尔系数为 30.2%，其中城镇为 29.2%，农村为 32.7%；相较于 2010 年，农村居民家庭恩格尔系数降低 8.4%。农民收入增加也意味着其在饮食、住房、教育、医疗卫生、交通等方面的需求增加提质。

互联网和智能手机的普及和飞速发展促使农民的生产生活方式进一步变迁。2020 年数字乡村发展报告显示，我国乡村信息基础设施建设不断完善，电信基础设施全面升级，全国行政村通光纤率和 4G 覆盖率均超过 98%，乡村广播电视网络基本实现全覆盖，人工智能、5G、大数据等新一代互联网技术创新不断在乡村场域中得到应用。农民生活方式的快速转型意味着乡村治理任务的侧重点将发生变化，除了推动共同富裕外，还要面对村民的个性化、多样化的需求，在引导农民群众树立正确的价值观，倡导绿色、科学、健康的生产生活方式等方面做出进一步提升。

3. 乡村发展不平衡不充分

我国发展不平衡不充分问题在乡村最为突出，主要表现在：农产品阶段性供过于求和供给不足并存，农业供给质量亟待提高；农民适应生产力发展和市场竞争的能力不足，新型职业农民队伍建设亟须加强；乡村基础设施和民生领域欠账较多，乡村环境和生态问题比较突出，乡村发展整体水平亟待提升；国

① 国家统计局．第七次全国人口普查公报（第七号）［EB/OL］．http：//www.stats.gov.cn/tjsj/zxfb/202105/t20210510_1817183.html

家支农体系相对薄弱，乡村金融改革任务繁重，城乡之间要素合理流动机制亟待健全；乡村基层党建存在薄弱环节，乡村治理体系和治理能力亟待强化。就当前发展态势而言，这种不平衡不充分的状况还会持续一段时间并给乡村治理带来冲击，尤其是乡村治理得以有效运转的政治基础、经济基础、社会基础和文化基础有可能因此被削弱。

4. 乡村社会矛盾交织叠加

在乡村建设过程中，乡村社会矛盾不断涌现，交织叠加。这些矛盾涉及农民群众生活的各个领域，阻碍了乡村的整体发展，对我国乡村治理方式提出挑战。乡村社会矛盾的主要特点包括矛盾纠纷主体逐渐多元化，矛盾纠纷类型多样化，矛盾纠纷调处难度趋大等。以往乡村社会矛盾主体一般是村民之间，主要表现在婚姻、家庭、邻里、债权债务、宅基地等方面。如今乡村社会矛盾逐渐扩展到乡村社会生活的各个领域，矛盾主体包括村民与村干部、村民与非公经济组织、村民与政府及其职能部门等。特别是伴随着大量外部力量尤其是下乡资本的嵌入，社会矛盾已经明显超出了乡村治理的传统边界，涉及更为复杂的产权关系和合同纠纷，与此相应的乡村社会调节与化解矛盾能力明显不足。此外，传统的文化价值受到冲击，新的文化价值尚未完全建立，以何种文化改进乡村治理过程、规范治理主体的行为也是一个重要的挑战。

（二）存在的问题

1. 治理主体自主性不足

一方面，基层治理的规范化带来乡村治理自主空间压缩的“意外后果”。为了规范财政资源使用，国家设置复杂的资金使用制度，严格过程管理，这本身是为了提高资金使用效率和公平性，但在实际运行中却限制了基层自主权力，乡村各类治理主体更多是在发挥落实和协调作用，没有资源调配权力，反而出现了资源下乡的“最后一公里”困境。

另一方面，农民主体地位没有得到彰显。农民是乡村治理主体中规模最为庞大的群体，《中共中央国务院关于实施乡村振兴战略的意见》和《乡村振兴促进法》均指出乡村振兴战略实施过程中，要坚持农民主体地位，充分尊重农民意愿，切实发挥农民在乡村振兴中的主体作用。但实际上，乡村空心化现象严重，乡村青壮年外出务工，无法及时了解村内情况，逐渐与乡村脱节，而留村农民大多为妇女、儿童和老人，参与乡村治理的能力不足或意愿不强。与此同时，大部分农民尚未真正意识到自身是乡村治理现代化建设的直接受益者，缺乏主体意识和主动意识。村干部对村民自治的认识也不足，更为注重上级政府及相关部门交办的工作，淡化了村民自治工作，忽视了村民自治的主体地位。

2. 基层党组织建设薄弱

基层党组织是党在乡村全部工作和战斗力的基础，农村基层党组织的强与弱，直接影响到乡村振兴工作成效。基层党组织建设薄弱主要体现在基层党组织带头人队伍建设不足、基层党员队伍建设不足、基层党组织建设责任与保障不足等方面。

一是党员年龄结构失衡，老龄化严重，受教育水平低，不同地区的党员发展不平衡。在农村基层党组织实际建设中，党员发展难，农村中青年人入党积极性有待提升，农村党员后备力量不足的问题比较突出。

二是基层党组织领导班子整体能力偏弱。一些基层党组织负责人思想觉悟较高，参与乡村社会各项事务的热情高，但开拓意识薄弱且观念陈旧，缺乏带领村民创业致富的能力，难以适应形势发展的需要。

三是基层党员身份意识不强，作用发挥不足，甚至存在与群众争利的现象。

3. 基层政府治理能力不强

农村税费改革减轻了农民负担，强化了农民对国家政权的认同，但一定程度上也削弱了基层政府的治理能力，在大量资源输入乡村的背景下，基层政府的治理能力将面临更大的挑战。

一是政策执行方面缺乏效能，存在形式主义问题。我国地域广大，各地区乡村情况千差万别，统一的政策在落实过程中会遇到各地差异化显著的现实挑战。如何保障国家政策“不走样”，同时又做到政策实施过程中“因地制宜”，使得治理能力面临巨大考验。当前，一些领域出现“精准”异化现象，即为了做到形式上的政策精准，基层治理耗费大量人力物力做材料文字工作，引发基层治理形式主义现象。

二是基层政府职能履行不到位，存在政府缺位现象。乡镇政府作为最基层的行政机构，直接负责各项乡村政策的落实，是联系国家与乡村社会的纽带。然而，我国法律法规以及相关政策对乡镇政府的角色定位与实际尚存在一定偏差，如经济财政职能与时代需求存在偏差、“大部门”式机构设置徒具形式等。

此外，乡镇政府公共服务等治理职能的扩张与财政投入的不匹配，引发乡村公共产品供给不足、乡镇债务负担较重等问题，乡镇政府向“服务型政府”的角色转变面临掣肘，在不同领域存在不同程度的缺位现象。

4. “三治”融合体系运行不畅

健全自治、法治、德治相结合的乡村治理体系是中央根据我国乡村社会治理的基本制度安排和特点做出的重大决策部署，也是地方乡村治理实践探索出的新路径，但在具体实践中“三治”未能发挥较好的合力作用。总体来看，在我国乡村治理实践中，“三治融合”关系尚未厘清，村民自治缺少活力，村规民约缺乏有效的执行规范，乡村治理体系中法治支撑不足。

5. 数字治理技术落地难

“互联网＋政务服务”“互联网＋党建”是乡村治理体系完善和乡村治理能力建设的重要方式和手段，但各地实施状况表明数字乡村治理的落地十分艰难，尚未有机嵌入到传统的治理体系中。首先，思想认识不足，顶层设计缺失。各地对发展农业农村信息化的重要性、紧迫性的认识有待加强，关心支持数字乡村发展的社会氛围有待进一步形成，尚未形成成熟的顶层设计方案，各地实践中基本处于一种单打独斗、各行其是的状态，造成了新的信息壁垒。其次，各类平台开放度不够，体制机制不够灵活，缺乏吸纳社会资源和引进专门人才的能力，对于具有创新意义和可持续发展作用的模式尚未形成政策和制度保障机制。再次，基础设施薄弱、自主创新缺位，乡村治理数据的采集、传输、存储、共享的手段和方式落后。

四、面向2035年我国乡村治理现代化

对于乡村治理现代化的未来推进，我们不能满足于某种既定状态，而是要持续地谋求改革创新，一方面要在宏观上厘清发展思路、明晰目标导向、坚守原则底线，另一方面要在微观上通过完善和创新乡村治理的价值体系、行动体系、制度体系、保障体系，提升“一核多元”的乡村治理能力，不断推进乡村治理结构的完善、治理方式的优化、治理能力的提升。

（一）新时代我国乡村治理现代化的目标

完善乡村治理体系、提升乡村治理能力，要坚持遵循治理现代化的目标导向和价值导向，以农民为本、发挥农民主体作用，促进乡村的全面发展和进步。新时代我国乡村治理现代化的目标是一个集发展与稳定、权威与民主、价值理性与工具理性的统一整体，主要包括以下方面：

1. 乡村社会和谐稳定

坚定不移维护农村和谐稳定是实现乡村治理现代化的前提条件，是新时代我国乡村治理现代化不可或缺的目标，是“三农”发展乃至整个社会经济发展的基石。当前，中国共产党领导广大农民推进乡村治理现代化，其根本目的在于通过促进乡村经济社会发展，通过不断改善基本公共服务，促进乡村文化教育、医疗卫生、生活保障、公共安全等事业发展，使乡村在保持和谐稳定的同时更加充满生机活力，让亿万农民群众共享改革发展成果。

2. 乡村产业繁荣发展

立足国内，发展乡村产业是农业高质量发展、农民就业增收、农村可持续发展的现实需要；瞄准国际，发展乡村产业是顺应全球农业一体化趋势、提升我国农业国际竞争力的迫切需要。中国要强农业必须强，中国要美农村必须

美，中国要富农民必须富。乡村产业繁荣发展是乡村振兴战略的生产力基础，是新时代我国乡村治理现代化的核心目标之一。

3. 农民主体地位充分凸显

只有充分调动农民的积极性、主动性和创造性，才能有效推进乡村可持续发展、优化乡村治理结构、提升乡村治理能力。乡村治理现代化的实现，要始终把农民的切身利益摆在首位，尊重农民的意愿，在保护乡村村落风貌和传承优秀乡村文化的前提下实现乡村转型与发展，让农民成为现代化改革红利的主要受益者；乡村治理现代化的推进，要坚持以农民为主体地位，提高其主人翁精神，通过充分保障其知情权、话语权和参与权，不断增强农民的获得感、幸福感、安全感。

4. 制度权威牢固树立

乡村治理现代化的运作逻辑和秩序体系依靠制度来维护，公平、有效的乡村治理必须以一个稳定、有序的制度框架为支撑。乡村治理现代化的过程中，乡村有效治理与制度权威具有一致性。制度权威体现为人们对制度的服从关系，乡村治理中的制度权威则表现为正式制度代替规范习俗、惯例等非正式的制度成为乡村治理的基本准则，从而保障治理行为的标准化、规范化和常态化。

（二）新时代推进乡村治理现代化的主要措施

在面向2035年的乡村治理现代化推进中，要通过创新乡村治理价值体系、理顺乡村行动体系、筑牢乡村治理制度体系、夯实乡村治理保障体系来完善乡村治理结构，推动新时代乡村治理体系和治理能力的现代化转型。

1. 推动乡村治理体系现代化转型

2019年中共中央办公厅、国务院办公厅印发《关于加强和改进乡村治理的指导意见》，明确要坚持和加强党对乡村治理的集中统一领导，坚持把夯实基层基础作为固本之策，把乡村治理体系建设作为主攻方向，把保障和改善农村民生、促进农村和谐稳定作为根本目的。乡村治理体系涵盖一整套与人相关的价值体系、行动体系、制度体系、保障体系等子系统，直接关系到乡村治理体系的优化和乡村治理绩效的提升。

（1）创新乡村治理价值体系。乡村治理价值体系在实践中体现为基层政府和工作人员治理导向与行政理念的现代化，在整个乡村治理体系中发挥着重要的理念引领与价值导向的作用，深刻影响着乡村治理现代化的方向、重心与次序。

具体而言，*一是从权力理念向责任理念转变。*乡村治理现代化要求基层政府和工作人员必须树立强烈的责任意识，做到对人民利益负责、对下级负责、对职能部门负责，切实将责任理念内化到公共治理的各项制度安排、治理行动中去。

*二是从人治理念向法治理念转变。*基层政府和工作人员应该牢固树立法律意识和法治理念，用法治给自身行政权力定规矩、划界限，坚决杜绝法律意识淡薄、法律信仰缺失、法律权威虚无等现象。

*三是从政府本位向社会本位转变。*基层政府和工作人员要根据乡村治理现代化的要求，在思想上彻底改变“唱独角戏”的传统观念，树立与民众共唱“大合唱”的现代理念。既要认识到发挥农村基层党组织总揽全局、协调各方的核心作用，也要明确基层自治组织、农民群众参与社会治理的主体责任，努力实现基层政府治理、农村社会调节和村民自治之间的良性互动。

*四是从管制理念向服务理念转变。*在乡村治理现代化推进中，基层政府和工作人员不搞包办代替、强迫命令，而要时刻心怀人民群众，针对农民群众“急难愁盼”的问题提供高质量服务。

*五是从垄断理念向共治理念转变。*基层政府和工作人员应该从偏重行政控制的传统治理理念向科学、包容、多元的现代治理理念转变，构建各方互动、共同参与、责任共担、成果共享的共治格局。

（2）理顺乡村治理行动体系。建设人人有责、人人尽责、人人享有的社会治理共同体，确保人民安居乐业，社会安定有序，是党的十九届四中全会对共建共治共享的社会治理体系中行动体系的政策描绘。乡村治理行动体系是乡村治理体系的实践呈现，密切关系到乡村治理体系转化为乡村治理效能的成效。

一是完善乡村自治环境，践行自治制度。充分发挥党员干部在乡村治理中的模范带头作用，打造良好有序的自治环境。在此基础上，创设村民参与乡村自治的激励机制和规范流程，鼓励村民积极主动地参与本村公共事务的治理。

二是明确权利义务，完善法治框架。明确各个主体的权利义务关系，在法治框架下合作管理乡村事务。

三是加强乡村文明建设，实化德治作用。以社会主义核心价值观为引导，依托新时代文明实践站、村民议事会、道德评议会、红白理事会、社工和志愿者组织等，统筹开展新时代文明实践和乡村德治体系建设等工作，使德治在教化乡村居民、调解邻里纠纷、维护村落秩序、打造淳朴民风等方面发挥重要作用，引导村民自我管理、自我监督。

(3) 筑牢乡村治理制度体系。完善的制度体系是健全乡村治理体系的保证，乡村治理体系能否平稳运行取决于乡村社会治理制度化的进展水平。

一是健全乡村基层监督制度。基层党组织要重点推进村务监督委员会规范化建设，完善制度设计，明确监督职责，健全监督手段。根据工作需要，基层监察机关（机构）可为村监委会增能、赋权，推动监察职能向基层延伸。

二是完善公共财务制度。依照“事权财政相统一”的原则，完善乡镇财政供给制度，上级政府适当下放财权，保证乡镇政府履行乡村治理职能的需要。同时加大对乡镇财政转移支付的力度，确保乡镇政府有权也有钱能够为乡村社会提供公共服务。

三是创新民主协商与农村基层民主自治制度。依据中央政策规定、结合当地民主实际，在参政农民、村自治组织、基层党组织和政府组织之间建立一个有效而且稳定的协商平台，并通过制度设计对各个协商主体的权力作出基本界定，明确各自的责任以及共同的职责，规范重大决策和重大事务的协商流程，在协商中体现自治，以协商促进民主，进一步激发群众参与的热情与积极性。

(4) 夯实乡村治理保障体系。通过农业生产、农民生活、农村生态优先发展切实推进农业农村现代化的过程，也是夯实和完善乡村治理体系和提升治理能力保障体系的过程。

一是着力推进乡村产业融合，夯实乡村治理现代化的经济保障。通过产业联动、要素集聚、技术渗透、体制创新等方式，将资本、技术以及资源要素进行跨界集约化配置，以实现农业产业链延伸、产业范围扩展和农民增收。

*二是提升农村基本公共服务水平，夯实乡村治理现代化的民生保障。*通过推动优质公共资源下沉到农村，着力提升农村“幼有所育、学有所教、劳有所得、病有所医、老有所养、住有所居、弱有所扶”的覆盖面和服务度，使农民群众从实实在在的民生改善中享受到乡村治理现代化带来的实惠。

*三是加强乡村生态文明建设，夯实乡村治理现代化的生态保障。*要坚决树立“绿水青山就是金山银山”的理念，构建减污治污长效机制，推进乡村“两型”发展。

2. 促进“一核多元”乡村治理能力提升

进入新时代，中国共产党在乡村治理中着力重塑国家和社会的关系，形成了国家和社会政社协同的“权责合一式”乡村治理模式，党组织在其中发挥领导核心作用。“一核多元”协同共治顺应了新时代乡村经济社会发展要求以及乡村多元利益诉求与农民日益增长的美好生活需求，构建“一核多元”协同共治的体制机制以及平台与载体是实现乡村共治的关键，提升各治理主体治理能力是实现乡村共治的基础。在未来乡村治理现代化的推进中，需要通过重塑“村治”，提高乡村各治理主体治理能力，发挥各治理主体在“一核多元”协同共治中的应有作用，为实现新时代乡村治理能力现代化提供保障与动力。

(1) 增强基层党组织的凝聚力。通过重塑“村治”、强化制度权威，增强基层党组织的凝聚力是党在乡村执政能力建设的基础，也是新时代构建乡村“一核多元”共治模式的组织与领导基础，要在强化党员教育管理、日常工作执行机制、党建工作责任制方面多下功夫。

*一是落实教育管理机制，规范组织生活，增强农村基层党组织的战斗力。*通过定期开展党员活动、上党课，学习有关党的文件、国家方针政策等，用习近平新时代中国特色社会主义思想武装乡村基层党员，让乡村每个党员都能及时接受党组织的有效管理，在基层党组织的教育管理中提升自己各方面的能力，同时密切联系群众，深入了解农民的生产生活，在团结服务村民中提升组织力。

二是强化日常工作执行机制，激发党支部活力，提升基层党组织的领导力。依据乡村经济社会结构、社会组织形态以及生产方式的变化，完善基层党组织机构的设置，创新党组织活动方式，保证村里每名党员都可以参加基层党组织的活动，发挥党组织的战斗堡垒作用。

三是强化党建工作责任制，提升基层党组织的发展力。落实农村基层党建责任制，围绕乡村振兴做好基层党组织的党员队伍、组织生活、基础保证等方面的建设，加强带头队伍建设和党员先进性建设，发挥农村基层党组织“主心骨”与“领头羊”作用，落实党在农村的各种惠民惠利政策。

（2）提高村民委员会自治与协助能力。提高村民委员会的自治能力与协助能力是新时代乡村全面振兴所需，是农民群众落实自治权的民心所向。在未来乡村治理现代化的推进中，村民委员会要主动适应乡村治理新要求和人民群众新期待，切实加强自身能力建设，夯实乡村治理组织基础，提升乡村治理能力。

一是着力提升议事协商能力。探索科学有效的议事协商形式，依托村民会议、村民代表会议、村民议事会等，广泛开展村民说事、民情恳谈、百姓议事、妇女议事等各类协商活动，建立健全村级议事协商制度，进一步明确内容、规范程序、丰富形式，保证群众对村级重要事务和重大问题的参与权、知情权、决策权、监督权。

二是着力提升矛盾纠纷化解能力。充分发挥人民调解、治安保卫等委员会作用，及早介入并化解可能升级的邻里矛盾纠纷、苗头性事件，对应当通过法律途径解决的矛盾纠纷，在司法部门的指导下，积极引导当事方走法律程序解决。

三是着力提升危机事务应急能力。通过制定村级突发事件处置应急预案，明确村民委员会在突发事件处置中应承担的责任，细化村干部和村民委员会委员的职责分工，全面建立协助基层政府和职能部门应对各类突发事件的村级应急处置工作机制；开展村干部突发事件应急处置知识培训，提升村干部应急处置能力。

四是着力提升乡风文明建设能力。结合当地实际，针对存在的问题和陈规陋习，进一步修订完善村规民约，充实婚事新办、丧事简办、孝亲敬老等移风易俗内容，大力弘扬中华民族传统美德和时代新风。

五是着力提升服务群众能力。针对群众关注的热点难点问题，通过推行村级为民服务代理制、构建党群服务中心和综合服务站，办理各类便民利民服务事项，为群众提供“一门式受理”“一站式服务”。积极培育服务型农村社区社会组织，引导其参与村公益事业发展。

（3）强化乡村民间的参与能力和服务能力。乡村振兴不仅需要国家政权基层力量的发展，还需要发动其他社会力量协同合作，其中，新型的乡村社会组织，即乡村民间组织因其显著的自身优势，能够成为基层政府在乡村治理中的得力助手与伙伴。乡村民间组织的发展离不开基层政府和村“两委”等正式组织的支持和推动，也离不开乡村精英的积极参与和村民的接纳。

一是认可组织价值，增强民间组织参与农村治理的合法性。把乡村民间组织治理纳入基层治理体系之内，在国家和政府层面上认可乡村民间组织并赋予相应的地位，是乡村民间组织在参与乡村治理中保持旺盛生命力的基点。

二是加强政府引导，规范乡村民间组织的发展。政府要加大培育和支持的力度，通过登记备案、政府认证、村民认可等方式规范民间组织的成立、运行和评估，建立和规范乡村民间组织的运行机制。

三是开发服务功能，发挥乡村民间组织的社会效应。引导民间组织为残疾人和优抚对象提供帮助、为留守儿童提供照顾服务活动、为贫困者提供就业服务等，培育和拓展其在乡村治理中的重要服务功能，满足村民不断提高、不断呈现个性化的生活需求。

（4）提升农民的主体意识和行动能力。重视农民的主体性、提升农民的自主能力，是乡村治理体系和能力现代化的关键。

一是通过提高农民文化素质，提升农民主体能力。通过大力开展“新型农民科技培训”“农村劳动力转移培训阳光工程”“农业科技入户示范工程”等项目，提高农民科学生产技能、外出务工技能、经营管理技能，培养造就有文化、懂技术、会经营的新型农民。同时积极开展乡村特色文化活动和宣传活动，丰富农民生活，让农民在参与文化活动中提升文化素质，提升主体能力。

二是尊重农民的主体权利，提升农民参政能力。健全村党组织领导的具有活力的村民自治机制，完善村民“一事一议”等民主议事制度，推进村务公开和民主管理。扩大基层民主，切实维护农民的民主权利，深化乡村自治机制。扩大农民政治参与渠道，让农民参与到村庄的民主选举、民主决策、民主管理、民主监督的全过程。在农村逐步建立起讲文明、重权益、守法制的社会氛围，使农民真正享有知情权、参与权、管理权和监督权，成为乡村治理的主人。

三是提升农民组织化程度，提升农民自治能力。通过家庭农场、专业合作社等加强农民合作，提高农民组织化程度和合作能力。通过整合乡村发展的内外资源，充分利用政府、市场、社会和网络等资源和力量，将其转化为农民内部发展和建设的能力，从而使广大农民积极助力乡村振兴，主动投身到乡村治理现代化的宏伟进程之中。

专题报告六

关于粮食和重要农产品供给保障问题研究

一、粮食安全概念与粮食安全评价

（一）粮食安全的内涵

1. 粮食

广义上来看，粮食应该包括粮食、肉、蛋、奶、油、菜等所有食物，国内常规口径的粮食包括稻谷、小麦、玉米、大豆和薯类，它们构成了人类食物消费最基本的成分，同时也是农业生产最主要的部门。本报告中粮食安全指数的构建考虑广义的粮食内涵，其余部分粮食均主要指稻谷、小麦、玉米、大豆和薯类。

2. 粮食安全

（1）国际社会的粮食安全概念。粮食安全的概念起源于20世纪70年代早期，当时的农产品价格极不稳定，因此确保粮食供应数量，维持基本食物价格稳定则成为当时粮食安全概念的核心。在1974年世界粮食大会上，联合国粮食及农业组织（FAO）为了应对粮食危机首次提出“粮食安全”这一概念，为“保证任何人在任何时候都能得到为了生存和健康所需要的足够食物”。之后，FAO对粮食安全内涵的界定随着认识的发展不断调整，当前粮食安全的普遍概念为2012年提出：“粮食安全是指所有人在任何时候都能在物质、社会和经济上获得足够数量和质量的食物，且在品种、多样性、营养和安全性方面满足其积极和健康生活的膳食需要及食物喜好”。

（2）中国粮食安全观的演变。改革开放以来，党和政府针对不同阶段的国内资源环境、粮食供求格局、国际市场贸易条件，提出了不同的粮食安全概念，采取了不同的战略举措，中国的粮食安全观逐步深化（表1）。

表1　我国粮食安全观演变

年份	粮食安全政策目标	内涵维度
1996以前	粮食生产主体要具有足够的生产积极性和生产能力，提供足以满足消费者需求的粮食产量	可供应性
1996—2013	确保水稻、小麦、玉米三大主粮95%以上的粮食自给率，还需保证粮食价格长期稳定和注重自然资源基础	可供应性、可获得性、可持续性
2013至今	确保谷物基本自给、口粮绝对安全；确立以我为主、立足国内、确保产能、适度进口、科技支撑的国家粮食安全战略；优化粮食消费结构，减缓资源环境压力，提高农业综合生产能力	可供应性、可获得性、可利用性、可持续性

（二）粮食安全评价指标

粮食安全指标体系应满足系统、完整、科学和可行等要求。首先，指标体系必须与当前的粮食安全内涵一致，全面反映我国粮食安全状况。既要考虑数量安全，也要考虑质量安全和营养需求；既要考虑生产、贸易、分配、消费环节，也要顾及资源环境与可持续性；既能反映现状，也能评价趋势。其次，所选指标应有可获得的、权威、连续的数据来源，确保评价结果的公信力和连续性。

构建粮食安全指标体系应遵循以上原则，结合目前粮食安全的内涵和重要农产品供给保障的要求，着重考虑粮食数量安全、经济安全、营养安全和资源环境安全，涉及粮食可供应性、可获得性、可利用性、可持续性四个维度。评价的核心内容包括三个方面：一是要有供给充足、质量安全、富有营养的粮食；二是要有充分获得粮食的能力、保证个人能够购买足够粮食以满足其健康生活和喜好的需求；三是考虑资源环境的可持续性。数据主要来源于国家统计局官方网站、联合国粮食及农业组织等，数据指标选取部分参考了崔明明

(2019)、雷平(2016)、张元红等(2015)的研究成果。

1. 数量安全指标

数量安全是粮食安全的基础，也是我国历来发展粮食生产的首要目标。保障粮食总量安全，重点在于保障口粮的供给，尤其是要通过国内自身生产能力保证口粮自给，主要强调粮食的“可供应性”。基于此，本研究通过建立包含粮食总产量、人均粮食产量等绝对量指标和粮食自给率、粮食产量波动率等相对量指标的评价体系，以衡量我国粮食的数量安全。

2. 经济安全指标

粮食经济安全相关的主体包括政府、市场和消费者，主要反映贸易、分配、消费环节对粮食安全的影响，解决人们“吃得起”和“吃得稳定”的问题，涉及粮食安全“可获得性”维度。此外，我国各种补贴政策在一定程度上保障了粮食生产和供应，因而也是粮食经济安全指标的一部分。基于此，本研究建立了包含政府宏观调控、市场配置、消费流通和进口来源多元化的指标体系，以衡量我国粮食经济安全。

3. 营养安全指标

营养安全指人们能够获得营养丰富、健康安全的粮食，以满足自身需求，解决人们“吃得安全与营养”的问题，涉及粮食安全“可利用性”的维度。本研究通过建立包含人均蛋白摄入量、食物丰富度、平衡膳食能量供应充足度以及营养不足发生率的指标体系，以衡量我国粮食营养安全。

4. 资源环境安全指标

粮食资源环境安全指标是评估粮食长期安全的重要内容，反映主要生产资料与环境对粮食安全的影响，涉及粮食安全“可持续性”维度。本研究通过建立粮食生产的资源消耗指标，包含单位粮食产量(吨粮)的播种面积、农药使用量、化肥使用量和作物受灾面积占播种面积比重指标体系，以衡量我国粮食的资源环境安全。

（三）粮食安全指数测算与结果分析

1. 数据标准化与权重确定

各指标因单位差异，需要做标准化之后再加总进行指数测算。此外，指标分为正向指标与反向指标两类，正向指标增长表明粮食安全状况的改善，反之则是恶化，反向指标则相反。对于正向指标，标准化方式为：$X_{ij}{}' = (X_{ij} - \min X_j)/(\max X_j - \min X_j)$；对于负向指标，标准化方式为：$X_{ij}{}' = (\max X_j - X_{ij})/(\max X_j - \min X_j)$。

本研究将粮食安全指标分为指标层、中间层和总体层。指标层指标是本评价体系中的基础评价指标，将从本质上反映粮食安全各部分的状况，具有可测性、可比性、可获得性的特点。中间层指标有 4 个，即粮食数量安全指标、粮食营养安全指标、粮食经济安全指标、粮食资源环境安全指标。这些中间层指标数值的高低表示了粮食安全不同组成部分的安全状况，也分别用 0～1 之间数值表示，数值越接近 1，说明粮食安全水平越高，反之越低。这 4 个中间层指标值的高低受指标层指标数值的影响。总体层，代表某一国家、地区的粮食安全总体水平，是衡量粮食安全水平高低的综合指标，用 0～1 之间数值表示，数值越接近 1，说明粮食安全的综合水平越高，反之越低。它的数值由下一层指标计算确定。

对于指标层，采用变异系数法确定权重。变异系数法是一种客观赋权方法，直接利用各项指标所包含的信息进行赋权。在评价指标体系中，取值差异越大的指标实现难度越大，指标赋权更大。计算方法为：$CV_j = S_j / X_j$，$W_j = CV_j / \sum CV_j$。其中，CV_j 表示指标 j 的变异系数，S_j 表示指标 j 的标准差，X_j 表示指标 j 的平均值，W_j 表示指标 j 的权重。

由于我国营养安全的概念提出晚于口粮安全概念，早期数据仅涉及口粮安全的各类指标，而较为完整的涵盖营养安全相关指标的数据开始于 2001 年。因此，本研究在粮食安全评价部分采用了 2001—2020 年期间的指标数据，这样可以全面考察粮食安全的各个维度。利用变异系数赋权法进行赋权后，各指标权重如表 2 所示。

表 2　粮食安全评价指标体系及权重

中间层	中间层指标权重	指标层	指标层权重
数量安全	22.03%	粮食总产量	22.81%
		人均粮食产量	21.47%
		粮食自给率	27.14%
		粮食产量波动率	28.59%
经济安全	23.92%	政府支持	14.29%
		粮食价格指数	6.97%
		城乡可支配收入	20.46%
		恩格尔系数	17.93%
		进口来源多元化指数	15.87%
		铁路和公路密集度	13.37%
营养安全	28.73%	人均蛋白摄入量	27.72%
		食物丰富度	19.06%
		平均膳食能量供应充足度	34.20%
		营养不足发生率	19.02%
资源环境安全	25.32%	单位粮食产量播种面积	17.54%
		单位粮食产量农药使用量	24.64%
		单位粮食产量化肥使用量	33.48%
		作物受灾面积占播种面积比重	24.34%

2. 粮食安全指数测算结果

基于上述粮食安全评价指标体系和权重，计算 2001—2020 年我国粮食安全指数及 4 个子系统安全指数，结果如图 1 所示。总体来看，近 20 年来我国粮食安全状况持续改善，目前保持在 0.8 左右的水平，相较于 20 年前提升幅度高达 300%。与 2001 年相比，2020 年除了数量安全指数变化幅度较小外，我国粮食安全在营养安全、经济安全和资源环境安全方面都有较大幅度改善。特别是营养安全和资源环境安全方面有较大幅度改善，这符合我国现有发展水平和人们对美好生活的需求。

(1) 粮食安全总体指数。如图 1 所示，2003 年粮食安全指数经历了小幅下降，但 2004 年以后，粮食安全状况持续改善，粮食安全指数逐步提升。此外，根据表 2 中各维度指标权重来看，四个维度指标权重相差不大，反映出我国现阶段的粮食安全发展较为均衡。其中，经济安全对总体粮食安全的影响较大，其次是资源环境安全的权重较大，因此继续提升经济安全和资源环境安全对粮食总体安全至关重要，但需要注意两者发展的协调与平衡。

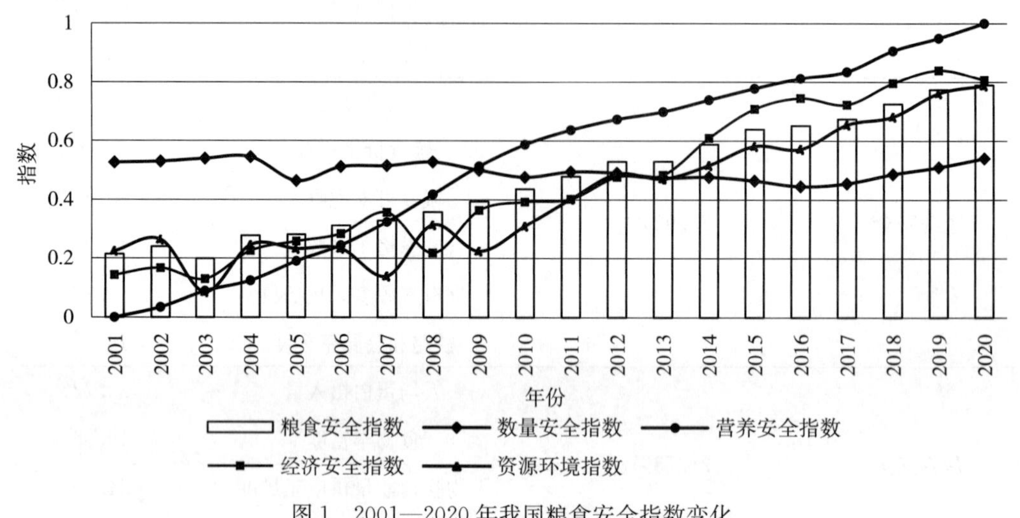

图 1　2001—2020 年我国粮食安全指数变化

（2）数量安全指数。数量安全指数波动幅度较小，但长期保持在 0.5 左右，而且在 2013 年之后逐步与其他维度指标拉开差距，目前数量安全指数已显著低于其他三个指标，因此我国数量安全状况有待进一步提高。此外，根据表 2 来看，保障粮食自给率和稳定粮食波动率是提升数量安全的重点。

（3）营养安全指数。自 2001 年起，我国营养安全指数逐年大幅度上升，在 2009 年超过数量安全指数后，一直保持在较高水平，且明显高于其他维度的安全指数，这一结论与现有研究较为一致，表明当前我国总体层面的营养安全状况较好。但需要注意的是，该指标并不能反映地区差异和个体差异，因此依然需要从营养安全角度重视不同群体的粮食安全问题。

（4）经济安全指数。我国经济安全指数总体保持着逐年增长趋势，2019 年达到 0.84 的较高水平，这意味着我国粮食可获得性以及可利用性程度较高。但经济安全指数波动的幅度较大，例如 2020 年我国经济安全指数明显下降。且根据表 2 来看，经济安全指数对粮食安全总体影响较大，因此未来还需稳定经济安全指数，减少大幅波动，保障粮食安全的稳定。

(5) 资源环境安全指数。我国资源环境指数在2009年前长期处于较低水平，但自2009年后大幅提升，目前稳定在0.8左右，相较于2009年增长了近3倍，这表明我国粮食安全的可持续状况在近10年得以较大程度的改善。此外，根据表2来看，化肥和农药施用量对资源环境安全的影响程度较大，继续控制化肥和农药的使用，提升资源利用效率，是继续提高资源环境安全的必要途径。

二、粮食和重要农产品供给保障取得的主要成就

(一) 保障粮食供给的主要成就

1. 粮食生产持续增产，总量保障能力不断提升

粮食产量是衡量一国农业综合生产能力的重要指标，也是保障粮食安全的基本前提。从图2中可以得出，粮食总产量从1978年的30 476.5万吨到2020年的66 949.2万吨，增加了36 472.7万吨，增长率为119.7%，连续跨越了3个台阶。自2004年国家出台中央1号文件以来，到2020年我国的粮食总产量实现了“十七连丰”的好成绩。到2015年，粮食总产量首次超过65 000万吨，且以稳定的态势连续5年超过65 000万吨。从不同类别粮食的产量来看，

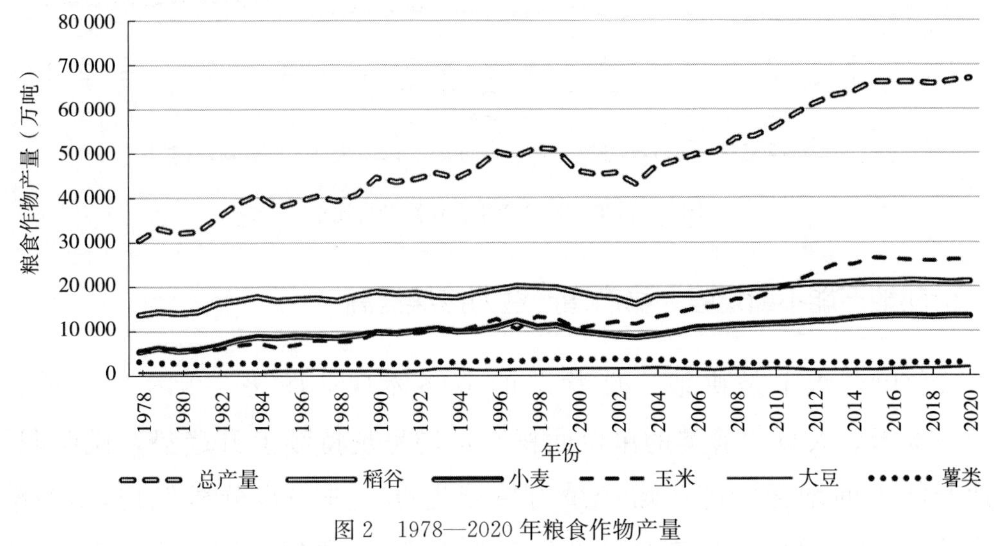

图2　1978—2020年粮食作物产量

2020 年，我国稻谷、小麦、玉米、大豆、薯类的产量分别达到 21 186 万吨、13 425 万吨、26 067 万吨、1 960 万吨、2 987 万吨，与 1978 年相比分别增长了 54.7%、149.3%、365.9%、159.1%、−5.9%。

2. 粮食结构不断优化，供求结构性矛盾持续缓解

改革开放以来，我国粮食供给结构不断调整优化，由单一品种粮食供给为主向多种粮食供给并重的方向转变。从图 3 中可以看出，1978—2020 年，稻谷产量比重从 44.9%降至 31.6%，减少了 13.3 个百分点；玉米产量比重则从 18.4%上升至 38.9%，并在 2010 年超过稻谷成为占比最高的粮食品种。玉米比重不断上升最主要的原因是，随着城镇化进程的加快以及人们生活水平的不断提高，粮食直接消费量逐步降低，而包括肉类在内的间接粮食消费需求快速增长，进而增加了对玉米的需求。

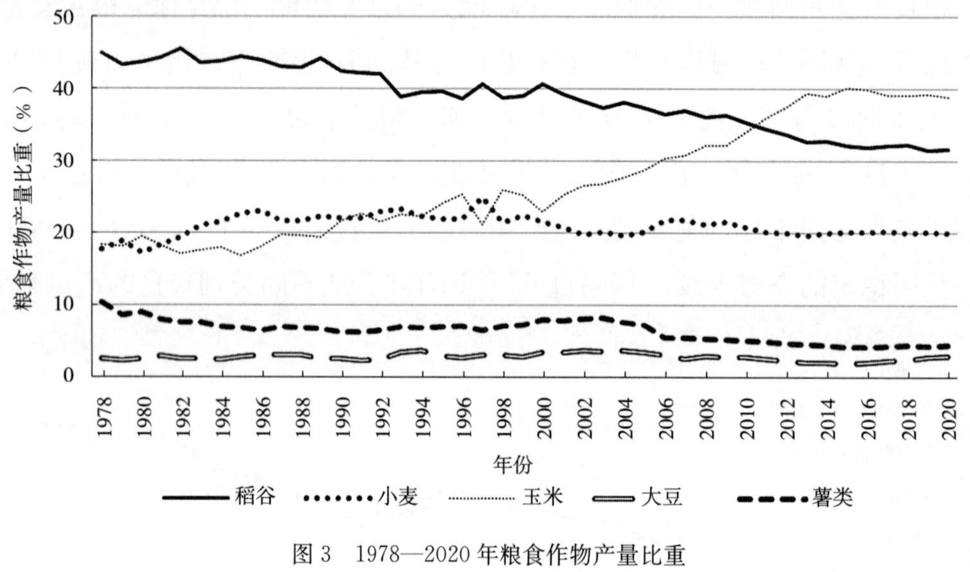

图 3　1978—2020 年粮食作物产量比重

3. 耕地产能不断增强，稳产增产潜力持续提高

粮食单产水平是耕地产能状况的最终体现。1978—2019 年，稻谷、小麦、玉米、大豆、薯类的单位面积产量均呈现持续上升趋势，说明我国耕地产能不断增强，稳产增产潜力持续提高。进一步分析发现，1978—2019 年，粮食单位面积产量从 2 527.3 千克/公顷到 5 719.7 千克/公顷，

增长了126.3%。其中，稻谷、小麦、玉米、大豆、薯类的单位面积产量分别增长了77.5%、205.2%、159.4%、83.1%、50%。小麦的单位面积产量的增长最大，小麦和玉米单位面积产量的增长均超过了150%（图4）。

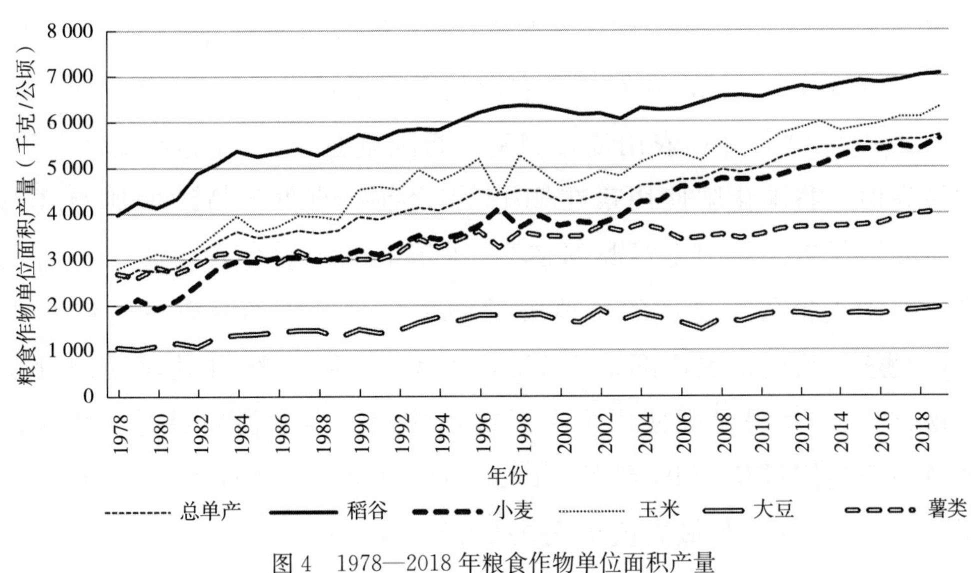

图4　1978—2018年粮食作物单位面积产量

4. 科技水平显著提高，粮食增产能力不断加强

农业农村部网站发布的数据显示，我国农业科技进步贡献率2020年达到60.7%，比2010年的52%提高8.7%。我国农业科技取得的进步，可以从粮食作物单位面积产量、良种覆盖率、全国农作物综合机械化率、化肥有效利用率、农药有效利用率等方面的变化反映。与1996年的90%左右相比，2020年农作物良种覆盖率达到96%以上，部分农业大省作物良种覆盖率甚至更高，比如河南省农作物良种覆盖率为97%，小麦良种覆盖率在2010就达到了100%。2020年全国农作物综合机械化率达到71.25%，其中稻谷、小麦、玉米、大豆、马铃薯的综合耕种收机械化率分别达到97.19%、84.35%、89.76%、86.7%、48.07%。2020年，化肥和农药的有效利用率分别为40.2%和40.6%，较之2013年的33%、35%均有显著提升。

5. 化肥农药减量明显，粮食可持续保障能力得以加强

从图 5 和图 6 可以看出，农用化肥施用折纯量、农用氮肥施用折纯量、农用磷肥施用折纯量、农用钾肥施用折纯量、农用复合肥施用折纯量及农用塑料薄膜使用量均呈现先增加后减少的趋势。农用化肥施用折纯量、农用磷肥施用折纯量、农用钾肥施用折纯量在 2015 年达到最高值，分别为6 023万吨、843.06 万吨、642.68 万吨；农用氮肥施用折纯量在 2012 年达到最高值，为 2 399.89 万吨；农用复合肥施用折纯量在 2017 年达到 2 268.84 万吨的最高值。我国化肥使用量在 2015 年之前一直处于持续增加的这一现象，与环境保护部和国土资源部在 2014 年上半年联合发布的《全国土壤污染状况调查报告》显示的耕地质量环境状况总体不容乐观的状况相吻合。针对这一状况，农业部于 2015 年出台了《到 2020 年化肥使用量零增长行动方案》，使得化肥使用量在近些年达到了零增长的目的。此外，农用塑料薄膜使用量从 1991 年的 64.21 万吨到 2019 年的 240.77 万吨，增加了 176.56 万吨，其最高值出现在 2017 年。

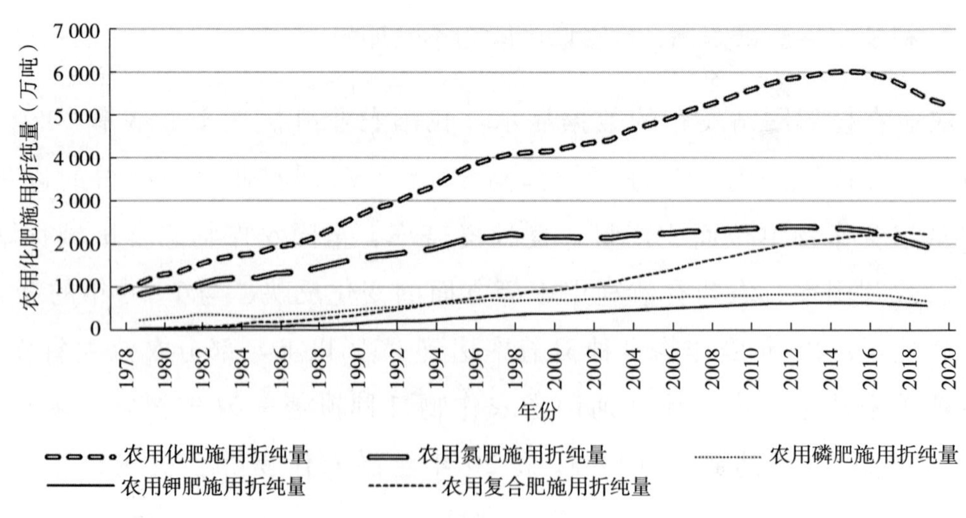

图 5 1978—2020 年农用化肥施用折纯量

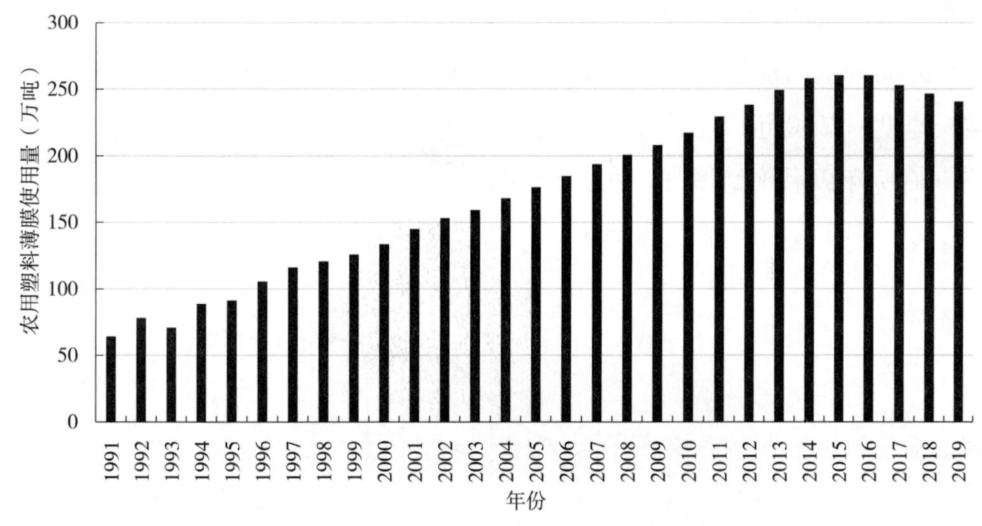

图 6　1991—2019 年农用塑料薄膜使用量

（二）保障重要农产品供给的主要成就

1. 重要农产品产量稳定增长

除粮食以外，棉花、油料、蔬菜、糖料、肉类、水产品、牛奶等也是维持生产生活正常运转的重要农产品。从图 7 可以看出，在棉花、油料、蔬菜、糖料这四类农作物中，除了棉花产量增长幅度相对低一些外，其他三种农作物产量均大幅增长。具体而言，棉花产量在 1978 年为 216.7 万吨，到 2020 年达到 591 万吨，增长了近 2 倍。其中，棉花产量在 2007 年达到最高值，为 759.7 万吨。油料产量从 1978 年的 521.8 万吨到 2020 年的 3 586.4 万吨，增加了 3 064.6万吨，年均增长 104.3%。蔬菜产量与 1995 年的 25 726.7 万吨相比，2020 年增加了 49 186.2 万吨。糖料作为产量最多的重要农产品，其产量从 1978 年的 2 381.9 万吨到 2020 年的 12 014 万吨，增长了 4 倍之多。

1979—2020 年，猪肉、禽肉、牛肉、羊肉生产量均有不同程度的增加。其中，猪肉从 1979 年的 1 062.4 万吨到 2020 年的 7 748.4 万吨，增长了 6.3 倍。作为第二大肉类农产品的禽肉，其产量实现了跨越式增长，从 1980 年的 160.2 万吨到 2000 年的 1 191.0 万吨再到 2020 年的 2 361 万吨，增长了 13.7 倍。而牛肉和羊肉产量的增长速度则较为缓慢，40 年来分别增加了 645 万吨和 447.8 万吨。水产品产量从 465.45 万吨增至 6 549 万吨，增加了 6 083.55 万吨。此外，牛奶作为提升生活品质的重要农产品，1980—1999 年，牛奶产量基本保持在较低增长速度；2000 年以后迎来了快速增长期，一直持续到 2006 年，增加了2 227 万吨；2007 年以后平稳增加，2020 年达到 3 440.1 万吨。

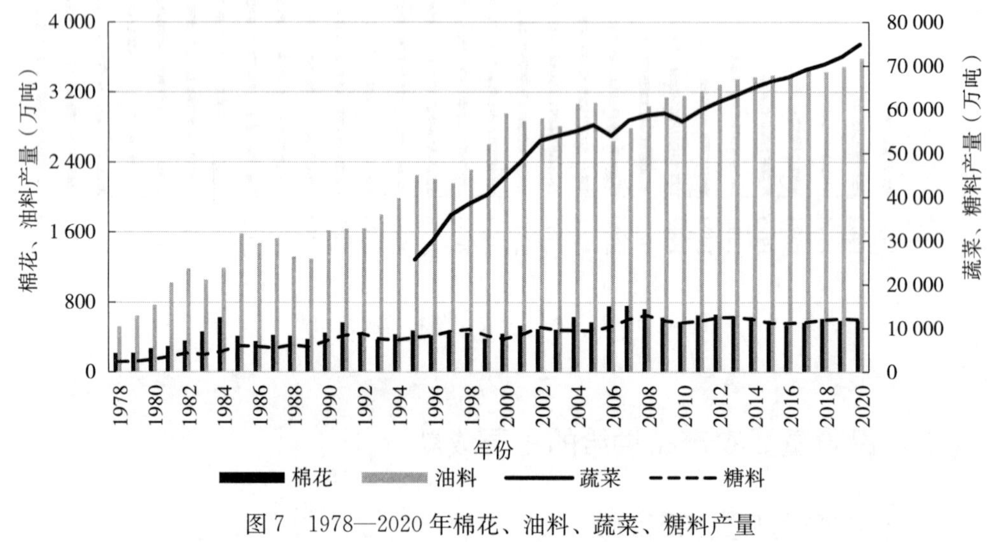

图 7　1978—2020 年棉花、油料、蔬菜、糖料产量

2. 重要农产品人均产量逐步提高

农产品人均产量是反映农产品有效供给的重要方面。从图 8 可以看出，棉花、油料、蔬菜、糖料、肉类、水产品和牛奶的人均产量与总产量的变化趋势基本相同。在棉花、油料、蔬菜、糖料人均产量方面，棉花人均产量 1978 年为 2.25 千克/人，2020 年为 4.19 千克/人。1978—2002 年，油料人均产量从 5.42 千克/人增至 21.75 千克/人，增长速度较快，增长了 3 倍多；2002—2020 年，油料人均产量增长速度较慢，在这 18 年间仅增加了 4.251 千克/人。蔬菜人均产量从 1995 年的 212.41 千克/人增至 2020 年的 530.63 千克/人，增长了 149.8%。

在肉类、水产品和牛奶人均产量方面，1980—2020 年，肉类人均产量从 12.2 千克/人增至 54.9 千克/人，增幅达 350%；猪肉人均产量从 11.5 千克/人增至 29.1 千克/人，增幅为 153%；牛肉人均产量从 0.27 千克/人增至 4.76 千克/人，增幅为 1 663%；羊肉人均产量从 0.45 千克/人增至 3.49 千克/人，增幅达 676%。水产品人均产量从 1980 年的 4.56 千克/人增至 2020 年的 46.39 千克/人，增长了 917.32%。牛奶人均产量从 1980 年的 1.16 千克/人增

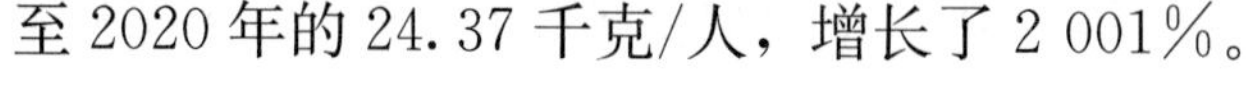
至2020年的24.37千克/人，增长了2 001%。

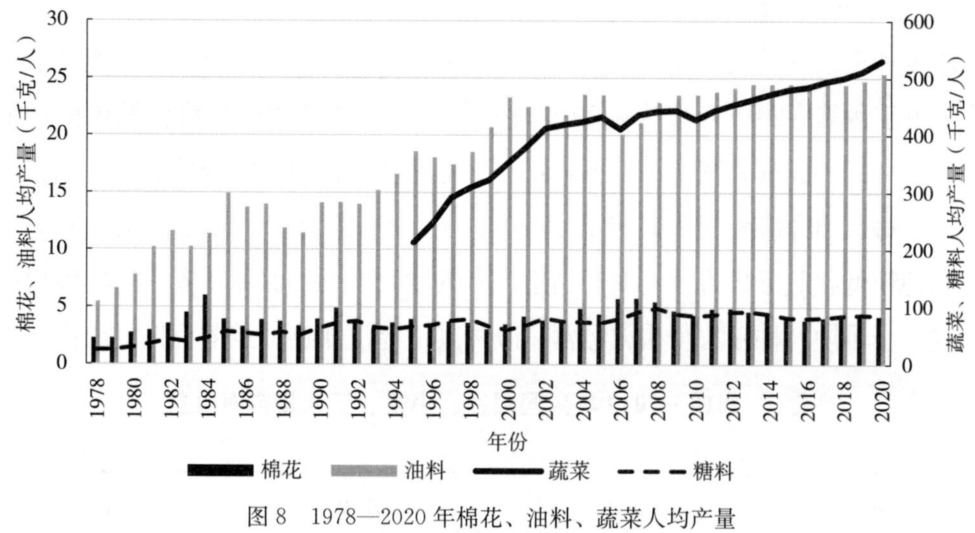

图8　1978—2020年棉花、油料、蔬菜人均产量

三、新时期粮食和重要农产品供给保障面临的挑战

（一）稳定粮食面积，促进粮农收益增长压力加大

1. 耕地“非农化”“非粮化”问题突出

近年来我国各地区在推进城乡一体化发展过程中，存在城市和乡镇向周边土地大举扩张的行为，据自然资源部第三次全国国土调查主要数据显示，现今我国耕地面积为19.18亿亩，比2015年减少了1.07亿亩。一些地区为提高农业生产的经济效益，引导农民进行“粮改饲、粮改草、粮改经”的种植结构调整，不少地区掀起了创办“农家乐”“特色农庄”等浪潮，导致粮食作物播种面积减少。部分地方政府为促进城乡融合、缩小城乡差距，积极引导工商资本下乡，这一举措一方面促进了农村基础设施的完善、推动了当地现代农业的建设，但同时以地租为代价将土地连片流转起来，其长时间、大面积租赁农地，极易出现隐形建设占用情况，加剧耕地“非粮化”“非农化”倾向（张义博，2020）。

2. 农民种粮收益低，挫伤农户种粮积极性

随着我国经济的快速发展，粮食生产的化肥、种子、机械等农资价格不断

攀升，劳动力成本和土地流转成本逐年上升，导致粮食单位面积成本上涨大大超过收益的增加，农户种粮净收益持续下降。自 2010—2019 年 10 年间，我国稻谷、小麦和玉米三种粮食作物总成本上涨了近一倍，其中人工成本和土地成本是两大主要上涨因素。2010 年以来随着种粮成本的持续上升和粮食价格的走低，粮食生产的净利润和成本利润率不断下降：在不考虑各类种粮补贴的情形下，稻谷、小麦、玉米每亩净经济利润 2019 年仅为 20.44 元、15.08 元、－126.77 元（表 3）。如果未来种粮低收益形势持续，农产品生产者的增收得不到保障，农户的种粮积极性将被进一步侵蚀，种粮农户粗放经营、改种其他经济作物甚至撂荒将更加普遍。

表 3　2010—2019 年我国稻谷、小麦、玉米每亩净收益

单位：元

年份	稻谷	小麦	玉米
2010	309.82	132.17	239.69
2011	371.27	117.92	263.09
2012	285.73	21.29	197.68
2013	154.79	－12.78	77.52
2014	204.83	87.83	81.82
2015	175.40	17.41	－134.18
2016	141.96	－82.15	－299.7
2017	132.55	6.10	－175.79
2018	65.89	－159.41	－163.34
2019	20.44	15.08	－126.77

（二）食物需求提档升级，向高质量营养化发展

1. 居民食品消费结构转型升级

居民食品消费结构的转型升级既体现在全类别食品消费结构的变化上，又表现为粮食消费内部结构的变化。近几年，谷物的食用消费减少，薯类、豆类的食品消费增加，肉、蛋、奶类的食品消费需求呈增长趋势（表 4）。2013—2019 年，人均食用粮食消费量从 2013 年的 148.7 千克下降至 2019 年的 130.1 千克，年均下降 2.2%。2013 年以来，肉、蛋、奶类食品的人均消费量增长明显，其在居民饮食中越来越重要。其中，肉类食品消费量年均增长约 1.0%，禽类约 7.3%，蛋类与奶类分别约 4.5%、1.2%。从人均食用油消费量的变化可以看

出，以植物油为主的消费量正逐渐减少，“少油饮食”趋势明显。

表 4　2013—2019 年全国居民人均主要食品消费量

单位：千克/人

食品消费		2013 年	2014 年	2015 年	2016 年	2017 年	2018 年	2019 年
粮　食	谷物	138.9	131.4	124.3	122.0	119.6	116.3	117.9
	薯类	2.3	2.2	2.4	2.6	2.5	2.6	2.9
	豆类	7.5	7.5	7.8	8.3	8.0	8.3	9.3
	合计	148.7	141.0	134.5	132.8	130.1	127.2	130.1
食用植物油		9.9	9.8	10.0	10.0	9.8	8.9	8.9
鲜菜		94.9	94.1	94.9	96.9	96.1	93.0	95.2
肉、蛋、奶	肉类	25.6	25.6	26.2	26.1	26.7	29.5	26.9
	禽类	7.2	8.0	8.4	9.1	8.9	9.0	10.8
	蛋类	8.2	8.6	9.5	9.7	10.0	9.7	10.7
	奶类	11.7	12.6	12.1	12.0	12.1	12.2	12.5

2. 食物供需结构矛盾突出

全社会的温饱问题已得到解决，对食物消费目标逐渐由“吃得饱”向“吃得好”“吃得放心”转变。粮食安全“饭碗”的体量更大、内涵更丰富，粮食供应能力已经包含了食物供应品质和价格等方面的客观要求，粮食消费更多强调生产安全、品质优良、绿色健康，消费者对优质口粮的需求激增，品种结构优化的需求日益增加，面临着构建优质优价的生产与市场环境的挑战（黄季焜，2021）。以稻谷为例，目前我国稻米基本自给，但从日本、泰国进口的食味品质高、口感好的香米更受消费者欢迎，在稻谷品种不断更新改良的背景下，中国稻谷的种植结构亟待优化，国内生产的优质稻谷难以满足快速增长的市场需求。以优质专用小麦为例，近些年需求明显上升，每年需要进口 300 万～400 万吨小麦进行品种调剂。

（三）食物生产的资源环境约束加剧

1. 优质耕地资源紧缺

我国耕地的粮食增产空间十分有限。一是受城镇化发展和生态修复影响，我国耕地面积呈下降趋势，人均耕地面积有限。二是耕地质量总体不高，优质耕地产能已经基本饱和。我国耕地破碎化现象严重，土壤质量总体不高，农业面源污染严重，加之粗放的农业生产方式导致耕地质量和土壤有机质含量不断降低。我国耕地资源中水浇地和水田 9.53 亿亩，这些优质耕地通过高标准农田建设项目投入，其农业基础设施配套建设总体上已经非常完善，高标准农田的粮食增产空间非常有限。三是国家可开发后备土地资源不足，后备资源补充耕地的生态代价和经济成本高。

2. 农业水资源严重短缺

一是我国水资源总量严重不足。我国人均水资源占有量仅为 2 060 立方米，约为世界平均水平的 28%。工业化和城市化的迅速发展又对农业用水造成了严重挤压，导致农业用水进一步短缺。粮食生产对灌溉的依赖程度非常高，2019 年灌溉耕地占总耕地面积的 53.7% ，生产了全国近 70% 的粮食。二是水资源分布不均，与农业生产规模不匹配。根据统计数据，2017 年北方地区耕地为 8 048.2 万公顷，占全国耕地的 59.7%，而水资源总量为 5 096.2 亿立方米，仅占全国水资源总量的 17.7%。近年来中国粮食生产的地域重心逐渐转向水资源相对缺乏的北方，北方地区的水安全和生态风险增大，粮食生产布局与水资源分布的失衡问题也进一步加剧。三是水资源质量差。

3. 自然灾害风险增加

极端天气频率增加，干旱、洪涝等灾害导致农业损失大。中国极端强降水与高温事件在 20 世纪 90 年代中期以来明显增多。气候变化可能使中国农业变得更加脆弱。据统计年鉴数据，2019 年我国农作物受灾面积达到了 1 925.7 万公顷。我国整体减灾技术水平较低，农户应对灾害风险的能力较差，应对异常气候风险的农业防灾减灾应急体系建设缓慢。灾前的预警与防护措施不到位，灾后的减灾及生产恢复措施存在不及时、不落实的情况。

（四）农产品贸易的不确定性增大

适度进口农产品是缓解我国资源环境趋紧，满足人民群众美好生活需要的重要战略。近年来国际环境风云变幻，逆全球化趋势明显，新冠病毒感染疫情等突发事件对农产品，尤其是对国际粮食市场冲击较大，农产品进口的不确定性增加。

1. 国际粮食价格波动较大

加入世界贸易组织以来，我国四类粮食进口价格的波动程度在2012年以前均较大，稻谷、小麦、玉米与大豆进口价格的年平均波动率分别约为12.7%、13.9%、24.6%与21.1%；2012年以后粮食进口价格整体趋向稳定，波动逐渐减弱，但水稻和小麦的进口价格波动仍较明显，2019年两者的进口价格波动率分别为15.8%、8.0%（图9）。在新冠病毒感染疫情、自然灾害冲击、投机炒作等不确定因素影响下，国际粮价对我国粮价的短期影响也会进一步加深，因此，应始终警惕国际粮价的冲击。

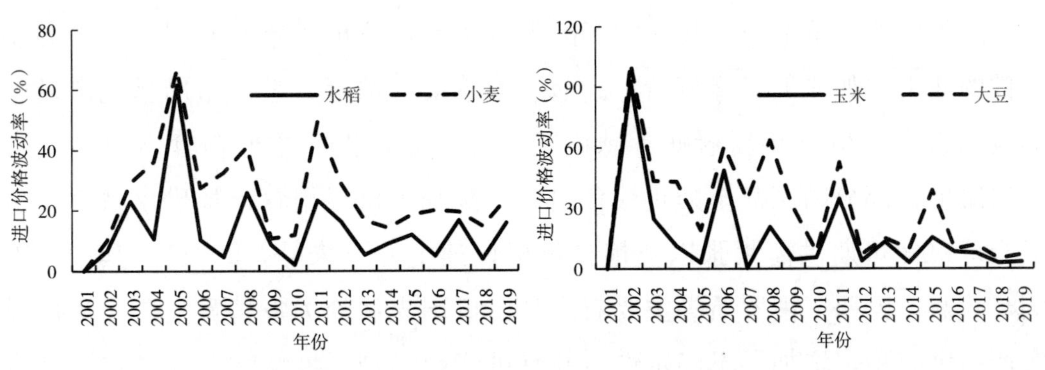

图9　2001—2019年中国粮食进口价格波动率

2. 贸易不稳定性不确定性增大

作为世界第一大农产品进口国，贸易伙伴国的进出口政策变化将对我国粮食供给产生重大影响。我国小麦、玉米、大豆进口对美国的依赖程度较大，2010—2017年三者来源于美国的进口量占比均值分别为30.4%、57.9%、39.5%（图10），而自2017年以来，伴随中美贸易摩擦的升级，中国从美国进口农产品数量锐减，三者自美国进口占比分别降为9.9%、7.7%、19.1%。随着自巴西进口大豆数量的增加，卖方市场掌握了主动权，进口大豆价格水涨船高。在当前不同世界经济阵营贸易趋向保守主义的形势下，我国农产品进口渠道比较单一，国际市场粮食可获得性下降的风险长期存在，我国部分对外依存度较高的作物品种有效供给还存在诸多不确定因素。

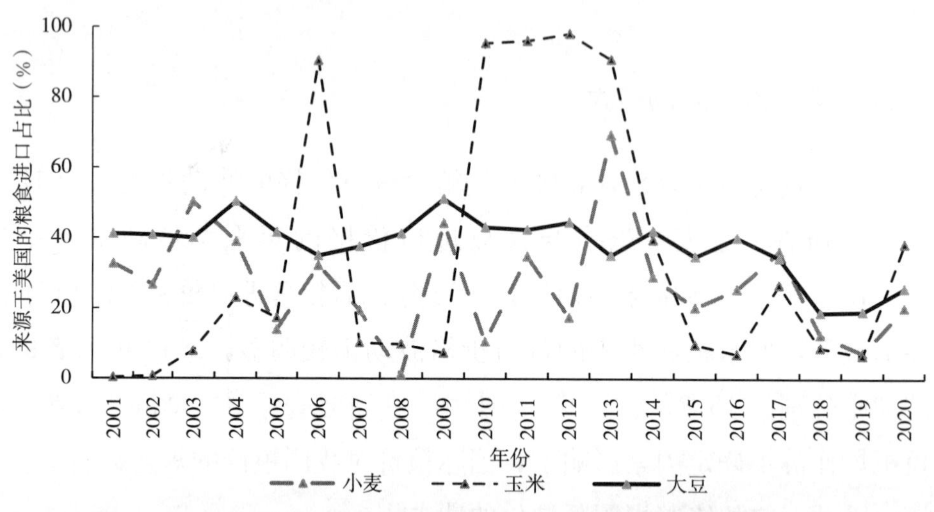

图 10 2001—2019 年中国粮食进口来源于美国的占比

除各种贸易争端外，我国农产品进口贸易环境也频繁遭遇国际重大突发事件的冲击，如非洲猪瘟疫情、新冠病毒感染疫情等，进口格局呈现出显著的波动态势。2020 年新冠病毒感染在全球蔓延，世界主要粮食出口国粮食出口减少，部分国家甚至禁止粮食出口，扰乱了世界粮食市场供求秩序，造成全球粮食短期供需紧张以及粮食价格快速上涨（朱晶，2021）。其中，美国、欧盟、巴西、俄罗斯等主要农产品出口国先后沦为疫情重灾区，为世界农产品供应稳定增加了不确定性，并有可能影响到后疫情时期我国农产品进口的可获得性。

四、面向 2035 年保障粮食和重要农产品供给的战略措施

随着食物消费结构的不断升级，从保障粮食安全向保障粮食与重要农产品供给安全转变是提高国家安全保障水平的必然要求。近年来，我国在保障重要农产品供给安全方面取得显著成效，但同时也存在粮食与重要农产品供需结构严重失衡、农产品供给的资源环境硬约束、农产品贸易的不确定性风险等一系列潜在风险与挑战。为应对这些风险与挑战，考虑国内供给保障和国际贸易补充两个维度，本报告以新形势下农业高质量发展、“双碳”目标、“双循环”新

发展格局、“大食物观”对粮食与重要农产品生产和供给提出的新要求为现实视角，构建粮食与重要农产品供给的战略框架（图11）。

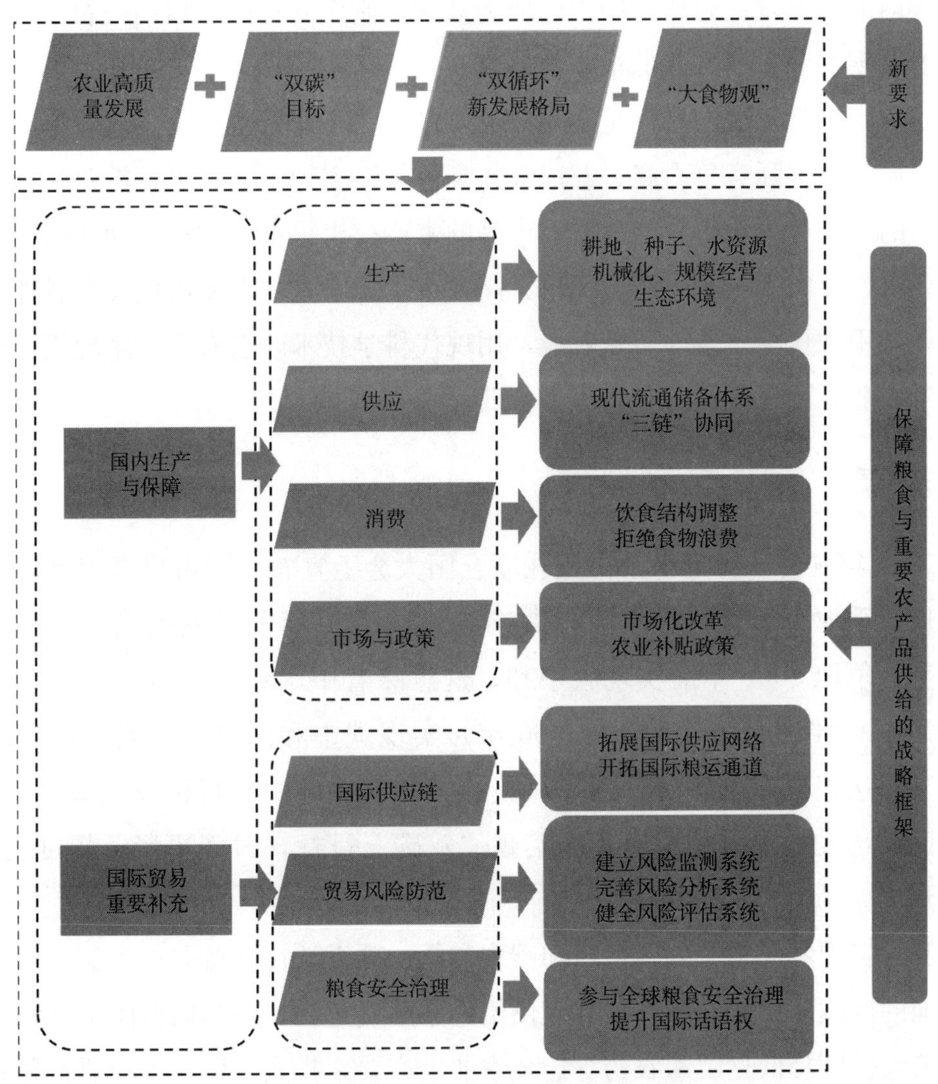

图11　保障粮食与重要农产品供给的战略框架

（一）新形势下保障粮食和重要农产品供给的现实要求

1. 农业高质量发展的要求

2018年《中共中央　国务院关于实施乡村振兴战略的意见》明确提出，实施质量兴农战略，推动农业由增产导向转向提质导向。农业农村部等七部委联合发布的《国家质量兴农战略规划（2018—2022年）》提出，到2020年，质量兴农制度框架基本建立。上述《意见》和《规划》的出台充分表明，以质量为导向的农业发展思路在中国已成为共识，制度安排已经启动，农业发展将迎来发展观念和发展方式的根本性转变。

农业高质量发展的目标是实现产品质量高、产业效益高、生产效率高、经营者素质高、国际竞争力高、农民收入高。如何实现上述目标，需要有新的思路，新的举措，也对粮食与重要农产品的生产提出了更高的目标和新的生产模式的要求。要实现农业高产、优质、高效、生态安全，需要用现代发展理念引领农业，用现代物质条件装备农业，用现代科学技术改造农业，用现代产业体系提升农业，用现代经营方式推进农业。

2. 实现"双碳"目标的要求

2020年9月，习近平总书记在联合国大会上宣布中国将提高国家自主贡献力度，采取更加有力的政策和措施，力争2030年前二氧化碳排放达到峰值，努力争取2060年前实现碳中和。这意味着中国将用西方国家（1990—2050年）一半的时间（2030—2060年）实现碳中和的目标。当前，我国距离实现碳达峰目标已不足8年，从碳达峰到实现碳中和目标仅剩30年左右的时间，与发达国家相比，我国实现"双碳"目标，时间更紧、幅度更大、困难更多。

我国实现农业领域的碳达峰和碳中和是一项系统性和持久性工作，面临着多方面的挑战，可能对农产品有效供给带来不确定性。一是向低碳农业转型意味着要大幅度降低化肥和农药等传统农业生产要素投入，但注入新要素和新技术并非一朝一夕能够实现，这个过程不可避免地会造成国内农产品供给波动。二是农业结构调整压缩了农业减排固碳空间。我国来自种植业、畜牧业和渔业的碳排放，大约分别占到农业碳排放总量的30%、50%和20%。然而，随着经济社会发展，人们对肉蛋奶等畜产品的需求会持续增长，畜牧业和渔业碳排放也将保持持续增长趋势。此外发展低碳农业的技术储备与激励机制不足、农户分散化经营、农业碳排放测算和监测数据缺乏等都是当前农业低碳转型面临的挑战。

3. 构建新发展格局的要求

党的十九届五中全会提出："十四五"时期要加快构建"以国内大循环为主体、国内国际双循环相互促进"的新发展格局。"双循环"新发展格局是在全球疫情蔓延、中国经济结构调整和世界经济下行压力加大的背景下，为了解决国民经济关系中的生产、分配、交换和消费环节的梗阻问题而构建的一种新发展格局，是以高水平对外开放打造国际合作和竞争新优势，这是中国经济新发展阶段下的发展战略选择。

粮食安全领域"双循环"的含义是以内循环为主，保障国内粮食与重要农产品的供给，确保"谷物基本自给、口粮绝对安全"；以外循环为辅，充分利用外部市场和资源作为国内循环的重要补充。在内循环方面，粮食与重要农产品的供给保障面临着资源环境约束趋紧，生产成本不断增加，农业科技创新和自主创新能力有限，关键技术领域受制于人，农业支持政策转型困难等诸多挑战。在外循环方面，粮食与重要农产品的贸易补充面临着贸易品种、来源地以及运输线路高度集中的风险、国际政治经济变局的风险、单边主义和贸易保护主义盛行导致贸易摩擦频繁的风险、极端事件风险等诸多挑战。

4. 践行"大食物观"的要求

从大农业与食物系统的角度，习近平总书记在 2022 年 4 月两会期间与政协农业界、社会福利界和社会保障界委员座谈会上提出：要树立大食物观，在确保粮食供给的同时，保障肉类、蔬菜、水果、水产品等各类食物有效供给，缺了那样都不行。这为新时期粮食安全的维度界定了新的标准，对开启新时期利用多种途径开发多种食物，提高食物供给的类别、数量、质量提出了新要求。其中"两个拓展"将开启中国新食物开发的浪潮：一是在保护生态前提下，从耕地资源向整个国土资源拓展，形成同市场需求相适应，同资源承载力相匹配的现代农业生产结构和区域布局，向森林、向江河湖海、向设施农业要食物。二是从传统农作物和畜禽资源向更丰富的生物资源拓展，发展生物技术和生物产业，向植物动物微生物要热量、要蛋白。

全方位、多途径开发食物资源，必须依靠科学技术，一方面节约资源，另一方面发展不依赖或少依赖水土资源的新技术拓展食物来源。利用装备化和信息技术发展设施农业，挖掘新品种、新技术，发展林下经济，开发海洋资源、微生物资源等，而这些新食物供给途径的实现需要有强有力的科技创新，产业培育与政策扶持。

（二）粮食和重要农产品的国内供给保障策略

1. 实施“藏粮于地、藏粮于技”战略，提高国内粮食和重要农产品生产能力

（1）严守耕地保护红线，持续推进高标准农田建设，高效利用水资源。严格落实对耕地的特殊保护和用途管制，明确耕地利用优先序，确保永久基本农田等优质耕地用来生产粮食作物，一般耕地可以用于粮、棉、油、糖、蔬菜等农产品及饲料作物生产。利用卫星遥感、大数据、物联网等现代科技手段，建立农田数字化管理平台，实现耕地、永久基本农田、高标准农田实时识别。实行高标准农田建设差别化整治，采取田、水、路、林、村综合整治措施；坚持数量、质量、生态并重；充分尊重农民意愿，维护土地权利人合法权益，鼓励农民采取多种形式参与高标准农田建设；把灌区节水改造工程和高标准农田建设结合起来，加强设施田间管护，提高渠系灌溉水利用系数；逐步明晰农田水利建设产权，深化农田水利工程产权制度改革，落实农田水利管理与养护主体与责任，发挥水价的市场调节作用。

（2）发挥举国体制科技创新优势，攻克种业卡脖子技术。发挥体制优势，开展重大专项研究，加强农作物、畜禽、微生物种质资源普查收集、种质资源遗传基础与优良性状的鉴定与评价工作；加强现代育种理论与方法运用，围绕基因组学、分子设计育种、基因编辑等现代生物技术，加快优良品种选育，力争实现关键农产品种业领域拥有自主创新的知识产权；培育高产抗病型、资源高效型、环境友好型、适宜机械化耕作的粮食作物新品种；加强种子生产、加工储藏、质量检测、品种鉴定、信息管理等关键技术研究；建立农作物品种数据库，对农作物品种基础数据进行多维度查询、汇总。加快推进种业科研体制改革，制定有针对性的支持政策，打破人才流动体制障碍，

促进科研院所和高等院校的人才、技术、资源依法有序向企业流动。逐步建立基础性公益性研究与商业化育种有序分工、密切配合的种业科技创新体系。

(3) 提高农业生产机械化水平，健全面向小农户的社会化服务体系。根据不同地区的优势作物、经济条件、生产规模、机械化水平等因素，推动农机化技术集成，优选适宜的技术装备，形成具有区域特色的全程机械化生产模式。优先推进主要粮食作物生产全程机械化，积极推进大宗经济作物主要环节生产机械化。优先选择现代农业示范区、粮棉油糖生产大县和基础好的区域建设示范点。鼓励服务组织针对小农户生产现代化难题，因地制宜探索创新面向小农户的服务模式和组织形式，不断完善单环节、多环节、全程生产托管等多种服务模式，优化提升“服务组织＋农村集体经济组织＋小农户”“服务组织＋各类新型经营主体＋小农户”等多种组织形式，引领带动更多小农户进入现代农业发展轨道。

(4) 着力培育新型农业经营主体，发展多种形式适度规模经营。简化新型农业经营主体相关注册手续，增加农业补贴，完善土地流转等制度。在贫困地区，通过政策倾斜和各种农业补贴，吸引农业龙头企业等新型农业经营主体入驻，支持他们依托特色资源优势发展壮大主导产业，同时大力发展农产品电子商务，促进产销衔接带动当地贫困农户脱贫增收。结合乡村振兴的产业振兴战略，拓宽新型农业经营主体的融资渠道和完善农村信贷抵押担保方式；鼓励农户或社员以资金的形式入股融资；在国家政策的引导下，各级政府可采取贴息、免税等优惠政策鼓励工商资本进入；积极开展新型职业农民培训，不断提升农民的生产技能。分类指导不同作物和农产品的适度规模经营。

(5) 坚持绿色生产，保护农业生态环境。培养农民在农业生产过程中保护生态环境的意识。利用新媒体技术等群众接触频率高的途径大力宣传农业生态环保知识，从广播电视向移动端转移，让环保知识能够从茶余饭后传到田间地头。提高农业生态治理水平。进一步推动农业生态环境保护立法，完善法律法规，提高法律的可操作性。制定相关标准，配套技术管理手段，完善农药残留监控体系，对秸秆焚烧、种畜种禽管理、农田保护、环境保护等方面做出具体的规定。对土壤污染防治、水污染防治、水土保持、空气污染等防治立法规定，科学确定环境标准和技术规范。建立生态环境保护激励机制，让村民积极投入到农业生态环境保护当中，促进资源和权利流转，确保农业资源合理利用。

2. 加强现代物流体系建设与供应链管理，保障粮食和重要农产品有效供给

（1）建设现代物流体系，加强粮食和重要农产品物流设施建设。优化整合参与粮食运输活动的企业，完善基础硬件设施，为粮食运输提供运营支持，提高运输企业整体的物流实力。科学规划粮食运输的铁路线路，加强各粮食产区的公路建设，保障粮食运输主干路的顺畅通行，提高运输效率，降低运输成本。提供融资贷款等优惠，放开资本来源，鼓励民间资本进入，能够满足粮食主销区的物流需求。加强区域间的产销合作，完善粮食与重要农产品物流体系建设，建立协调顺畅、购销两旺、供需两利、互联互通的粮食运输新格局。

（2）完善粮食和重要农产品供应链管理，提升供应链价值链水平。以需求驱动农产品供给侧调整，以来自需求侧的大规模定制来代替供给侧的大规模生产，通过订单农业带动粮食与重要农产品精准生产。以集成管理的思维，提升供应链参与主体（生产者、加工商、批发商、零售商、运输商）的协同度以及物流、资金流和信息流的线上线下融合。完善供应链管理，促使传统的纵向长链结构转向集成化的网络式结构，延长粮食与重要农产品的产业链，强调在供应链上形成合理的价值分布关系，通过粮食产业的深度加工提升供应链与价值链的融合质量。

（3）积极运用现代科技，降低食物在供应链上的损耗。加强技术创新，推广应用节粮新技术成果。通过推广现代化的生产经营模式，提升收割、运输、储藏的精细化作业水平，降低粮食与农产品供应链的损耗率。鼓励粮食与农产品的规模化生产和集约化储藏，积极培育粮食收割、运输与储藏的社会化服务模式，依托互联网和大数据技术构建现代化的粮食物流和仓储体系。提供粮食产后服务，为种粮农户提供清理、干燥、收储、加工、销售等服务，减少收购

环节损失。

3. 加强食物消费端引导，调整膳食结构，减少餐桌上的浪费

充分利用微信、公众号、抖音等新媒体手段宣传节约食物新风尚。学校可以将节约食物纳入课堂教学中，提高学生的节约食物意识。餐饮企业要充分履行自身义务，在餐品规格方面提供多样化的选择与服务，鼓励消费者适量点餐，推广绿色的餐饮消费理念。将食物浪费治理问题纳入法制化管理，通过制定和完善《粮食安全保障法》《反食品浪费法》等一系列法律法规来构建我国食物浪费治理的法律体系，合理规范食物生产与消费各环节的行业标准，充分发挥法律机制在减少餐桌食物浪费方面的重要作用。

4. 深化粮食和重要农产品市场化改革，提高政策实施的精准性

（1）完善粮食和重要农产品市场体系，创造稳定的市场环境。深化国有粮食企业改革，构建粮食等重要农产品的多元市场主体格局。推动粮食产业转型升级，培育大型粮食集团，支持中小粮食企业发展，促进形成公平竞争的市场环境。积极引导多元主体入市，不断提高粮食市场化收购比重。搭建规范统一的国家粮食与重要农产品电子交易平台，形成以国家粮食与重要农产品电子交易平台为中心，省（自治区、直辖市）交易平台为支撑的交易体系，促进宏观调控服务和粮食流通服务的功能不断提升。完善城乡销售网络，促进城乡粮食与农产品的电子商务产业发展。

（2）提高农业补贴政策的指向性和精准性。协调补贴政策的普惠性与指向性关系。对于粮食和重要农产品主产区，进一步完善利益补偿机制，以保障粮食和重要农产品主产区的人均农业收入不低于主销区为目标，采取“造血式”内生性补偿机制，加大对粮食和重要农产品主产区高标准农田建设、中低产田改造、农业水利设施建设的扶持力度，加大对农业生产关键技术的补贴力度。优化玉米和大豆生产者补贴政策和小麦、稻谷最低收购价政策。增加“绿箱”补贴和非特定农产品补贴，使耕地地力保护补贴与种植面积脱钩。构建“险补结合”的完全成本保险与收入保险保障体系，加大对种粮农民的保险支持、贷款贴息、融资担保等支持力度。

（三）优化粮食和重要农产品贸易格局

1. 防范和降低粮食和重要农产品贸易风险

积极利用不同国家和地区的农业资源，梯度布局进口来源地，实现进口来源地由集中向多元化转变。一是深化与南美、大洋洲、东欧、东南亚等传统粮源地合作，提升国际粮食与农产品供应链的稳定性。二是以我国大型粮食企业为主体，扩大对外投资规模，加强与“一带一路”沿线国家的粮食企业合作，共建仓储等基础设施，提升粮食进口潜力。三是强化与黑海地区、亚洲新兴市场国家的农业生产和技术合作，提高谷物、大豆的生产供应能力。进口来源地多元化固然可以降低风险，但也不可避免地会带来成本增加和效率降低的问题，重要的是稳定贸易合作预期，建立良好贸易关系和完善应急处理机制。

2. 完善粮食和重要农产品全球供应链建设

加快粮食和重要农产品的全球产业链布局，积极培育大型跨国粮食企业，探索开展粮食与农产品生产、仓储、加工等跨国经营模式，通过贸易合作、产业投资等多种形式，拓展国际粮食供应网络。加快开拓国际粮运通道，在挖掘和提升现有海运能力的同时，进一步开拓国际物流通道，鼓励跨境运输企业建立合作联盟，构建便捷高效和稳定持续的国际粮运体系。在粮食和农产品的主要贸易国建立健全仓储物流系统，双方合作建设港口枢纽和海陆通道等交通基础设施，完善采购、仓储、运输和配送等功能，形成稳定流向和流量的物流通道。加快建立国际物流信息管理系统，推进粮食和重要农产品物流信息数字化和智能化建设。

3. 健全粮食和重要农产品国际贸易预警机制

建立粮食和重要农产品的贸易与投资风险监测识别预警系统。建立基础数据库，搜集国内外农产品生产、储备、加工、价格、贸易、消费、政策等全产业链信息资料，建立粮食和重要农产品贸易与境外投资数据收集和监测平台。对重要的贸易伙伴国，既要对其政治、经济、地缘冲突等风险进行实时监测，又要对其包括粮食在内的农产品种植面积、生产成本、产量、气象变化、价格波动、消费动态、政策走势、可能的风险隐患进行识别。从粮食和重要农产品贸易产业链角度，设计预报与预警指标体系。在常规预报基础上，建立预警指标体系，科学设计警情评级方法。根据各类风险对我国粮食和重要农产品保障安全可能的影响程度，对各环节和各层次的安全警级进行划分，形成反应敏捷的预报和预警体系。

4. 提升中国在全球粮食安全治理中的话语权

加快与粮食生产和贸易相关的公共服务“走出去”。加大对发展中国家农业生产资金、技术、装备等支持力度，改善其农业基础设施，提升其粮食和重要农产品的生产和供给能力。积极参与全球粮食安全治理，维护全球多边贸易体制，推进与联合国粮农组织、开发计划署、世界粮食计划署等国际组织或机构的合作，共同打造国际合作新平台，推进全球农业可持续发展。尤其是在新冠病毒感染疫情全球大流行期间，我国要进一步推进国际抗疫合作，并借此契机构建全球粮食安全命运共同体，合作提升全球粮食供应能力的稳定性，增强全球粮食系统韧性（宋洪远，何可，2021）。立足国际视野，通过践行《中国落实 2030 年可持续发展议程国别方案》和《中国落实 2030 年可持续发展议程进展报告》，为其他国家落实粮食安全保障提供中国智慧、中国方案，提升中国在全球粮食安全治理中的话语权和影响力。

专题报告七

关于促进农民收入持续稳定增长问题研究

一、农民收入的概念内涵和来源结构测度指标

农民收入是衡量农民生活水平最基本也是最重要的指标。目前，农户收入的概念主要根据收入来源渠道以及收入来源性质进行界定。农户收入水平一般是指农户收入的绝对值，而农民收入结构是指按照收入性质或来源划分的收入占总收入的比重。收入结构反映了收入的来源，不仅可揭示出农民收入增长的深层次内涵，也可反映出农民收入的稳定性和风险性。

根据《中国统计年鉴》的定义，按照不同的收入来源渠道，可以将农民家庭收入分为家庭经营性收入、工资性收入、财产性收入和转移性收入，此种划分方法既能反映不同收入来源对家庭收入的贡献率，又能反映农民对自身资源的配置方式及效率。

农户收入的第一个重要来源是家庭经营性收入。家庭经营性收入是指以家庭为单位进行生产经营活动取得的收入，按照经营活动的行业属性可以将家庭经营性收入分为第一产业、第二产业和第三产业收入，其中，第一产业经营性收入又可以分为农、林、牧、渔业经营性收入。

农民工资性收入是指农民为用人单位提供劳动后获得的工资报酬。劳动既包括体力劳动，也包括脑力劳动，相应用人单位既包括工商企业类组织，也包括非营利组织，同时还包括行政、事业单位。

农民收入的第三个来源是财产性收入。财产性收入是指农民通过出租、存放、有偿使用等方式从固定资产、金融资产和其他资产取得的各种收入，主要

包括出租固定资产的租金收入、银行存款利息收入和集体资产分红等各种财产性收入。

农民收入的第四个来源是转移性收入。转移性收入是指各级政府、企业、非营利性社会组织或者个人通过无偿的形式向农民转移的资金、物资和服务。转移性收入属于农民在二次分配中获得的收入，按收入来源不同可分为以下几个方面：一是从国家财政转移中获得的收入，包括各种农业补贴、奖励、灾害补偿等；二是从企业或其他社会组织捐赠获得的收入；三是亲属、社会个人给予的馈赠和资助等；最后是其他方式获得的转移性收入。

二、过去40年农民收入增长及其结构变化的基本状况

改革开放以来，我国农村发展进入新的历史时期，对1978年至今我国农民收入变化趋势的整体把握有利于了解我国农民收入的特点，是对今后我国农民增收进行预测的基础。本报告对过去40年我国农民收入变化趋势进行了研究，首先将这一时期分为三个阶段，并对城乡收入差距、农民内部收入差距的历史变迁进行了分析。

（一）农村居民收入增长及其结构变化的主要特点

1. 第一阶段：1978—1992年

中国农民收入的大幅增长始于十一届三中全会实施改革开放政策之后。1978年到1992年期间，政府实行了一系列农业支持保护政策，通过农产品提价、发展乡镇企业等方式促进农民收入增长。第一，从农村居民人均可支配收入来看，1978—1992年，农村居民人均可支配收入从133.6元增加至784元，与1978年相比，1992年的农村居民人均可支配收入增长了近6倍。第二，从增速来看，年均增速达到了9.8％。其中，改革开放的前两年，农村居民人均可支配收入年均增速高达15％，而后增速逐渐放缓，1980—1985年增速可达10％，1985—1992年增速在9％左右。

2. 第二阶段：1993—2012 年

一是从农村居民人均可支配收入及其增速看。1993—2012 年，农村居民人均可支配收入从 921.6 元增加至 7 916.6 元，与 1993 年相比，2012 年的农村居民人均可支配收入增长了近 8 倍，年均增速达到了 12.5%。其间，从 1993 年开始，即市场化经济体制改革序幕正式开启的第一个五年，农村居民人均可支配收入年均增速可达 22%，尤其在前三年，农村居民人均可支配收入年均增速高达 26.4%，其中 1994 年达到了农村居民人均可支配收入增速的高峰值 32%。分阶段来看，农村居民人均可支配收入增速自 1994 年攀升至高峰值后，开始逐渐下降，其增速在 1994—2000 年由 32%飞速下降至 2%。而后，又逐渐恢复上升，2000—2012 年由 2%上升至 13%，年均增长率为 10.4%。

二是从农村居民人均可支配收入的来源结构看。在这一阶段中，工资性收入、经营性收入、财产性收入、转移性收入的占比分别为 32.3%（第一阶段为 36.3%）、60.4%（第一阶段为 56.7%）、2.3%（第一阶段为 0）和 5%（第一阶段为 7%）。虽然从整体均值来看，工资性收入占比远低于经营性收入，但是对比二者的发展趋势可以发现，1993—2012 年，工资性收入占比正在赶上经营性收入。2010—2012 年，工资性收入占比为 42%，经营性收入占比为 46%，到了 2012 年，工资性收入占比与经营性收入占比近乎持平：43.5∶44.6。该阶段农村居民人均可支配收入发展呈现出四个特点：

（1）经营性收入仍占主导地位。1990 年夏粮上市经受市场粮价疲软困境，从 1994 年起，经营性收入增速接连下降。党和国家开始连续出台文件，要求各地完成定购任务后，敞开收购议价粮。1993 年又对这项政策进行了调整，规定了收购范围与在国家定购、专储之外的粮食保护价。随着粮食持续增产，供过于求矛盾突出，国家在 1995 年以后，进一步出台了“三项政策、一项改革”，进一步完善了粮食保护价收购政策。虽然国家对粮食价格提供了政策保护，但是农民的经营性收入增速在 1998—2000 年并不高，甚至出现负增长（三年年均增速为－1.04%），1997—2000 年，农村居民人均经营性收入由 1 472.7元跌至 1 427.3 元。2004—2012 年，政府又实施了最低收购价和临时收储政策，同时逐步降低农业税税率并最终全面取消农业税。随着一系列政策的逐步实施，2004—2012 年，农村居民的经营性收入从 1 745.8 元涨至 3 533.4元，增长了约 2 倍，年均增速达 9.7%。

在这一阶段，政府采取设置最低粮食收购价，全面取消农业税费减轻农民负担等措施，推动农民经营性收入稳步增长，使得经营性收入在 1993—2012 年的年均增速约为 10%。

（2）工资性收入有赶超经营性收入之势。改革开放后，城乡之间的区域限制逐渐放开，从 1992 年起，国家实施了农村劳动力开发就业、允许农民工在小城镇落户等政策，以有序引导农民工进城。1993—2000 年，工资性收入从 194.5 元涨至 702.3 元，增长了约 3.6 倍，年均增速高达 18.7%，其在农村居民人均可支配收入中的占比由 21.1%上升至 31.2%。

为了提高农村劳动力素质，以更好地促进农村劳动力的流动和转移，国家出台了《2003—2010 年全国农民工培训规划》，由政府和国家投入大量财政资金开展农村劳动力培训活动。为了加强这项培训工作，中央财政在 2004 年和 2006 年先后设立了农村劳动力转移培训和新型农民培训补助专项资金，对接受培训的农民进行学费补助。为了统筹城乡发展，调整工农城乡关系，政府和国家提出“公平对待、合理引导、完善管理、搞好服务”这一公平对待农民工的方针（张天佐 等，2018）。随着政策实施，2003—2010 年，工资性收入从 918.4 元涨至 2 431.1 元，增长了约 2.6 倍，年均增速为 14.3%，在农村居民人均可支配收入中的占比由 35%上升至 41%。

这些政策措施的实施和完善，逐步形成农民进城务工的公平而友好的政策环境，大规模“民工潮”开始出现。这一时期农村居民的工资性收入也相应得到较快的发展，1993—2012 年，工资性收入从 194.5 元涨至 3 447.5 元，增长了近 17.7 倍，年均增速为 16%，其占比从 21.1%上升至 43.5%。

（3）财产性收入比重逐渐增加，农民收入来源多元化。家庭联产承包责任制的实施，极大地促进了劳动生产力的解放，推动了农业生产方式的转变，从而使得农村出现了大量剩余劳动力。同时，随着市场经济的发展和沿海经济带的兴起，对劳动力的需求逐渐增长，农村剩余劳动力向沿海城市转移，形成了“民工潮”现象。其中，部分富起来的农民工开始回乡创业，这是财产性收入比重逐渐增长的主要原因（徐宪红，纪宏，2016）。1993—2012 年，财产性收入从 7 元涨至 249.1 元，增长了近 35.6 倍，年均增速为 28.6%，其占比从 0.7%上升至 3.1%。

（4）转移性收入占比虽然较小，但增速较快。1993—2005 年，转移性收入从 41.6 元涨至 147.4 元，增长了约 3.5 倍，年均增速为 11.7%，其占比由 4.5%缓慢上升至 5%。直到 2004 年，政府在取消农业税费的同时，出台了种粮直补、良种补贴和农机购置补贴等三项政府补贴，并在 2006 年全面取消农业税之际，增添一项农资综合补贴，构成了农业四补贴政策。这些政策的出台，使得 2006—2012 年农村居民的转移性收入从 180.8 元涨至 686.7 元，增长了近 3.8 倍，年均增速高达 24.9%，其占比由 5%快速攀升至 8.7%。这一时期，转移性收入在农村居民人均可支配收入中的占比不断提高，增速十分可观。

3. 第三阶段：2013 年以来

全国农民人均可支配收入较上年的实际增长率，从 2014 年的 11.2%，下降到 2019 年的 6.2%，下降了 5 个百分点。当然，这种下降趋势在逐渐变缓。2016—2019 年，全国农民人均可支配收入年均增速保持为 6.5%。该阶段农村居民人均可支配收入发展呈现出四个特点：

（1）经营性收入稳步增长，但占比有所下降。这一时期农民经营性收入平均增速为 6.41%，农业产值平均增长率为 6.07%。农业发展受到农业产业化政策持续推动，龙头企业带动作用不断增强，改善了原来农业碎片化、分散经营的形式，通过“公司＋农户”“批发市场＋农户”的方式加深了农户同市场的结合，农产品流通渠道的改变为农民经营性收入持续增长提供了保障（白晓，刘俊浩，2016）。

（2）工资性收入快速增加，占比不断上升。农民工资性收入平均增速为 9.7%，成为农民收入中占比最大的部分。农民工资性收入的提高主要得益于农民知识技能和农村劳动力素质的提升，“十三五”期间政府持续发力推动农民职业技能培训发展。

（3）转移性收入显著增长，占比逐渐上升。农民转移性收入平均增速为 12.08%，虽然基数较小，但国家对农村的大力扶持使其增速长期保持高位。

2019 年《中共中央国务院关于建立健全城乡融合发展体制机制和政策体系的意见》要求“强化农民转移性收入保障机制”，不断提高转移性收入，完善转移性收入相关体制机制，当年农民人均转移性收入首次突破 3 000 元，增速达到 12.95%。

（4）财产性收入较低，占比较小。农民财产性收入平均增速为 11.56%，但因为基数小，所以绝对值在农民四类收入中仍最低。农民财产性收入来源有限，财产积累少，缺少金融理财知识，市场缺乏适合农民投资理财的金融产品和渠道，农村集体经济发展滞后，宅基地流转制度不完善等阻碍了农民增加财产性收入（王志刚 等，2015）。

（二）城乡居民收入差异的变化状况

1. 城乡居民收入绝对差异变化状况

从城乡收入差距的绝对值来看（图 1），城乡收入差距从 1978 年的 209 元上升到 2020 年的 26 703 元，整体呈不断扩大趋势。这种不断扩大的城乡收入差距主要由城市偏向型的政策导致，其中既包括教育投入、社会保障等社会福利方面的政策，也包含对农副产品的价格管制和城乡劳动力市场分割等方面的政策（陈斌开，林毅夫，2013）。

城市偏向型政策在四类收入中扩大了城乡居民收入差距。在经营性收入方面，对农副产品的价格管制使得农业经营者无法获得较高的经营收入，也影响着农业经营者的劳动积极性，降低了农业生产效率。在工资性收入方面，城乡教育的不同投入制约了农村劳动力人力资本的积累，制约着农村居民的工资性收入。同时，当前的户籍制度严重制约着劳动力的配置，农村庞大体量的劳动力无法得到合理的配置，农村劳动力无法流动到合理的工作岗位并得到合理的工资（余向华，陈雪娟，2012；宋扬，2019）。在转移性收入方面，城乡社会保障政策，如城乡养老政策的差异，意味着农村老年人口可得的养老金总额少于城市老年人口。失业保险与工伤保险的差别使农村劳动力在遇到失业风险与工伤风险时得到的支持少于城市劳动力，影响了农村居民的转移性收入。在财产性收入方面，金融系统对于城乡收入差距的扩大不可小觑。2020 年，农村居民人均财产性收入仅为419元，而城市居民人均财产性收入为4 627元，城乡人均财产性收入的差距占2020年城乡人均收入差距的15.76%。

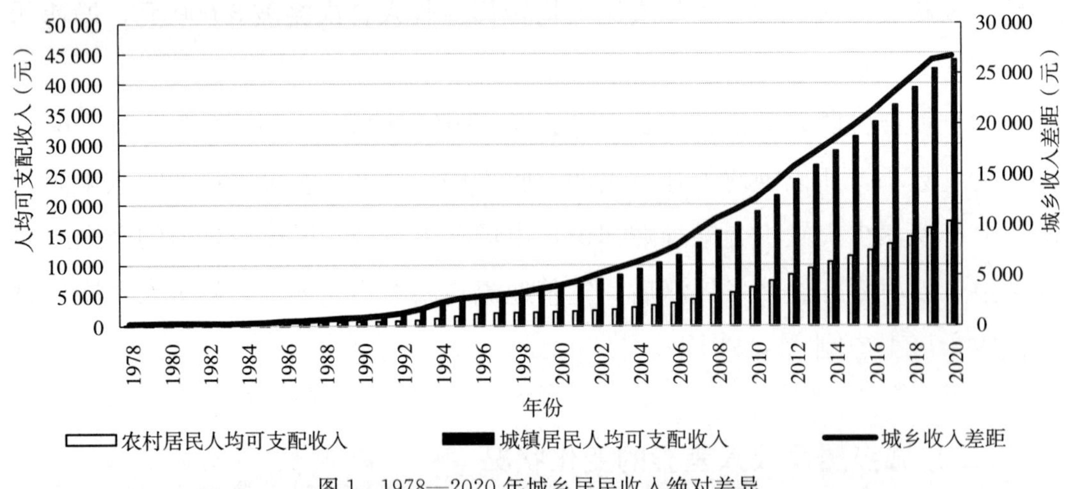

图1　1978—2020年城乡居民收入绝对差异

2. 城乡居民收入相对差异变化情况

从城乡居民收入相对差距来看，改革开放以来城乡居民收入的不平衡呈现“减弱—增强—再减弱”的波动性变化（图2）。第一，1978—1984年城乡居民收入的不平衡有所减弱，这一阶段主要受到家庭联产承包责任制的影响。农民收入大幅度提高，而城镇居民收入增长幅度不大，城乡居民收入比由1978年的2.57下降到1984年的1.83，城乡居民收入的不平衡趋于弱化。第二，1984—2009年，城乡居民收入不平衡在波动中明显增强。工业化进程不断推进，使得非农产业快速扩张，农业产值比重逐渐减小，从而进一步拉大城乡收入差距。在实际生产中，非农固定资产投资比重较大，排挤了农业部门的固定资产投资，间接导致非农业迅速发展和农业发展缓慢的二元规模差距明显的局面。第三，2009—2018年，我国城乡居民收入不平衡在波动中又有所减弱。受到各种政策影响，自2009年城乡居民收入比达到最高值后，城乡居民收入比逐年下降，至2018年下降到近10年的最低值2.68。在国家城乡统筹等战略的影响下，我国加大了对“三农”的扶持及现代农业产业化的改革，农业生产力水平提高；同时，工业面临转型升级，工业劳动生产率有所下降，服务业虽然获得迅速发展，但服务业劳动生产率往往比工业要低，城乡收入相对差距呈下降趋势。这个时期城乡收入差距虽然有所遏制，但仍高于发达国家水平，中国城乡收入差距需要进一步缩小（王平，2021）。

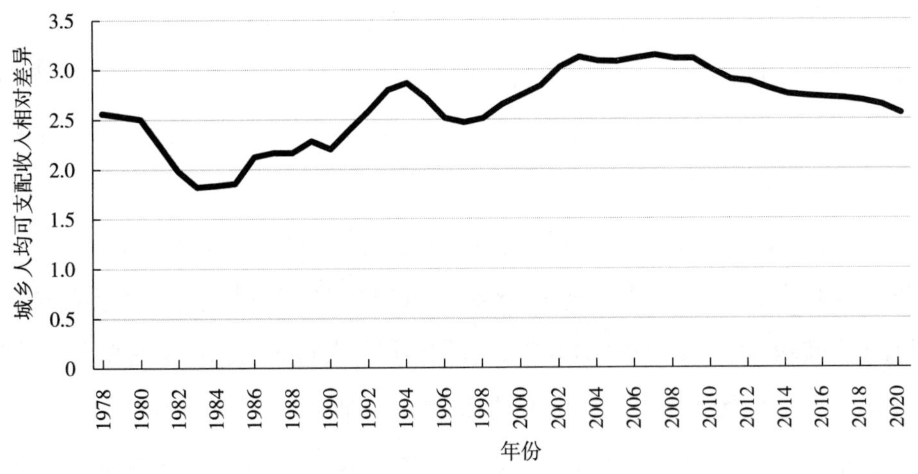

图 2　1978—2020 年城乡人均可支配收入相对差异

（三）农村居民内部收入差异变化状况

农村居民内部收入差距的出现，始于 1978 年改革开放。由于家庭联产承包责任制以及市场经济的转型，集体化的生产方式被打破，农民作为个体生产者的积极性被激发，特别是以按劳分配为主体、多种分配方式并存的分配制度确立，使知识、技术、资本、经营管理、土地房屋等生产要素同等地参与收益分配，形成了基于农业劳动者能力差别、地区差别等因素的收入差距，并逐步拉大（图 3）。

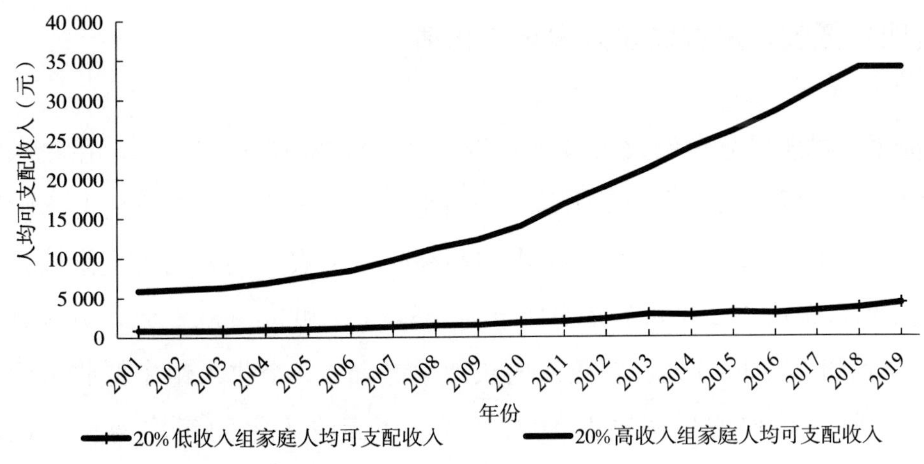

图 3　2001—2019 年农村居民 20%低收入组家庭人均可支配收入与 20%高收入组家庭人均可支配收入

2000—2009年，随着国家“西部大开发”“中部崛起”等相关政策的实施，有效地提高了中西部农民的收入，使得区域间的差距呈现出逐步缩小的趋势。这一时期，区域差异对农村居民收入差距的贡献值在减少，但区域内农村居民收入差距在逐渐增大。全国农村居民收入总差距的上涨与下降的波动与区域内收入差距的波动存在明显的一致性。例如，2000年区域内的贡献率为24.24%、区域间的贡献率为75.76%，2009年相应数据变为32.50%和67.50%，前者增加了8%，区域内差距对总差距的影响越来越大。

进一步对农民收入按来源进行分解，可以发现工资性收入对于农村居民收入差距的贡献较大。1978—2011年，工资性收入逐渐成为农民总收入的重要组成部分，也是导致收入差距的主要来源，对收入不平等的贡献度达到75%左右。此外，财产性收入与转移性收入对收入不平等的贡献逐渐加大，特别是转移支付并没有发挥其应有的效用，反而一跃成为不平等的第二大来源。

2015—2019年，政策支持对中、低收入农户，特别是贫困农户增收的影响是显著的。据魏后凯、杜志雄等的资料，2015—2019年，全国贫困地区、集中连片特困地区、国家扶贫开发重点县农村居民人均可支配收入年均名义增长率分别为10.9%、11.0%和11.2%，均明显高于全国农村居民人均可支配收入的年均增速（8.8%）（魏后凯，杜志雄，2020）。这表明，国家已经注意到农村居民收入四个来源对于农村居民内部收入差异的不同贡献，并且利用这种特征，调整这四个来源的比重，实施各种措施以减小农村居民区域内以及区域间的收入差距。

（四）低收入户农民收入增长变化情况

按照农村居民五等份收入分组情况（表1），2013—2020年，在收入增长绝对值方面，低收入组农户的人均可支配收入从2 877.9元增长至4 681.5元，增加了1 803.6元；而中等偏上组农户和高收入组农户的人均可支配收入则分别从11 816.0元、21 323.7元增加至20 884.5元和38 520.3元，分别增加了9 068.5元和17 196.6元。在收入增长速度方面，5个收入组中低收入组的人均可支配收入年均增长率最低为7.20%，而高收入组的年均增长率最高为8.82%。总体上看，低收入组农户人均可支配收入呈不断增长趋势，但收入增长绝对值和增速均落后于高收入组农户。

表1 2013—2020年我国不同收入组农民人均可支配收入

单位：元

组别	2013年	2014年	2015年	2016年	2017年	2018年	2019年	2020年
低收入组	2 877.9	2 768.1	3 085.6	3 006.5	3 301.9	3 666.2	4 262.6	4 681.5
中等偏下组	5 965.6	6 604.4	7 220.9	7 827.7	8 348.6	8 508.5	9 754.1	10 391.6
中等收入组	8 438.3	9 503.9	10 310.6	11 159.1	11 978.0	12 530.2	13 984.2	14 711.7
中等偏上组	11 816.0	13 449.2	14 537.3	15 727.4	16 943.6	18 051.5	19 732.4	20 884.5
高收入组	21 323.7	23 947.4	26 013.9	28 448.0	31 299.3	34 042.6	36 049.4	38 520.3

数据来源：《2021年中国统计年鉴》。

注：从2013年开始，国家统计局将农民收入统计指标从"农村居民人均纯收入"更改为"农村居民人均可支配收入"。由于上述两个指标的统计概念和范围存在差异，因此本报告重点关注2013—2020年的农民收入状况。

(五) 贫困地区农村居民收入增长情况

2013—2020年，我国贫困地区农村居民人均可支配收入，由6 079元增加到12 588元，增长了1倍以上，但与全国农村居民人均可支配收入之间的绝对差距略有扩大。贫困地区农村居民人均可支配收入增长速度高于全国农村平均水平，贫困地区农村居民收入与总体平均水平之间的相对差距不断缩小（表2）。我国贫困地区发展条件差，但仍在脱贫攻坚期间取得这些发展成就，殊为不易。贫困地区农村居民在国家脱贫攻坚战役中获得了实实在在的好处，生活条件不断改善，在共同富裕道路上不断前进。

表2 2013—2020年贫困地区农村居民人均可支配收入变动情况

年份	农村居民人均可支配收入（元）			农村居民人均可支配收入比上年增长（%）		
	贫困地区	全国	差值	贫困地区	全国	差值
2013	6 079	9 430	−3 351	16.6	12.4	4.2
2014	6 852	10 489	−3 637	12.7	11.2	1.5
2015	7 653	11 422	−3 769	11.7	8.9	2.8
2016	8 452	12 363	−3 911	10.4	8.2	2.2
2017	9 377	13 432	−4 055	10.5	8.6	1.9
2018	10 371	14 617	−4 246	10.6	8.8	1.8
2019	11 567	16 021	−4 454	11.5	9.6	1.9
2020	12 588	17 131	−4 543	8.8	6.9	1.9

注：数据来源于《中国农村贫困监测报告（2020）》和国家统计局；增速为实际增速而非名义增速。

脱贫攻坚不仅使得贫困地区农村居民收入快速增长，还显著优化了其收入结构。近年来，贫困地区农村居民的工资性收入比重持续上升，经营性收入比重不断下降，使得二者在总收入中所占比重趋于接近，成为贫困地区农村居民收入最主要的两大支柱。与此同时，转移性收入在总收入中所占比重快速上升，占据了重要地位；财产性收入所占比重尽管很低，但重要性有所上升（表3）。这些变化表明贫困地区农村居民收入来源日渐多样化，收入可持续增长能力不断提升。

表3　2014—2019年贫困地区农村居民收入结构变化情况

单位：%

年份	工资性收入	经营性收入	财产性收入	转移性收入
2014	32.7	44.3	1.2	21.8
2015	33.4	42.9	1.2	22.5
2016	34.1	40.7	1.3	23.9
2017	34.2	39.7	1.3	24.8
2018	35.0	37.5	1.3	26.2
2019	35.3	36.0	1.4	27.3

注：数据来源于《中国农村贫困监测报告（2015—2020）》。

三、面向2035年我国农民收入及其结构的变化趋势

分析预测农民收入的未来发展趋势，对于正确评估既有政策实施效果及拟定提升农户收入水平的科学决策具有重要意义。本节利用1990—2020年农民收入数据，对2021—2035年农民人均可支配收入进行预测，并分维度对工资性收入、经营性收入、财产性收入以及转移性收入进行预测。因农民收入为非平稳数列，因此将利用Arima模型进行计算预测。

（一）构建预测模型

1. 模型的建立步骤

（1）原始序列的平稳性检验。通过作时序图大致判断序列是否平稳，若

大致平稳，则通过单位根检验进一步检验序列的平稳性。

（2）序列的平稳化。原始序列若不平稳，则根据时序图的趋势选取合适的处理方法使序列趋于平稳。

（3）序列的纯随机性检验。检验序列的纯随机性，只有序列为非白噪声序列时，建模才有继续的意义。

（4）模型的识别与定阶。依据自偏相关图，运用传统的 Box-Jenkins 方法大致确定 ARMA（p，q）模型的自回归阶数 p 和滑动平均阶数 q，考虑到截尾拖尾性不明确以及在一定置信水平下模型的不唯一性，建立多种模型，通过显著性检验排除部分模型，综合 AIC 准则和 SC 准则确定阶数建立模型。

（5）模型的适应性检验。检验模型的残差序列，残差序列随机则表明信息被充分利用，模型确立。

（6）模型拟合及预测。根据建立的模型预测未来数据。

2. 数据的平稳化处理

由前文数据所示，1990—2020 年，人均可支配收入、工资性收入、经营性收入、财产性收入以及转移性收入均呈现出稳定增长的趋势，表明不同类型的农户收入数据为非平稳数列。为使农民收入数据变为平稳数列，将进一步对收入数据进行差分处理。为检验差分序列的稳定性，本研究对差分序列进行单位根检验。单位根检验结果显示（表 4），农户可支配收入、工资性收入、经营性收入经过二阶差分后，P 值在 1%的显著性水平上显著，转移性收入以及财产性收入则在一阶差分后在 1%的显著性水平上显著。因此，农户收入序列经过一阶或二阶差分后不存在单位根，完成了收入序列的平稳性处理，为后续进一步建模预测收入奠定基础。由图 4 所示的差分序列图可以看出，利用差分可充分地提取原始序列中包含的长期趋势，使得差分后序列无增长性的趋势，成为平稳数列。

表 4　单位根检验结果

	差分次数	Statistic Value	P 值
可支配净收入	2	−6.860	0.000
工资性收入	2	−8.657	0.000

（续）

	差分次数	Statistic Value	P 值
经营性净收入	2	−5.917	0.000
转移性收入	1	−5.171	0.000
财产性收入	1	−3.653	0.004 8

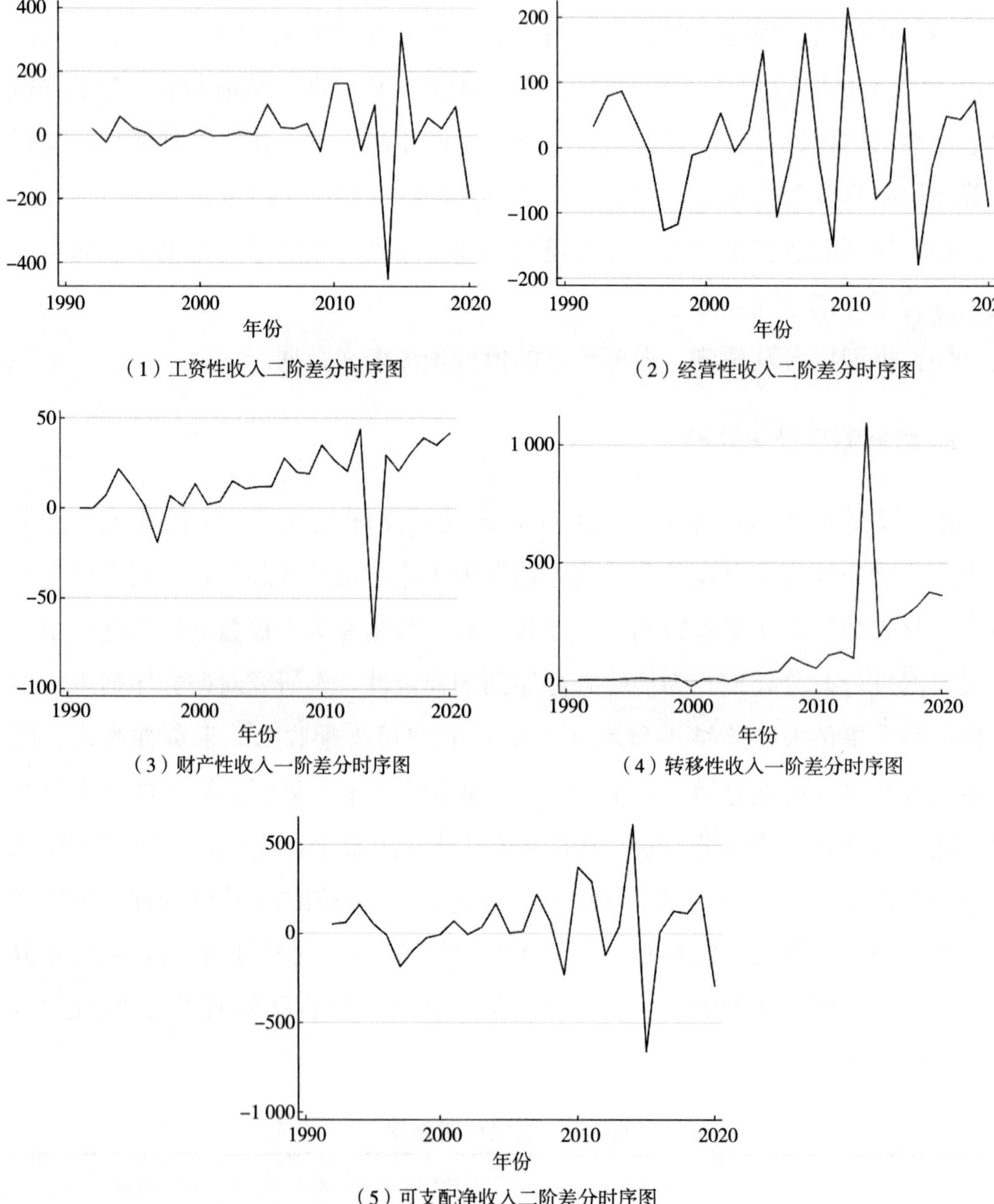

（1）工资性收入二阶差分时序图

（2）经营性收入二阶差分时序图

（3）财产性收入一阶差分时序图

（4）转移性收入一阶差分时序图

（5）可支配净收入二阶差分时序图

图 4　1990—2020 年农户收入差分时序图

3. 模型的识别与定阶

为了确定模型的阶数，本研究利用STATA软件计算自相关系数和偏自相关系数。结果显示，传统的Box-Jenkins方法无法精准地确定 p、q 值，因此，本研究根据数据自相关和偏自相关特征，设定不同的模型类型，并拟合不同的参数对比AIC值以确定最优的阶数：农户可支配收入的预测适合Arima（0，2，1）模型，工资性收入适合Arima（2，2，0）模型，经营性收入适合Arima（2，2，2）模型，财产性收入适合Arima（0，1，0）模型，转移性收入适合Arima（1，1，1）模型。

（二）到2035年农户收入增长及其结构变化趋势预测

本文利用1990—2020年的收入时序数据，对2021—2035年农户可支配收入、工资性收入、经营性收入、转移性收入以及财产性收入进行预测（表5）。从收入的绝对量出发，农户收入水平呈现出不断上涨的趋势，其中，工资性收入和经营性收入仍是农户收入的主要来源。从收入结构上看，1994—2020年农户的工资性收入、经营性收入、转移性收入以及财产性收入占收入的年均占比为35.12%、53.71%、8.78%和2.39%，而未来农户预测数据的工资性收入、经营性收入、转移性收入以及财产性收入的年均占比分别为41.82%、35.47%、20.73%、1.98%，由此可以发现，工资性收入和转移性收入占总收入的比重有较大幅度的增加，农户愈加倾向通过外出务工获得收入。从收入的增长速度可以发现，未来农户收入预测数据的可支配性收入、工资性收入、经营性收入、转移性收入以及财产性收入的年均增长率分别为5.78%、5.54%、5.27%、4.26%和2.70%，而1990—2020年农户可支配净收入、工资性收入、经营性收入、转移性收入以及财产性收入的年均增长率分别为11.32%、13.95%、8.55%、17.50%和10.88%，说明农户收入总量虽然不断增长，但增长趋势放缓。

表 5　2021—2035 年农户收入模型预测

单位：元

年份	可支配收入	工资性收入	经营性收入	转移性收入	财产性收入
2021	18 395.85	7 493.80	6 480.10	3 949.03	432.97
2022	19 701.43	7 981.77	6 932.29	4 225.23	446.93
2023	21 047.73	8 503.61	7 325.43	4 490.56	460.90
2024	22 434.77	9 034.65	7 713.17	4 745.89	474.87
2025	23 862.53	9 583.75	8 179.93	4 992.04	488.83
2026	25 331.03	10 147.81	8 663.75	5 229.74	502.80
2027	26 840.25	10 727.90	9 102.39	5 459.69	516.77
2028	28 390.20	11 323.66	9 561.00	5 682.50	530.73
2029	29 980.88	11 935.20	10 081.96	5 898.75	544.70
2030	31 612.29	12 562.50	10 600.94	6 108.97	558.67
2031	33 284.43	13 205.55	11 092.67	6 313.65	572.63
2032	34 997.30	13 864.36	11 617.70	6 513.24	586.60
2033	36 750.89	14 538.93	12 187.07	6 708.14	600.57
2034	38 545.22	15 229.26	12 746.11	6 898.74	614.53
2035	40 380.28	15 935.34	13 295.08	7 085.39	628.50

（三）促进农民持续增收面临的风险和挑战

上述预测是根据以往我国农民收入进行的计算，因而是一种理想状态。但是要全面认识未来我国农民收入的变动形势，还需要把握未来农民增收面对的风险与挑战，只有在充分认识这些风险的基础上才能做出合理的判断。

1. 农产品价格波动影响农民收入稳定

目前我国农产品价格增长乏力，部分农产品价格出现较大波动。研究发现，虽然稻谷、小麦等品种价格较为稳定，但是玉米、大豆等农产品价格容易出现波动（姜长云，2021）。近年来陆续出现了一些农产品短期价格剧烈波动的现象，严重挫伤农民积极性，影响农民收入。另外，随着我国融入世界经济体系的程度不断提高，我国农产品受到外来冲击的风险也在加大，一些农产品与国外同类产品相比处于劣势地位而逐渐萎缩。随着我国市场化改革和走向世界的程度不断提高，未来农业面临的市场价格冲击不会减少，必须加以防范。

2. 农村基础设施和公共服务不足制约农民增收

在前一阶段的脱贫攻坚行动中，农村地区的基础设施和公共服务得到了极大改善。但城乡设施与服务的不均衡现象还比较突出，成为未来乡村振兴中的短板弱项。具体表现在饮用水、天然气、垃圾处理、教育普及、医疗服务方面。在继续推进乡村振兴过程中，农村基础设施和公共服务仍需完善，为农业发展和农民增收提供有力支撑。

3. 农产品产业链不长供应链不稳附加值不高

一方面是我国农业产品供给仍以初级产品为主，产业链不长，导致农产品附加值普遍不高。另一方面，随着我国居民收入水平的提高，对农产品品类、品质和安全性提出了更高要求。供需错位使大量消费者转向国外市场，国内农产品消费能力外流严重。这些是实现我国农业高质量发展、农民稳定增收需要解决的问题，也是乡村振兴过程中产业振兴的关键。

4. 新冠疫情等潜在风险影响农民收入增长

2020 年突如其来的新冠病毒感染疫情阻碍农民外出务工与农产品销售，给农业发展和农民增收带来了新的困难（程国强，朱满德，2020）。关于疫情持续时间、影响范围和未来的应对方式等仍不甚明朗，其对农业的冲击仍需研判。目前来看，此次疫情冲击或许是短期的，并不会对农民增收的长期预期产生较大影响。但是在现代社会，各种风险对农业的影响或许会是常态，需要建立一定的机制来应对和进行管控。

5. 低收入户农民收入增长面临风险

低收入农户收入受自身现实因素和社会外部发展因素影响，要实现持续增收还存在一些风险。从低收入农户自身因素来看，低收入农户人力资本不足，增收的内生动力不足；从社会发展外部因素来看，受疫情和世界政治格局发展影响，国内外经济形势错综复杂，扶贫产业发展对于政府资金依赖度高，扶贫产业发展可持续性有待增强。

目前我国低收入农户增收存在人力资本有限，内生动力不足的问题。教育和培训是构成我国农村人力资本的核心内容，两者对农民收入水平的提高具有决定作用（白菊红，袁飞，2003）。然而，我国低收入农户普遍人力资本不足，受教育程度低，劳动力中文盲或半文盲占比 8%，高中及以上文化程度占比 10.7%，而高收入农户劳动力二者占比分别为 3%和 24.1%（表 6）。当前我国农民职业教育和培训存在着培养目标不明确，专业设置不合理，教师队伍建设落后，教育经费投入不足及区域发展不平衡，培训机构数量不足且缺乏统一管理等问题（盛阳荣，2009），农民的职业教育和培训状况不容乐观。

表 6　2012 年农村居民家庭劳动力文化程度基本情况

单位：%

	低收入组	中等偏下组	中等收入组	中等偏上组	高收入组
文盲或半文盲	8.0	6.3	4.8	3.9	3.0
小学程度	30.7	28.5	26.2	23.7	20.3
初中程度	50.7	52.9	54.0	55.1	52.7
高中程度	7.3	8.5	9.9	11.1	13.9
中专程度	1.8	2.0	2.6	3.1	4.0
大专及以上	1.6	1.8	2.5	3.0	6.2

数据来源：《中国住户调查年鉴（2013）》。

6. 贫困地区农村居民增收压力较大

一是基础设施建设不足和公共服务供给滞后影响农民增收。虽然我国贫困农村地区的基础设施和公共服务在脱贫攻坚过程中得到改善，但与城市和经济发达地区相比，仍然滞后，制约了贫困地区农民持续稳定增收。

二是扶贫产业对政府依赖度高，可持续性有待增强。第一，产业扶贫背后隐藏着两种不同逻辑：第一种是产业本身发展的市场化逻辑，第二就是必须要帮助贫困户脱贫的社会道德逻辑（许汉泽，李小云，2017）。这两个逻辑有相互矛盾的地方，遵从市场逻辑，应该将产业交给最好的企业带动，追求最高的经济效益，遵从社会道德逻辑则应该最大限度带动贫困农户增收，平衡两种逻辑不易，给扶贫产业的发展带来隐患。第二，容易出现“精英捕获”的情况。产业扶贫是通过转移支付扶贫资金，以项目制的方式运行，申请时的公开程度和申请门槛效应，往往是那些具有政治资源以及区位优势的“精英村庄”容易被分配到项目（许汉泽，李小云，2017），而更加需要帮扶的贫困村庄被忽视了。第三，依靠政府扶贫资金实现产业扶贫的方式不可持续。产业发展是链条式的，只有产业链更加完整，产业发展的经济循环才更畅通，才能可持续性发展，依靠政府资金实现产业发展是不可持续的。

四、面向2035年促进农民持续增收的对策建议

夯实农民增收的基础，一是要稳定增收的基本面，保证增收可持续，二是要发现新的增收点，为农民收入增加注入新动力。总体来看，农民持续稳定增收仍需要从农民收入的四个组成部分入手：经营性收入和工资性收入是农民增收的基础和主要方面，未来增加农民收入还需要从这两个方面继续深挖，保持增长活力；财产性收入和转移性收入是未来农民增收的新动力，作用不可小觑，如何提高这两方面的收入还需要在政策方面加以设计。

（一）提升农民经营性收入

经营性收入作为目前农民可支配收入第二重要部分，是农民稳定增收的重要着力点。过去农民增收的经验表明，农业生产效率的提高和农户与市场的结合是农民经营性收入增长的重要途径。在农产品存在“价格天花板”，以及农业生产成本不断增长的压力下，新时期提升农民的经营性收入，除进一步推动农业生产高质量发展，加深农民与市场的联系外，还要促进农村一二三产业的融合，延长农业产业链，激发农民经营性收入增长的更大潜能。

1. 促进农业生产提质增效

一是推进适度规模经营，降低农业生产成本，提高农机使用效率，实现农业生产规模效益。各地区可以在充分考虑地区自然条件和社会经济条件的基础

上，根据地区经济发展水平、资源禀赋、农业经营状况，因地制宜，做出经营规模的合理选择。在路径选择上，要稳健推进专业大户、家庭农场、合作农场、土地股份合作社、龙头企业等规模经营主体的培育和成长，村级组织作为农业治理不可或缺的主体，具备小农户欠缺的话语权和组织能力，在推进适度规模经营中应充分发挥村级组织统筹功能。

二是探索多样化的经营方式，分散农业生产的自然和市场风险。多样化经营包括种植多样化和种养结合等形式，前者是指农民可以结合地区自然条件、生产环境以及市场需求、信息条件等因素，选择优质的、适销对路的农产品进行种植，例如发展蔬菜大棚、灵活种植经济作物、轮作和套种等；后者是指在乡镇或者村庄范围内统筹种植、养殖规模，科学规划与合理布局种植业与养殖业，形成种养结合循环农业的经济模式。

2. 畅通农产品流通渠道

一是建设农产品流通供应链一体化体系。以供应链理念统领农产品物流设施建设，推进现代物流设施广泛应用，加强冷链物流建设，发展产地冷链、加工冷链，健全冷链物流发展体系。同时，加强农产品流通渠道信息管理系统建设，对供应链中的物流、消费流、资金流等进行统筹协调、精准把控和智能分析，打造完备的农业信息化管理体系。

二是扶持和培育农产品流通主体和中介组织。大力支持并鼓励农民自办购销组织，鼓励农民合作组织实施农产品加工和销售，发展多形态零售组织，促进连锁销售场所的发展，培育农产品流通中介组织，鼓励农业协会、交易经纪、信息咨询等在农产品市场上发挥更大的作用。

3. 推进乡村一二三产业融合发展

一是加大农业产业链的纵向和横向拓展，提高农业附加值。例如通过农业产业化推动农产品生产、加工、销售一体化，加强农户与合作社、农户与企业之间的联系，实现利益共享、风险共担；通过农业品牌化等方式，形成优势农产品的集群布局与区域专业化，成为高附加值农产品，从而追求产业链经济效益最大化。

二是创新农村产业融合模式，对农村产业融合发展的先进经验进行推广。当前许多地区根据当地的资源禀赋和生产要素，率先展开实践，创新农村一二三产业融合的新业态和新模式，如休闲观光农业、绿色综合农业、亲子体验农业、“互联网＋”农业体验园区等创意农业，这些取得成功的试点和地区要积极总结经验，形成可复制可参考的产业融合发展经验模式，通过示范效应和辐射效应扩大其影响力，带动发展。

（二）促进农民工资性收入增长

工资性收入在农民收入中占比上升，已成为农民收入中最大的部分。农民的工资性收入主要来源于务工，该项收入的增长主要得益于人口流动限制放松、乡镇企业的发展、农民劳动力素质的提升等方面的改善。提高农民工资性收入，可从以下几个方面入手。

1. 保障农民工合法权益

一是改革户籍制度以及与户籍制度挂钩的社会保障、义务教育、城市住房保障等制度，建立平等自由的劳动力就业市场，打破城乡之间劳动力市场壁垒，促进劳动力有效流动；二是加强劳动力市场的信息网建设，完善信息公示制度，针对不同年龄段劳动力的信息接收能力，采取不同方式为劳动者提供精确而实用的就业信息，降低农民就业的信息成本，增加就业机会；三是加大对农民工合法权益的保护力度，坚决抵制拖欠、克扣农民工工资的行为，为农民工提供免费的法律援助，帮助其解决劳务相关纠纷，可以安心无忧地工作。

2. 提升农村劳动力素质水平

一方面，提升农民的科学文化水平，发展农村教育文化事业，加大农村教育支出，保证落实九年义务教育，减少辍学率，为家庭困难的学生提供经济援助，提升农村居民的文化水平。另一方面，推广职业教育和技术培训，包括农民从事农业生产的技术培训和从事非农生产的教育培训。有针对性地对外出务工人员强化劳动技能培训，根据市场需求调整培训课程设置安排，优化教育结构，提升农民自身就业技能；推进农村中等职业教育发展，系统培养专业型农民工，提升农民专业技能，促进工资性收入增长。

3. 扩大农民就业务工渠道

提升城镇化水平，促进乡镇产业结构调整。促进乡镇企业发展，增加企业数量，丰富企业类型，扩大企业规模，如建设产业园区，加强乡镇规模聚集效应，将乡镇产业与城市产业对接，发展镇域和县域经济。延长产业链，发展农副产品加工业、服务业等劳动密集型产业，吸纳农村劳动力，完善就业服务体系，促进农民就业，提高农民工资性收入。

（三）增加农民财产性收入

农民的财产性收入虽然目前在农民四类收入中占比最低，但一直保持较高速度的增长。随着乡村振兴战略的不断推进，农村改革全面深化，农民财产性收入面临难得的增长机遇，具有巨大增长潜力。增加农民财产性收入既需要创造良好的外部环境，也需要提升农民自身的理财能力。

1. 深化农村土地制度改革

一是完善土地确权配套措施。细化土地确权、土地流转的法律法规和相关政策，增强政策的可操作性，细化落实土地确权登记颁证工作。明确农民对农村土地的支配权能，保证农民充分行使其对农村土地承包、经营、流转和收益的权利。二是探索宅基地“三权分置”，适度放活宅基地和农民房屋使用权，激活宅基地和农房的财产价值。在乡村振兴的背景下，乡村休闲旅游、生态农庄等新业态的兴起，让农房租赁有了更大的需求市场，可以因地制宜，允许村民将闲置房屋出租用于民宿、酒店、康养、乡村休闲游等用途，盘活宅基地和农房资产，增加农村居民的财产性收入。

2. 完善资源要素合理配置机制

一是完善农地流转市场，建设公平高效的土地交易平台。整合土地经营权交易网络，健全土地价格评价机构，积极建立和完善镇、县、市、省四级联网的流转交易信息公开平台，推进城乡统一土地市场建设，将国有土地市场和农村土地市场纳入统一的土地交易平台，以公开、公平、规范的方式流转交易，逐步建立城乡统一的土地交易平台。二是完善农村金融体系。打破固有的农村金融生态环境，构建多样化、合理化、健康化的农村金融体系，充分发挥金融对农民财产性收入增加的辅助作用。积极发展农村金融机构，降低金融准入门槛，允许合规小额信贷公司、村镇银行等新型金融机构进入农村金融领域，疏导农村地下金融，为农民提供更多的投资机会和选择。

（四）提高农民转移性收入

在农民的转移性收入中，政策性补贴成为最具保障的增长因素，主要有生产性补贴和社会保障性补贴。提高农民转移性收入，需要增加财政的农业农村支出，优化支农结构。

1. 增加财政“三农”支出

一是进一步提高对种粮农民的直接补贴，粮食直补、农机具补贴和生产资料补贴等，让农民以较优惠的价格购买农业机械和农药化肥等资料；二是加大农村基础设施和公共服务建设投入，增加农村就业、教育、卫生资源配置，加大农业保险范围和力度，加快推进农村社会养老制度的建设和完善，不断提高农村最低生活保障，健全农村新型合作医疗制度，提高对农村贫困户的救济标准，优化农民生产生活环境。

2. 优化财政支农结构

优化支农结构，合理配置资源，增加财政支出效率。一是优先增加农业科研投入，科学技术是第一生产力，增加农业科研投入，是提高农业生产效率的重要途径，是农业发展的基础和根本；二是增加财政对农村教育尤其是义务教育的投入以及对农民职业技能提高培训方面的投入，提升农村劳动力人力资本水平。

（五）加强农村基础设施建设，改善农村生产条件

农业增长的基本动力来自农村生产条件的改善。新时期要实现农民持续稳定增收，必须继续加强农村的基础设施建设。

1. 加快完善农业基础设施建设

一是建立基础设施建设多元投入机制。落实好中央有关文件精神，加强协调和领导工作，做好农业基础设施建设的总体安排，发展多元化投资模式，充分发挥民间资本的作用，建立国家财政为主，民间资本为辅的建设资金投入机制，通过引导社会资本进入农业领域，增强村庄基础设施的建设力量。二是以提高农业综合生产能力为重点加强农业基础设施建设。根据现代农业的发展需求，准确把握不同区域、不同发展水平下农业基础设施建设与服务需求的特点，重点抓好农村公路、电力、灌溉、农业机械等基础设施建设，因地制宜开展雨水集蓄、河渠整治、牧区水利、小流域治理、改水改厕和秸秆气化等各种小型设施建设，搞好全局性、基础性、创新性、先导性、示范性关键设施装备和能力条件建设。

2. 创新农村基础设施管护体制

一是明确基础设施的监管责任。加强工程建成使用后的保养工作，落实管护主体和责任，完善村庄基础设施建设与管护过程中公众参与和监督机制，做到建管并重、持续发展。二是建立科学的基础设施评价体系，开展公平高效的农村基础设施建设与运行绩效评价工作。将涉及农业生产和农民生活的重点设施项目纳入考核管理体系，给予优质项目表彰和奖励，对质量不合格的项目，要求责任人限期整改并追责，不断提高农业基础设施建设的管理水平和运行效率。

（六）增加贫困地区农民收入，提升低收入户收入水平

针对我国贫困地区农民增收面临的问题和挑战，还需要稳中求进，一方面

要稳定增收的基本面，另一方面还要发现新的增长点、为农民增收注入新的动力。

1. 加强贫困地区农村基础设施建设

一是要建立贫困地区基础设施建设的多元投入机制，建立以国家财政为主、民间资本为辅的资金投入机制，增强贫困地区农村基础设施的建设力量。二是加强农业生产基础设施建设，抓好贫困地区道路、电力、灌溉、农业机械等基础设施建设。三是要创新农村基础设施建设的管理体制，明确监管责任，做好保养工作，落实主体责任，并建立科学的评价体系，提高贫困地区基础设施的管理水平和运行效率。

2. 促进贫困地区产业发展提质增效

提倡多元发展，多元主体共同参与扶贫产业发展，促进产业的多元化发展，实现扶贫产业可持续发展。目前我国的扶贫产业发展多数是政府牵头，以项目形式联合龙头企业和农户共同发展，在脱贫攻坚过程中起到了重大作用。从总体而言，我国扶贫产业的发展还存在着政府主导性强、企业逐利性强、农户话语权弱的问题，因此应该提倡扶贫产业多元发展，巩固扶贫脱贫成果。一是促进多元主体共同发展，政府层面，放宽政策限制，以合作的态度推动龙头企业和农户对话，参与到扶贫产业中去；企业层面，在追求效益最大化的同时兼顾对农户的带动效应，实现双赢；农户层面，强化主体意识，以主人翁的心态积极参与到扶贫产业发展中，维护自身权益。二是促进产业多元发展，探索产业发展的合作模式和产业类型，注重区域多样性，避免形成相互竞争的局面。

3. 增加农村低收入群体和贫困地区农民人力资本投资

提升低收入农户收入的关键在人。从长远来看，建立人力资本长效培育机制，提高低收入人口人力资本水平，应从基础教育、职业技能培训两个方面展开。第一，加强农村的基础教育。基础教育是提高农民素质最重要的渠道，目前我国农村地区的基础教育较为薄弱，脱贫攻坚解决了农村学生没钱上学、辍学率高等问题，但仍然存在教学设施落后、缺乏优质教师资源等问题。第二，发展农村职业技术教育，提高职业教育和技能培训质量。政府和国家投入大量财政资源开展农村劳动力培训活动，甚至设立专项资金来加强此类活动，但效果比较有限，原因可能在于职业教育和技能培训类型和质量与农民实际需求之间的匹配性较弱，因此，未来需要对农民职业教育和技能培训的类型和方式加以改善，匹配农民尤其是低收入农民的实际需求。建立人力资本培育机制，提升低收入农户的人力资本水平，激发低收入农户增收内生动力。

4. 政策兜底保障弱势群体生活

部分农民群体受制于自身发展条件，特别是老年人、残疾人和其他弱势群体，缺少增收的能力，即使实现了脱贫，也有着很高的返贫风险。对于该群体，国家应该发挥政策兜底功能，实现农村低保制度与扶贫开发政策的有效衔接，避免其基本生活陷入困境。

专题报告八

关于农业高质量发展和乡村产业融合发展问题研究

一、农业高质量发展的背景及其内涵

（一）农业高质量发展提出的背景

经过改革开放以来 40 多年的不懈努力，我国农业农村发展实现了新的历史性跨越，农业实现转型升级，农村面貌焕然一新。党的十八大以来，我国经济发展进入新常态，农业农村发展进入新阶段，农业的主要矛盾由总量不足转变为结构性问题突出，主要表现为阶段性供过于求与供给不足并存，矛盾主要方面在供给侧。

2015 年 12 月，习近平总书记在中央财经领导小组第十一次会议上首次提出“供给侧结构性改革”，并从调结构、保数量、提质量等方面为推进供给侧结构性改革指明了方向①。

2017 年中央 1 号文件明确提出，要以推进农业供给侧结构性改革为主线，加快结构调整步伐，加大农村改革力度，提高农业综合效益和竞争力。同年 10 月，党的十九大报告提出，中国特色社会主义进入新时代，社会主要矛盾已经转化为人民日益增长的美好生活需要和不平衡不充分的发展之间的矛盾，

① 中国政府网．中央财经领导小组第十一次会议召开［EB/OL］．http：//www.gov.cn/xinwen/2015-11/10/content_2963689.htm

我国经济发展进入新阶段，由高速增长向高质量发展转变。作为高质量发展的重要任务与重点领域，我国农业经济也进入转变发展方式、优化产业结构、转换增长动力的关键时期。高成本、高消耗的传统农业生产方式与农业可持续发展之间的矛盾、人民群众消费需求升级与农产品结构性供给失衡之间的矛盾亟待解决。同年 12 月，习近平总书记在中央农村工作会议上的讲话明确指出，必须深化农业供给侧结构性改革，走质量兴农之路①。

2019 年 2 月，农业农村部等七部门联合印发的《国家质量兴农战略规划（2018—2022 年）》提出，坚持质量第一、效益优先，推进农业由增产导向转向提质导向，不断适应高质量发展的要求，提高农业综合效益和竞争力。2020 年 12 月，习近平总书记在中央农村工作会议上的讲话提出，要深入推进农业供给侧结构性改革，推动品种培优、品质提升、品牌打造和标准化生产②。

（二）农业高质量发展的内涵特征

农业高质量发展作为我国经济高质量发展的重要组成部分，需要在经济高质量发展的总体要求下，结合农业产业特征、发展现状及未来发展方向对其加以理解和把握。农业高质量发展就是在农业产业范围内，通过深化农业供给侧结构性改革，实现农业由总量扩张向质量提升转变，提高农业综合效益与竞争力，满足人民群众对美好生活日益增长的需要，实现我国由农业大国向农业强国转变。

1. 以促进农林牧渔业发展为主题

农业生产是对土地、劳动力、资金、技术等多种基本生产要素进行合理配置，收获具有使用价值农产品的经济活动（徐光平，曲海燕，2021），包含种植业、林业、畜牧业、渔业四种产业形态。促进农业高质量发展，着眼粮油棉糖

① 共产党员网．中央农村工作会议在北京举行 习近平作重要讲话［EB/OL］．https：//news.12371.cn/2017/12/29/ARTI1514548988259610.shtml

② 共产党员网．坚持把解决好“三农”问题作为全党工作重中之重 举全党全社会之力推动乡村振兴［EB/OL］．https：//www.12371.cn/2022/03/31/ARTI1648714506421324.shtml

等农产品、林果花卉等林产品、肉禽蛋奶等畜产品、鱼虾蟹贝等水产品生产，通过各项生产要素的精准化投入，促进绿色高效农林牧渔产业的发展。

2. 以农业供给侧结构性改革为主线

农产品结构性过剩是当前我国农业发展面临的突出矛盾，是农业高质量发展要破解的难题。促进农业高质量发展，要以推进农业供给侧结构性改革为主线。从供给侧出发，从生产端入手，以满足市场需求为导向，优化农业生产要素配置，提高农业供给体系的质量效益，深入推进农业结构调整，使供求关系在更高水平上实现新的平衡，从而实现农业高质量发展。

3. 以农业提质增效为主攻方向

推动农业高质量发展，既要实现质量的提升，也要关注效益的增加。在质量方面，不仅包括通过品种培优、品质提升、品牌打造和标准化生产实现农产品质量的整体提升，还包括产业结构调整实现产业发展质量的稳步提高。在效益方面，不仅要提高经营收益与生产效率，实现经济效益的提升，还要推进农业绿色化、生态化生产，提高可持续发展能力，实现生态效益提升。

4. 以提高农业竞争力为主要目标

农产品质量与农业发展质量的提升，可以提高我国农业的国内竞争力和国际市场竞争力。生产环境的改善、产品质量的提升、优质品牌的创建等，不仅能满足人民群众日益增长的消费需求，更能让农业成为有奔头的产业，让中国农业智慧与经验的舞台越来越大，实现由农业大国向农业强国转变。

二、农业高质量发展的现状与障碍分析

（一）农业高质量发展的现状和特点

1. 农业生产稳步提升，结构调整取得明显成效

在第一产业内部，农林牧渔业产值均有所提升，产业结构基本稳定，结构

调整较为缓慢。从产值来看，我国种植业、林业、畜牧业与渔业产值均有大幅提升，相比 2000 年，2020 年分别增加了 57 874.6 亿元、5 025.1 亿元、32 873.6亿元和 10 063.3 亿元。从结构来看，种植业与畜牧业在我国农林牧渔业发展中占据重要地位，林业与渔业产值占比较小。种植业在 2000 年和 2020 年占比分别为 55.68%和 54.87%，畜牧业占比分别为 29.67%和 30.80%，林渔两业占比分别为 14.65%和 14.33%。此外，种植业占比呈先下降后上升的发展趋势，畜牧业与其相反，但整体来看，变动幅度较小，产业结构基本稳定。

在种植业内部，粮食作物、蔬菜与果园面积占比均稳定增加。粮食是我国最主要的种植作物，2000 年和 2020 年粮食作物播种面积分别为 10 846.3 万公顷和 11 676.8 万公顷，占种植业播种总面积的 69.39%和 69.72%，种植面积有所增加，表明在保障粮食安全战略部署下，我国粮食作物生产较为稳定。此外，随着人民生活水平提升，对蔬菜瓜果类食品需求增大，蔬菜和果园面积有所增长，蔬菜播种面积由 9.75%提升到 12.83%，果园面积由 5.71%提升到 7.55%。而糖类作物播种面积基本稳定，油料及糖料作物播种面积有所下降。粮食作物虽仍在种植业中占据重要地位，但随着蔬菜和果园面积的增加，种植业结构调整优化略有成效。

在林业内部，经济林产品产值稳中有升，林木育种育苗和花卉占比大幅增加。经济林产品的种植与采集产值占比最大且呈现稳定增长的趋势，由 2006 年的 2 550.7 亿元增加至 2019 年的 15 084.1 亿元，占比也由 57.76%增长至 62.94%。营造林与木材采运产值占比较大但呈现大幅下降趋势，分别由 12.48%和 14.10%下降至 8.55%和 5.33%，林木育种与育苗及花卉产值占比有所提升，分别由 4.32%和 9.53%提升至 9.87%和 11.21%。由此看来，林业产业结构有所调整，林木育种与育苗及花卉取代了营造林与木材采运在产业结构中的位置。

在畜禽产品内部，肉类产品产量占比下降，蛋类占比基本持平，奶类占比有所提升。2000—2020 年，肉类产品产量呈现先增长后下降的趋势，从 2000 年的 6 014 万吨增加到 2014 年的 8 818 万吨后，连续降低到 2020 年的 7 748 万吨。蛋类和奶类产品产量呈稳中有升的趋势，产量分别从 2 182 万吨和 919 万吨增加到 3 468 万吨和 3 530 万吨。从结构上来看，肉类产品是最主要的畜产品，占比由 65.98%降低到 52.54%。蛋类产品占比呈现先下降后增长的趋势，2000 年和 2020 年占比基本持平；奶类产品的占比由 10.08%上升到 23.94%。由此看来，畜禽产品结构有所调整，但基本稳定。

2. 产品质量有所提升，但整体发展仍较为缓慢

绿色食品认证数量稳步提升，农林产品及加工品认证数量有明显增长，畜禽类和水产类绿色产品认证数量增幅渐缓。从总量来看，绿色食品认证数量呈逐年增长态势，由 2002 年的 2 317 个增加至 2020 年的 36 747 个（图 1），三类食品认证数量均有不同程度提升，表明我国农产品质量均有明显改善。从结构来看，农林产品及加工品绿色食品认证数量占比最大且有所提升，从 2002 年占比 73.59%提高至 2020 年的 93.38%，但畜禽类产品占比大幅下降，从 2002 年占比 23.09%降低至 2020 年的 4.86%，水产类产品占比从 2002 年的 3.32%降低至 2020 年的 1.76%，表明畜禽类和水产类产品质量整体提升速度较慢。

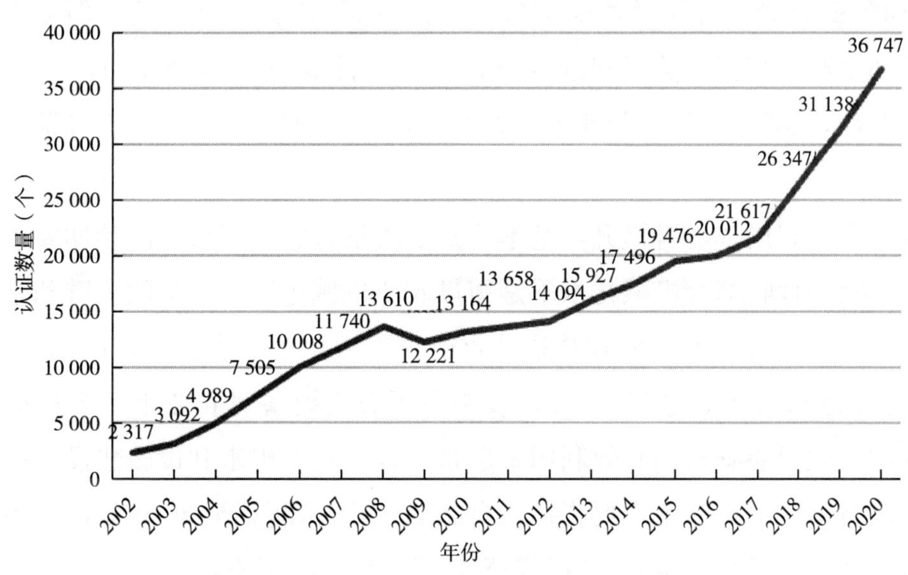

图 1　2002—2020 年我国绿色食品认证数量
数据来源：绿色食品统计年报

有机食品认证和农产品地理标志登记产品数量分别在 2012 年和 2014 年后稳中有升，且均以种植业产品认证为主。从总量来看，有机食品认证从 2012 年的 2 284 个增加至 2020 年的 4 233 个，增长 85.33%，农产品地理标志登记产品数量从 212 个增加至 312 个，增长 47.17%。同时，种植业、畜牧业和渔

业有机食品认证数量均有增长。从结构来看，种植业有机食品认证数量和农产品地理标志登记产品数量占比最大，畜牧业与渔业相关产品数量占比相当，且占比较为稳定。

3. 农业综合效益显著提高，但仍缺乏市场竞争力

我国土地产出率稳定提升，但仍低于发达国家。作为人多地少的发展中国家，土地产出高效是农业高质量发展需要实现的重要目标之一。我国土地产出率由 2000 年的每公顷 1.14 万元增长到 2020 年的 5.16 万元，每公顷增加了 4.02 万元。2017 年，我国土地产出率高于英国的每公顷 1.58 万元和美国的每公顷 0.724 万元，但在很大程度上仍低于日本的每公顷 8.13 万元和韩国的每公顷 11.53 万元（黄修杰，储霞玲，2020）。

我国劳动生产率呈现大幅增长趋势，但仍有很大提升空间。农业劳动生产率不仅代表国家农业竞争力，还关系到农民增收。我国农业劳动生产率从 2000 年的每人 0.41 万元增加到 4.39 万元，人均增加 3.98 万元。但 2017 年，我国劳动生产率却仅为美国和以色列的 1/16，日本的 1/5，韩国的 1/4（黄修杰，储霞玲，2020）。我国劳动生产率有所提升，但农业综合效益与竞争力仍有待提高。

我国资源利用率显著提升，基本达到了质量兴农发展目标的预期要求。首先，农作物耕种收综合机械化水平是衡量农业机械化发展水平的关键和基础指标。2000—2020 年，我国农作物耕种收综合机械化率稳步提升，由 2000 年的 32.2％提高到 2020 年的 71.26％，表明我国农机设备对农业生产支持更加有力。其次，农田灌溉水利有效利用系数是综合反映农田水利设施建设、用水管理和灌溉技术水平的一个重要指标。自 2006 年开始测算至 2020 年，我国农田灌溉水有效利用系数已由 0.46 提高至 0.57，表明我国农业生产用水效率有了很大提升。

我国化肥农药施用强度较高，但发展形势逐渐向好。我国化肥农药投入为农业生产做出了巨大贡献，但对比部分粮食生产优势国，我国化肥农药投入位居世界高位。2000—2020 年，我国耕地每公顷化肥投入量均超过 300 千克，多年连续超过每公顷 200 千克的国际标准。2018 年我国耕地每公顷化肥投入

量为 394.53 千克，同期美国每公顷化肥投入量为 126.6 千克、澳大利亚为 84.9 千克、加拿大为 111.3 千克。2000—2020 年，我国耕地每公顷农药投入量均超过 8 千克。2018 年我国耕地每公顷农药投入量为 10.47 千克，同期美国每公顷农药投入量为 2.55 千克、澳大利亚为 2.1 千克、加拿大为 2.4 千克，中国与其差距明显。2015 年以来，我国持续开展化肥农药使用量零增长行动，化肥农药使用量显著减少，农业绿色发展形势向好。

（二）农业高质量发展的障碍

过去 20 年，我国农业取得较快发展，农业生产稳步提升，结构调整取得明显成效，农产品质量与农业生产效益有所提升。但仍存在结构调整缓慢、产品质量仍然不高和缺乏市场竞争力等问题。面对实现高质量发展的目标，我国农业产业仍然面临诸多挑战，亟待破除障碍，主要为以下方面。

1. 政府引导市场主导的调节机制尚未健全

由于农业具有生产周期长、经营风险高、比较收益低等特点，长期以来受到政府的支持和保护。政府的支持和保护虽能促进农业的发展，但也会在一定程度上抑制其内生动力和发展活力。

一方面，政府在利用政策手段直接配置资源调节市场供求的同时，也会影响市场作用的充分发挥。具体来看，在资源要素配置方面，要素的市场化改革仍滞后于商品的市场化改革，目前仍没有形成较为完善的农村生产要素交易市场，导致土地资源流转利用困难，劳动、资本、技术进入农村市场的动力不足。农户的碎片化耕地不利于开展规模化、机械化、集约化经营，要素配置不充分，利用程度不高。

另一方面，政府对部分领域的市场失灵问题关注不够，在制定完善质量评价标准体系和奖惩规则、培育区域品牌等方面的公共服务供给不足，特别是质量兴农的价值实现机制还没有完全建立。具体来看，政府对以增产为导向的农业支持政策目前仍占较大比重，提质导向体现不充分。农业补贴政策、农产品价格支持政策、科技政策、经营主体培育政策，以及产粮大县等奖励政策，在目标导向和指标设定上仍偏重于数量和规模，农业结构优化、产品质量提升、品牌培育和绿色发展等质量指标数量少、比重低，在诸多方面尚不适应推动农业高质量发展的目标要求。

2. 科技创新产品供应及推广应用能力较弱

（1）农业科技创新产品供应。农业高质量发展不强的核心问题在于农业科技创新能力整体不足，农业技术创新有待提高，制度创新有待深化。在技术创新方面，农业技术研发创新体系仍不健全。

第一，农业科技创新资金投入不足，尤其是引导和动员包括金融资本在内的其他社会资本参与农业科技创新动力不足，多元化的农业科技投融资体系尚未建立，具体表现为农业高校和企业对科技创新投入的积极性还不够高，研发投入不足。

第二，前端研发力量薄弱，品种、技术、装备等领域的研发应用在短期内难以实现重大突破，具有重大应用价值突破性科技成果仍较缺乏，支撑农业转型发展和跨越式发展能力不足。与以往相比，我国在科技创新领域的发展取得了较大突破，但所获科技成果仍以常规性为主，关键核心型技术、战略先导型技术等对外依赖程度较高，尚未根本转变核心技术、源头技术受制于人的局面。

（2）农业科技创新产品转化推广。创新成果转化为农业实际生产力是推动农业发展由依靠要素投入转向创新驱动的关键环节。科技创新转化能力不足，仍存在科技创新应用“最后一公里”难题。

第一，我国科技研发与创新多由政府主导，市场作为引致需求的主体，在科技创新方面的引导地位较弱，容易导致科技创新成果与市场需求匹配度低，部分科技创新成果缺少转化为生产力的商业价值，因而无法进行生产力转化。

第二，考核机制忽视创新转化结果。科研机构考核长期以发表论文数量、刊物级别等为依据，农业干部政绩考核亦缺少对科技成果转化的经济、社会、文化等效益评价。

第三，目前我国农业推广体系存在较多弊病，难以有效发挥农技推广作用。在农民习得和掌握科技能力困难的情况下，技术推广对亲民化技术的重视不够。农技推广具有需要多元主体协同的工作性质，政府科技部门、扶贫办、企业和农业院校等主体各具特点，推广主体间缺乏必要的协同和凝聚力。

3. 标准化、生态化生产体系尚未形成

农业高质量发展关键在于通过建立标准化、生态化的产品生产体系，整体提升农产品质量。

第一，实施农业标准化，应从技术和管理两个方面制订标准并实施，实现农业全产业链的标准化控制。但当前我国农业生产标准体系布局尚不均衡，大多数标准集中在技术类，管理方面标准不足，存在重技术标准轻管理服务标准的问题。此外，标准重制定、轻修订，重编写、轻操作，重试验研究、轻实际调研的现象还很普遍，与实际生产衔接不够，标准的科学性、适用性、可操作性等方面还有待提高。

第二，我国农业生产中一家一户的小农生产占较大比例，农业生产经营主体小、散、乱现象依然突出。在农业生产中，农户标准化意识不足，仍沿袭传统的种养经营方式，无法满足农产品质量一致性的要求。

第三，农业投入与生产环境净化是农产品质量提升的重要保障。但农业投入品滥用、乱用现象较多，超标农药、禁止使用的有毒有害添加剂等仍在使用，不法商人制造销售假劣农资等问题依然存在。工业“三废”和城市生活垃圾等外源污染向农村扩散，化肥、农药施用强度大、利用率低，农地水土中镉、汞等重金属的含量巨大，环境污染导致生态系统退化的问题十分严峻，使农业高质量发展不可持续。

4. 农产品品牌培育和经营发展滞后

品牌建设是提升农产品市场竞争力和农业生产效益的重要途径，但当前我国在农产品品牌打造、培育、管理等建设与推广过程中仍存在诸多问题。

第一，农产品区域品牌定位不准，部分地区在打造农产品区域品牌时，缺乏对地方特色、自然条件、区域优势、种养习惯等因素的考虑，导致农产品区域品牌与地方资源禀赋有一定的偏差，品牌增强农业竞争力、提高农业经济效益的作用有限。

第二，现有部分农产品品牌宣传推广不力，缺乏好的宣传推介渠道和品牌运作模式，宣传效果不明显，没有形成品牌的高辨识度，品牌知名度和影响力仍较小，导致农产品的附加值提升难度大，竞争优势较弱。

第三，缺乏品牌意识，对农产品品牌的管理维护不到位。在品牌使用过程中，存在假冒伪劣或者仿制等情况，一定程度上影响力品牌的信誉度。此外，品牌产品作为当地特点和名片，政府在监管过程中存在保护主义、监管力度放松的现象，同时由于品牌申报、认证和管理部门分散，多头管理，监管难度大。

三、农业高质量发展的未来趋势与对策建议

（一）未来趋势

回望过去20年，我国农业生产保持较快增长趋势，产业结构不断调整，产品质量与综合效益有所提升，基本满足了人们日益增长的消费需求。面向2035年，我国基本实现社会主义现代化，对国家发展以及农业发展形势加以展望，能够为国家以及农业产业发展指明前进方向。

1. 基本国情发生根本改变

2035年，我国将实现从落后的社会生产力到越来越先进的生产力的重大飞跃，达到中等发达国家水平，人均国内生产总值跃进为世界中上位置，超过3.35万国际元，相当于美国人均国内生产总值的40%①。2035年，我国人口总量为14.32亿人，城镇常住人口为10.59亿人，农村常住人口为3.73亿人，城镇人口城镇化率为74%②，实现了从农村为主的社会转变为城镇为主的社会。按购买力平价计算，每人每日收入翻一番，达到60国际元以上，同时，

① 根据世界银行数据库相关数据计算所得。

② Department of Economic and Social Affairs Population Dynamics. World population prospects 2019［EB/OL］. https：//population. un. org/wpp/Download/ Standard/Population/.

农村居民家庭恩格尔系数从 2000 年的 49.1%降低至 25%左右[①]。

2. 农业产业发展结构调整稳中有进

根据中国农业产业模型（CASM）预测，在粮食作物的种植结构方面，2035 年，小麦、稻谷、玉米的种植面积占比分别为 19.07%、24.34%和 37.29%，小麦、稻谷的种植面积小幅减少，玉米的种植面积有所增加，主粮消费降低，饲料粮消费增加。此外，大豆的种植面积将略有增加，水果和蔬菜的种植面积占比将由 2001 年的 20%增加到 2035 年的 23%。在养殖产品结构方面，畜产品和水产品占比分别为 70.46%与 29.54%，其中肉、蛋、奶占比分别为 55.27%、19%和 25.73%，主要畜产品结构基本稳定。

3. 农业综合效益与贸易竞争力显著增强

根据中国农业产业模型（CASM）预测，在主要作物的单产方面，玉米单产将继续上升且增速最快，2035 年可达每公顷 6.97 吨，小麦、稻谷和大豆单产将分别保持为每公顷 6.17 吨、7.45 吨和 2.05 吨。

在农产品贸易方面，2035 年我国将发展成为全球农产品贸易大国。从当前到 2035 年，我国农产品进出口总额增长速度将持续增加，农产品贸易将呈现出持续稳步提升的态势，到 2035 年我国农产品进出口水平将仅次于美国居于世界第二位，成为全球农产品贸易大国。2035 年，农产品进口总额预计将达到 1 575 亿美元，出口总额将达到 1 093 亿美元，预计 2035 年之前我国农产品逆差基本保持在 450 亿～480 亿美元范围。

（二）对策建议

1. 厘清政府和市场作用方式，推动农业结构调整

一方面，发挥市场对生产的主导作用，加快从以产定需向以需定产的市场策略转变，坚持市场主导、消费主导下的供给侧结构性改革。进一步破除影响

① 根据世界银行数据库相关数据计算所得。

要素流动的体制机制障碍，发挥市场配置资源的灵活性、准确性和有效性，不断扩大市场的选择空间，引导技术、资本、人力、制度等先进要素集聚，提高农业自身参与竞争的能力，以效率和能力提升作为吸引优质资源、优化供给结构、促进农业高质量发展的根本动力。

另一方面，政府及时有效干预市场失灵领域，发挥兜底、引导、服务功能。完善规划引领体系，科学编制并有效实施农业高质量发展规划，突破短期思维，聚焦长期性、结构性问题，加快制定中长期农业高质量发展战略，建立健全推动农业高质量发展的长效机制。

2. 推进科技和体制机制创新，驱动高质量发展

一是将提升核心技术自主研发能力摆在关键位置，大力推动农业科技创新。增加财政对科技创新的投入力度，创新科技投入渠道，建立多元化的资金投入机制，吸引社会资本参与农业科技创新，加快研发一批促进农产品质量提升的新技术、新品种、新装备。充分发挥企业在创新决策、研发投入、科研组织、成果转化等方面的主体作用，加大高校、科研院所及企业间的横向联合，优势互补，共同开展核心技术研发，为农业高质量发展提供全面的科技支撑。

二是系统推动农业生产经营制度、产权制度以及金融支持机制等配套制度创新。在培育新型农业经营主体的同时，注重生产经营合同规范的制定，划分清楚该主体的权利义务范围，合理规定土地流转时间、土地租赁的规模范围以及价格范围，完善解决新型土地纠纷问题的法律制度。提高职业农民财务素养，引导新型农业经营主体建立会计制度等方式降低融资成本，解决农业融资难、融资风险较大的问题。

三是继续深化农业推广体系，理顺改革各级农业推广部门的组织关系与管理职能，提高农业推广人员科学素质水平，创新农业推广方法，增加农业技术推广经费投入。完善科研及行政考核制度，科研成果评估应摒弃以唯论文论为核心的考核评价体系，建立以科技创新质量、贡献、绩效为导向的分类评价体系；干部考核应考虑将科技成果转化率列为考核指标，以行政力量推进科技成果转化。聚焦农业发展过程中亟须解决的难题，将成果转化与问题需求相匹配，提高创新成果转化后的使用效率和经济效益。

3. 提升标准化生产水平，赋能现代农业发展

一是加快建立标准体系。农业标准及技术规范的制定应与农业高质量发展相适应，有针对性地引进并加速转化具有国际先进水平的农业标准，同时坚持因地制宜和贴近实际原则制定修订粮食安全、种业发展、耕地保护、产地环境、农业投入品等标准，建立健全农产品等级规格、品质评价、产地初加工、农产品包装标识、冷链物流与农产品储藏标准体系。

二是全面推进农业标准化生产。营造良好的标准执行、落实氛围，通过新型经营主体培育并发挥示范引领作用，转变传统经营主体与企业生产观念，准确理解农业生产标准，增强标准化生产能力，不断壮大农业标准化实施人才队伍，促进生产全流程标准化。

三是坚持绿色引领。净化生产过程与环境，大力推进农业投入品减量化，逐步减少普通化肥、农药的使用量，增加有机肥、生物农药等投入品的使用。严格农业投入品监管，建立生产者信用档案、黑名单制度、诚信分级制度，进行生产全过程质量控制，引导农业生产者和投入品供应商自觉遵守限用禁用有关法律法规和技术规范。

4. 强化乡村品牌建设，提高产品附加值与市场竞争力

一是结合地域特色，构建农业品牌体系。依托新型农业经营主体，深入挖掘当地资源特色与优势，打造并培育优质农业品牌，增加农产品品牌数量及质量，构建特色鲜明、合理分布、相互补充的农业品牌体系。

二是加强宣传推介，不断提升农业品牌影响力。在宣传渠道方面，通过电商直播、平台销售等方式扩大品牌宣传效应，利用自媒体、公众号、短视频等线上方式加强宣传推介。同时与商超、学校等组织对接与联合销售，加强线上线下销售平台的打造，不断扩大品牌影响力。在宣传内容方面，深入挖掘品牌文化内涵与品牌故事，加强品牌市场销售。

三是完善品牌管理体制，加强运营和监管。制定具有前瞻性、实用性强、可操作性的品牌管理战略。探索建立第三方市场监督评估机制，对农产品进行动态监督和管理，针对不符合标准和要求的农产品应及时进行调整和更换，提

高品牌公信力，禁止非法使用相关商标和标志。

四、乡村产业融合发展的背景与内涵

乡村产业融合发展是农业高质量发展的内在要求，是推动产业兴旺，增加农民收入，助力乡村振兴，加快建设现代农业产业体系的重要驱动力。

（一）乡村产业融合的提出与发展

2015年以来，党中央出台了一系列政策规划，推动乡村产业融合不断深入。2015年中央1号文件提出要“推进农村一二三产业融合发展”；2016年中央1号文件指出，要深度挖掘农业的多种功能，培育壮大农村新产业新业态，推动产业融合发展成为农民增收的重要支撑；2017年中央1号文件强调通过现代农业产业园等促进一二产业融合，通过乡村休闲旅游等实现一三产业融合，通过特色村镇实现一二三产业融合与城镇化的统一。2018年中央1号文件强调要构建农村一二三产业融合发展体系，提升农业发展质量，培育乡村发展新动能。2021颁布的《中华人民共和国乡村振兴促进法》提出，坚持以农民为主体，以乡村优势特色资源为依托，支持、促进农村一二三产业融合发展，推动建立现代农业产业体系、生产体系和经营体系。

当前农业生产成本迅速上升，农村生态环境状况不容乐观，粗放传统的农业发展道路亟须转变，通过乡村产业融合实现资源要素的重组和优化利用，催生智慧农业、休闲农业等新模式新业态，有利于增加农民收入，实现共同富裕，加快推进农业农村现代化。

（二）乡村产业融合的内涵特征

“农村一二三产业融合”提出以来，众多学者从不同视角对其进行了概念界定和阐释。结合已有研究，乡村产业融合的特征可从以下几个方面来把握：

1. 实现农业高质量发展是乡村产业融合的根本目的

农村一二三产业融合发展的战略思想，目的在于以农业为依托，在纵向上拓展农业的种养加、产供销、贸工农一体化经营，在横向上拓展农业的多种功能，实现产业链延伸、价值链拓展和供应链稳定，形成一个纵向延长、横向拓展的农业产业带，将新产生的利润和效益更多地留于农业、留在农村、留给农民，进而实现农业增效、农村繁荣、农民增收，将农业从弱势产业变为优势产业，推动农村发展。

乡村产业融合发展的关键在于“融合”。坚持市场导向，在农业内部、农业与农村的第二、第三产业之间形成联动和融合，在做强农业的同时让农业“接二连三”，建立起紧密结合的利益联结机制，使之融为一体，相互渗透，实现共赢。产业融合涉及一二三产业间的交叉渗透和城乡之间的互动，综合效益高于各个产业单独相加之和，产生了 1＋1＋1＞3 的效果，并将新增就业和附加价值就地留给农民，持续增进农民福祉。同时，通过农业发展方式转变、经济结构优化、增长动力转换，实现要素投入少、资源配置高效、资源环境友好、经济社会效益好的农业高质量发展状态。

2. 培育新业态是乡村产业融合的根本动力

农村产业融合要顺势利用当前迅猛发展的信息技术、生物技术、互联网技术等新兴技术和科技浪潮，唤醒农村各种资源要素发展潜力，在新的发展条件下实现对传统产业的升级改造，从当前传统的产业中衍生叠加出新的生产环节、新的产业链条和新的商业形态，促成新业态的萌芽发育，激发农村一二三产业融合发展新动能。在乡村产业融合的过程中，不断促进农业经济增长、农村生态环境保护、乡村优秀文化传承发展等多元功能的综合开发利用，不仅能推动农业生产、农产品加工、流通和消费等农业产业化进程，还能催生乡村休闲旅游业、文化农业、智慧农业、康养农业、电商农业等新的业态和模式。

3. 多样化经营是乡村产业融合的必要路径

当前农村三产融合中涌现出了四种主要发展模式。一是农业产业内部的一体化，农业内部的种植、养殖等各子产业间相互融合，建立起上下游之间的紧密结合，有效整合各种资源，促进农业产业内部的融合发展。二是农业产业链延伸一体化模式，以农业生产为中心，将产业链向前向后延伸，形成农业生产、加工和销售一站式服务。三是农业与其他产业的交叉融合，以农业为基础，整合文化、休闲和旅游等要素，发展形成休闲农业、乡村旅游等新产业、新业态，极大地促进了农民增收和农村发展。四是先进科技要素在农业中的渗透融合，大幅度提高农产品附加值，拓展产业链，例如生物农业、互联网＋农业等。

五、乡村产业融合发展的现状与不足

（一）乡村产业融合发展的现状

1. 农产品加工业引领产业融合发展

2011年以来，我国农产品加工业主营业务收入基本呈现逐年递增的趋势，从2011年的15.07万亿元增加到2020年的23.5万亿元，增加了8.43万亿元，增长势头显著。

与农产品加工业主营业务收入情况相对应，自2011年以来，我国规模以上农产品加工企业数量呈现出不断增加的趋势，除2012年有小幅度下降外，其余年份均保持稳定增长态势，规模以上农产品加工企业的运行对于保障我国农产品加工业的增长起到了决定性作用。此外，根据《中国农业年鉴》数据，2010年我国年营业收入100亿元以上的农产品加工企业只有21家，2019年年营业收入100亿元以上的农产品加工企业数量为72家，10年的时间翻了两番，农产品加工企业的规模不断扩大，实力不断增强。

2011年以来，我国农产品初加工机械数量也呈现出平稳增长的趋势（图2）。2011年，我国农产品初加工动力机械为1 421.7万台（套），农产品初加工作业机械为1 008.42万台（套），总数为2 430.12万台（套）。到2019年，我国农产品初加工动力机械增加到1 633.52万台（套），作业机械增加到1 539.46万台（套），总数为3 172.98万台（套），而根据中国农业机械化信息网数据显示，2020 年我国农产品初加工机械总数为 3 383 万台（套），全国农产品初加工机械化水平达到 39.2%，机械化的发展为进一步促进农产品加工业转型升级提供了动力基础。

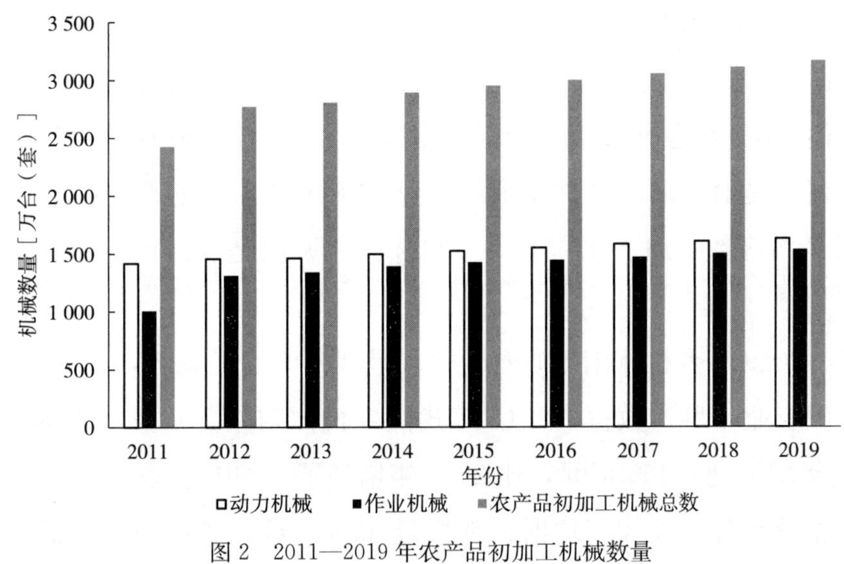

图 2　2011—2019 年农产品初加工机械数量

数据来源：《中国农业机械工业年鉴》

2. 乡村特色产业蓬勃发展

根据《中国农业年鉴》数据，2018 年我国乡村特色产业发展取得了显著成效。2018 年全国“一村一品”示范村镇达到 2 409 个，带动了乡村特色产业的高质量发展。中央财政安排 12.74 亿元专项资金，用以支持 20 个省份 62 个县，围绕 1～2 个主导产业建设标准化生产基地，以期建成具有乡土特色的产业集群，全面提升我国乡村特色产业的标准化、品牌化水平。通过品牌推介，一些乡村特色产业和能工巧匠被遴选出来，创响 10 万个“独一份”“特别特”“好中优”的“土字号”“乡字号”特色产品品牌。2019 年，国家对乡村特色产业发展的引导政策持续加强。中央安排了 6 亿元专项资金用以支持 10 个省、自治区的 30 个县（市、区）发展优势特色产业。新建标准化生产基地 102 千公顷，支持 228 个龙头企业发展特色主导产业，与 8.4 万个农户建立起较为紧密的利益联结关系，培训了 4.8 万名经营主体。同时，继续开展全国“一村一品”示范村镇认定工作，遴选了 880 个乡村特色产品和 220 名能工巧匠，有序开发乡村特色资源，全面推动乡村特色产业持续蓬勃发展。

3. 乡村休闲旅游业潜力巨大

我国乡村休闲旅游业发展迅猛、潜力巨大。为加快乡村产业融合发展，我国建设了一批乡村休闲旅游精品景点，打造了一批乡村休闲旅游精品线路，乡村休闲旅游业发展成效显著。2011 年，我国乡村休闲旅游接待游客人数为 7.2 亿人次，而 2019 年达到 32 亿人次。特别是自 2015 年“农村一二三产业融合发展”的概念提出以来，乡村休闲旅游业接待游客人数迅速增加，2015 年比 2014 年接待游客数增加了 37.5%，乡村休闲旅游业是乡村产业融合发展的重要表现形式。

2011—2019 年乡村休闲旅游营业收入呈现不断增加态势，发展势头良好。根据《中国农业年鉴》数据，2011 年我国乡村休闲旅游营业收入为 2 160 亿元，2015 年增加到 4 400 亿元，比 2011 年增加了 2 240 亿元，2016—2017 年，乡村休闲旅游业营业收入年均增长率接近 30%。近几年增速有所放缓，但是营业收入巨大，2019 年乡村休闲旅游收入为 8 500 亿元，比 2011 年增加了将近 3 倍，比 2015 年翻了两番，在乡村产业融合发展中发挥着不可替代的作用。

4. 乡村新型服务业不断创新

近 10 年我国农林牧渔专业及辅助性活动产值呈现出逐年稳定增加的趋势（图 3）。农林牧渔专业及辅助性活动是指对农业、林业、畜牧业、渔业提供的各种专业及辅助性生产活动，包括种子种苗培育、农业机械、灌溉、病虫害防

图 3　2011—2020 年农林牧渔专业及辅助性活动产值情况

数据来源：《中国第三产业统计年鉴》

治、森林防火、畜牧良种繁育、鱼苗及鱼种场活动等，其产值提升体现出当前生产性服务业的巨大发展活力，是第一产业与第三产业相融合的一大表现。

乡村新型服务业中除了生产性服务业外，还包括生活性服务业以及农村电子商务。近年来，随着互联网技术快速升级换代，以互联网技术为依托的农产品物流、农产品网络销售以及农村电商如雨后春笋般快速成长。农产品物流额保持稳步增长势头，2011 年农产品物流额为 2.3 万亿元，2015 年为 4.4 万亿元，2021 年为 5 万亿元，是 2011 年的两倍多，相比于 2015 年增长了 47%①。

2014 年我国农村网络销售额仅为 0.18 万亿元，2015 年开始农村网络销售额呈现出快速增长的状态，2015 年比 2014 年增长了将近一倍。到 2020 年，农村网络销售额达到了 2.05 万亿元，是 2014 年的 11 倍，是 2015 年的 5 倍多，其中农产品网络销售额呈现了增长趋势。2016—2020 年，我国农产品网络销售额不断增加，其中 2020 年最高达到 6 100 亿元，比 2019 年增长了 52.2%。2021 年受到新冠病毒感染疫情等因素的影响，销售额有所回落。

2013—2020 年我国淘宝村数量呈指数型增长，扩张速度迅猛，规模不断拓展。2013 年全国共有淘宝村 20 个，自 2015 年“农村一二三产业融合发展”提出之后，淘宝村扩张速度显著加快，2015 年淘宝村数量为 779 个，是 2013 年的 39 倍。2020 年全国淘宝村数量为 5 425 个，比 2019 年增长 26%，比 2015 年增长接近 600%。在先进技术要素的驱动下，乡村产业融合发展呈现勃勃生机，产业链不断延长，价值链不断提升，大大促进了农业农村现代化发展。

5. 多元经营主体作用凸显

乡村产业融合发展的多元经营主体格局正在形成。2017 年全国共有 8.7 万家农业产业化龙头企业，其中国家重点龙头企业有 1 242 家，到 2020 年，全国农业产业化龙头企业数目冲破 9 万家，国家重点龙头企业也增加到 1 547 家，龙头企业引领作用凸显。农民专业合作社和家庭农场不断成长，大大加快了农业产业化的深入推进。2016 年，全国农民专业合作社共有 179.4 万家，

① 根据农业农村部网站、《中国农产品电商发展报告》《中国冷链物流发展报告》和前瞻物流产业研究院相关数据计算所得。

2018 年为 217 万家，2020 年达到 225.1 万家。2018 年全国共有家庭农场 60 万家，2019 年达到 87 万家，增长率为 45%，带动了 1.25 亿农户进入大市场。

6. 农村创新创业规模扩大

随着工业化、信息化、城镇化和农业现代化同步推进，众多返乡下乡人员到农村创业创新，积极投身于现代农业和新农村建设，为乡村产业融合发展创造新的产业形态，带来新的发展动能。2015 年我国农村返乡入乡创业人员累计数量为 450 万人，2017 年增加到 740 万人，年均增长率超过 28%。此后，返乡入乡创业人数一直保持稳定增加的趋势，2021 年农村返乡入乡创业人员累计达 1 120 万人。

（二）乡村产业融合发展的不足

1. 产业融合程度较低

当前我国很多地方对产业融合的认识尚不到位，简单地把产业融合等同于“农业产业化”，没有走出产业内分工的思路，导致在政策制定上单一地强调农业内部产业化，而忽视了其他产业，导致融合程度不高。目前，我国多数地区农村仍以单一的种植业为主，生产规模小、生产滞后、生产效率较低。落后的生产方式使得农业与其他产业融合缺乏支撑力，造成农产品市场竞争力弱，传统农业的风险没有得到进一步分散。一方面表现为农村产业链条短，附加值偏低。发达国家农产品加工业与农业总产值之比一般为 3.7 以上，而我国农产品加工业与农业总产值之比仅为 2.4∶1，农产品加工转化率为 68%，低于发达国家将近 18 个百分点，高附加值农产品所占比重偏低。另一方面，当前利益联结松散，合作方式单一，主要以订单农业为主，利益联结紧密型的股份制和股份合作制方式较少。

2. 相关行业发展水平不高

在乡村产业融合发展中，农产品加工业和乡村休闲旅游业是主要支撑力。发达国家农产品加工业产值一般是农业产值的 2～4 倍，例如美国的农产品加工业产值是农业产值的 3.7 倍，而中国仅为 2.4 倍。当前，我国农产品加工业虽然取得一定程度的发展，但与发达国家相比还存在科技水平相对落后、产品质量不高、资源利用效率偏低等问题。与此同时，乡村休闲旅游业发展中对农业多功能挖掘不足，以观光、餐饮为主，而一些极具传统特色、人文历史、民族风情等的品牌建设却往往被忽视，富于创意的精品较少。

3. 促进农民增收的机制不健全

当前社会资本相继被投入到农村，一些新型经营主体被培育起来，新型经营模式（如“公司＋农户”“合作社＋农户”等）不断发育成熟，但农民增收的核心目的在这一过程中并不一定会实现。第一，农民以较低的租金价格长期出租土地给经营主体，土地的收益较低；第二，合作社所获得的收益不一定会按照股份的份额量化到农户家庭或农户个人，农民所分得的收益仅是所有成果中的极小一部分；第三，为保障收益，农民与新型经营主体即使签订了合同，双方从自身利益最大化的视角出发毁约的现象也经常发生；第四，一些开展乡村产业融合工作的地区没有明确地将提高农民收入列入工作计划，乡村产业融合提高农民收入的潜能尚未被完全发挥出来，这与乡村产业融合发展的初衷背道而驰。

农村生产经营主体单一且发育缓慢，阻碍了乡村产业融合的深化。普通农户由于资金、生产和管理能力的限制，需要新型农业经营主体带动乡村产业融合的发展。目前我国新型经营主体结构单调、业务能力弱，存在一些“空壳子”合作社，以资金或土地参股的合作社所占的份额并不多，它们参与产业融合的能力不足，带动农村产业融合的实力也不强。农民专业化经营水平较低，大多数农民只接受过初中或小学教育，农业方面的人才严重匮乏。此外，农产品加工企业主要以中小企业为主，经营规模小，对农户的示范带动不足，规模较大的龙头企业数量仍然偏少，行业产能过剩问题严重，仓储和人力成本压力日益增大。

4. 生产要素约束明显

土地、资金、人才等生产要素供给不足严重制约了乡村产业融合的发展。

我国土地资源较为稀缺，土地资源供应日趋紧张，部分涉及到乡村产业融合所需要的土地难以得到满足。目前农村的金融产品、服务和贷款抵押方式相对比较单一，企业租用的土地及高价值的农业设备在抵押贷款中受限，乡村产业融合中企业能够获得的银行贷款规模比较有限，直接融资渠道狭窄，使得企业在发展中面临的融资难、融资贵等问题十分突出。

六、面向2035年乡村产业融合发展的趋势与实现路径

（一）乡村产业融合发展的趋势研判

1. 产业融合总体水平明显提升

到2035年，第一产业在国内生产总值中所占比重和第一产业就业人口在总人数中所占比重将持续下降，但是农村劳动力占全社会人口和劳动力的比重还是远大于第一产业在国内生产总值中所占比重。在这种情况下，必须通过进一步促进农村一二三产业的融合发展，培育壮大特色鲜明、类型丰富、协同发展的乡村产业体系，打造农业全产业链，纵向延伸产业链条，横向拓展乡村产业功能，逐步缩小城乡居民收入差距，让农民尽可能多地分享增值收益。

2. 相关行业持续蓬勃发展

到2035年，伴随工业化的发展所带来的先进生产技术、信息化进步所带来的便捷资源、城镇化水平提升所催生的多样化市场需求，农产品加工业和农业生产性服务业将成为带动农业发展的主导力量。到2035年，农产品加工业中会有一批关键技术获得突破，农产品加工业发展水平将逐步接近发达国家。预计到2035年，我国农产品加工转化率将超过80%，农产品加工业与农业总产值的比重将突破3∶1，逐步赶上发达国家水平。

3. 发展经营主体继续壮大

到2035年，新型农业经营主体将成为推动我国农业产业向前发展的中坚力量。在未来的现代化进程中，乡村地区对创新创业要素的吸引力会持续增

强，外出农民工、城市工商资本返乡入乡发展现代农业的环境和设施也日益成熟。随着城镇化进程的不断加快，乡村人口数量进一步减少，为土地集约化、规模化经营带来新的机遇。农村地区富余的土地被集中起来进行统一经营，新型农业经营主体不断涌现，成为加快乡村产业融合发展的内在动力。

4. 主体利益联结机制更加紧密

随着新型经营主体不断培育和发展壮大，到 2035 年，新型经营主体与小农户之间的利益联结机制会更加紧密，而乡村振兴战略推进和乡村产业融合发展也需要进一步协调多个利益主体之间的关系。

5. 高效农业产业集群不断形成

农业产业集群可以加强多个主体、多个组织、多个机构之间的沟通与联系，整合农村各种力量，促进传统农区的产业升级，是乡村产业振兴的重要动力和有效组织模式。到 2035 年，建成区域特色农业产业集群，以主体功能区划分为基础，特色农产品向优势区集中，农产品加工业、休闲农业、农村电商等新产业的集聚功能充分发挥，农业产业集群加快发展，现代农业生产布局实现调整优化。

（二）乡村产业融合发展的路径对策

1. 加速二三产业发展，创新开发新模式

乡村产业融合的核心是拓展农业多种功能和价值，延伸产业链，打造供应链。为此，要继续深化拓展相关行业，促进不同类型乡村产业融合模式之间的优势互补、渗透交叉、互利共生、协调发展。

第一，加快打造现代农业产业体系。一是明确农业是乡村产业融合的出发点，首先保证农业的专业化发展，夯实农业的基础性地位，稳定农业生产。二是坚持因地制宜、宜农则农、宜牧则牧、宜林则林，在农业发展格局构建中要注重农业生产与资源环境间的协调与和谐。三是深化农业产业链的延伸整合，鼓励新型生产经营主体引入现代经营理念和组织模式，加快推进农业内外联

动，打造原料供应链、提升产品价值链，推进农业产前、产中、产后一体化的快速发展，提高农产品加工业的科学技术和管理水平，提升精深加工能力、资源利用水平和产品质量。

第二，积极引导农业新功能创新发展。深入挖掘优秀传统文化，充分合理地开发利用农业蕴含的文化、教育、科研、旅游、观光、休闲、运动养生、绿色康养等方面价值。积极鼓励各地进一步发展休闲农业和乡村旅游，以特色小镇、文化村、重点县为主要载体，发挥示范引导和辐射带动作用，促进乡村产业融合发展，优化布局，提升效益。根据农村资源禀赋特色，打造蕴含本地民俗历史、彰显本地民族特色、弘扬本地文化魅力的特色旅游村镇。

第三，创新促进先进要素渗透融合。在乡村产业融合中加快推进信息网络技术、生物技术、大数据技术等重大关键技术的集成应用。在农业产业方面，鼓励发展农村电商和乡村旅游电子商务，促进线上线下同步发展。

2. 明确平台载体抓手，促进产业融合集群发展

产业集群是乡村产业融合发展的重要载体。对县域领军企业、农民专业合作社和重点核心企业给予充分支持，带动当地其他产业发展，进一步培育区域内定位明确、特点鲜明的大型农业产业化集群，形成农村主导产业、衍生产业、配套服务产业三者紧密关联、分工协作、层次分明的新格局。以建设全国现代农业产业园、科技园和创业园为工作抓手和示范平台，加快推进延伸农业高效产业链、提升加工价值链和畅通产品供应链，促进多产业门类叠加发展与有机融合、多业态要素高效聚集、多技术部门联动创新、多经济环节质量提升，形成乡村产业间深度对接融合、竞争力逐步增强的多样化乡村产业聚集发展格局。深入促进全国乡村产业融合发展，通过实施“百县千乡万村”试点项目创建工程来建设好、发展好国家级乡村产业融合发展示范园。全面开展兴村强县示范行动，充分激发强势镇（乡）的活力与创造力，并通过示范带动效应促进弱势镇（乡）的发展，进而不断培育乡村产业、壮大乡土经济，形成“一村一品”“一县一业”的新发展格局。加快田园综合体、农业特色小镇和百亿级、千亿级“三产融合”产业园的集群建设进程，创建一批产城融合发展先导区，打造一批“三产融合”龙头企业。

3. 培育壮大新型经营主体，激发市场活力

第一，大力发展龙头企业，强化龙头企业在技术创新中的核心地位和主导辐射作用。龙头企业具备快速聚集资源、人才和技术的能力，在农业产业链体系构建中占据重要地位，政府应培育、发展一批科技实力相对雄厚、组织运营能力出色的龙头企业，引导龙头企业为科技研发加大投资，优化要素资源配置，构建现代物流、营销、服务体系，提高农产品市场的总体竞争力。

第二，推动农民专业合作社的兴办与发展，强化其服务能力和纽带作用。鼓励合作社坚持归入社农户所有、由社员农户控制、按合作社章程自由分配利润的办社管理准则，鼓励农业合作社完善自身运行机制，提高自身服务农民的能力。支持生产供销社、农业合作社等组织参与交易市场，促进其和上游以及下游主体的合作，保障农民在市场交易中的地位和权益。

第三，积极组织发展各类家庭农场，支持其延长农业产业链、发展农产品的产地初加工等，探索将家庭农场作为现代农业主要经营方式的多种途径，让更多农户参与其中。

4. 健全利益联结机制，形成利益共同体

乡村产业融合的深度发展有赖于在农民与农村其他各类新型生产经营主体之间、不同类型的新型经营主体之间建立互利共赢、风险同担的联结机制。

一是发展高效现代的订单农业。引导工商资本、龙头企业等主体依法依规依策与本地的农业经营主体签订农业生产经营资料、农产品购买和销售等方面的订单和合同，形成诚信稳定、互利共赢的购销关系。

二是推广建立股份合作型利益关系。鼓励有条件的地区开展农村土地和集体资产股份制试点改革，将集体建设用地、承包地和集体资产在确权的基础上分股到户，鼓励合作社、家庭农场、专业大户和小农户分别以土地、劳务、资金等要素向企业入股。

三是建立风险防控机制。在产业融合企业内建立社会责任报告制度，激励企业密切联系农户、示范带动农户，对于那些流转土地的农户，支持龙头企业为其提供技术培训、创造就业机会、加强社会保障。鼓励建立农业风险咨询公

司，建设用于各类农业产业链风险监控、防范、预警的信息管理系统，设立农业风险基金，用于在土地流转、涉农贷款发放等活动中出现的风险处理。

四是确保农村产业融合成果扩散造福农民。突出农民的主体地位，完善利益分配的政策机制设计，增强农民在乡村产业融合发展中的“话语权”，使农民充分享受融合发展的增值收益。

5. 关注要素需求，做好要素保障

第一，以灵活多样的形式加强对农业部门相关岗位人员能力的集中培训，积极鼓励引进农业高校毕业生、具备专业技术的科研院所毕业生。发展新型经营主体，引导和鼓励广大返乡创业者投身各类高科技创意农业，并对其开展一系列专业知识技能培训，加快扶持和培育农业经营组织。

第二，做好规划，根据地方发展实际对农业进行补贴，引导农业生产更好地适应市场需求。完善农村金融服务体系，加大政策性银行对农村产业融合发展项目的支持力度，鼓励商业银行产品开发与农村项目相结合，引导资本下乡，为产业融合发展提供更广泛、更稳定的资金保障，加快推进不同产业之间的经济融合。

第三，政府部门做好农村与科研机构之间的“联络员”，通过“点对点”的帮扶与指导，更快更好地实现成果转化，将实验室技术更方便地运用到农业生产实践中。同时，应积极建设农业科技培训服务平台，通过科技培训的强化促进农业技术的扩散，帮助农业经营者提高生产效率。

第四，积极推进土地产权制度改革，重点推进土地“三权分置”和集体资产改革，加强土地流转规范管理，完善土地流转政策和服务体系，搭建土地流转管理信息共享发布平台，开展土地流转工作，提高农户参与土地流转的积极性。

6. 完善政府支持体系，创造良好的融合环境

政府坚持“多予、少取、放活”的方针，积极完善乡村产业融合的顶层设计。一方面，加强财政税收支持政策。加强财政投入保障制度，确保财政投入符合产业融合发展的目标与任务。支持有条件的家庭农场、专业合作社优先申

报涉农项目，利用金融和社会资本更多投资于乡村产业融合项目。围绕乡村不同产业的发展特点及产业融合的布局，完善金融政策，优化融资模式，畅通涉农企业直接融资渠道，例如通过债权融资等手段直接融资。另一方面，发挥市场在资源配置中的决定性作用。完善法律、法规和规章制度，解决好多元主体合作利益分配等核心问题，促进各主体间的公平合作。

专题报告九

关于农业农村发展全面绿色转型问题研究

一、农业农村发展全面绿色转型的内涵特征

党的十八大将生态文明建设纳入中国特色社会主义事业“五位一体”总体布局，党的十八届三中、四中全会进一步将生态文明建设提升到制度层面，党的十八届五中全会首次把“绿色发展”作为五大发展理念之一。党的十九大将坚持人与自然和谐共生作为新时代坚持和发展中国特色社会主义一条基本方略，再次强调生态文明建设功在当代、利在千秋，是中华民族永续发展的千年大计。农业农村发展全面绿色转型是生态文明建设的重要组成部分。

（一）农业农村发展全面绿色转型的内涵要求

农业农村全面绿色转型不是某种具体的发展模式，而是习近平总书记关于“绿水青山就是金山银山”科学论断在农业农村发展中的具体体现，本质是一种发展理念。该理念强调的是如何正确处理农业农村发展和生态环境保护之间的关系，不仅要转变农业农村发展方式，更要转变价值导向、思想观念等，从而探索实现农业可持续发展的根本路径。具体来看，该理念不单涉及农业生产活动、农村生活方式的绿色生态，还包括农业资源保护、农业生态系统修复等内容。这意味着推进农业农村发展全面绿色转型需要遵循系统性原则，落实山水林田湖草系统治理“一张图”制度，保障农业生态治理取得显著成效。

农业农村发展全面绿色转型的内涵与可持续发展理念、绿色发展理念、包容性增长和生态文明建设理念一脉相承，既强调农业农村的绿色、协调、可持续发展，又关注生态系统一体化建设。依据《中华人民共和国国民经济和社会发展第十四个五年规划和2035年远景目标纲要》《“十四五”推进农业农村现代化规划》以及《“十四五”全国农业绿色发展规划》等政策文件的相关论述，农业农村发展全面绿色转型的内涵可以概括为，以农业农村高质量发展为主题，加快推进农业资源利用集约化、投入品减量化、废弃物资源化、产业模式生态化，加强对农村生活垃圾、生活污水、厕所革命、村容村貌等的综合整治，构建“山水林田湖草沙”一体化治理模式，打造人与自然和谐共生的农业农村发展新局面。

（二）经济社会发展全面绿色转型的重要组成部分

农业农村绿色转型是整个国家全面绿色转型的基础和支撑。中共十八届五中全会提出了“创新、协调、绿色、开放、共享”的发展理念，成为中国实现可持续发展、全面建成小康社会的系统性指导原则。其中，绿色发展理念是针对以往的过分依赖资源要素投入、粗放型的经济发展模式引发的环境污染、投资者为了追求利益最大化加大对自然资源的掠夺等现象的回应（于法稳，2016）。

农为邦本，本固邦宁。农业作为国民经济的基础，长期承担着为工业化、城镇化提供劳动、土地等要素的重任。中国农业农村发展虽然取得了举世瞩目的成就，为保障中国乃至世界粮食安全作出了突出贡献，但不能忽视成就背后所付出的资源环境代价。具体而言，早期中国农业生产以大量投入农用化学品为基础，最大限度提高水土资源的产出率，这种粗放模式给水土资源带来了巨大的压力，使其长期处于被“剥夺”状态。此外，在快速发展的工业化、新型城镇化、农业现代化进程中，农业生态系统遭受巨大威胁，对农产品质量安全和农业可持续发展带来挑战。因此，必须认识到农业农村绿色转型是乡村振兴的必然要求，是贯彻“五大发展理念”的具体实践，是国家全面绿色转型、建设美丽中国的基础和支撑。

二、农业农村发展全面绿色转型的状况和特点

（一）农业发展绿色转型的状况和特点

随着我国农业农村发展全面绿色转型战略的持续推进，传统粗放型农业生产方式逐渐转变，农业化学投入品减量增效、农业产出废弃物资源化利用等工作取得显著成效。

1. 投入品减量增效

（1）农药减量增效。农药是防治农作物病虫害的重要投入品，但农药不科学、不合理使用带来了病虫抗性、农残超标、环境污染等问题。为推进农业发展方式转变，保障农业生产安全、农产品质量安全和生态环境安全，农业部于2015年2月17日出台了《到2020年农药使用量零增长行动方案》，经过几年有序有力推进，农药减量增效工作取得了显著成效。

农药使用显著减量，连续5年用量负增长。全国种植业的农药使用量由2015年的178.3万吨下降到2020年的131.3万吨，超额完成农药使用量零增长行动目标。

农药品种持续优化，新型高效农药占比增加，生物农药用量逆势增长。“十三五”期间，高毒农药使用量由2015年的0.74万吨下降至2020年的0.26万吨，减幅达到66.7%。全国植保系统每年开展农药新品种、新剂型和新助剂试验，建立示范区，筛选出一批环境友好型绿色农药替代老旧、抗性农药。生物农药使用量连续5年正增长，年商品用量达到8万吨以上，相比2015年增长18%。

（2）化肥减量增效。我国化肥使用量由2015年的6 022.6万吨下降到2020年的5 250.7万吨，“十三五”期间化肥用量连续5年负增长，超额完成化肥使用量零增长行动目标。中国农村统计年鉴数据显示，2020年我国水稻、小麦、玉米三大粮食作物化肥利用率40.2%，比2015年提高5个百分点。

投入品结构持续优化。2017 年以来，农业农村部开展有机肥替代化肥行动，2020 年有机肥施用面积超过 5.5 亿亩次，比 2015 年增长约 50%。

科学施肥技术加快推广。“十三五”期间，大力推进测土配方施肥，配方肥已占三大粮食作物施用总量的 60%以上。加快推广机械深施、水肥一体化等先进节肥技术，机械施肥超过 7 亿亩次、水肥一体化 1.4 亿亩次[①]。

抓好示范带动减量增效。突出重点区域、重点作物，每年在 300 个县开展化肥减量增效示范，在 233 个重点县开展有机肥替代化肥试点，在 600 个县建设统防统治与绿色防控融合示范基地，在 150 个县开展果菜茶全程绿色防控试点，同时开展病虫害统防统治“百县”创建、绿色防控示范县创建，集成推广节肥节药技术模式，充分发挥示范县引领作用，带动化肥减量增效。

(3) 农膜减量增效。2010 年我国农膜使用总量 217.3 万吨，地膜覆盖面积 15 595.6 千公顷，2015 年我国的农膜使用总量已经上升至 260.4 万吨，地膜覆盖面积 18 318.4 千公顷。随着“十三五”期间我国农业绿色转型战略的持续推进，农膜使用总量已从 2015 年的 260.4 万吨降至 2020 年的 238.9 万吨，地膜覆盖面积从 2015 年的 18 318.4 千公顷降至 2020 年的 17 386.8 千公顷[②]。

2. 产出（副产品）

(1) 秸秆综合利用状况。据《全国农作物秸秆资源调查与评价报告》统计，2009 年全国农作物秸秆理论资源量为 8.20 亿吨，初步估算，2009 年全国农作物秸秆可收集资源量约为 6.87 亿吨，废弃及焚烧约为 2.15 亿吨，占可收集资源量的 31.3%。秸秆综合利用量约 4.72 亿吨，占秸秆可收集资源量的 68.7%，秸秆机械化还田面积 24 927.23 千公顷，到 2015 年，我国秸秆产生量近 10 亿吨，可收集量近 9 亿吨[③]，秸秆机械化还田面积 46 065.42 千公顷，

---

① 数据来源：国家统计局，生态环境部，2021. 中国环境统计年鉴 2021[M]. 北京：中国统计出版社.

② 数据来源：国家统计局农村社会经济调查司，2021. 中国农村统计年鉴 2021 [M]. 北京：中国统计出版社.

③ 数据来源：人民网. 改善秸秆焚烧状况 深入推进秸秆综合利用需各方努力[EB/OL]. http://env.people.com.cn/n1/2016/1025/c1010-28807000.html

秸秆综合利用率80%。“十三五”规划以来，2017年，我国秸秆产生量为8.05亿吨，秸秆可收集资源量6.74亿吨，秸秆利用量5.85亿吨。秸秆机械化还田面积50 032.51千公顷。2020年，我国秸秆产生量为8.56亿吨，收集量为7.22亿吨，综合利用率为87.6%①。

(2) 畜禽粪便综合利用情况。近几年我国畜牧业迅速发展，规模化畜禽养殖比例不断扩大，畜禽养殖业污染排放对环境的污染日益加剧（刘春 等，2021)。2010年我国畜禽粪便产生量为22.35亿吨（季佳鹏 等，2021)，2015年已达到47.6亿吨（李艳苓，2021)，2020年为30.5亿吨②。与此同时，养殖废弃物处理设施建设却相对滞后，大量畜禽粪便难以及时处理和利用，使得畜禽养殖废弃物由传统农家肥变成了污染物。据测算，每年全国畜禽粪便产生量约38亿吨，综合利用率只有50%左右③。

（二）农村发展绿色转型的状况和特点

1. 生活垃圾治理情况

目前我国垃圾治理模式主要有以下几种：一是协同治理模式，由政府主导，多部门相互协同配合治理；二是多中心治理模式，政府主导并采用市场统一的收运模式，利用市场和经济手段协同推进农村垃圾治理；三是合作模式，由村民组织带领，联合各主体互动合作参与垃圾治理；四是自主治理模式，由村民发挥自主性，利用“熟人社会”特征调动全体村民自觉参与垃圾治理。

据《全国农村环境污染防治规划纲要（2007—2020年）》数据统计，我国农村生活垃圾年产量达2.8亿吨。在开展农村垃圾治理以来，我国农村生活

---

① 数据来源：中国农网．全国人大代表、中国农业科学院农业环境与可持续发展研究所所长赵立欣：提升秸秆综合利用水平 助推农业“双碳”目标实现［EB/OL］. http://www.farmer.com.cn/2022/03/10/99890434.html

② 数据来源：中国政府网．关于发布《第二次全国污染源普查公报》的公告［EB/OL］. http://www.gov.cn/xinwen/2020-06/10/content_5518391.htm

③ 数据来源：农业农村部官网．于康震副部长在畜牧业绿色发展示范县创建启动视频会议上的讲话［EB/OL］. http://www.moa.gov.cn/govpublic/XMYS/201604/t20160422_5105072.htm

垃圾清运量逐年上升（图1）。截至2018年，农村生活垃圾清运量达到1.11亿吨/年，占全国生活垃圾清运量的27%。相较于2009年的0.65亿吨，农村垃圾清运量增长1.7倍，可见农民生活水平和质量正在逐渐提升，折射了新时代我国农村居民对高质量生活的向往。

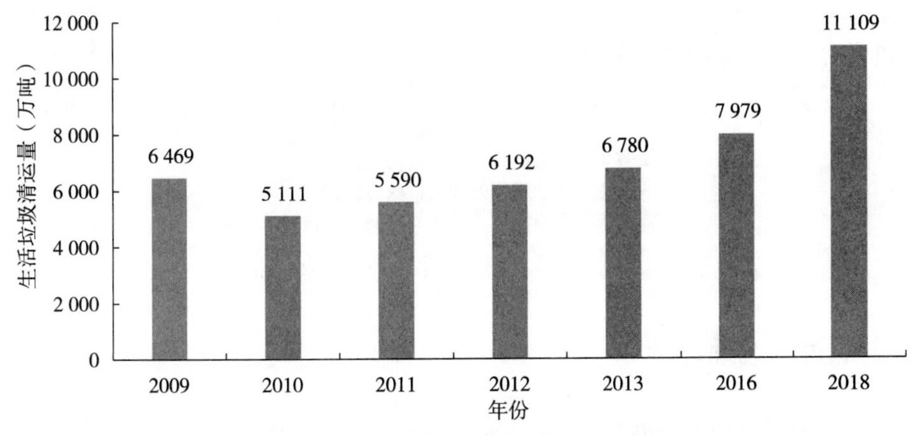

图1　2009—2018年我国农村生活垃圾清运情况

近年，我国多地农村逐步实现生活垃圾大范围治理。据第二次全国农业普查，2006年年末，我国36.7%的乡镇设有垃圾处理站，15.8%的行政村实施了垃圾集中处理。第三次全国农业普查显示，2016年年末，我国73.9%的行政村实施生活垃圾集中处理或部分集中处理。2018年我国农村人居环境整治三年行动实施以来，各地区全面推进农村生活垃圾收储运整治，建设生活垃圾收集点、对生活垃圾进行处理的行政村比例逐年上升（图2）。截至2019年年末，我国农村生活垃圾收运处置体系已覆盖84%以上的行政村，86%的非正规垃圾堆放点已完成整治，绝大部分村庄的人居环境有了明显改善。截至2020年年末，实施农村生活垃圾收运处理的村庄比例稳定在90%，较2017年年底提高15个百分点以上。可见我国农村垃圾收运处置体系不断完善，村庄环境基本实现整洁有序。但仍存在部分问题，我国农村生活垃圾的无害化处理率仍不足50%，远远低于城市的99.2%；约5%的中西部偏远农村地区尚未实现生活垃圾的无害化处理，垃圾收储运体系尚未健全；淮河流域及南水北调沿线地区约15个市的农村生活垃圾处理率不足40%。

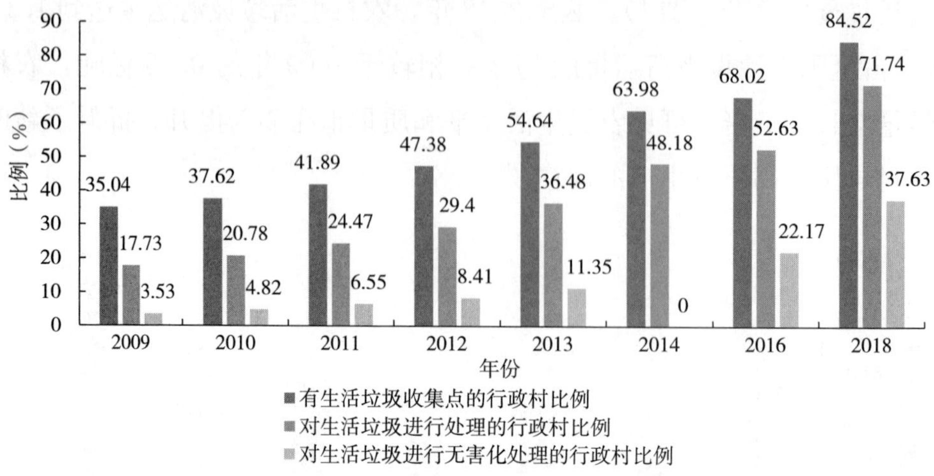

图 2　2009—2018 年我国农村生活垃圾处理情况

2. 生活污水治理情况

据《全国农村环境污染防治规划纲要（2007—2020 年）》，2007 年我国农村每年产生生活污水大约 90 多亿吨。另据《中国城市建设统计年鉴》数据统计，2020 年我国村镇污水排放量为 233 亿吨，相比 2007 年增长了 158 个百分点，农村污水排放量增速较快。我国对农村生活污水的治理开始较晚，2006 年社会主义新农村建设开始加强农村污水治理工作，农村污水问题得到部分解决，一定程度上提高了农村人居环境质量。2008—2018 年，我国农村生活污水处理率得到显著提升，依托农村环境综合整治项目，累计建设污水管网近 160 万千米，建成农村生活污水处理设施 30 多万套，处理能力达每天 1 000 万吨。据统计，2008 年至 2010 年末，仅有 2 936 个行政村通过农村环境综合整治项目开展农村生活污水治理，到 2015 年年末，开展农村生活污水治理的村庄数量达到 27 901 个。此时，我国 60 多万个建制村中，仅有 22%的建制村污水得到整治。截至 2018 年年底，开展农村生活污水治理的村庄数量达到57 974个。

总体上看，农村生活污水得到治理的村庄数量大幅增加，治理速度不断加快，但农村污水收集率和处理率普遍偏低，农村污水治理任重道远。截至 2018 年年底，在全国 55 万个行政村中，依托农村环境综合整治开展生活污水治理的比例仅为 10.5%。2020 年，计划新增完成环境综合整治的建制村 13 万个，累计达到全国建制村总数的 1/3，经过整治的村庄生活污水处理率约为 60%。

3. 厕所革命

“物质文明看厨房，精神文明看茅房”。厕所环境直接关系人民的卫生安全和生命健康，更是一个地区文明程度的重要体现。截至 2016 年，我国农村卫生厕所普及率为 80.3%，较 1993 年上升了 72.9 个百分点，农村环境卫生明显改善。虽然农村“厕所革命”取得了巨大成绩，但仍存在各地治理不均衡、“上热中温下冷”、实施主体单一、力量不足等现实问题。

表 1　2017 年中国各区域各类型农村厕所占比情况

单位:%

地区	粪尿分集式	双坑交替式	三格化粪池式	双瓮漏斗式	三联沼气池式	完整下水道式	其他类型
华北地区	0.2	3.0	14.2	19.1	8.2	22.7	32.5
东北地区	4.9	1.2	5.6	5.2	3.4	19.3	60.4
华东地区	2.3	0.6	56.5	7.1	5.2	14.9	13.6
华中地区	0.5	0.8	19.3	9.9	14.7	21.8	33.0
华南地区	0.1	0.0	83.2	0.1	11.1	1.9	3.6
西南地区	0.5	0.5	20.8	0.7	29.7	25.2	22.7
西北地区	3.4	0.6	4.6	12.5	11.4	25.5	42.0

农村户厕建设初具成效。2004—2013 年，中央政府累计投入 82.7 亿元以改造农村厕所，实际改造 2 103 万农户的厕所；全国农村卫生厕所普及率从 1993 年的 7.5%提高到 2013 年年底的 74.1%。随着农村“厕所革命”的持续推行，中国农村改厕工作取得了显著成效。2013—2017 年，中国农村家庭户厕数量从 19 401 万户增加到 21 701 万户，累计增加 2 300 万户，普及率由 74.1%增长到 81.7%（表 1、图 3、图 4、图 5）。

农村公厕建设情况仍待加强。2013—2017 年中国累计使用卫生公共厕所户数从 3 165 万户降至 2 998 万户（图 6），累计减少 167 万户，普及率由 12.1%降至 11.3%。大部分农户反馈其所在村庄的公共厕所相当匮乏或不知是否存在，农村居民日常如厕主要依赖自家户内厕所，少部分农户反映所在村庄公共厕所多为一座，且多设在村口，由于距离较远、前往时间较长，使用较为不便。另外，仍有部分农村的公共厕所为内部设施简陋、建设标准较低的旱厕，缺乏及时打扫和定期维护，或长期闲置，为村民日常如厕带来困难，村庄内随地大小便现象也尚未杜绝。

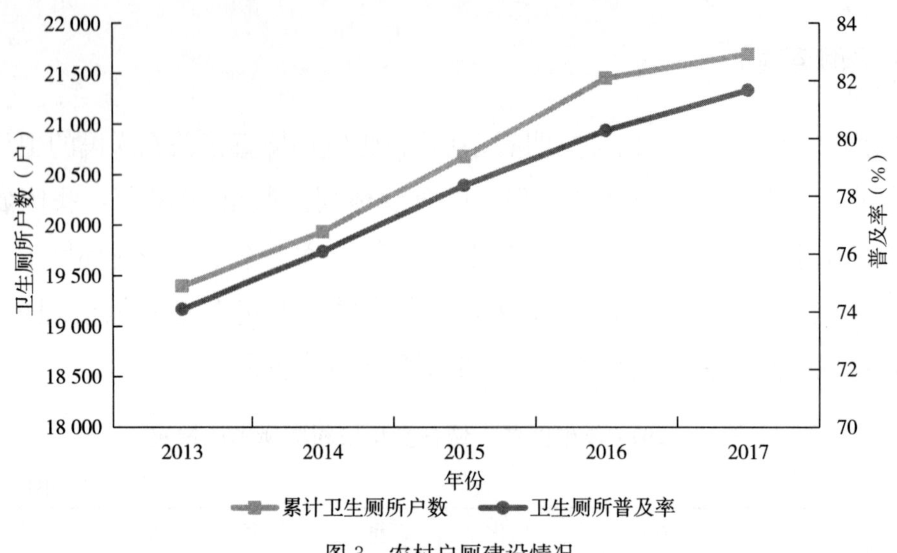

图 3　农村户厕建设情况

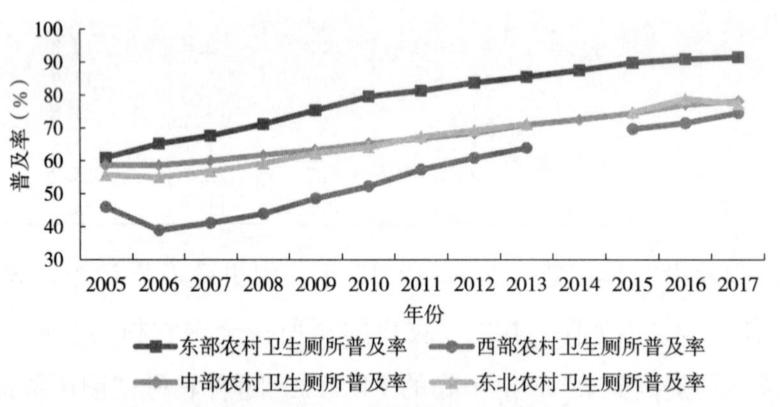

图 4　各地区农村卫生厕所普及率

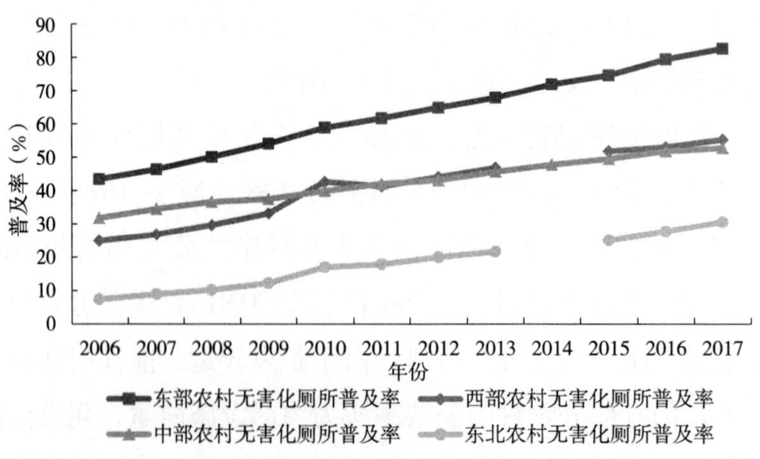

图 5　各地区农村无害化厕所普及率

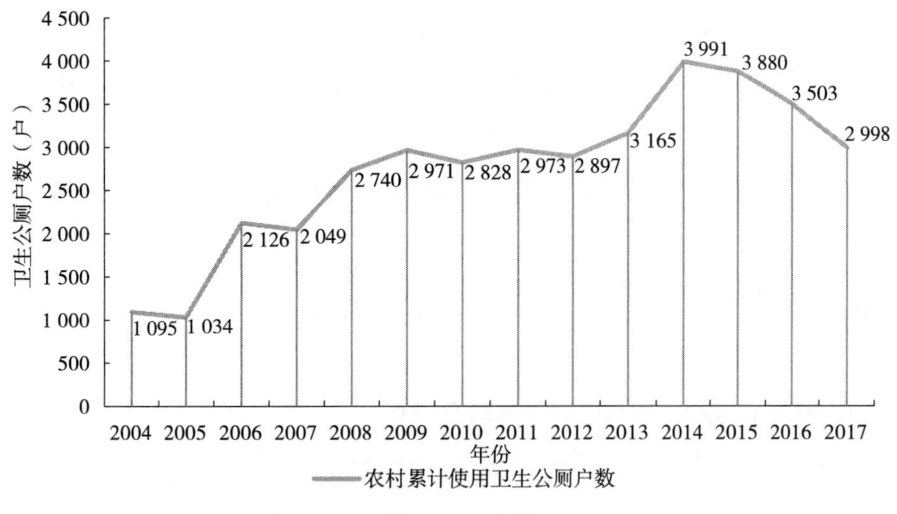

图 6　农村累计使用卫生公厕户数

4. 乡村村容村貌治理

近年来，各级政府按照中央加强农村人居环境整治的要求，集中整治农村环境脏乱差的问题，村容村貌显著改善。

一是农村公路建设成就斐然。改革开放后，我国农村公路的建设进入飞速发展时期。截至 2002 年，我国农村公路总里程增长到 133.7 万千米，等级公路占总里程的 74.4%，2016 年年底，我国农村公路总里程增加到 395.98 万千米，与 2002 年相比，增长 3 倍有余。2016 年农村公路密度达到了 41.25 千米/百平方千米，行政村公路通达率接近 100%（图 7）。

图 7　农村道路建设情况

二是农村电网改造升级工程有序推进。近年来，农村电网建设与改造力度不断加大，实现了贫困村“村村通动力电”，电网薄弱、低电压等用电问题得到有效治理，农村供电能力得到显著提升。

三是清洁能源利用率明显提高。在政府大力推动和农民积极响应下，农村畜禽粪污和作物秸秆实现了资源化利用，清洁供暖比重不断扩大，“宜气则气，宜电则电”有效落实，改变了农村的大气污染状况。

（三）统筹山水林田湖草沙系统治理

党的十八大以来，党中央紧抓生态文明建设，我国农村生态环境治理发生了历史性、转折性、全局性变化。良好的生态环境是农业可持续发展和农村“生态宜居”的必然要求，生态系统一体化治理是推进农业农村发展全面绿色转型的重要环节。生态系统一体化治理重要理念提出以来，各部门相继开展生态保护修复试点工程，我国生态保护修复取得了重要成效。

生态系统一体化治理理念落到实处。国务院发布《关于推进山水林田湖生态保护修复工作的通知》《山水林田湖草生态保护修复工程指南（试行）》《全国重要生态系统保护和修复重大工程总体规划（2021—2035 年）》等文件，全国 24 个省（自治区、直辖市）确定了 3 批共 25 个山水林田湖草生态保护修复工程试点，启动了 10 个山水林田湖草沙一体化保护修复工程。按照 2017 年 9 月印发实施的《建立国家公园体制总体方案》，我国陆续建立了 10 个国家公园体制试点。随着试点的逐步推广，2021 年正式设立三江源、大熊猫、东北虎豹、海南热带雨林、武夷山等第一批国家公园，生态环境保护面积达 23 万平方千米，涵盖了近 30%的陆域国家重点保护野生动植物种类①。

生态保护建设取得重大成效。天然林资源保护、退耕还林还草、退牧还草、防护林体系建设、河湖与湿地保护修复、防沙治沙、水土保持、石漠化治理等一批重大生态保护与修复工程稳步实施。2020 年，全国水土流失面积为

① 资料来源：中国政府网．我国正式设立首批国家公园［EB/OL］．http：//www.gov.cn/xinwen/2021-10/12/content_5642183.htm

269.27 万平方千米，较 2019 年减少 1.81 万平方千米，减幅 0.67%[①]。我国灌区续建配套与节水改造取得新成效，累计新增、恢复有效灌溉面积 2 700 多万亩，改善灌溉面积 1.8 亿亩，全国农田灌溉水有效利用系数提高到 0.565[②]。截至 2020 年，全国森林覆盖率提升至 23.04%，森林蓄积量超过 175 亿立方米，森林面积和蓄积量保持 30 多年双增长，中国成为全球森林资源增长最多的国家，生态功能也得到持续改善[③]。根据《第三次全国国土调查主要数据公报》显示，我国湿地总面积为 2 346.93 万公顷[④]，2012—2017 年，我国恢复退化湿地 30 万亩，退耕还湿 20 万亩[⑤]。截至 2021 年 4 月，全国草原综合植被盖度达 56.1%，比 2011 年增加了约 5 个百分点[⑥]。

（四）农业农村发展全面绿色转型的制度建设

党的十八大以来，党中央、国务院、农业农村部会同有关部门，将绿色发展作为实施乡村振兴战略的重要引领，创新工作思路，强化工作举措，转变农业发展方式，作出一系列重大决策部署，农业绿色发展实现良好开局。

1. 构建生态补偿机制引领农业绿色发展

生态补偿机制是将绿水青山转化为金山银山、促进绿色发展和均衡发展的新型环境管理制度，也是实现生态产品价值的重要途径。2021 年 9

① 数据来源：水利部官网．2020 年全国水土流失动态监测成果显示：我国生态环境状况持续向好［EB/OL］．http：//swcc. mwr. gov. cn/jiance/202106/t20210608 _ 1521928. htm

② 数据来源：水利部官网．2020 年农村水利水电工作年度报告［EB/OL］．http：//www. mwr. gov. cn/sj/tjgb/ncslsdnb/202111/t20211119 _ 1552021. html

③ 资料来源：人民网．森林覆盖率达到 23.04%［EB/OL］．http：//gs. people. com. cn/n2/2021/0623/c183342-34789574. html

④ 数据来源：国家林业和草原局官网．第三次全国国土调查主要数据公报［EB/OL］．http：//www. forestry. gov. cn/main/446/20210922/102624845755991. html

⑤ 资料来源：人民网．美丽中国新篇章——五年来生态文明建设成就综述［EB/OL］．http：//cpc. people. com. cn/n1/2017/1005/c412690-29573185. html

⑥ 资料来源：中国政府网．我国草原综合植被盖度达到 56.1%［EB/OL］．http：//www. gov. cn/xinwen/2021-04/14/content _ 5599577. htm

月，中共中央办公厅、国务院办公厅印发的《关于深化生态保护补偿制度改革的意见》明确指出，要以绿色发展引领乡村振兴，在建立市场化、多元化生态补偿机制上取得新突破。按照“谁投资、谁受益”“谁受益、谁补偿”的原则，明确保护者的权利与受益者的义务。采用现金补偿、对口支援、碳汇交易、社会捐赠等多种补偿手段，降低乡村生态环境保护与治理的成本，推动乡村自然资本增值，让良好生态环境成为乡村振兴的支撑点。

2. 完善市场机制推进农业绿色发展

2017 年 4 月，农业部印发的《关于实施农业绿色发展五大行动的通知》指出，应将绿色发展理念转化为具体行动，激发市场主体活力，构建市场化运营机制，探索综合利用模式。2021 年 8 月，农业农村部、国家发展和改革委员会、科学技术部、自然资源部、生态环境部、国家林业和草原局等六部门联合印发的《“十四五”全国农业绿色发展规划》明确提出，要落实农业资源有偿使用制度，完善资源及其产品价格形成机制，推动农业资源保护与节约利用。一是高度重视运用市场化手段和价格机制，鼓励企业对农村节能环保项目投资，引导社会资本参与农村绿色发展。二是充分发挥市场在资源配置中的决定性作用，加强资源性产品市场价格的监管机制，促使市场价格更好地反映市场供求状况，为农村自然资源开发提供重要的市场价格信息。三是建立健全用水权、排污权、碳排放权交易制度，形成森林、草原、湿地等生态修复工程参与碳汇交易的有效渠道。

3. 健全系统管理与强化监督机制

《关于创新体制机制推进农业绿色发展的意见》和《“十四五”全国农业绿色发展规划》均明确提出要建立健全绿色流通体系，完善检测和监管体系，实施农业标准化提升计划，推进新型农业经营主体按标生产进程，带动农业大规模标准化生产。一是加快出台涵盖农产品、环境要素、农业模式、生产技术、加工质量等内容的绿色农业标准体系和农业监管体系，促进农业生产绿色化、标准化。二是统筹安排、规范资金管理方式，加大日常监督和专项检查力度，引进社会监督机制，扩大监督范围，为科学合理使用农村绿色发展资金提供可靠保障。三是建立以“绿色发展引领乡村振兴”为核心内容的干部监督制度体系，并建立健全村务监督制度，完善“四议两公开”、村务公开、党务公开、村规民约等民主监督制度，鼓励和支持社会各方面力量参与绿色发展。

4. 完善农业农村绿色发展考核机制

《“十四五”全国农业绿色发展规划》等多个文件均提出应以绿色发展引领乡村振兴，明确考核机制：一是增加绿色发展水平在考核评价中的权重，建立以绿色发展引领乡村振兴的考评机制。二是完善基层干部建设美丽乡村的实绩考核制度和主体责任制度，健全考核奖惩、部门协调、责任追究、挂牌督办和村民自治长效机制，形成“县考核、镇督查、村管理”的三级长效管理体系。三是制定以绿色发展引领乡村振兴的质量标准、考核办法、奖惩机制，完善农村人居环境建设和生态资源管护长效机制，启动创建督查奖励机制，鼓励和引导农民参与农村环境治理。

5. 以农业绿色发展引领乡村振兴要健全协同机制

《关于实施农业绿色发展五大行动的通知》《关于创新体制机制推进农业绿色发展的意见》《“十四五”全国农业绿色发展规划》等文件指出，应从我国实情出发，统筹协调多方资源共同推进农业绿色发展：一是加强中央和地方以及各相关部门之间的协同配合。明确各自的职能范围和管理权限，建立健全分工明确、职能互补、管理科学、执行有效以及互相监督的管理体制。二是加强区域间的协同。不同省份的农村绿色发展水平、发展条件、发展方向均存在较大差异，应当加强各地区之间的交流与协作，在人才培养、生产结构布局、生态环境治理等多个维度上进行深层次的合作，缩小地区间发展差距，实现区域协调发展。三是依托大数据产业，建立区域环境大数据库和环保信息共享平台，共同应对跨区域生态环境问题，形成以绿色发展引领乡村振兴的强大合力。

三、农业农村发展全面绿色转型面临的问题与挑战

（一）贯彻绿色发展理念不够深入

1. 对生态优先、绿色发展的重要性认识不足

当前，在推进生态文明建设，贯彻绿色发展理念的过程中，存在诸多对生态优先、绿色发展认识的不足：一是认为生态优先、绿色发展就是生态保护。绿色发展不是简单的节能减排、治理污染，而是发展理念的转变，更是生产方式的转变，同时也是生活方式的转变。二是认为生态优先、绿色发展就是限制经济发展甚至放弃经济发展。绿色发展的本质是对高投入、高消耗、高污染和低产出、低效益、低品质的传统发展方式的系统反思，实现向高产出、高效益、高品质发展的转变。三是认为绿色发展是政府的事。各级政府是推进绿色发展的关键主体，但环境和发展问题关系每个人的切身利益，关系子孙后代的福祉，每个公民、机构都应积极参与生态文明建设。

2. 农业生产还没有转向数量质量并重

当前，我国农产品总量问题已得到较好解决，但结构性矛盾仍然突出，一般农产品不缺，优质绿色农产品供给不足。以单纯追求数量，拼资源、拼消耗的农业发展方式还没有转向数量质量并重。比如，耕地资源超强开发，东北地区黑土地不断退化，南方红黄壤酸化加速，设施农业土壤板结加重；用水总量虽然没有增加，但用水方式还很粗放、大水漫灌比较普遍；存在过度养殖、过度捕捞、过度放牧等现象。

（二）农业生产方式依然粗放

1. 粗放经营加剧农业资源压力

依靠资源消耗的粗放经营方式没有得到根本改变，农业生产所需的优质耕地资源、水资源配置到城镇、非农产业的趋势依然强劲。我国农业用水效

率不高，2019 年农田灌溉水有效利用系数为 0.559，与发达国家 0.7～0.8 的水平相比依旧有较大差距。从各个省（自治区、直辖市）来看，低于 0.5 的地区包括西藏、四川、贵州、云南、重庆。考虑到农业用水中绝大部分水资源用于农田灌溉，而灌溉用水的粗放、低效利用又进一步加剧了水资源短缺程度。目前国内耕地总面积稳定在 20.23 亿亩左右，可开发为耕地的后备土地资源数量不断减少。人多地少的基本国情使得我国传统粮食生产坚持高投入、超负荷模式，造成耕地质量呈现中低产田面积大、退化面积大、污染面积大、有机质含量低、补充耕地等级低、基础地力低的“三大三低”特征。

2. 土壤退化和污染问题突出

根据 2014 年和 2019 年全国耕地质量等级情况公报，评价为 7～10 等的耕地约为 5 亿亩（数值越高，质量越差），占耕地总面积的 1/4。这部分耕地基础地力相对较差，生产障碍因素突出，且难以在短时间内得到根本改善。分区域来看，东北黑土区耕地的主要问题在于黑土层变浅流失，土壤有机质不足；华北及黄淮平原潮土区耕地耕层变浅，部分地区土壤盐渍化严重；长江中下游平原水稻土区耕地则面临着土壤酸化、潜育化的风险，部分地区耕地还存在严重的重金属污染现象；南方丘陵岗地红黄壤区耕地同样存在土壤酸化、潜育化的问题；西北灌溉及黄土型旱作农业区耕地则在面临土壤盐渍化的同时，还伴随沙化和地膜残留污染等问题。

3. 绿色技术集成创新不足

长期的低投入、农业科技体制改革滞后和失当造成我国农业科技与国际先进水平的差距拉大，绿色技术集成创新不足：一是对农业绿色技术创新主体的研发激励不足。由于经费紧张的问题，科研机构从事农业绿色技术研究的意愿较低，加之缺乏公益创新的激励机制，科研机构不愿将有限的经费投入到市场回报不足的农业绿色技术集成创新领域。二是农资生产企业投资农业绿色技术研发的意愿不足。农资生产企业难以通过技术创新赢得市场竞争优势，加之农业绿色技术研发的高投入、长周期以及农资产品品种更换过程中必须承担的巨大转移成本等，削弱了企业对绿色技术集成创新的投入激励。三是农业技术人员对绿色技术集成创新的研究热情不足。由于农业绿色技术消费的非排他性使人们可以免费获得技术信息，而农业绿色技术受益的非排他性又降低了农业生产者对该技术的采用意愿，从而使相应的技术专利丧失市场需求，技术人员难以从农业绿色技术集成创新成果中获得应有的回报。

（三）绿色优质农产品供给不足

1. 绿色标准体系还不健全

长期以来，我国农产品生产经营的主要目标是解决人民群众的温饱问题，重视农产品产出率的高低，而忽视农产品绿色品质控制，结果是农产品绿色标准体系明显滞后：一是农产品质量安全信息监管体系不完善，导致农产品从生产到采摘、运输、储存、批发、零售等各个环节的质量无法实时监控。农产品安全监管力量不足，农产品质量安全信息共享机制不完善，对农产品质量安全信息的监测不到位。二是政府职能部门的监控体系和监管机制不足。农产品管理部门比较多，容易出现政出多门的现象。

2. 全产业链绿色转型任务繁重

农业全产业链绿色转型存在系统设计不足、产业链条短、中小型生产经营主体融入难度大、资源利用效率低、增值效应不突出、生态协同困难等难点：一是目前区域农业产业引进及全产业链布局仍以核心产业发展及增收为主要目标，缺乏以生态容量为底线的系统设计，容易激化产业发展与生态环境的矛盾，导致区域生态环境受到威胁。农业全产业链构建及融合的顶层规划缺乏，导致区域支柱产业发展受限于基础设施、技术支撑、配套产业、机制保障等而未能健康发展，影响农业全产业链的培育。二是我国农业全产业链条短，附加值低。农业全产业链涉及多个利益主体，利益分配机制不明晰成为阻碍其构建与发展的难题。三是农业全产业链信息不对称现象抑制农业全产业链融合。各类主体之间信息不对称，缺乏以品质为导向的农产品“生产—追溯—监管”体系，导致优质农产品辨识困难，优质优价体系难以形成，农业全产业链增值受限。四是我国农业全产业链上下游匹配不足、产业融合程度低且衔接不畅，导致全产业链资源利用效率不高。

（四）绿色发展激励约束机制不健全

1. 绿色生态的政策激励机制还不完善

促进农业从传统转向绿色，关键要让生产者有内在的动力和积极性，让生产者采用绿色生产方式的净收益大于传统生产方式。当前，我国农业绿色生态的政策激励机制还不完善：一是农产品的定价机制、农业投入品的定价机制，尚不利于农业绿色发展转型。二是农业生产活动具有正的外部效应，这个外部效应不能内部化，不能转化为生产经营者的收益，而是由全社会分享，需要政府来对生产者进行补偿，生产经营者才有积极性。目前来看，我国在生产者生态效益的补偿方面力度还不够。三是惩罚机制不健全。农业生产活动具有一定的负外部性，需要相应机制让生产经营者承担治理成本。

2. 生态产品价值实现机制尚未形成

生态产品价值实现机制不健全制约当前山水林田湖草一体化保护修复工作。许多地区因缺乏从产业融合发展的视角深入研究生态产品的价值实现，普遍存在生态保护修复投入大、收益小，设施管护成本高，资金供给难以为继等难题，影响生态效益整体发挥。一方面，生态产品的价值在技术上难以充分、准确地衡量。价值核算体系不统一，指标体系不全面、不准确、不统一，评估方法不完善，调查方法不合理，不同研究人员采用的指标类型和方法体系也不一样，这就造成同一生态系统评估结果不一致，不同类型生态系统不同程度的价值评估难以对比，价值评估结果难以信服，无法提供有效决策参考。另一方面，生态产品的度量、抵押、交易、变现等方面，仍缺乏制度和机制层面上的保障。建立核算体系、制定核算规范、推动核算结果应用，这些工作离不开数据的广泛采集，需要从制度层面推动政府部门、社会组织和公司企业等多元主体之间的数据共享和更新。

四、面向2035年促进农业农村发展全面绿色转型的目标要求

我国农业农村绿色发展仍处于起步阶段，面临绿色发展理念不够深入、农业生产方式较为粗放、绿色优质农产品供应不足、绿色发展激励约束机制不够健全等诸多问题。为加快农业全面绿色转型，持续改善农村生态环境，2021年8月，农业农村部等六部门联合印发《“十四五”全国农业绿色发展规划》，提出“资源利用水平明显提高”“产地环境质量明显改善”“绿色产品供给明显增加”“减排固碳能力明显增强”等一系列目标要求。

（一）资源利用水平明显提高

一是促进耕地、水等农业资源得到有效保护、利用效率显著提高。“山、水、林、田、湖、草”是一个生命共同体，作为耕地资源的“田”和作为水资源的“水”在生态系统中具有举足轻重的地位，保护耕地资源和水资源也就是保护生态环境。

二是推动退化耕地治理取得明显进展。《农业农村部办公厅关于做好2020年退化耕地治理与耕地质量等级调查评价工作的通知》首次提出了开展退化耕地治理试点工作的要求，强调“选择一批耕地酸化、盐碱化问题突出的重点县开展退化耕地治理试点，建立集中连片示范区，探索应用土壤改良、地力培肥、治理修复等综合技术模式提升耕地质量”。

三是确保以资源环境承载力为基准的农业生产制度初步建立。遵循因地制宜，宜粮则粮、宜经则经、宜草则草、宜牧则牧、宜渔则渔的原则，构建优势区域布局和专业生产格局，提高农业生产与资源环境匹配度。例如，东北地区要关注口粮生产能力的提升；长江中下游地区则应当重视粮油生产能力的稳定性。

（二）产地环境质量明显好转

保护环境就是保护生产力，改善环境就是发展生产力，故而加快推行绿色生产方式，推动产地环境质量好转成为推进农业农村发展全面绿色转型的迫切要求。

一是推动化肥、农药使用量持续减少。我国高度重视推动化肥、农药减量化，大力实施《关于打好农业面源污染防治攻坚战的实施意见》等系列攻坚行动，形成了系统化的农业面源污染防治机制。一方面要求全面加强源头防控，完善相关法规标准体系；另一方面也需要重视改进环境监测基础，提升政府对环境的监管能力。

二是促进农业废弃物资源化利用水平明显提高。未经资源化利用无害化处理的农业废弃物实际上是放错了地方的资源，推动其资源化利用是改善生态环境、发展循环经济、实现农业可持续发展的有效途径。《关于推进农业废弃物资源化利用试点的方案》指出，“开展农业废弃物资源化利用试点工作，是贯彻中央有关‘推进种养业废弃物资源化利用’等决策部署的具体行动，是解决农村环境脏乱差、建设美丽宜居乡村的关键环节，也是应对经济新常态、促投资稳增长的积极举措。”故而，应当坚持整县统筹、技术集成、企业运营、因地制宜原则，积极开展农业废弃物资源化利用试点工作，以此提升农业废弃物资源化利用水平，推动农业农村发展全面绿色转型。

（三）农业生态系统明显改善

保障农业生产符合绿色、低碳的生态标准，促进农业生产与生态环境保护协调统一，实现农业生态系统改善。

一是耕地生态得到恢复。要守护好“中国饭碗”的家底，实现农业农村发展全面绿色转型，必须尊重和敬畏耕地生态系统，将耕地保护与生态修复作为农业农村绿色转型工作的重中之重。习近平总书记指出：“人的命脉在田，田的命脉在水，水的命脉在山，山的命脉在土，土的命脉在树。”① 保护耕地，就是保护我们的生命线。因此，在耕地利用过程中必须知本、护本、养本、治本，坚持索取有度、节约优先的原则，不危害耕地生态系统的自我调节能力，重视耕地数量、质量、生态“三位一体”保护，保障耕地生态得到有效恢复。

二是生物多样性得到有效保护。在农业生态系统中，存在多种包括植物、动物、微生物等各种生物有机体在内的群落。这些群落不仅直接影响到人们从农业生态系统中获得的经济利益，而且对于环境保护至关重要。农产品直接来源于动物和植物，倘若没有农业生态系统内种类繁多的野生生物、人工养殖品种以及丰富多样的遗传基因材料，农业就不可能持续发展（蒋爱群，冯英利，2011）。对此，应当关注农田生态廊道建设，尝试营造复合型、生态型的农田林网，恢复田间生物群落和生态链，增加农田生物多样性，保障农业农村发展全面绿色转型。

三是农业生态系统更加稳定，森林、草原、湿地等生态功能不断增强。习近平总书记指出“山水林田湖草是生命共同体”，强调“全方位、全地域、全过程开展生态文明建设”②。为保障农业生态系统的稳定性，需要遵循系统性原则，统筹推进山水林田湖草沙系统治理，全面发挥森林、草原、湿地等的生态功能。

（四）绿色产品供给明显增加

当前，我国绿色农产品的生产规模整体偏小，绿色优质农产品的供给能力与人民日益增长的美好生活需要尚不匹配。为加快农业农村发展全面绿色转型，有必要进一步增加绿色产品供应。

一是农业标准化、清洁化生产加快推行。推进农业清洁化、标准化生产，不仅有助于转变农业增长方式，对防治农业环境污染、保障农产品质量安全具

① 资料来源：人民网．习近平：关于《中共中央关于全面深化改革若干重大问题的决定》的说明［EB/OL］．http：//jhsjk. people. cn/article/23559310

② 资料来源：人民网．习近平：坚决打好污染防治攻坚战 推动生态文明建设迈上新台阶［EB/OL］．http：//jhsjk. people. cn/article/30000992

有重要意义，而且还能够实现化肥、农药、饲料等投入品的合理使用，降低生产成本，挖掘农业内部增值潜力，为农业增效、农民增收提供有效途径。因此，在农业生产过程中必须要重视标准化、清洁化体系建设，大力推广节肥节药节水技术，保障相关产品绿色生态、品质营养的特色更加突出。

二是农产品质量安全水平和品牌农产品占比明显提升。相关政策对农产品品质和品牌提出了一系列要求。例如，《“十四五”全国农产品质量安全提升规划》明确要求，国家农产品质量安全例行监测合格率达到98%，禁用药物使用得到有效遏制，常规农药兽药残留超标得到有效管控，确保不发生系统性、区域性农产品质量安全事件。分期分批淘汰现存10种高毒农药。《绿色食品产业“十四五”发展规划纲要》强调，“绿色食品品牌公信力和影响力进一步提升，品牌知晓率达到80%，忠诚度和美誉度进一步提高，绿色消费引领作用明显扩大。”未来应积极响应相关文件要求，推动实施农业生产“三品一标”提升行动，带动农业农村发展全面绿色转型。

三是农业生态服务功能大幅提高。要构建绿色低碳农业产业链，积极推进农产品加工业绿色转型、建立健全绿色流通体系、促进绿色农产品消费，协同提升生态效益、经济效益和社会效益，进一步改善农业质量效益和竞争力。

(五) 减排固碳能力明显增强

农业是全球碳排放的重要来源，联合国数据显示，来自农业生产的碳排放占全球总碳排放量的比重高达13%。在推进农业农村发展全面绿色转型的过程中，亟须关注农业减排固碳能力，以控制温室气体排放，保障农业的可持续发展。

一是主要农产品温室气体排放强度大幅降低。要进一步研发和改进种养业生产过程温室气体减排技术，将符合低碳发展理念的新品种、新技术、新装备、新组织形式导入农业生产的产前、产中、产后全过程。同时，重视制度创新，构建“政府有为，市场有效”的农业生产温室气体减排补偿机制。

二是农业减排固碳和应对气候变化能力不断增强。减缓和适应是确保农业有效应对气候变化危害和风险的两大主要策略。前者主要指减少农业碳排放来源以及增加农业碳汇的人为干预活动；后者则指有助于改变农业部门应对气候变化脆弱性的所有手段，包括生产行为调整、生产技术创新等。

三是农业用能效率有效提升。推动农村地区能源绿色转型，保障农业用能效率提升具有重要意义，《加快农村能源转型发展助力乡村振兴的实施意见》指出，“农村地区能源绿色转型发展，是满足人民美好生活需求的内在要求，是构建现代能源体系的重要组成部分，对巩固拓展脱贫攻坚成果、促进乡村振兴，实现碳达峰、碳中和目标和农业农村现代化具有重要意义”。

五、面向2035年促进农业农村发展全面绿色转型的对策建议

对标基本实现美丽中国建设目标，落实中央碳达峰、碳中和重大战略决策，践行“绿水青山就是金山银山”理念，坚持底线思维和系统观念，充分发挥政府引导和市场主导作用，积极构建创新驱动与法治保障相辅相成的支撑体系，科学谋划农业农村绿色发展目标任务，加快推进农业农村发展全面绿色转型。

（一）加强农业资源保护利用

农业资源是农业发展的物质基础，节约资源是保护生态环境的根本之策，更是提升可持续发展能力和推进农业农村发展全面绿色转型的重要路径。

1. 加强耕地保护与质量建设

一是严守18亿亩耕地红线。落实最严格的耕地保护制度，实施质量优先序下的耕地结构性保护。加强和改进耕地占补平衡管理，坚决遏制耕地“非农化”、防止“非粮化”。巩固永久基本农田划定成果，建立健全永久基本农田特殊保护制度。

二是加强耕地质量建设。加快实施高标准农田建设，开展土地平整、土壤改良、灌溉排水等工程建设，改造提升已建高标准农田。实施耕地保护与质量

提升行动计划，开展秸秆还田、增施有机肥、种植绿肥还田等项目。建立健全耕地质量监测网络，开展耕地质量调查评价。

三是加强退化耕地治理。坚持分类分区治理，坚持政策协同、综合施策，加强集中连片示范区建设。重点针对土壤酸化、盐碱问题，因地制宜推广技术模式，在全国范围内逐步实现酸化耕地降酸改良和盐碱耕地压盐改良。

2. 提高农业用水效率

一是推进旱作农业发展。在华北和东北西部地区，充分利用天然降水，发展雨养农业。在西北干旱缺水地区，因地制宜建设集雨补灌设施，发展集雨补灌农业。在西北和内蒙古中西部风蚀沙化严重地区，推广生物篱柔性防风、带状留茬间作和田间集雨节水技术，发展聚水保土农业。在华北北部、西北等农牧交错区推行种养循环、农牧结合。

二是推广节水技术。以缺水地区为重点，选育推广一批节水抗旱的作物品种，并加强节水设施建设，推进品种节水和工程节水。调整农作物种植结构，禁止开采深层地下水用于农业灌溉。

三是加强农业用水管理。强化水资源刚性约束，落实最严格的水资源管理制度，加强农户用水管理。加快大中型灌区续建配套和现代化改造，同步建设用水计量设施。推进农田水利设施产权制度改革，明确工程产权和管护主体，建立长效管护机制。

（二）加强农业面源污染防治

加强农业面源污染防治是促进农业资源永续利用、改善农村生态环境、实现农业可持续发展的内在要求，是推进农业农村发展全面绿色转型的重要任务。

1. 推进化肥农药减量增效

一是推进化肥减量增效。在粮食主产区、园艺作物优势产区和设施蔬菜集中产区，推广机械施肥、种肥同播等措施，示范推广缓释肥、水溶肥等新型肥料，改进施肥方式。以果菜茶优势区为重点推动粪肥还田利用，推动有机肥替代化肥，增加优质绿色产品供给。鼓励农企合作推进测土配方施肥。

二是推进农药减量增效。推行统防统治，扶持一批病虫防治专业化服务组织，带动群防群治。推行绿色防控，在园艺作物重点区域，集成生物防治、物理防治等绿色防控技术。创制推广喷杆喷雾机、植保无人机等先进的高效植保机械，提高农药利用率。构建农作物病虫害监测预警体系，建设智能化、自动化田间监测网点，提高重大病虫疫情监测预警水平。

2. 促进农业废弃物资源化利用

一是推进养殖废弃物资源化利用。健全畜禽养殖废弃物资源化利用制度，严格落实畜禽养殖污染防治要求，完善绩效评价考核制度和畜禽养殖污染监管制度，加快构建畜禽粪污资源化利用市场化机制。推进绿色种养循环，培育粪肥还田社会化服务组织，推行畜禽粪肥低成本、机械化、就地就近还田。降低养殖污染排放，推进水产健康养殖，减少养殖尾水排放。

二是推进秸秆综合利用。促进秸秆肥料化，集成推广秸秆还田技术，改造提升秸秆机械化还田装备。促进秸秆饲料化，鼓励养殖场和饲料企业利用秸秆发展优质饲料。促进秸秆燃料化，因地制宜发展秸秆固化、生物炭等燃料化产业。促进秸秆基料化和原料化，发展食用菌生产等秸秆基料，引导开发人造板材、包装材料等秸秆原料产品。培育秸秆收储运服务主体，构建秸秆收储和供应网络。

（三）加强农业生态保护修复

良好的生态环境不仅是农业生产的必然要求和农村“生态宜居”的重要体现，更是广大农村居民的重要诉求，是推进农业农村发展全面绿色转型的重要环节。

1. 治理修复耕地生态

一是健全耕地轮作休耕制度。推动用地与养地相结合，集成推广绿色生产、综合治理技术模式。坚持轮作为主、休耕为辅，在确保国家粮食安全前提下，调整优化耕地轮作休耕规模和范围。

二是实施污染耕地治理。开展土壤污染状况调查，优化土壤环境质量监测网络。实施耕地土壤环境质量分类管理，建立完善优先保护类、安全利用类和严格管控类耕地管理清单，分类分区开展污染耕地治理。在土壤污染面积较大的地区推进农用地安全利用技术示范，巩固提升受污染耕地安全利用水平。

2. 保护修复农业生态系统

一是建设田园生态系统。发挥稻田生态涵养功能，稳定水稻种植面积，推广稻渔生态种养模式。优化乡村功能，合理布局种植、养殖、居住等，推进河湖水系连通和生态修复，增加湿地、堰塘等生态水量。

二是保护修复森林草原生态。通过国土绿化行动持续加强林草生态系统修复，增加提高林草资源的总量和质量。修复重要生态系统，因地制宜、规范有序推进重点区域生态保护和修复重大工程建设。坚持基本草原保护制度，落实禁牧和轮牧政策，促进草畜平衡。

三是开发农业生态价值。推动农业固碳减排，研发温室气体减排技术，提升农业生产适应气候变化能力。在保护生态环境的前提下，挖掘自然风貌、人文环境、乡土文化等价值，开发休闲观光、农事体验、生态康养等多种功能。实施优秀农耕文化保护与传承示范工程，发掘农业文化遗产价值，保护传统村落、传统民居。

（四）构建绿色低碳农业产业链

推动农业绿色发展、低碳发展、循环发展，全产业链拓展农业绿色发展空间，推动形成节约适度、绿色低碳的生产生活方式，是推进农业农村发展全面绿色转型的关键方式。

1. 打造农业绿色供应链

一是推进农产品加工业绿色转型。促进农产品商品化处理，改善设施装备条件，减少产后损失，加快绿色高效、节能低碳的农产品精深加工技术集成应用。集中建立农产品加工副产物收集、运输和处理设施，采取先进提取、分离与制备技术，加强农产品加工副产物综合利用。

二是建立健全绿色流通体系。发展农产品绿色低碳运输，建设多元联运网络。加快建设冷链物流基础设施，健全农产品冷链物流服务体系。加快农产品批发市场改造提升和配套设施建设，加强市场数字化信息体系建设。

三是促进绿色农产品消费。健全绿色农产品标准体系，加强农产品认证管理，深入推进食用农产品达标合格证制度试行。倡导绿色低碳生活方式，引导企业和居民采购消费绿色农产品，坚决制止产品过度包装和餐饮浪费行为。

2. 推进产业集聚循环发展

一是促进产业融合发展。推进要素集聚，促进产业格局由分散向集中、发展方式由粗放向集约、产业链条由单一向复合转变。推进企业集中，促进农产品加工与企业对接，引导大型农业企业重心下沉，向农产品加工园区集中。推进功能集合，合理布局种养、加工等功能，完善基础设施建设，打造绿色产业链、供应链。

二是推动低碳循环发展。推动企业循环式生产、产业循环式组合，加快培育产业链融合共生、资源能源高效利用的绿色低碳循环产业体系。发展生态循环农业，合理选择农业循环经济发展模式，推动多种形式的产业循环链接和集成发展。推动农业园区低碳循环、现代农业产业园区和产业集群循环化改造，完善园区循环农业产业链条。

（五）健全促进全面绿色转型体制机制

以提质为导向，通过建立绿色发展的目标责任、考核制度、奖惩机制，完善制度约束，强化市场机制，引导社会参与，切实推进农业农村发展全面绿色转型。

1. 完善法律法规约束机制

一是健全法律法规体系。推进农业绿色发展领域立法，强化重点区域农业绿色发展法制保障，开展配套规章建设，健全重大环境事件和污染事故责任追究制度及损害赔偿制度。

二是加大执法力度。强化重点领域执法，严格执行农业资源环境保护领域法律法规，提升农业绿色发展执法能力，加强执法设施装备建设，推动行政执法机关与司法机关、监察机关工作的衔接配合。

2. 健全政府投入激励机制

一是完善农业资源环境保护政策。优化耕地地力保护补贴，引导农业投入品减量增效，支持重点作物绿色高质高效生产。整县推进农业废弃物资源化利用，尤其是加快建立地膜使用和回收利用激励机制。

二是健全生态保护补偿机制。支持开展退化耕地治理，完善退耕还林还草政策，继续实施耕地轮作休耕制度和第三轮草原生态保护补助奖励政策，尽快实施新一轮渔业发展补助政策，强化渔业资源环境养护。

三是建立多渠道投入机制。完善财政激励政策，加大财政对农业绿色发展支持力度，将符合条件的农业绿色发展项目纳入地方政府债券支持范围。创新绿色金融政策，丰富完善信贷、保险、基金等绿色金融产品体系，完善农业绿色信贷增信机制，适度扩大农业绿色发展金融投入规模。引导社会投入，鼓励企业利用外资、发行企业债券等方式，实施一批政府和社会资本合作项目，扩大农业绿色发展社会投资。

3. 建立市场价格调节机制

一是健全绿色价格机制。完善农业资源有偿使用制度和资源及其产品价格形成机制，深入推进农业水价综合改革，健全农业水价形成机制，配套建立精准补贴和节水奖励机制。

二是建立绿色产品市场价格实现机制。推进绿色优质农产品优质优价，建立优质农产品评价体系，完善农产品分级制度，持续推进农产品质量监测，加强绿色优质农产品市场监管，建立产地准出和市场准入制度，加快农产品质量安全信用体系建设。建立健全生态产品价值实现机制，探索开展农业生态产品价值评估，健全生态产品经营开发机制，拓展提升生态产品价值。

三是培育绿色农业交易市场。培育和发展交易市场，健全生态产品市场体系，完善农业生态产品价格形成机制，探索建立初始分配、有偿使用、市场交易、纠纷解决、配套服务等制度。推进市场化经营性服务，开展农业生态系统损害监测评价，建立生态环境损害赔偿制度，尽快制定高效规范的标准体系。

专题报告十

关于促进城乡融合发展问题研究

一、城乡关系的内涵与城乡关系的演变

（一）城乡关系的内涵与城乡二元结构

城市和乡村是人类聚落的两种主要形式，城乡关系随城市产生就已存在，并伴随城乡发展的全部过程。城乡关系是一个典型的复合概念，既蕴含着城市与乡村间对立统一的关系，又体现在经济、政治、文化、社会和生态环境等诸多方面，这一关系在不同发展阶段又表现为城乡对立、协调、制约或相互促进的作用过程。研究者针对城乡关系概念及其内涵已展开较为全面的讨论，并结合国家的不同发展阶段深度剖析了城乡关系的演变特征和内在动因。目前学界的基本共识是，将城市和农村视为借助人口、商品等要素流动而紧密联系、相互依存的两个共生系统，城乡关系则体现了城市与农村间要素流动和功能耦合的状态（陈方，2013；刘彦随，2018）。

在早期发展阶段，发展中国家普遍存在着明显的城乡二元现象。西方学界认为，发展中国家城乡二元结构的产生源于其所采取的城市偏向的经济政策，并主要从国家的经济政策和政治结构出发给予解释（尹希果 等，2007）。但这一论断得到了发展经济学的纠正，发展中国家建立的城乡初始禀赋具有显著差别：广大农村普遍保留农耕传统的农业社会形态，农业部门依靠土地、人力进行生产，而相对少量的城市则是殖民主义输入以后逐步形成的工业社会形态，工业部门依赖资本、机器进行生产。发展中国家的经济发展，本质上是劳动力

从低生产率的农村部门向高生产率的城市部门再配置的过程，城乡二元结构的形成是必然结果。当城乡劳动生产率趋于均等后，城乡二元结构也将基本消除。

中国在现代化建设初期，为集中力量发展重工业，同样形成了城乡的二元结构，并在服务于工业化国家发展战略中不断固化。遗憾的是，尽管目前我国工业化与城镇化水平已有显著提高，但城乡二元结构明显、城乡差距过大仍是影响我国经济社会持续稳定发展的主要结构性问题之一（国务院发展研究中心农村部课题组 等，2014）。城乡二元结构一方面支持了优先发展重工业的国家发展战略，另一方面也阻断了城市福利外溢，促进了城市福利体系的快速建立。但固化的城乡二元结构更多地带来了城乡差距加大、资源分配不均、社会问题激化以及发展的不充分、不平衡等负面问题。调整城乡关系、促进协调发展，是一个急迫又长期的问题（宋洪远，2004），根本途径是在工业化、城镇化过程中同步推进农业现代化，促进二元经济社会结构的根本性转变（宋洪远，赵海，2012）。

（二）近40年来我国城乡关系演变的基本历程

改革开放以来，家庭联产承包责任制极大提高了农业生产率，为城乡关系的演进创造了制度背景。农业劳动生产率的提升使得农业中涌现出大量剩余劳动力，为工业化、城镇化建设形成充分的劳动力储备（沈坤荣，余吉祥，2011；夏金梅，孔祥利，2021）。农村剩余劳动力大量积累，迫切需要从农业向其他产业、从农村向城市转移来释放农村内部劳动力容量。在农村内部，乡镇企业实现了农村劳动力向非农产业转移，农民收入得以持续增长，城乡收入差距不断缩小。在城乡之间，城市国有企业改革推进，使得城市对农村剩余劳动力需求明显增加。在劳动力转移需求的冲击下，政府从严格控制农村劳动力进城转变为不断放宽劳动力流动限制（蔡昉，杨涛，2000），为农民进城务工生活提供政策保障，加快了城乡二元结构的破除和新型城乡关系的建立。整体上看，这一阶段通过向农民赋权、提高农民自主权，使其获得了更多的发展机会，收入得到显著提高，逐步解除了对农村剩余劳动力转移的限制，为城乡关系的进一步调整打下基础。

进入21世纪，中国经济持续快速增长，综合国力不断提升，初步具备了工业反哺农业的客观条件。城乡二元结构不再适应新的城乡发展要求，中央政府开始着手对城乡关系实施重要调整，广泛探索破除城乡二元结构、改善城乡关系的路径。2002年，党的十六大报告首次提出“统筹城乡发展”，并强调“统筹城乡经济社会发展，建设现代农业，发展农村经济，增加农民收入，是全面建设小康社会的重大任务”，致力于调整城乡关系、应对“三农”问题，突破“工业优先、城市偏向”的二元惯性思维，中国城乡关系由此进入统筹发展的历史阶段。但本质上讲，“统筹城乡发展”是一种思路型、理念型的发展，固有的城乡二元结构并未从根本上解决，也并未完全摆脱以往“以工统农”“以城统乡”的思维惯性和制度依赖（许彩玲，李建建，2019）。

2007年，党的十七大报告提出：“统筹城乡发展，推进社会主义新农村建设”“建立‘以工促农、以城带乡’长效机制，形成城乡经济社会发展一体化新格局”，强调城乡发展协同作用与有机统一。这一表述反映了党中央对统筹城乡发展提出的新的方针要求，也是破除城乡二元结构、加快农业农村发展、促进农民富裕的根本途径，为推进城乡经济社会协调发展指明了方向（黄少安，2018；张海鹏，2019）。同时提出了加强农村基础设施建设、健全农村市场和农业服务体系、加大支农惠农政策力度等具体措施。2007年之后的多个中央1号文件对村庄规划、农村基础设施建设、农村人居环境治理、农村社会事业等方面进行了详尽安排，农村义务教育、新型合作医疗与养老保险、农村低保、农村文化娱乐等领域取得了明显提升，为城乡关系改善奠定了坚实基础。

2012年，党的十八大报告指出：“解决好农业农村农民问题是全党工作重中之重，城乡发展一体化是解决‘三农’问题的根本途径”，“加快完善城乡发展一体化体制机制，着力在城乡规划、基础设施、公共服务等方面推进一体化，促进城乡要素平等交换和公共资源均衡配置，形成以工促农、以城带乡、工农互惠、城乡一体的新型工农、城乡关系”，推动城乡发展一体化成为党和国家的工作重心。同年，中国人口城镇化率到达52%，人均GDP约合6 100美元，已经具备变革城乡关系的基础条件。党的十六大至党的十八大，是我国破除城乡二元结构、调整城乡关系的理念变动和政策探索阶段，这一时期形成了重塑城乡关系的思想与理论基础，在一定领域内实施了“以工促农”“以城带乡”的政策措施，但仍未从根本上改变城乡二元结构。

改革开放特别是党的十八大以来，我国在统筹城乡发展、推进新型城镇化方面取得了显著进展，但城乡要素流动不顺畅、公共资源配置不合理等问题依然突出，影响城乡融合发展的体制机制障碍尚未根本消除①。

2017 年，党的十九大提出实施乡村振兴战略，坚持农业农村优先发展，要求按照“产业兴旺、生态宜居、乡风文明、治理有效、生活富裕”的总要求，建立健全城乡融合发展体制机制和政策体系，加快推进农业农村现代化。将农村与城市作为同等地位的有机整体，同步于我国现代化建设进程之中，表明中国城乡关系已经发生了历史性变革，城乡发展步入了新的阶段（熊小林，2018；黄祖辉，2018）。不同于 2012 年提出的“以工促农、以城带乡、工农互惠、城乡一体”，2017 年中央农村工作会议重新确立了“工农互助、城乡互补、全面融合、共同繁荣”的新型工农城乡关系，这一重要关系论述再次强调把城市和农村作为一个有机整体，通过城乡要素、居民、产业、社会和生态等的全面融合，构建新型工农城乡关系，实现工农城乡共建共享（刘彦随，2018；张克俊，杜婵，2019）。新型工农城乡关系进一步丰富了马克思主义城乡关系理论，为新时期中国城乡融合发展指明了方向和路径。

党的十九大首次提出“城乡融合发展”，更加强调我国城镇化和现代化发展进程中城乡发展的有机统一和相互促进，不再局限于用相对割裂的视角看待农村和城市问题，是一种城与乡的同向发展。

总结来看，我国城乡关系沿着“二元结构—城乡统筹—城乡一体—城乡融合”的演化脉络，从城乡对立的二元结构，到思路型、理念型的“城乡统筹发展”，再从城乡有机统一的“城乡一体化发展”到“城乡融合发展”，既与中国制度变迁一脉相承，又顺应了新时代城市和乡村发展的要求。中国从此进入了全面推进城乡融合发展的新阶段。

① 资料来源：中国政府网．中共中央　国务院关于建立健全城乡融合发展体制机制和政策体系的意见［EB/OL］．http：//www.gov.cn/zhengce/2019-05/05/content_5388880.htm

二、城乡融合发展水平的测度与变化特点

（一）城乡融合发展水平测度方法

衡量城乡差距是城乡关系研究的基本方法，已有研究多采用收入、消费等经济因素对城乡差距进行定量描述（程永宏，2007；段景辉，陈建宝，2010），但单一维度指标显然无法反映城乡关系的全貌。于是，研究者尝试运用一般均衡、校准和数值预测等方法，模拟城乡差距变化的运行情况（孙宁华 等，2009；穆月英 等，2010），但这类方法的预测并不能如实反映城乡差距的真实特征。可见，若要对城乡差距给出一个直观的、综合性的评价，就需要有一个综合性的指标加以衡量。

1990 年，联合国开发计划署（UNDP）发布了第一份全球人类发展水平的报告，其中提出了衡量人的综合发展水平的人类发展指数（Human Development Index，简称 HDI），此后被广泛运用于城乡差距和城乡关系研究领域。宋洪远和马永良（2004）运用人类发展指数，分别从生活水平、教育与健康三方面对城乡差距进行全面刻画，综合反映出我国城乡关系的现状和发展趋势。本文借鉴宋洪远，马永良（2004）的思路和方法，对我国 1990—2019 年的城乡差距进行测算。

2010 年，UNDP 对 HDI 的算法进行了改进，新算法包括收入、教育和健康三方面指标（徐辉，李明明，2021）：（1）收入，用人均国民收入（按美元购买力平价）表示，用于获得收入指数I_I。（2）教育，用预期受教育年限指数I_{EYE}和平均受教育年限指数I_{AYE}表示，平均后获得教育指数I_E。（3）健康，用出生时的预期寿命来表示，用于计算健康指数I_H。HDI 是收入指数、教育指数和健康指数三者的算数平均，计算公式为：

$$HDI=(I_I * I_E * I_H)^{\frac{1}{3}} \quad (1)$$

计算各分项指数的公式如下：

$$分项指数=（真实值-最小值）/（最大值-最小值） \quad (2)$$

其中，指数计算时有关收入及其最大值、最小值均作对数处理。各项指数

数值介于0～1之间，越接近1，说明发展水平越高。自2010年以后，计算HDI每个分项指数的最小值和最大值如表1所示。

表1 HDI的最大值和最小值

指标	最大值	最小值
人均国民收入（购买力平价美元）	108 211	163
预期受教育年限（年）	13.2	0
平均受教育年限（年）	20.6	0
预期寿命（岁）	83.2	20.0

注：资料来源为联合国开发计划署（UNDP）《2010年人类发展报告》。

收入指数、教育指数和健康指数的说明如下：

1. 收入指数 I_I

UNDP在计算人类发展指数时所使用的分项指数是按购买力平价美元（PPP）计算的GDP指数。本文所用城乡的可支配收入数据均来自国家统计局数据库，同时根据相关资料说明，2013年及以后的数据来源于国家统计局的住户收支与生活状况调查，按照住户收支与生活状况调查制度，国家统计局每年收集16万调查户12个月的记账数据，在此基础上汇总计算出全国居民可支配收入、城镇居民可支配收入、农村居民可支配收入等数据。2012年之前的数据则根据以往城镇住户调查和农村住户调查历史数据，以可比口径推算得到。

基于表1更新后的HDI最大值和最小值，收入指数计算参考宋洪远和马永良（2004）的思路，对该组最大值和最小值进行转换。据世界银行2020年发布的2017年国际比较项目（ICP）显示，按PPP法计算的中国2017年GDP为196 174万亿美元，而同年按汇率计算的GDP为123 104亿美元，那么按汇率计算的GDP和按PPP计算的GDP的比值为0.627 5。据此，可将表1中的最大值108 211美元和163美元，折合成按汇率计算的最大值和最小值分别为66 019.90美元和102.28美元，以2017年度平均汇率换算为人民币分别为445 944.61元和690.87元，为计算方便，将最大值暂定为446 000元，最小值暂定为700元。根据宋洪远，马永良（2004）等研究的计算结果，居民可支配收入占 GDP 总额的比值基本保持在 0.5 左右且无明显波动，那么可以认为有一半的 GDP 会形成居民可支配收入。因此，最终将计算收入指数I_I的最大值与最小值确定为 223 000 元和 350 元。

计算公式如下：

I_I＝（log 人均可支配收入－log350）/（log223000－log350）(3)

2. 教育指数I_E

2010 年 HDI 计算方法更新的主要变动在于教育指数的测算，更新后采用预期受教育年限和平均受教育年限来衡量教育发展水平。教育指数I_E的计算包括预期受教育年限指数I_{EYE}和平均受教育年限指数I_{AYE}两部分，再进行平均获得。

预期受教育年限采用小学、初中、高中与高等教育等阶段毛入学率进行估算。根据 UNDP 的定义，教育适龄人口的年龄区间为 6～22 岁，其中小学为 6～11 岁、初中为 12～14 岁、高中为 15～17 岁。毛入学率是指各教育阶段（包括小学、初中、高中、高等教育等）人数占官方规定年龄段的教育适龄人口的百分比。据此，计算综合毛入学率需要通过按城乡划分的正在各阶段接受教育的人数除以该层级教育适龄人口数量得到。通过查阅《中国教育统计年鉴》等数据资料，发现一般用在校人数来表征接受教育的人数，计算按城乡划分的毛入学率需要按城乡划分的正在接受各阶段教育的人数（在校人数）和各阶段教育的适龄人口数量。在整理小学、初中和高中教育阶段的数据时，将城区和镇区的数据合并为城镇的数据，农村的数据则直接采用。由于可查阅的《中国教育统计年鉴》仅统计到 2018 年的数据，因此 2019 年数据通过外推法估计得到。

需要说明的是，由于官方并未对接受高等教育的适龄做出规定，因此在讨论高等教育入学率时，需对在校大学生进行城乡比例分配，1990—2009 年，参考王一兵（1992）研究中的城乡大学生比例：56％和 44％，2010 年以后则参考杨丽（2012）研究中的城乡大学生比例：82.3％和 17.7％。按城乡划分的各教育阶段在校学生人数可以通过历年《中国教育统计年鉴》获得，《中国教育统计年鉴》中列举了按城市、县镇、农村划分的各教育阶段在校人数，因此将城市、县镇各教育阶段在校人口数据加和得到城镇各教育阶段在校学生人数。各年龄区间人口方面数据来源于历年《中国人口和就业统计年鉴》，按以下公式计算各教育阶段的毛入学率：

$$\eta_i = 在校学生人数_i / 教育适龄人口_i \tag{4}$$

其中，i 可取 1，2，3，4，η_1、η_2、η_3、η_4分别表示小学、初中、高中和高等教育的毛入学率。从而预期受教育年限指数I_{EYE}的计算公式如下：

$$I_{EYE} = \eta_1 * 6 + \eta_2 * 3 + \eta_3 * 3 + \eta_4 * 4 \tag{5}$$

一般规定，6 岁为接受义务教育的最小适龄。考虑到数据的可获得性因素，本文计算平均受教育年限的公式为：

$$平均受教育年限(AYE) = (p_1 * 6 + p_2 * 9 + p_3 * 12 + p_4 * 16) / 6岁及以上人口 \tag{6}$$

公式（6）中的p_1、p_2、p_3、p_4分别表示小学、初中、高中与高等教育的人口数，相关数据可通过人口普查数据、全国 1%人口抽样调查、《中国教育统计年鉴》以及《中国人口和就业统计年鉴》获得，但因数据缺失无法计算 1995 年以前的平均教育年限。通过观察发现可得数据近似线性，因此可采用模拟线性方程近似测算 1990—1995 年的平均教育年限。运用公式（2）计算预期受教育年限指数I_{EYE}和平均受教育年限指数I_{AYE}，所需最大值和最小值均来自表 1。最后，将预期受教育年限指数I_{EYE}和平均受教育年限指数I_{AYE}加和后求平均值，可得到教育指数I_E。

3. 健康指数I_H

健康指数I_H通过按城乡划分的预期寿命计算获得。目前，可收集到的分城乡预期寿命十分有限。胡英（2010）根据相应年份人口普查和人口调查数据测算出了 1982 年、2000 年、2005 年以及 2009 年的分城乡预期寿命，本文在此基础上对其他年份数据采用插值法和外推法进行补充。

（二）城乡融合发展水平变化特点

1990—2019 年按城乡划分的人类发展指数（HDI）测算结果及城乡相对

差距如表 2 所示。

表 2　1990—2019 年按城乡划分的 HDI 及相对差距

年份	人类发展指数（HDI）			城乡相对差距
	全国	城镇	农村	城镇/农村
1990	0.499	0.540	0.425	1.271
1991	0.507	0.551	0.434	1.271
1992	0.517	0.562	0.444	1.266
1993	0.527	0.573	0.453	1.266
1994	0.534	0.586	0.461	1.269
1995	0.545	0.595	0.471	1.262
1996	0.554	0.606	0.479	1.264
1997	0.563	0.617	0.488	1.263
1998	0.571	0.631	0.497	1.269
1999	0.579	0.639	0.506	1.262
2000	0.588	0.659	0.524	1.258
2001	0.596	0.674	0.529	1.274
2002	0.606	0.683	0.536	1.274
2003	0.618	0.665	0.534	1.245
2004	0.628	0.689	0.544	1.267
2005	0.640	0.683	0.552	1.237
2006	0.653	0.709	0.561	1.264
2007	0.667	0.732	0.572	1.280
2008	0.678	0.748	0.583	1.283
2009	0.687	0.758	0.597	1.270
2010	0.699	0.749	0.616	1.216
2011	0.707	0.776	0.622	1.248
2012	0.716	0.784	0.628	1.248
2013	0.724	0.793	0.635	1.249
2014	0.731	0.803	0.644	1.247
2015	0.739	0.821	0.649	1.265
2016	0.746	0.826	0.656	1.259

（续）

年份	人类发展指数（HDI）			城乡相对差距
	全国	城镇	农村	城镇/农村
2017	0.750	0.840	0.664	1.265
2018	0.755	0.849	0.671	1.265
2019	0.761	0.860	0.685	1.255

注：第二列的全国人类发展指数（HDI）数据来自联合国开发计划署（UNDP）（http：//hdr.undp.org/en/indicators/137506）。

从总体趋势上看，全国、城镇和农村的人类发展指数（HDI）均在持续提高，农村发展水平较大程度上落后于城镇，而城乡之间的发展差距随时间变化而波动。全国 HDI 从 1990 年的 0.499 提高到 2019 年的 0.761。本文测算结果表明，中国的城镇 HDI 从 1990 年的 0.540 提升到 2019 年的 0.860，中国的农村 HDI 从 1990 年的 0.425 提升至 2019 年的 0.685。我国全国、城镇及农村 HDI 均在持续增长，在这一增长过程中城镇 HDI 存在一定的波动，特别是 2003 年、2005 年和 2010 年的 HDI 要明显低于其上一年水平，而农村 HDI 变化相对平稳，城乡发展水平和增速方面仍然有着较显著的差距。

UNDP《人类发展报告》认定，一个国家 HDI 的大小决定了该国人类发展水平的层次，HDI 大于或等于 0.8 属于极高人类发展水平，HDI 介于 0.7～0.799 之间属于高人类发展水平，HDI 介于 0.55～0.699 之间为中等人类发展水平，而 HDI 小于 0.55 则界定为低人类发展水平。据此判断，中国的 HDI 在 2010 年已超过 0.7 的高人类发展水平标准；城镇从 2006 年开始已步入高人类发展水平阶段，并在 2014 年实现了从高人类发展水平阶段向极高人类发展水平阶段的跨越；而中国的农村地区方面，在 2004 年以前的 HDI 还处于低人类发展水平，2005 年则开始进入中等人类发展水平阶段，截至 2019 年仍未突破 0.7 达到高人类发展水平。可见，从人类发展指数的角度判定城乡发展差距，中国农村的 HDI 直到 2016 年才基本达到 2000 年中国城镇的 HDI 水平，换言之，中国农村的发展落后城镇 16 年。

进一步地，采用城镇 HDI 与农村 HDI 的比值反映城乡相对差距，分析中国的城乡发展差距及其时间趋势，比值越大说明城乡差距越大。观察发现，中国城乡相对差距在近 30 年内基本呈现先逐渐下降、再波动回升、后趋于平稳的变化态势。1990—1999年间城乡相对差距数值水平较高，但可看出有缓慢减小的趋势；2000—2010年间城乡差距呈波动减小的趋势，至2010年达到1.216的极小值；从2011年开始，城乡差距开始波动回升趋于平稳，2019年达到1.255。

为了进一步分析造成当前城乡差距的主要原因，本文采用HDI各分项指数比（城镇/农村）即收入指数比、教育指数比和健康指数比，分别代表城乡差距中的收入差距、教育差距和健康差距。如表3所示，城乡收入指数比从1990年的2.172下降至2019年的1.254，在整体上呈现减小的趋势，说明在收入方面城镇和农村的差距正在逐渐缩小；城乡教育指数比增加明显，从1990年的1.075上升至2019年的1.566，并有继续上升趋势，这说明城镇的教育资源要明显优于农村地区，城乡教育资源配置和教育公平问题有待进一步解决；城乡健康指数比从1990年的1.098下降到了2019年的1.008，就数值大小而言，目前城乡健康差距较小，城乡居民在享受医疗健康方面基本可以达到均衡，城乡健康差距并未在很大程度上影响到整体的城乡差距。综上所述，当前城乡差距的主要原因在于城乡收入差距和城乡教育差距，其中城乡收入差距正在逐渐缩小，而城乡教育差距呈现扩大趋势。

在2002年提出“城乡统筹发展”以后，人类发展指数反映了中国城乡关系变化的几个方面：第一，中国城镇和农村的HDI呈现整体增长趋势，但城镇HDI的增长存在一定波动，特别是2003年、2005年和2010年的HDI要明显低于上一年水平。由此可知，相较于农村，统筹城乡发展的政策干预对城镇的影响更大，随着统筹城乡发展、社会主义新农村建设工作的持续推进，初步建立了“以工促农、以城带乡”机制，城乡融合发展进程明显加快。第二，全国的HDI整体上在持续提高，而在2002年之后增速明显加快，到2010年恢复平稳增长。可见，统筹城乡发展提高了全国层面的人类发展水平，短期内收效明显，但同时必须关注城镇、农村发展水平的长期变化。第三，中国城乡HDI的相对差距在近30年间有明显波动，呈现出先逐渐下降、再波动回升、后趋于平稳的变化态势。这说明中国城乡发展仍然存在不平衡、不充分的突出问题，城乡差距依然较大，加快推进城乡融合发展有待提出新的思路和策略。

表 3 1990—2019 年 HDI 各分项指数比（城镇/农村）

年份	HDI 分项指数比（城镇/农村）		
	收入指数比	教育指数比	健康指数比
1990	2.172	1.075	1.098
1991	2.240	1.125	1.100
1992	2.178	1.085	1.102
1993	2.061	1.092	1.103
1994	1.842	1.095	1.105
1995	1.663	1.099	1.106
1996	1.540	1.183	1.108
1997	1.506	1.207	1.110
1998	1.506	1.204	1.111
1999	1.529	1.183	1.113
2000	1.550	1.151	1.114
2001	1.557	1.195	1.112
2002	1.580	1.180	1.110
2003	1.582	1.102	1.108
2004	1.548	1.187	1.106
2005	1.525	1.126	1.104
2006	1.510	1.213	1.102
2007	1.487	1.281	1.100
2008	1.459	1.318	1.098
2009	1.448	1.290	1.096
2010	1.414	1.177	1.080
2011	1.381	1.308	1.075
2012	1.363	1.336	1.069
2013	1.313	1.396	1.062
2014	1.298	1.417	1.055
2015	1.288	1.501	1.047
2016	1.281	1.502	1.038
2017	1.273	1.546	1.029
2018	1.265	1.573	1.018
2019	1.254	1.566	1.008

基于1990—2019年中国城乡人类发展指数（HDI）测算和分析，我国城乡融合发展主要呈现以下特点：

第一，中国人类发展指数持续增长，已经由中等人类发展水平跻身高人类发展水平。中国城乡差距呈现出先逐渐下降、再波动回升、后趋于平稳的变化态势。

第二，我国城镇和农村发展水平均有明显提高，但城乡间发展不平衡、不充分的问题仍然突出，农村的发展水平大致落后城镇16年。

第三，收入差距和教育差距是造成城乡差距的主要因素，具体表现在收入差距的缩小和教育差距的扩大。加快推进城乡融合发展，将面临如何改善城乡教育差距的重要挑战。

三、面向2035年促进城乡融合发展的目标和路径

2019年《关于建立健全城乡融合发展体制机制和政策体系的意见》提出，到21世纪中叶城乡全面融合，乡村全面振兴，全体人民共同富裕基本实现的目标。这表明城市单极化的发展趋势正在被遏制甚至扭转，工农城乡融合并举成为新的发展态势。据此，结合新的制度情境特征，新阶段的制度目标为"建成富强民主文明和谐美丽的社会主义现代化强国"，相应的制度工具就需要以开放村庄为前提，以县域经济为重心，以社会分工为途径，所生成的工农城乡关系定位为"乡村全面振兴、城乡融合发展、人民共同富裕"。

2020年，中共中央发布《关于制定国民经济和社会发展第十四个五年规划和二〇三五年远景目标的建议》（以下简称"《建议》"），阐述了"十四五"时期的指导思想、原则和主要目标，提出了2035年远景目标。其中，围绕城乡融合发展，《建议》提出，到2035年实现：（1）人均收入达到中等发达国家水平。在考虑人口总量变化的基础上，2035年人均GDP预计至少达到2.2万美元[①]；（2）中等收入群体显著扩大。经测算，2035年我国中等收入群体规模将达到8亿（陈昌盛 等，2020）；（3）城镇化水平显著提高。根据联合国经社

① 资料来源：搜狐网．新时代中国经济发展趋势展望［EB/OL］．https：//www.sohu.com/a/215747636_99958508

理事会人口局估算，2035 年中国常住人口城镇化率将达到 71.1%（魏后凯，2018）。

（一）城乡融合发展的前提是开放村庄

通过打开城门，要素禀赋向城市流动和集中，工业化与城镇化蓬勃发展。其中分税制改革阶段所驱动的“集体用地先国有化，再出让给土地使用者”的用地市场化模式，促使土地要素的配置效率显著提升。汲取城市建设经验，在实现乡村振兴的新阶段，也需要通过开放村庄，引导要素向农业和农村回流，反哺农业高质量发展与美丽乡村建设。

尚存的阻滞开放村庄的制度约束主要在于土地制度，因为当前农村土地产权交易具有排他性特征：一是基于集体成员权的排他性，禁止同集体组织成员以外的人员进行宅基地交易；二是基于功能和用途的排他性，严格限制农村土地用途和集体用地的市场化等。城乡融合的前提是开放村庄，而开放村庄的前提是深化农村土地经营制度改革。特别是在所有权与使用权分离的地权结构框架下，需要从强调产权界定转向创新产权实施方式，在不影响农地集体所有权的前提下，适度放宽对地权实施方式的约束，衔接城乡之间的用地制度，进而提升农村土地的市场化价值。

开放村庄的首要顾虑在于是否会剥夺或者稀释农户的土地经营权，继而迫使农户丧失生计可持续的重要资本。同时，既有的困境也在于：囿于城市社会资源有限引致的教育和医疗等民生资源竞争，进城农民工既无法享受平等的市民权益，又困于自身离农较早引致的农业生产经营能力欠缺，无法退回农村引领高质量农业发展。于是，发展衔接城市与乡村的县域经济，作为城乡之间的过渡地带势在必行。

（二）城乡融合发展的重心是县域经济

发展县域经济的核心策略在于有序地将城市中具有劳动力密集特征的产业（如制造业）转移至城乡结合地带。其优势在于：第一，减轻工业企业的生产成本，特别是用地成本；第二，缓解城市高密度人口的资源环境压力和公共安全风险；第三，减少农户远距离务工的风险感知，吸引农村剩余劳动力就近转移择业；第四，给予进城务工又无法返农的农民工有效的退出路径，使其能够根据自身的人力资本状况在恰当的时候退出城市，在县域寻找新的发展机会或者安享晚年；第五，吸引具有一定资本实力的农民工在县城购置房产，而非盲目在农村宅基地开展建设，避免当前宅基地建设攀比和闲置造成的资源浪费。

（三）城乡融合发展的途径是社会分工

开放进村门槛为工农城乡融合提供先决条件，县域经济发展为工农城乡的融合消除后顾之忧，而社会分工繁荣则是城乡融合的主要途径。基于市场化的社会分工，能够有效统筹城乡资源配置，促使城市和农村在分工合作中生成共赢共生关系。城市掌握先进的生产技术与雄厚的资本实力，而农村具有广袤的土地和充分的劳动力。早期城镇居民和农村转移劳动力的恰当劳动分工，形成人口红利，创造我国经济高速发展的繁荣盛景，而后期经济的持续繁荣则依靠城乡融合。

第一，打造数字化农业农村。以城市人工智能和物联网等先进技术武装农业生产和农村建设，改变传统对农业和农村“面朝黄土背朝天”的落后刻板印象，同时破除长期以来阻滞农业生产经营效率提升的信息壁垒，降低农产品供应主体与需求主体间的信息不对称风险。

第二，推动高效率农业分工。基于连片种植发展横向分工，形成充分规模的服务市场容量，基于农业生产环节的可分性发展纵向分工，吸引掌握资本要素优势的经营主体进入农业提供专业化的生产性服务。以迂回投资的方式，帮助小规模农业经营主体规避大规模生产装备的资产专用性限制，提升其农业生产经营效率，并保障城市系统的农产品供应安全。

专题报告十一

关于促进农村区域协调发展问题研究

一、农村区域协调发展的概念界定与评价标准

（一）农村区域协调发展的理论基础

1. “乡村振兴”下的农村发展

党中央、国务院历来高度重视“三农”工作，尤其是党的十八大以来提出了一系列新理念、新思想、新战略。作为新时代“三农”工作的总抓手，实施乡村振兴战略是适应新时代我国社会主要矛盾转变、推动农村高质量发展的重大战略措施，也是解决发展不平衡以及发展不充分问题的必然要求（魏后凯，杜志雄，2020）。然而，应当看到，虽然目前乡村振兴的制度框架和政策体系已基本形成，但距离规划和政策的真正落地和有效实施仍有很大差距，同时，当前农村区域发展仍然存在许多薄弱环节（王定祥，谭进鹏，2015），且主要集中在五个方面：一是农产品阶段性供过于求和供给不足并存，农业供给质量亟待提高；二是农民适应生产力发展和市场竞争的能力不足，新型职业农民队伍建设亟须加强；三是农村基础设施和民生领域欠账较多，农村环境和生态问题比较突出，乡村发展整体水平亟待提升；四是国家支农体系相对薄弱，农村金融改革任务繁重，城乡之间要素合理流动机制亟待健全；五是农村基层党建存在薄弱环节，乡村治理体系和治理能力亟待强化。对此，通过坚持“产业兴旺、生态宜居、乡风文明、治理有效、生活富裕”的“五位一体”的指导思想，乡村振兴战略可有效统筹推进农村经济建

设、政治建设、文化建设、社会建设、生态文明建设和党的建设，加快推进农业农村现代化，并帮助实现农村区域实现高质量发展（李建平，梅晓光，2021）。

2. 农村发展中的“区域命题”

在乡村振兴中无法就“村落”而谈“乡村”，而是要在“区域”的多重内涵下讨论以乡村为根基的区域再结构与文化再创造（梁文泉，陆铭，2015）。从《乡村振兴战略规划（2018—2022年）》中我们可以发现，乡村振兴的规划思路对于我国农村发展的区域差异性保持了高度的敏感性，分类推进、分类施策、差异化、特色化发展的思路涵盖农村发展的各个层面，并提出了依据区域差异划分引领区、重点区和攻坚区，以实现对乡村振兴发展目标的“梯次推进”。东部沿海发达地区、人口净流入城市的郊区、集体经济实力强以及其他具备条件的乡村，作为“引领区”，到2022年率先基本实现农业农村现代化；中小城市和小城镇周边以及广大平原、丘陵地区的乡村，涵盖了我国大部分村庄，作为乡村振兴的重点区和主战场，到2035年基本实现农业农村现代化（程小芳，2018）；革命老区、民族地区、边疆地区、集中连片特困地区的乡村，作为乡村振兴的攻坚区，到2050年如期实现农业农村现代化。可以说，这一区分基本上反映了我国东、中、西部地区区域发展不平衡的现状，同时也反映了内嵌于区域发展格局的城乡发展不平衡的问题。与我国区域经济发展空间分异规律一样，作为区域发展重要组成部分的农村发展也存在明显的空间差异。首先，自然条件和原有经济基础的差异是农村地域分异的基础原因（李建国，李智慧，2017）；其次，历史文化背景的不同也是农村发展不平衡的重要社会因素；另外，区位与交通条件对农村区域发展的影响也不容小觑；最后，农村工业化进程的差异则是加大农村发展地域分异的根本原因。

（二）农村区域协调发展的概念界定

新中国成立初期，在社会主义建设总路线的指导下，中国分步实施了一系列社会主义改造运动，因此，农村区域发展的首要任务就是通过土地改革来恢复农业生产并通过农业合作化改造来建立和发展集体经济；自20世纪80年代起，农村区域发展的重点被放在了农村经济建设上，以激活农村市场经济为核心逐步构建社会主义农村市场经济（姚士谋 等，2014）；进入21世纪以后，城乡二元结构和“三农”问题逐渐凸显，国家提出统筹城乡经济社会发展，通过遵循“少取、多予、放活”的基本原则，将农村区域发展的重点从农村转移至农村和农民，在保证农村稳步发展的同时，极大地改善农民的生活条件，减少城乡差距（陆大道，陈明星，2015）；党的十八大以后，乡村振兴战略的提出使得农村发展有了更深层次的含义，即以区域协调发展为发展理念，以促进社会和谐发展和共同富裕为最终目标，解决农村发展不平衡与不充分问题，通过顺应农民发展诉求、注重农村资源差异、遵守农村变革规律、瞄准环境治理抓手来进一步缓解“三农”问题，实现农村集聚发展、内部平衡。

区域协调发展的提出是以经济协调为起点，后来逐渐转变为多要素协调、区域间和区域内协调，最后转变为对区域空间、能力与发展机会的协调，经历了从经济学领域到管理学领域的发展转变（何静，2019）。不仅如此，它还被广泛应用如下各种理论中：均衡论中的区域协调发展是指在不平衡中走向相对平衡，实现缩小地区经济差距扩大的目标；本质论认为区域协调发展最为核心的两个问题是如何发挥地区比较优势和如何缩小地区发展差距，本质就是协调发展中的效率与公平，最终走向共同富裕；系统论认为区域协调发展是指每个区域都应以其他区域为自己的约束条件，优化本地区经济结构，促进地区间相互促进、相互协作，从而形成全国各区域在动态反馈过程中各自螺旋式上升的态势（范柏乃 等，2021）。

因此，农村区域协调发展是指以农村区域为重点，通过协调的方式来缓解农村内部的不平衡不充分问题，旨在对整个农村区域的空间、能力与发展机会进行协调，通过不同农村区域之间要素的流动与优势的互补，消除不同农村区域资源的矛盾和紧张，通过农村区域之间的协作和促进来产生更大的经济和社会效益，让农村区域的发展从不平衡走向相对平衡，从不充分走向相对充分，从而提高农村整体综合发展水平，实现共同富裕。

（三）农村区域协调发展的评价标准

1. 农村区域发展的评价体系

农村发展政策与目标随着对农村发展内涵的认识深化而发展，对农村发展水平的评价要从农村发展的内涵与政策实践出发（韩磊 等，2019；杜志雄，2021）。1953 年《关于发展农业生产合作社的决定》标志着中国开始了“农业支持工业、农村支持城市”的区域均衡发展阶段；1983 年的中央 1 号文件《当前农村经济政策的若干问题》正式为家庭联产承包责任制正名，从而为乡镇企业的发展奠定了基础，但也导致了农村区域发展差异开始凸显，使得农村区域发展进入非均衡发展时期；2000 年的《中共中央关于制定国民经济和社会发展第十个五年计划的建议》正式提出西部大开发战略，随后又相继确立了东北振兴和东部崛起战略规划，自此中国进入了全面统筹发展阶段，中国农村区域发展进入协调起步阶段；2017 年在《中共中央国务院关于实施乡村振兴战略的意见》中指出要把乡村振兴作为“三农”工作的总抓手，按照“产业兴旺、生态宜居、乡风文明、治理有效、生活富裕”的总要求，助推农村区域发展迈入全面协调发展阶段。从政策演变可以看出，农村区域发展从最初单纯侧重于生产力的恢复与发展逐步演变为关注农村发展的各个方面，开始注重对农业发展、农民生活、乡风文明、乡村治理和生态环境等各方面的统筹兼顾，实现了从单一指向向全面兼顾的历史性转变（图 1）。

基于以上分析，遵循指标选取的代表性原则和可比性原则，本研究将农村区域发展总结为经济发展、社会发展、生活水平和生态环境四个维度，进而构建起包含四大维度、12 个准则层、23 个具体指标的评价体系（表 1）。各维度及指标的内涵具体如下：

①经济发展。经济发展是农村综合发展的基础与核心，主要体现在农业现代化、农村经济实力、农村经济结构和农村生产力水平提高四个方面（韩磊 等，2018；侯燕，2017）。②社会发展。社会发展涉及的内容比较广泛，本文从文化教育、医疗卫生、社会保障等各方面来衡量农村社会发展（魏

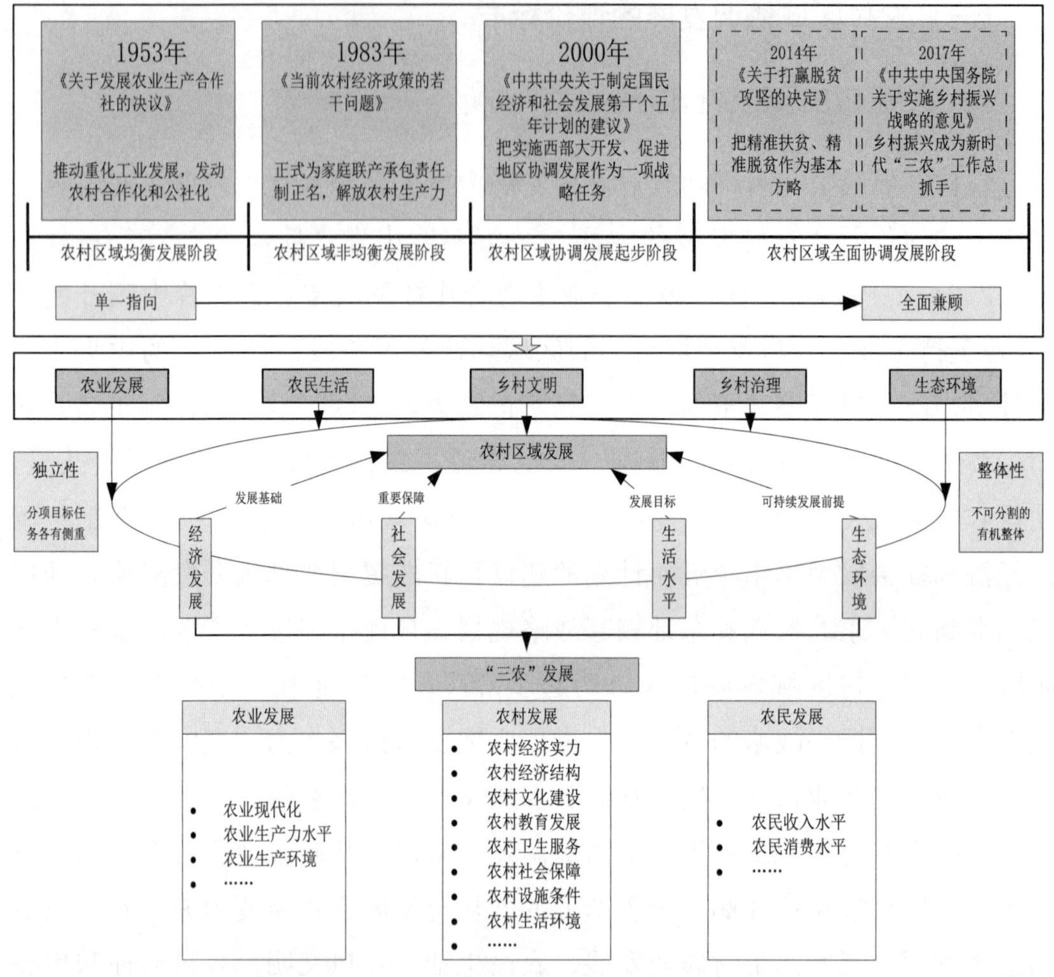

图1　农村区域发展评价体系逻辑图

后凯，杜志雄，2020；王继源，2019）。③生活水平。生活水平体现的是农村发展过程中农民福利的变化，是农村经济社会发展的基本落脚点，主要体现在农民生活消费水平和农村设施条件两个方面（秦中春，2020）。④生态环境。随着国内经济环境变化及长期粗放式经营积累的深层次矛盾逐步凸显，绿色发展与生态环境保护在农村发展中日益得到重视（谷金明，2021）。本文从农业生产环境和农村生活环境两个方面衡量农村生态环境状况。

表 1 农村区域发展评价体系

子系统	准则层	指标层	算法	正负
A1 经济发展	B1 农业现代化	C1 亩均农业机械动力数	农业机械总动力/耕地面积	+
		C2 有效灌溉率	有效灌溉面积/耕地面积	+
	B2 农村经济实力	C3 农村人均农业产出	农业总产值/农村总人口	+
		C4 农民人均可支配收入	/	+
	B3 农村经济结构	C5 第一产业占 GDP 比重	第一产业产值/国内生产总值	−
		C6 非农从业人员占比	非农从业人员/从业人员	+
	B4 农村生产力水平	C7 单位耕地农业产值	农业总产值/耕地面积	+
		C8 农业劳动生产率	农林牧渔业总产值/第一产业从业人员×100%	+
A2 社会发展	B5 农村文化建设	C9 万人乡镇文化站个数	乡镇文化站个数（个）/农村人口总数	+
	B6 农村教育发展	C10 万人乡村中小学专任教师数	乡村中小学专任教师数/农村人口总数	+
	B7 农村卫生服务	C11 万人乡村卫生专业技术人员数	乡村医生、卫生人员数/农村人口总数	+
	B8 农村社会保障	C12 农村养老保障	农村养老服务机构数/农村人口	+
		C13 农村社会救助	农村社会救济费/农村人口总数	+
A3 生活水平	B9 农民消费水平	C14 农村居民人均消费支出	/	+
		C15 农村居民恩格尔系数	农民食品支出/消费总支出	−
		C16 农村居民人均文教娱乐支出占比	农村居民人均教育文化娱乐消费支出/农村居民人均消费支出	+
	B10 农村设施条件	C17 农村交通基础设施	四级公路里程/农村总人口	+
		C18 农村电力基础设施	农村用电量/农村人口	+
		C19 农村医疗基础设施	农村卫生院数/农村人口总数	+
A4 生态环境	B11 农业生产环境	C20 化肥使用强度	化肥使用量/农作物播种面积	−
		C21 农药使用强度	化肥使用量/农作物播种面积	−
	B12 农村生活环境	C22 农村无害化卫生厕所普及率	/	+
		C23 农村绿化覆盖率	/	+

2. 农村区域发展的评价方法

(1) 农村区域发展的时空分异特征研究。

①熵权-TOPSIS 模型。TOPSIS 是一种多目标决策分析方法，通过将评价对象与正负理想解的贴近度进行排序来评价优劣，不仅不限制数据分布和样本数量，还可以避免线性叠加思想的影响。本项目采用熵权-TOPSIS 模型，测度农村区域整体协调发展水平、农村经济发展水平、农村社会发展水平、农村生活水平、农村生态环境水平。

②ESDA 模型。探索性空间数据分析（Exploratory Spatial Data Analysis，ESDA）是较为理想的数据驱动分析方法，分为全局空间自相关和局部空间自相关，其中全局莫兰（Moran's I）指数用来描述农村区域协调发展水平的整体空间特征，以此判断空间关联及差异特征；局部 G_i^* 指数用来描述农村区域协调发展水平局部空间异质特征，以此判别局部空间分异规律。

(2) 农村区域协调发展的驱动机制研究。

①障碍度模型。农村区域发展水平评价旨在对农村发展状况进行判断。为了更好地制定出提高农村区域协调发展水平的对策和建议，本研究采用障碍度模型分析，得出了制约农村区域协调发展的内部障碍因子及其障碍度，以便有针对性地为农村区域协调发展提供决策依据。

②GWR 模型。相对于传统的 OLS 回归模型，地理加权回归（GWR）利用空间关系，来反映参数在不同空间位置的非平稳特性，使研究变量间的关系随空间位置的变化而变化。本研究采用 GWR 模型来探讨外部因素对农村区域协调发展的影响。

(3) 农村区域协调发展的风险预测分析。本研究采用灰色预测模型来分析中国农村区域发展的演变趋势和可能存在的风险挑战。灰色系统是一种介于黑色系统与白色系统之间的系统，其特点是外部对系统内部的信息比较模糊，且包含了未知和已知的信息，灰色系统理论的主要内容之一为灰色预测。灰色预测通过鉴别系统因素之间发展趋势的相异程度，即进行关联分析，并对原始数据进行生成处理来寻找系统变动的规律，生成有较强规律性的数据序列，然后建立相应的微分方程模型，从而预测事物未来发展趋势的状况。

二、过去30年中国农村区域协调发展的状况

(一) 中国农村区域协调发展的时间分异特征

1. 农村区域发展水平及变化

从全国层面看，农村总发展水平呈波动变化（图2）。非均衡发展阶段（1988—1998年），对于农业发展若干问题和农村经济发展政策亟须统筹规划和部署，农村总发展水平呈下降趋势，发展不充分；协调起步阶段（1998—2008年），国家提出全面建设小康社会，“三农”问题逐渐受到重视，随着社会主义新农村建设总要求的提出，农村综合变革开启新征程，农村总发展水平呈上升趋势，努力迈出农村发展充分的步伐；全面协调发展阶段（2008—2018年），农业现代化建设、农业供给侧结构性改革等处于亟待改革和推进阶段，农村发展水平呈下降趋势，发展仍然不充分。从区域层面看（图3），东中西部差距逐渐收缩。我国东中西部农村区域发展水平都呈现波动变化趋势，但不同的是东部和中部的波动较为剧烈，而西部较为平缓，同时，东中西部农村发展差距呈收缩趋势。南北方差距逐渐扩大。我国南方与北方农村区域发展水平都呈现波动变化的趋势，其中南方表现为明显的波动上升态势，而北方则表现

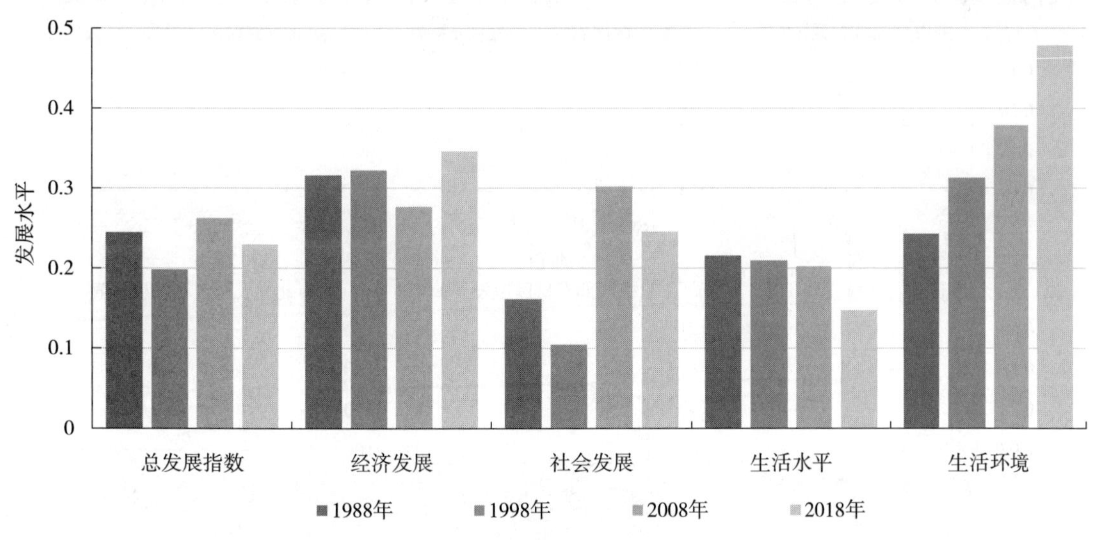

图2　1988—2018年中国农村区域发展与子系统发展水平

为波动下降态势，南北方农村发展水平差距则呈扩大趋势。

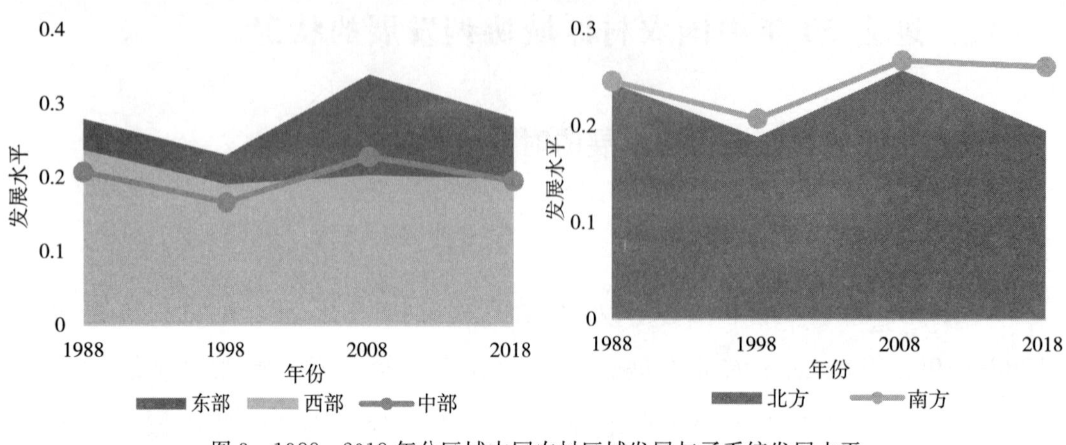

图 3　1988—2018 年分区域中国农村区域发展与子系统发展水平

2. 农村区域发展收敛性分析

我国农村发展的绝对差异主要是由东中西部的绝对差异所致（图 4）。全国层面上，我国农村区域发展的 σ 系数呈“短升长降”的趋势。区域层面上，其中，东中西部农村区域协调发展的绝对差异与整体保持一致，但南北方农村区域协调发展的绝对差异则恰恰相反，其 σ 系数呈“短降长升”的发展趋势。我国农村发展的相对差异主要是由南北部的相对差异所致。全国层面上，我国农村区域发展的 α 值呈“短降长升”的趋势。从东中西部来看，我国东中西部农村区域协调发展的相对差异呈“短降长升”趋势。区域层面上，南北部农村

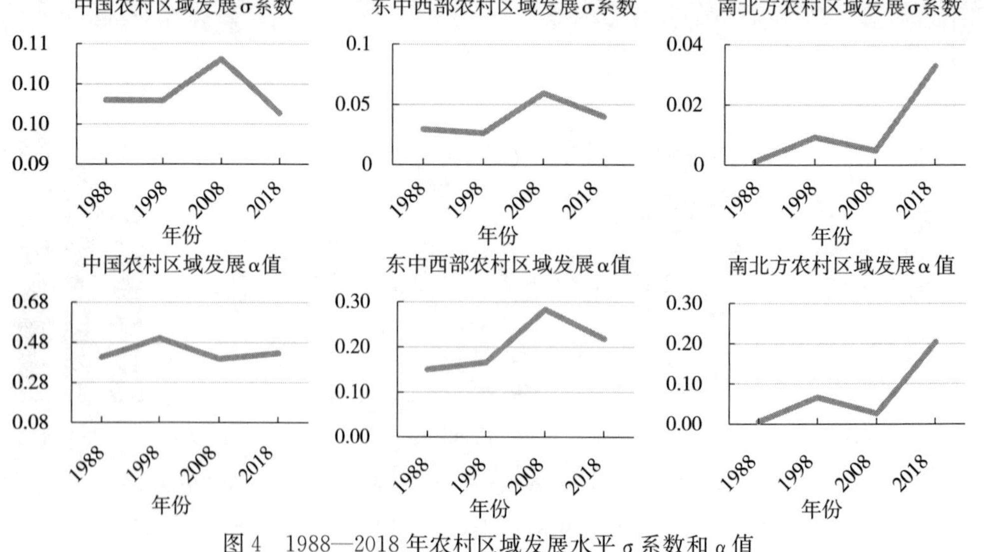

图 4　1988—2018 年农村区域发展水平 σ 系数和 α 值

发展的α值与全国层面保持一致，都呈“短降长升”趋势，但东中西部则相反，其相对差异呈“长升短降”的发展态势。因此，总的来看，我国农村区域协调发展的绝对差异与东中西部的绝对差异演变趋势较为一致，而我国农村区域协调发展的相对差异与南北方的相对差异演变趋势较为一致。

3. 农村区域子系统发展水平

从图2可以看出，农村区域各子系统呈现出不同的发展趋势，其中，①农村经济发展水平稳中向好。非均衡发展阶段（1988—1998年），农村经济发展水平小幅提升，经济发展稳定；协调起步阶段（1998—2008年），城乡统筹处于起步摸索阶段，经济发展水平小幅下降；全面协调发展阶段（2008—2018年），新时代脱贫攻坚的序幕拉开，农村经济发展水平大幅上升。②农村社会发展水平异速波动。非均衡发展阶段（1988—1998年），农村着力提高农业生产力和促进农村经济发展，农村社会发展水平呈下降趋势；协调起步阶段（1998—2008年），城乡改革协调推进，农村社会发展水平快速回升；全面协调发展阶段（2008—2018年），农村发展重心倾斜于一二三产业融合，农村社会发展水平小幅下降。③农村生活水平持续下降。非均衡发展阶段（1988—1998年），农村社会生活水平亟待提高；协调起步阶段（1998—2008年），对社会主义新农村建设提出了建设要求，农村生活水平稳定波动；全面协调发展阶段（2008—2018年），农村主要消费主体的转移一定程度上促使了农村生活水平的收敛。④农村生态环境水平持续上升。非均衡发展阶段（1988—1998年），中共中央聚焦“三农问题”，农村发展进入一个崭新阶段；协调起步阶段（1998—2008年），现代农业装备水平提高，促进了农业发展方式转变；全面协调发展阶段（2008—2018年），农村大力发展紧缺和绿色优质农产品生产，农村生态环境水平持续上升。

（二）中国农村区域发展的空间分异特征

1. 农村区域发展的空间动态变化

在全国层面上，农村区域发展高水平区存在东移和南移趋势，且南北发展差距有增大趋势。非均衡阶段（1988—1998年），农村发展中低水平区呈现北移趋势，低水平区湮灭；协调起步阶段（1998—2008年），中高、高水平区呈现东移、南移趋势；全面协调发展阶段（2008—2018年），中高、高水平区也呈现出明显的东移、南移趋势，同时，中低水平区大幅减少。造成中高和高水平地区出现东移、南移趋势的主要原因是由于东北振兴战略的实施以及人才资金要素在南方地区的集聚使得东移和南移趋势愈加明显。

在子系统层面上，农村经济发展高水平地区主要分布在东南沿海地带，且中高、高水平区呈南移趋势。非均衡阶段（1988—1998年），农村经济发展低水平区呈现西移趋势，中高水平区呈现南移趋势；协调起步阶段（1998—2008年），农村经济发展中低水平区呈现西移趋势，中高水平区呈现东移、南移趋势；全面协调发展阶段（2008—2018年），农村经济发展中高水平区呈现西移、南移趋势。东南沿海地区凭借区位优势促使制造业等第二产业向东部沿海地区集聚，致使区域发展差异逐渐扩大。农村社会发展中高、高水平区呈现出东移、南移的趋势。非均衡阶段（1988—1998年），农村社会发展低水平区呈现东移趋势，中高水平区呈现北移趋势；协调起步阶段（1998—2008年），农村社会发展低水平区消失，中低水平区扩充，中高水平区呈现东移、南移趋势；全面协调发展阶段（2008—2018年），中高水平区呈现东移、南移趋势，且随着城乡改革协调推进，城乡公共事业发展差距逐步缩小。农村生活水平中低水平区有所减少，中高、高水平区呈现出东移、南移的趋势。非均衡阶段（1988—1998年），农村生活发展低水平区逐渐消失，中高水平区呈现南移趋势；协调起步阶段（1998—2008年），农村生活发展高水平区扩充并呈现东移趋势；全面协调发展阶段（2008—2018年），农村生活中高水平区呈现东移、南移趋势，在历经非均衡发展与协调起步阶段后，低水平区逐渐减少，区域农村生活水平相对稳定，没有呈现出明显的变化趋势。农村生态环境中低水平区增多，中高、高水平区呈现出东移、南移的趋势。非均衡阶段（1988—1998年），农村生态环境低水平区逐渐消失，中高水平区减少；协调起步阶段（1998—2008年），农村生态环境中高、高水平区呈现东移、南移趋势；全面协调发展阶段（2008—2018

年），农村生态环境高水平区呈现东移趋势。西部省份仍处于工业化中期前半阶段，经济发展对资源环境依赖程度高，对环境易产生较大污染，所以导致农村生态环境中低水平区增多。

2. 农村区域发展的空间格局分析

表 2　中国农村区域发展全局 Moran's I

全局 Moran's I	1988 年	1998 年	2008 年	2018 年
农村区域发展	−0.333 8	0.079 7	0.263 1	0.138 9
农村经济发展	0.142 2	0.362 1	0.429 8	0.242 8
农村社会发展	−0.094 5	0.048 5	−0.057 1	0.037 1
农村生活水平	−0.099 8	0.027 5	0.079 1	0.033 5
农村生态环境	−0.308 4	−0.703 5	0.108 2	0.186 5

通过表 2 的全局 Moran's I 可以反映农村区域发展的全局自相关性。整体来看，我国农村区域发展全局 Moran's I 呈现由负相关到正相关的变化趋势，说明农村区域间的发展联系由离散走向集聚，而全局莫兰指数呈现“先上升，后下降”的趋势，主要是由于前期区域之间的非均衡发展造成地区间的发展失衡，地区发展离散效应明显，中期随着社会主义新农村建设、乡村振兴战略的提出，地区步入协调发展阶段，全局莫兰指数呈现出上升的趋势，当前，随着各区域间发展速度的差异大致全局莫兰指数呈小幅下降趋势。从各子系统来看，农村区域经济发展的全局 Moran's I 一直显著为正，说明农村区域间的经济发展一直存在不同程度的集聚效应；农村区域社会发展的全局 Moran's I 较小，且呈现负—正—负—正较为明显的变化趋势，说明当前农村区域社会发展在空间上的相关性还较弱；农村区域生活水平的全局 Moran's I 主要表现为正相关，说明农村区域间的生活水平发展集聚效应逐渐增强；农村区域生态环境发展的全局 Moran's I 呈现由负到正的变化趋势，说明农村区域间的生态环境发展由离散效应转向集聚效应。

通过冷热点分析可以反映农村区域发展的局部自相关性。总的来看，

1988—2018年，农村区域发展的热点区持续减少，次热点区呈南移趋势，冷点区呈北移趋势。这主要是由于南部地区间的经济发展和社会发展的联系普遍强于北方地区，所以导致冷热点区的移动。从各子系统来看，农村经济发展的热点区增多、冷点区减少，热点、次热点区呈东移、南移趋势。由于近年来资金、技术等要素快速向中国东部、南部集聚，致使南部地区间的经济发展联系增强，从而导致东部、南部成为农村经济发展的热点地区；农村社会发展的次热点区增多、冷点区减少，次热点区呈东移、南移趋势，冷点区呈北移趋势。农村社会发展在前期没有表现出明显的辐射效应，但随着统筹城乡发展，“以工促农、以城带乡”长效机制的建立，农村社会发展的联系开始增强；农村生活水平的次热点区减少、冷点区增多，且冷点区呈北移趋势。生活水平在地区间的发展联系逐渐变弱，不同地区的消费水平与人口结构、经济发展有关，生活水平发展难以呈现较强的辐射效应；农村生态环境发展的热点区增多、冷点区减少，次热点区呈东移、南移趋势。随着乡村治理体系和治理能力现代化，东部、南部地区已步入工业化发展后半阶段，对资源消耗的依赖程度逐渐降低，环境治理较好，农村生态环境在地区间的发展呈现出辐射效应。

三、未来30年中国农村区域协调发展水平预测与风险挑战

（一）中国未来农村区域协调发展水平预测

继党的十九大首次提出实施乡村振兴战略后，中央农村工作会议就如何实施乡村振兴战略做出了明确部署：到2020年，乡村振兴取得重要进展，制度框架和政策体系基本形成；到2035年，乡村振兴取得决定性进展，农业农村现代化基本实现；到2050年，乡村全面振兴，农业强、农村美、农民富的目标全面实现。乡村振兴战略的逐步推进，对中国农村整体以及经济、社会、生活和生态这四个子系统都有着极大的影响，然而在对未来30年农村区域发展水平进行预测时，若选择预测结束点为2048年，而2048年正处于完成乡村振兴战略的关键时期，则无法完全反映出乡村振兴“三步走”完成后对农村发展

所产生的影响，因此本文将预测结束时点取至 2058 年，来更准确地体现出中国农村区域发展水平和发展要素权重在乡村振兴战略推动之下的变化情况。因此，本研究将运用 GM（1，1）灰色预测模型，以 1988、1998、2008 和 2018 年的农村区域发展水平作为预测的原始数据序列，对 2028—2058 年的农村区域发展水平进行预测。

1. 区域视角下农村区域发展水平预测

表 3　中国农村区域发展水平预测

年份	整体	东中西			南北	
	农村区域发展	东部	中部	西部	南方	北方
1988	0.244 8	0.279 6	0.207 3	0.236 8	0.245 8	0.243 7
1998	0.198 5	0.230 2	0.165 9	0.190 0	0.207 6	0.188 9
2008	0.262 8	0.339 1	0.228 1	0.202 5	0.267 6	0.257 7
2018	0.229 6	0.281 7	0.195 3	0.198 1	0.261 5	0.195 6
预测						
2028	0.260 8	0.333 8	0.225 1	0.204 9	0.301 6	0.220 5
2038	0.277 8	0.362 5	0.241 2	0.209 1	0.335 0	0.223 7
2048	0.295 8	0.393 7	0.258 5	0.213 4	0.372 0	0.227 0
2058	0.315 0	0.427 5	0.276 9	0.217 7	0.413 2	0.230 3

基于 1988—2018 年的数据预测得出 2028—2058 年中国农村区域发展水平结果如表 3 所示。从农村区域整体发展水平来看，整体的农村区域发展水平在未来 40 年里呈稳步增长的趋势。借助灰色预测模型预测出 2028 年、2038 年、2048 年和 2058 年的农村区域发展水平分别是 0.260 8、0.277 8、0.295 8 和 0.315 0，未来 40 年的农村区域发展水平的平均增幅为 6.50%，且每 10 年的增速都相差不大，一直处于稳步提升中。对比 2018 年的数据和 2058 年的数据后可得，在未来 40 年里，中国农村区域整体的发展水平增幅达 37.20%，这与乡村振兴战略的推进息息相关，乡村振兴战略的政策支持使农业的良好前景凸显，为农村农业产业发展、社会发展注入了活力与

生机。

从不同地区的农村区域发展水平来看，无论是东中西部地区，还是南北地区，农村区域的发展水平都呈现出逐渐增长的趋势，但是不同区域农村发展水平存在一定差异。从横向来看，东部地区 2028—2058 年预测得出的农村发展水平分别是 0.333 8、0.362 5、0.393 7 和 0.427 5，中部地区 2028—2058 年的农村发展水平分别是 0.225 1、0.241 2、0.258 5 和 0.276 9，西部地区 2028—2058 年预测结果分别为 0.204 9、0.209 1、0.213 4 和0.217 7。将 2058 年和 2018 年的数据对比后得出，东部地区在 40 年内农村发展水平增长率为 51.76%，中部地区为 41.78%，而西部地区的增长率仅为 9.89%。这反映出在未来东中西部的农村区域发展速度之间存在显著差异。此外，数据显示东中西部在未来 40 年内农村区域的平均发展水平分别为 0.38、0.25 和 0.21，并且中部地区的农村发展水平在未来 40 年一直都高于西部农村区域的发展水平。这也侧面反映出中部地区在不断崛起，但是因为 1999 年西部大开发的提出使得东部沿海经济发达地区通过产业转移、对口帮助等方式逐步与西部地区形成了相互促进的经济增长关系，而中部地区自然就处于东西部地区之间的“真空”状态（刘乃全，2006），从而形成“中部塌陷”。从纵向来看，南方地区 2028—2058 年预测得出的农村区域发展水平分别是 0.301 6、0.335 0、0.372 0和 0.413 2，北方地区 2028—2058 年的预测结果分别为 0.220 5、0.223 7、022 70 和 0.230 3。对比 2018 年和 2058 年南方和北方的农村区域发展水平数据后发现，南方农村区域在未来 40 年发展水平增长了 58.01%，而北方农村地区的增幅相对更小，其发展水平增长了 17.74%。除此之外，南方地区在 40 年内农村区域的平均发展水平为 0.36，北方地区为 0.23，这充分表明南方地区的农村发展速度要远高于北方。究其原因可以发现，一方面由于南方区域在经济开放方面的创新要优于北方，如拥有粤港澳大湾区等经济区为南方区域经济的发展提供了动力，也进一步促进了农村产业的发展和农村基础设施的建立，从而提高了农村的发展水平；另一方面是南方产业集聚吸引更多的劳动力，从而使得农村劳动力的素质提高，加快发展乡村产业。

2. 子系统视角下农村区域发展水平预测

表 4　中国农村区域发展子系统水平预测

年份	整体	子系统			
	农村区域发展	经济发展	社会发展	生活水平	生态环境
1988	0.244 8	0.316 5	0.161 6	0.215 7	0.243 1
1998	0.198 5	0.322 7	0.104 4	0.209 7	0.312 9
2008	0.262 8	0.276 8	0.301 8	0.202 3	0.378 8
2018	0.229 6	0.346 2	0.245 4	0.147 4	0.478 1
预测					
2028	0.260 8	0.341 0	0.360 5	0.134 1	0.586 0
2038	0.277 8	0.354 8	0.444 1	0.114 3	0.725 9
2048	0.295 8	0.369 1	0.535 8	0.097 4	0.899 1
2058	0.315 0	0.384 1	0.636 4	0.083 0	1.113 7

借助灰色预测模型得出子系统视角下农村区域发展水平预测结果如表 4 所示。从各子系统变化趋势来看，2028—2058 年中国农村区域的经济发展、社会发展、生态环境的发展水平呈递增趋势，而中国农村生活水平的发展呈现逐年递减的趋势。

从各子系统发展水平来看，各子系统的发展水平增幅排序依次是社会发展＞生态环境＞经济发展＞生活水平。其中，农村区域的经济发展水平的预测结果分别为 0.341 0、0.354 8、0.369 1 和 0.384 1，社会发展水平分别为 0.360 5、0.444 1、0.535 8 和0.636 4，生活水平分别为 0.134 1、0.114 3、0.097 4 和 0.083 0，生态环境分别为0.586 0、0.725 9、0.899 1 和 1.113 7。其中 2058 年的社会发展水平相比 2018 年增长了 159.33%，生态环境的发展水平增长了 132.94%，经济发展的发展水平增长了 10.95%，而生活水平的发展水平则减少了 43.69%。这表明在未来 40 年里，农村区域的社会发展和生态环境是发展的“主力军”，发展速度非常快。党的十九届五中全会审议通过的《中共中央关于制定国民经济和社会发展第十四个五年规划和二〇三五年远景目标的建议》中首次提出“实施乡村建设行动”，把乡村建设行动作为“十四五”时期全面推进乡村振兴的重点任务，即完善乡村水、电、路、气、通信、广播电视、物流等服务于农村生产生活的各类基础设施和社会保障措施，有利于农村社会发展水平的提高。此外，“绿水青山就是金山银山”理念的提出标志着农村生态文明建设融入到农村建设中，为农村的生态环境快速发展奠定了基础。虽然农村区域的生态环境发展水平增幅要小于社会发展的发展水平，但经过预测，在2058年，生态环境的发展水平将达到1.113 7。导致这种情况出现的原因是在农村区域发展初期，将重点多放在经济发展上，然而长期以来以高投入、高消耗、高污染、低效率的粗放型生产方式使得农村区域的生态环境受到影响，水土流失面积扩大等生态问题频发，这让国家充分认识到生态环境保护的重要性，转而将生态环境的发展放在重要地位，不再是只顾发展，不要生态，而是“边发展，边保护”，有利于农村生态环境的发展。

（二）中国未来农村区域协调发展的风险挑战

1. 农业现代化进程发展缓慢

现代农业建设和发展就是要用现代物质条件装备农业，用现代科学技术改造农业，用现代产业体系提升农业，用现代经营形式发展农业，用现代新型农民推进农业，用现代发展理念引领农业，不断提高农业水利化、机械化和信息化水平，提高土地产出率、资源利用率和劳动生产率。然而中国的现代农业在建设过程中受到一定的阻碍和限制，农业现代化正以缓慢的速度在全国农村范围内推进。

首先，传统农业与现代农业并存的局面尚待打破。由于家庭承包责任制普遍实行“均田承包”，即按农户家庭人口数量或者按家庭劳动力多少承包土地，中国农业形成了经营规模小、土地细碎化的特点；此外，中国部分农村仍然以传统技术来耕作，大型机械在农村很难开展，因为土地面积小而分散、农业基础设施较少，不适合使用大型机械来耕种。

其次，农业现代化的加快发展有赖于能够掌握现代化高科技的高素质农民，但乡村地域范围内的农民素养相对较差，导致农村现代化的发展受到一定限制。我国农村地区教育质量差、经济发展水平低，导致农村大多数农民文化水平低且缺乏专业的农业生产技能，对工作的积极性并不高。随着城镇化的发展，大量青年、壮年男子为了养家糊口，选择去城市打工，留在乡村的多为幼儿、妇女和老年人，这部分群体文化水平较低，学习新的科学技术的能力也较差，无法高质量地从事现代化的农业生产。

最后，农业企业发展不足也是影响农业现代化进程发展缓慢的重要原因。农业现代化的核心在用工业化、标准化的手段从事农产品生产。这就意味着在推进现代农业的过程中，农村地区需要有足够数量的农业企业来支撑所需要的经济支出。目前来看，多数地区的农业企业发展相对薄弱，并且在招商引资方面，忽略了对农业类企业的扶持，导致农产品无法进一步进行加工、实现增值，让农业现代化水平未得到有效提升。

2. 农村社会保障体系不完善

农村社会保障建设关系到广大农民的切身利益，也关系到农村的经济发展和社会稳定，建立健全完善的农村社会保障体系，是促进优质农业和提升农村经济发展的基础性工作。然而，当前的农村社会保障体系不够完善，有部分农村人口在2018年时仍然处于社会保障大门之外。深入分析后发现，导致农村社会保障体系存在漏洞的原因有三点：

第一，城乡间在社会保障方面存在的差异降低了农民参保的积极性。与城市社会保障项目相比，农村的社会保障范围和形式过于狭窄，仅限于养老等基本生活救助，住房、工伤、生育、长期护理等尚未普及到广大农民。除此之外，农民相对城市居民保障水平更低，无论是养老保险还是大病医疗，都无法有力地发挥经济支持和分担风险的作用。

第二，农村社会保障资金不充分且持续性差，这些都会制约农村社会保障体系的发展。当前，与发达国家相比，我国农村社会保障资金占比较低，仅占国家整体财政支出的11.05%，除了政府可能给予的数额有限的基础性养老金之外，由于集体经济组织弱化、个人收入水平偏低，致使农民社会保障筹资能力非常有限，社会保障存在持续性不强及共济性差等问题。

第三，农村社会保障管理体制不健全、监督机制不完善导致农村社会保障体系的建设难以顺利推进。目前我国农村养老、医疗、最低保障等相关社会保障管理体系还处于不完善阶段，没有一个规范权威统一的管理机构和监督机制，从而带来了政府管理成本过高，同时，重复保、关系保、资金挪用、截留国家扶贫款等违规操作时有发生，社保资金浪费与低效现象同时并存。

3. 农村生态环境治理较落后

我国在“十四五”新发展阶段明确提出要推动生态环境持续改善，农村生态环境治理作为其重要组成部分，也要紧随时代脚步确保得到贯彻落实。良好的生态环境是农村的特有优势和天然财富，农村生态环境建设对于提高农村整体发展水平具有重要意义。但是我国农村生态环境治理过程中暴露出许多问题，导致治理效果大打折扣。

在生态环境治理过程中，农民的环境保护意识比较薄弱。第一，在农村地区，环境保护宣传教育工作未能得到充分落实，部分农村居民对环境保护的认识不足，尤其是相对偏远的农村地区，网络技术的有效应用尚未实现，这些对农村环保宣传工作的开展形成了严重阻碍。此外，农民普遍对国家环境保护相关法律政策的了解不够深入，这导致在农村生态环境治理的过程中，农民自身的主观能动性没有得到充分发挥，阻碍了农村生态环境治理的顺利推进。第二，农村地区对生态环境治理的监管力度相对不足。当前，农村基础设施落后，没有统一的收集和处理系统，且政府没有发挥积极的引领作用，致使执法力度和监管力度不够。在日常生活中，农村的大部分生活垃圾和污水随处倾倒，严重污染耕地、空气和水源，进而影响农作物的生长环境。与此同时，农民为了提高产量，会过多使用化肥和农药等，导致土地中有机质含量减少，土壤质量降低，在畜禽养殖过程中，农民限制动物的行动，动物粪便的随意堆放和排放，对环境造成较大的污染。第三，环境污染治理法律法规的缺失增加了农村生态环境治理的难度。党的十八大以后，颁布了一系列关于生态文明建设的法律法规，但是这些法律法规将重点放在了城市生态环境保护上，而农村生态环境综合保护方面的法律仍然不够完善。同时，在现有相关法律中，关于农村生态环境的保护并没有系统有效的法律保障，缺乏全面的法律体系。

四、中国农村区域协调发展的优化路径

（一）农村区域充分发展的路径研究

1. 农村区域经济发展

首先，发挥政府的引领作用，加大对农村的经济资源投入力度。地方政府要制定和完善相应的政策机制，激活农村内在潜力，优化农村产业结构，推动生产要素从经济发达地区向不发达地区流动；充分利用农村外来及内部资源，利用工业反哺农业的有利契机，尽可能地吸收新技术、新产业，尽快转变传统产业发展模式；发挥政府引导作用，农业经济发展规划应与当地经济社会发展规划及产业发展、城镇建设等规划相衔接。

其次，创新农村生产方式，促进农业现代化。要大力发展高效农业，推进农业生产的规模化、产业化和科技化；推进农民专业合作，支持和引导农技部门和农业技术人员利用技术优势组建合作组织；推进土地股份合作，在尊重农民意愿的前提下，坚持成熟一个、发展一个，组建土地股份合作组织。

最后，聚焦农村产业发展，促进产业增值。首先，加大科技开发投入，就发达国家的经验来看，科学技术的进步有利于提高农业生产效率，增加农业产值；其次，加大财政投入力度，中央政府和各级政府应当重视农业农村投资，尤其对一些经济发展较差的地区应当给予特殊照顾，要加强这些地区基础设施的建设工作；最后，提高劳动力素质，加大宣传和培训力度，传播先进科学的农业生产知识，组织学习高科技机械的使用，提高劳动效率。

2. 农村区域社会发展

一是推动农村基础建设，完善农村社会发展体系。要完善教育体系，提升农村教育水平，需要在共建共治共享理念的指导下，完善现有农村教育体系，改善办学条件，实现教师队伍素质的提升；完善现有医疗卫生体系，在对现有新农村合作医疗制度进行改革的过程中，落实共建共治共享理念的要求，解决农村社会发展中存在的“看病难、看病贵”问题，与此同时，为农民提供免费

的基础体检，提升农民身体素质。

二是增大公共服务投入，健全“三农”相关保障性政策。增大农村教育、医疗、基础设施建设等方面的财政投入，提高农村教育、卫生服务能力，缩小和城市的差距；加快农村互联网、道路交通等方面的发展速度，加大与城市的融合程度，在提高农产品质量的前提下，提升市场关键竞争优势；除了完善基础设施，农村还应立足于当地实际，制订合理的发展方案，完善经济发展硬件设施。

三是拓宽农村社会救助路径，实行农村社会救助监督管理。坚持底线思维，进一步规范社会救助管理服务，确保社会救助政策落到实处，严肃查处违法违规行为。畅通投诉举报渠道，切实做到社会救助对象准确、措施有力、资金安全、廉洁高效。

3. 农村区域生活改善

一是提高农户的收入水平，引入新的收入增长机制。随着网络经济、数字经济的蓬勃发展，需要引导农村畅通网络渠道、发展农村电子商务，引入就业惠民政策，以充分发挥新型农业经营模式的集约化效应，建立新的收入增长机制，优化农户收入结构。

二是加快农村医疗建设，壮大农村医疗实力。具体而言，一方面要加快农村医疗基础设施建设，健全农村医疗设备以及加大农村医疗人才培育力度，打造强有力的人才队伍；另一方面，要加大农村医疗资金投入，确保农村医疗发展有足够的资金支撑。

三是合理建设农村电力设施，保障农村供电可靠性。首先，根据农村当地的实际情况对变电站设施进行科学合理的分布，为电网的全面建设打好基础；其次，结合农村经济发展的实际情况，对农村电气化的基础设施建设进行合理规划，并通过技术管理来促进农村智能电网的建设和发展；最后，加大对农村电力设施建设的投入，提高农村电力设施供电的安全性和可靠性，促进农村经济健康发展。

4. 农村区域生态保护

一是健全农村生态环境治理制度体系，推动农村生态环境系统良性发展。

不断健全农村生态环境治理的相关法律法规，形成常规的制度性保障和长效约束机制；优化基层政府政绩考核机制和乡村生态环境治理的长效保障机制；完善生态环境补偿机制，探寻多元化生态补偿方式，推动农村生态环境系统良性发展；完善农村生态环境建设奖惩制度。

二是整治农村生活环境问题，推动农村现代化发展。实施绿化家园提升工程，让农村更宜居；整治农村的违章乱建问题，落实“三拆”政策；结合实际情况，探索完善农村生活环境长效整治、管护机制。

三是进行生态绿化建设的统筹规划，实现生态绿化建设的技术创新。在美丽乡村建设背景下，对农村地区的生态绿化建设进行科学合理的统筹规划；农村生态绿化建设活动要做好技术更新、创新工作，进一步提高生态建设的成效；根据本地区出现的生态破坏问题，有针对性地引进国内外先进的生态修复技术和专业的生态修复企业，突破传统的生态修复技术瓶颈，引进领先的绿化模式和种植技术。

（二）农村区域平衡发展的路径研究

1. 产业发展互补

一是跨区域城市反哺农村，促进产业发展。开放城乡两地的市场，利用当前的电商经济，实现工业品下行与农产品上行，完善商品经济交换路径；利用乡村振兴战略带来的资源下沉，抓住契机促进农业的现代化发展，通过机械化与集约化生产提高农产品生产效率，填补城市市场空缺，壮大农村工业化生产力量；发挥政府在农村经济跨区域发展中的引导力，建立区域间政府合作机制，为农村产业发展引流，通过经济手段与财政手段促进城市优势资源的扩散，实现城乡一体化发展。

二是跨区域工业反哺农业，实现产业互补。第一，促进产业融合成型，即在地区工业化发展的基础上，带动农村产业与城市工业的协同进步；第二，发挥区域产业优势形成产业联动，采取东中西结合、沿海与内地产业互相支援互相促进的发展战略，使各个地区都借助自己的优势得到发展；第三，深耕产业规模发展，城市工业生产模式的下沉为农村农业产业结构提供经验借鉴，通过农村农业产业结构转型升级来增强跨区域交流的优势。

2. 投资结构互补

从中央、地方以及公平和效率三个角度提出以下政策建议。

第一，从中央的角度看，在保障投资效率的前提下，加大中央投资的力度并提高投资的技术含量。

第二，从地方政府的角度看，在争抢中央政府投资以提高当地资本总量实现区域农村经济增长时，应着力培育地方市场，才能使政策性投资达到预期效果，同时应改善当地投资的软环境，增加人力资本积累才能最大限度地发挥政策性投资的效果，并逐渐脱离对上级政府的投资依赖，获得长期可持续的发展。

第三，从效率的角度看，市场化程度越高的地区，越有利于“互补效应”的发挥，中央投资的资本“挤入效应”越强，对地方投资的带动作用越大；从公平的角度说，中央投资要兼顾平衡农村区域发展的目标，资金应该更多地配置到市场化程度较低的农村欠发达地区，培育经济欠发达地区的市场环境，推进当地的投融资和所有制改革。

3. 劳动力技能互补

一是城市劳动力与外来劳动力技能互补，推进新型城镇化。放宽低技能劳动力落户城市门槛，尤其是加快推进那些有能力在城市实现稳定就业的低技能劳动力城镇化，扭转大中城市中高低技能劳动力规模失衡的问题；提升城市对低技能劳动力的包容性。要从城市发展战略的高度，扭转将外来人口落户视为城市发展负担的观念；提高低技能劳动力享有城市基本公共服务的水平。

二是农村劳动力与外来劳动力技能互补，助力乡村发展。建立稳定的人才补充渠道，建立专业技术岗位购买制度，从外引进一批真正懂农业、爱农村的亟须专业技术型人才；鼓励引导城市青年人才服务乡村。围绕各地农村确定的优势特色产业，引进国内外农业顶尖人才创新团队；鼓励支持市属高校、科研院所、公立医院等各类高层次人才通过项目合作、短期工作、专家服务、兼职等形式到基层开展服务活动。

三是农村内生劳动力技能互补，提高农村发展内生动力。加大创新创业扶持力度，以产业聚人；加大对欠发达地区农村教育资源的投入，设立“三农”职业技术学院；建立农村农业项目保险补贴制度和自然风险财政强制保险制度。

4. 制度机制互补

一是建立农村区域协调权威组织，统筹农村区域合作事务。针对性建立区域性协调机构作为权威组织，下设办公室并配置相关工作人员，对中央和地方等各级事务进行权威性指导与协调，推动农村区域之间形成互补的制度安排。

二是鼓励地方制度创新实验，促进自主协调发展。针对性突破行政区划限制和体制机制壁垒，要让地方在区域发展中取得实在的获得感，激励各地方主动参与、灵活参与，并依据试点效果进行小步骤、渐进式政策改革。

三是正式和非正式制度补充，保障治理体系的顺畅运行。在正式的制度安排方面，通过高位法明确跨区域事务不同层级政府的责权关系和地方间的纠纷处理机制，同时，采取行政协议或行政立法的形式明确地方政府对跨区域合作的组织形式、市场准入、资源配置、纠纷协调、职权配置等内容；在非正式制度的安排方面，加强区域合作的行政伦理建设，强化地方官员的政治意识、大局意识、核心意识、看齐意识，突破固有的本位主义观念，培育地方官员对区域协调发展的正确认知，推动地方官员理性决策。

5. 区域资源互补

一是完善农村基础设施建设，促进农村信息化发展。利用国家乡村振兴的宏观政策，完善农村地区基础建设，为农村资源的开发利用与跨区交流扫除障碍，例如利用“互联网+农业”，建立农村经济跨区域交流的信息平台，再如发展农村交通，促进农村地区基础设施和公共服务的均衡发展，以电商经济为锚点，打通“最后一公里路”。

二是推进区域资源互补，强化优势资源与劣势资源的互换与共享。农村农业资源十分丰富，据此可以与城区形成良性互补关系，在主导产业与特色产业的支撑下，促进生产要素的自由流动，并以优势资源发展枢纽经济与门户经济，推动农村地区经济“走出去”；打破行政区划，打造城乡经济圈，提升农村经济发展中生产要素与资源要素的共享化程度，例如进行农业产品资源互补，南方舍饲畜牧业所需饲料粮需要北方提供，南北区域需要进行畜禽产品、果品、水产品、蔬菜等农产品的消费性产业的互补等。

6. 开放优势互补

一是沿海地区提供核心技术，带动内陆和沿边地区产业发展。沿海地区发挥相比内陆沿边地区的技术和人才优势，形成沿海地区外向型优势产业发展特色，并向内陆及沿边地区提供技术和核心零部件，发挥技术支持和产业带动作用。

二是内陆地区可承接东部产业转移，发展加工制造和劳动力密集型产业。内陆地区依托内陆腹地丰富资源、广阔市场和劳动力成本低等优势，形成内陆地区外向型优势产业发展特色，承接东部产业转移。

三是内陆沿边地区提供原材料和广阔市场，促进沿海地区产业发展。沿边地区依托连接国外便捷的口岸优势，与周边国家形成要素资源优势互补与跨境产业链分工合作，重点发展能源和资源加工以及跨境商贸、跨境物流、边贸加工及跨境旅游等特色优势产业，形成沿边地区外向型优势产业发展特色，可为沿海地区产业发展提供原材料和广阔市场。

参 考 文 献

阿列克斯·英格尔斯，1985. 人的现代化［M］. 成都：四川人民出版社.

阿列克斯·英格尔斯，1992. 从传统人到现代人：六个发展中国家中的个人变化［M］. 北京：中国人民大学出版社.

白菊红，袁飞，2003. 农民收入水平与农村人力资本关系分析［J］. 农业技术经济（1）：16-18.

白晓，刘俊浩，2016. 农业产业化的战略意义与未来方向［J］. 人民论坛（14）：71-73.

布莱克，1989. 现代化的动力：一个比较史的研究［M］. 杭州：浙江人民出版社.

蔡昉，杨涛. 2000. 城乡收入差距的政治经济学［J］. 中国社会科学（4）：11-22，204.

陈斌开，林毅夫，2013. 发展战略、城市化与中国城乡收入差距［J］. 中国社会科学（4）：81-102，206.

陈昌盛，许伟，兰宗敏，等. 2020. "十四五"时期我国发展内外部环境研究［J］. 管理世界（10）：1-14，40，15.

陈春燕，2010. 中国农民现代化问题研究［D］. 长春：东北师范大学.

陈方，2013. 城乡关系：一个国外文献综述［J］. 中国农村观察（6）：80-89，95.

陈晋，2017. 新时代中国特色社会主义的新目标及其新内涵［J］. 中共党史研究（11）：15-17.

陈劭锋，牛文元，杨多贵，2001. 现代化指标体系的设计与测度［J］. 中国科技论坛（6）：53-56.

陈友华，2003. 人口现代化评价指标体系研究［J］. 中国人口科学（3）：64-70.

程国强，朱满德，2020. 2020 年农民增收：新冠肺炎疫情的影响和应对建议［J］. 农业经济问题（4）：4-12.

程小芳，2018. 城市化背景下振兴农村经济的困境分析［J］. 农业经济（9）：37-38.

程永宏，2007. 改革以来全国总体基尼系数的演变及其城乡分解［J］. 中国社会科学（4）：45-60，205.

崔明明，聂常虹，2019. 基于指标评价体系的我国粮食安全演变研究［J］. 中国科学院院刊（8）：910-919.

丁文峰，2020. 经济现代化模式研究［M］. 北京：经济科学出版社.

董慧峰，2012. 农民现代化：历史与内涵［J］. 山东省农业管理干部学院学报（3）：10-12.

董一冰，2004. 中国共产党关于人的现代化的理论与实践［J］. 理论学刊（3）：60-64.

杜志雄，2021. 农业农村现代化：内涵辨析、问题挑战与实现路径［J］. 南京农业大学学报（社会科学版）（5）：1-10.

段景辉，陈建宝，2010. 基于家庭收入分布的地区基尼系数的测算及其城乡分解［J］. 世界经济（1）：100-122.

范柏乃，张莹，2021. 区域协调发展的理念认知、驱动机制与政策设计：文献综述［J］. 兰州学刊（4）：115-126.

苟颖萍，贺春生，2009. 社会转型期的中国农民现代化路径探析［J］. 未来与发展（4）：5-7，11.

谷金明，2021. 基于美丽乡村建设的旅游文化发展研究［J］. 农业经济（1）：60-61.

郭少华，2014. 新型城镇化视域下农民现代化实现路径探析［J］. 中州学刊（4）：78-81.

郭少华，2015. 中国农民现代化的历史演进过程探究［J］. 高等农业教育（4）：103-108.

郭迎锋，张永军，2019. 我国 2035 年基本实现社会主义现代化指标体系构建及评估［J］. 全球化（10）：60-76，134-135.

国务院发展研究中心农村部课题组，叶兴庆，徐小青，2014. 从城乡二元到城乡一体：我国城乡二元体制的突出矛盾与未来走向［J］. 管理世界（9）：1-12.

韩磊，刘长全，2018. 乡村振兴背景下中国农村发展进程测评及地区比较［J］. 农村经济（12）：44-48.

韩磊，王术坤，刘长全，2019. 中国农村发展进程及地区比较：基于 2011—2017 年中国农村发展指数的研究［J］. 中国农村经济（7）：2-20.

韩兴雨，叶方兴，孙其昂，2013. 人的现代化与思想政治教育现代转型：英格尔斯“人的现代化”理论及其启示［J］. 理论月刊（9）：122-125.

何传启，2010. 现代化科学：国家发达的科学原理［M］. 北京：科学出版社.

何传启，刘雷，赵西君，2020. 世界现代化指标体系研究［J］. 中国科学院院刊（11）：1373-1383.

何静，2019. 乡村振兴战略与农村区域经济协调发展［J］. 人民论坛（11）：62-63.

侯燕，2017. 农村区域经济协调发展的制约因素与发展方略研究［J］. 农业经济（8）：34-36.

侯竹青，2017. “现代化”概念与中国社会主义意识形态的建构［J］. 党史研究与教学（3）：83-88.

胡英，2010. 中国分城镇乡村人口平均预期寿命探析［J］. 人口与发展（2）：41-47.

黄季焜，2021. 对近期与中长期中国粮食安全的再认识［J］. 农业经济问题（1）：19-26.

黄少安，2018. 改革开放 40 年中国农村发展战略的阶段性演变及其理论总结［J］. 经济研究（12）：4-19.

黄修杰，储霞玲，2020. 基于国际比较的广东农业高质量发展思考［J］. 南方农业学报（6）：1502-1510.

黄祖辉，2018. 准确把握中国乡村振兴战略［J］. 中国农村经济（4）：2-12.

姬文波，2017. 党的十八大以来军民融合发展战略的深化与拓展［J］. 国防（8）：23-31.

参 考 文 献

季佳鹏，赵欣宇，吴景贵，等，2021. 有机肥替代20%化肥提高黑钙土养分有效性及玉米产量［J］. 植物营养与肥料学报（3）：491-499.

姜玉山，朱孔来，2002. 现代化评价指标体系及综合评价方法［J］. 统计研究（1）：50-54.

姜长云，李俊茹，王一杰，等，2021. 近年来我国农民收入增长的特点、问题与未来选择［J］. 南京农业大学学报（社会科学版）（3）：1-21.

蒋爱群，冯英利，2011. 农村妇女在保护农业生物多样性中的作用、困境与出路［J］. 中国农业大学学报（社会科学版）（4）：64-70.

蒋大椿，1987. 关于中国史学科的现代化［J］. 学术界（3）：34-41.

金福子，苏燕华，2019. 现代农业发展中产业链的区域分工与协作研究［J］. 农业经济（09）：19-21.

孔祥智，穆娜娜，2018. 实现小农户与现代农业发展的有机衔接［J］. 农村经济（2）：1-7.

雷平，2016. 中国粮食安全的系统评价和实现机制研究［D］. 北京：中国农业科学院.

李建国，李智慧，2017. 区域经济协调发展与城乡一体化的中国探索［J］. 当代经济研究（4）：78-85.

李建平，梅晓光，2021. "双循环"新发展格局下乡村振兴面临的挑战与对策分析［J］. 理论探讨（3）：133-138.

李晓翼，2008. 论农民生产方式的现代化［J］. 农村经济与科技（3）：25-26.

李晓翼，2008. 农民及其现代化［M］. 北京：地质出版社.

李秀华，2013. 从"以农为本"到重视"三农"：中国共产党关于农业与农民问题的理论与实践［J］. 社会科学战线（6）：68-70.

李艳苓，杨晓燕，董立婷，等，2018. 不同填料原料对微生物异位发酵床处理生猪养殖废弃物效果的影响［J］. 农业资源与环境学报（4）：367-373.

李游，2008. 用心理学概念诠释消费者品牌信任的形成［J］. 湖南财经高等专科学校学报（1）：116-118.

梁文泉，陆铭，2015. 城市人力资本的分化：探索不同技能劳动者的互补和空间集聚［J］. 经济社会体制比较（3）：185-197.

林崇德，杨治良，黄希庭，2003. 心理学大辞典［M］. 上海：上海教育出版社.

刘朝阳，李永娣，崔岚，等，2021. 基本实现社会主义现代化指标体系构建及评价研究：以河南省为例［J］. 统计理论与实践（6）：6-12.

刘春，刘晨阳，王济民，等，2021. 我国畜禽粪便资源化利用现状与对策建议［J］. 中国农业资源与区划（2）：35-43.

刘敏，白塔，2017. 我国农业现代化"短板"之辩［J］. 西北师大学报（社会科学版）（3）：14-23.

刘乃全，陶云，张学良，2006. 中国区域经济增长协整分析与区域政策选择：兼论"中部塌陷"现象［J］. 财经研究（4）：49-57.

刘沛宁，2017. 欠发达地区电子商务对农民现代化的影响研究［D］. 兰州：兰州大学.

刘彦随，2018. 中国新时代城乡融合与乡村振兴［J］. 地理学报（4）：637-650.

刘玉辉，2011. 中国共产党解决“三农”问题的理论与实践［J］. 中共四川省委党校学报（S1）：102-104.

卢丹，2002. 现代化评价指标体系及评价方法研究［D］. 北京：首都经济贸易大学.

陆大道，陈明星，2015. 关于“国家新型城镇化规划（2014—2020）”编制大背景的几点认识［J］. 地理学报（2）：179-185.

栾淳钰，白洁，2021.《共产党宣言》中“人的现代化”意蕴、特征及启示［J］. 湖南社会科学（5）：37-43.

罗荣渠，2013. 现代化新论—中国的现代化进程［M］. 上海：华东师范大学出版社.

洛克，1959. 人类理解论［M］. 北京：商务印书馆.

马芒，周桂兰，2011. 农民素质现代化的评价指标体系研究［J］. 理论建设（6）：101-105.

孟召娣，朱福守，蒋和平，2018. 国家现代农业示范区建设水平分析及提升对策研究［J］. 农业现代化研究（2）：185-193.

穆月英，崔燕，曾玉珍，2010. 我国城乡居民收入差距成因和收敛趋势分析［J］. 经济问题（7）：84-87.

钱兵，2012. 现代化发展速度与均衡度研究［D］. 南京：南京师范大学.

秦中春，2020. 乡村振兴背景下乡村治理的目标与实现途径［J］. 管理世界（2）：1-6，16，213.

卿定文，王伊吕，2021. 论新中国成立以来小农经济的演进及其现代化发展路径［J］. 湘潭大学学报（哲学社会科学版）（5）：64-68.

任保平，付雅梅，2018. 新时代中国特色社会主义现代化理论与实践的创新［J］. 经济问题（9）：1-7.

任保平，李禹墨，2019. 新时代我国经济从高速增长转向高质量发展的动力转换［J］. 经济与管理评论（1）：5-12.

沈坤荣，余吉祥，2011. 农村劳动力流动对中国城镇居民收入的影响：基于市场化进程中城乡劳动力分工视角的研究［J］. 管理世界（3）：58-65.

盛阳荣，2009. 农民职业教育和培训：现状、问题与发展策略［J］. 教育研究（8）：88-91.

宋洪远，马永良，2004. 使用人类发展指数对中国城乡差距的一种估计［J］. 经济研究（11）：4-15.

宋洪远，赵海，2012. 我国同步推进工业化、城镇化和农业现代化面临的挑战与选择［J］. 经济社会体制比较（2）：135-143.

宋洪远，2004. 调整城乡关系：国际经验及其启示［J］. 经济社会体制比较（3）：88-91.

宋扬，2019. 户籍制度改革的成本收益研究：基于劳动力市场模型的模拟分析［J］. 经济学（季刊）（3）：813-832.

孙宁华，堵溢，洪永淼，2009. 劳动力市场扭曲、效率差异与城乡收入差距［J］. 管理世界（9）：44-52，187.

汪青松，陈莉，2020. 社会主义现代化强国内涵、特征与评价指标体系［J］. 毛泽东邓小平理论研究（3）：13-20，107.

王定祥，谭进鹏，2015. 论现代农业特征与新型农业经营体系构建［J］. 农村经济（9）：23-28.

王继源，2019. 我国区域协调发展评价研究［J］. 宏观经济管理（3）：41-49.

王静婕，2011. 农村文化贫困和农民现代化程度关系研究［D］. 石家庄：河北经贸大学.

王平，李敏纳，宋洁华，2021. 改革开放以来中国城乡经济发展的不平衡性及效应分析［J］. 海南师范大学学报（社会科学版）（3）：119-126.

王辛刚，2021. 百年以来中国共产党推进国家现代化的历史演进：基于概念史研究的论析［J］. 北京行政学院学报（2）：13-19.

王新利，肖艳雪，2015. 农业现代化、城镇化、工业化、信息化协调发展评价研究：以黑龙江农垦为例［J］. 农业技术经济（6）：91-98.

王雅静，2013. 农民现代化评价指标体系研究［D］. 石家庄：河北经贸大学.

王一兵，1993. 市场经济机制对教育发展与改革可能带来的影响［J］. 中国教育学刊（2）：17-20.

王宇雄，2016. 农民现代化的一个路径：农民合作助推农民转型［J］. 西北农林科技大学学报（社会科学版）（2）：49-54.

王志刚，周佳丽，黄舒，2015. 城乡居民理财知识、风险承担和产品选择的差异探析：基于福州市的问卷调查［J］. 农村金融研究（4）：41-45.

卫龙宝，储德平，徐广彤，等，2009. 中国特色农业现代化道路进程中的主要矛盾与对策［J］. 农业现代化研究（2）：129-132.

魏后凯，杜志雄，2020. 中国农村发展报告：聚焦“十四五”时期的中国农村发展［M］. 北京：中国社会科学出版社.

魏后凯，2018. 如何走好新时代乡村振兴之路［J］. 人民论坛·学术前沿（3）：14-18.

夏金梅，孔祥利，2021. 1921—2021 年：我国农业劳动力城乡流动的嬗变、导向与双向互动［J］. 经济问题（6）：9-15.

肖路遥，2019. 广州实现社会主义现代化指标体系研究［J］. 决策咨询（2）：41-45，50.

熊小林，2018. 聚焦乡村振兴战略　探究农业农村现代化方略：“乡村振兴战略研讨会”会议综述［J］. 中国农村经济（1）：138-143.

徐凤辉，2011. 我国现代化指标体系构建及测评研究［J］. 现代商贸工业（22）：25-26.

徐光平，曲海燕，2021. “十四五”时期我国农业高质量发展的路径研究［J］. 经济问题（10）：104-110.

徐辉，李明明，2021. 21 世纪以来西藏自治区教育现代化的成就与贡献：“人类发展指数”视角［J］. 西南民族大学学报（人文社会科学版）（6）：31-40.

徐宪红，纪宏，2016. 新常态经济下我国农民收入来源变动趋势预测［J］. 理论月刊（1）：127-132.

许彩玲，李建建，2019. 城乡融合发展的科学内涵与实现路径：基于马克思主义城乡关系理论的思考［J］. 经济学家（1）：96-103.

许汉泽，李小云，2017. 精准扶贫背景下农村产业扶贫的实践困境：对华北李村产业扶贫项目的考察［J］. 西北农林科技大学学报（社会科学版）（1）：9-16.

杨国枢，2004. 中国人的心理与行为［M］. 北京：中国人民大学出版社.

杨俊生，杨玉梅，2010. 资源型区域经济结构调整与路径依赖：以云南为例［J］. 经济研究导刊（18）：111-112.

杨丽，2012. 从城市学生与农村学生的比例看我国的高等教育公平问题［J］. 出国与就业（就业版）（5）：144-145.

杨韵龙，2021. 中国共产党一百年对三农问题的理论实践探索和历史启示［J］. 农业农村部管理干部学院学报（2）：1-5.

杨子，饶芳萍，诸培新，2019. 农业社会化服务对土地规模经营的影响：基于农户土地转入视角的实证分析［J］. 中国农村经济（3）：82-95.

姚士谋，张平宇，余成，等，2014. 中国新型城镇化理论与实践问题［J］. 地理科学（6）：641-647.

叶南客，1998. 中国人的现代化［M］. 南京：南京出版社.

殷陆军，1985. 人的现代化［M］. 四川：四川人民出版社.

殷陆君，2020. 试论中国现代化进程中人的现代化问题［J］. 现代经济探讨（3）：33-41.

尹江海，郭文剑，2018. 江苏省农业现代化发展水平测算及政策建议：基于 WSR 视角［J］. 江苏农业科学（7）：349-352.

尹希果，陈刚，程世骑，2007. 中国金融发展与城乡收入差距关系的再检验：基于面板单位根和 VAR 模型的估计［J］. 当代经济科学（1）：15-24，124.

于法稳，2016. 习近平绿色发展新思想与农业的绿色转型发展［J］. 中国农村观察（5）：2-9，94.

于津平，孙俊，2013. 基本现代化指标体系及其在我国东部地区现代化进程中的作用［J］. 江苏行政学院学报（4）：47-51.

余向华，陈雪娟，2012. 中国劳动力市场的户籍分割效应及其变迁：工资差异与机会差异双重视角下的实证研究［J］. 经济研究（12）：97-110.

昝剑森，2013. 农民发展的现代困境：农民意识向公民意识的转换［J］. 当代世界与社会主义（2）：174-176.

张海鹏，2019. 中国城乡关系演变 70 年：从分割到融合［J］. 中国农村经济（3）：2-18.

张红英，张俊，2019. 毛泽东关于人的现代化思想探析［J］. 毛泽东思想研究（5）：70-74.

张红宇，张海阳，李伟毅，等，2015. 中国特色农业现代化：目标定位与改革创新［J］. 中国农村经济（1）：4-13.

张克俊，杜婵，2019. 从城乡统筹、城乡一体化到城乡融合发展：继承与升华［J］. 农村经济（11）：

19-26.

张擎，2010. 天津率先实现现代化的综合指标体系研究［D］. 天津：天津理工大学.

张天佐，郭永田，杨洁梅，2018. 我国农业支持保护政策改革40年回顾与展望（下）［J］. 农村工作通讯（21）：24-30.

张雄一，王盈丽，董贤斌，等，2020. 基于变异系数法的张家界市永定区土地利用综合效益评价［J］. 湖南农业科学（2）：94-98.

张雅光，2021. 新时代城乡一体化发展的制度障碍研究［J］. 理论月刊（10）：78-87.

张义博，2020. 新时期中国粮食安全形势与政策建议［J］. 宏观经济研究（3）：57-66，81.

张勇民，梁世夫，郭超然，2014. 民族地区农业现代化与新型城镇化协调发展研究［J］. 农业经济问题（10）：87-94，111-112.

张玉英，吕剑平，2021. 基于“三农”及城乡融合四维度的农业农村现代化发展水平评价：以甘肃省为例［J］. 南方农村（5）：18-26.

张元红，刘长全，国鲁来，2015. 中国粮食安全状况评价与战略思考［J］. 中国农村观察（1）：2-14，29，93.

张智，2016. 人的现代化：内涵、动因、规律及经验：从历史唯物主义的视角看［J］. 理论探讨（2）：19-23.

赵美玲，张霞，2016. 机遇、挑战与对策：农民现代化实现路径探究：基于中国特色新型农业现代化的视角［J］. 广西社会科学（11）：165-169.

赵美英，2008. 经济发达地区农民生活现代化评估指标体系研究：以江苏省常州市为例［J］. 科技创业月刊（12）：171-172，174.

赵秀玲，2021. 农民现代化与中国乡村治理［J］. 清华大学学报（哲学社会科学版）（3）：179-191，210.

郑晶，2009. 中国农业增长及其效率评价：基于要素配置视角的实证研究［M］. 北京：中国经济出版社.

朱晶，臧星月，李天祥，2021. 新发展格局下中国粮食安全风险及其防范［J］. 中国农村经济（9）：2-21.

朱庆芳，1996. 从社会指标体系看改革开放以来中国社会发展［J］. 当代中国史研究（3）：25-33.

朱铁臻，2001. 城市现代化指标体系设计［J］. 南方经济（8）：14-18.

图书在版编目（CIP）数据

迈向农业农村现代化的乡村全面振兴之路 / 华中农业大学乡村振兴研究院编著．—北京：中国农业出版社，2023.4

ISBN 978-7-109-30540-3

Ⅰ.①迈… Ⅱ.①华… Ⅲ.①农业现代化－研究－中国②农村现代化－研究－中国 Ⅳ.①F320

中国国家版本馆 CIP 数据核字（2023）第 051559 号

中国农业出版社出版

地址：北京市朝阳区麦子店街 18 号楼

邮编：100125

责任编辑：贾　彬　　文字编辑：耿增强

版式设计：王　晨　　责任校对：赵　硕

印刷：中农印务有限公司

版次：2023 年 4 月第 1 版

印次：2023 年 4 月北京第 1 次印刷

发行：新华书店北京发行所

开本：787mm×1092mm　1/16

印张：21.25

字数：335 千字

定价：98.00 元
